证券分析师胜任能力考试辅导教材

U0772104

发布证券研究报告业务

朱保丛　编著

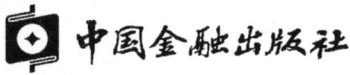

中国金融出版社

责任编辑：石　坚
责任校对：刘　明
责任印制：张也男

图书在版编目（CIP）数据

发布证券研究报告业务／朱保丛编著 . —北京：中国金融出版社，2019. 10
证券分析师胜任能力考试辅导教材
ISBN 978 – 7 – 5220 – 0195 – 1

Ⅰ. ①发…　Ⅱ. ①朱…　Ⅲ. ①证券投资—投资分析—资格考试—自学参考
资料　Ⅳ. ①F830. 91

中国版本图书馆 CIP 数据核字（2019）第 164017 号

发布证券研究报告业务
Fabu Zhengquan Yanjiu Baogao Yewu
出版
发行　中国金融出版社

社址　北京市丰台区益泽路 2 号
市场开发部　（010）63266347，63805472，63439533（传真）
网 上 书 店　http：//www. chinafph. com
　　　　　　（010）63286832，63365686（传真）
读者服务部　（010）66070833，62568380
邮编　100071
经销　新华书店
印刷　保利达印务有限公司
尺寸　169 毫米×239 毫米
印张　24. 5
字数　274 千
版次　2019 年 10 月第 1 版
印次　2019 年 10 月第 1 次印刷
定价　68. 00 元
ISBN 978 – 7 – 5220 – 0195 – 1
如出现印装错误本社负责调换　联系电话(010)63263947

一、考试介绍

1. 考试简介

2015 年 7 月，中国证券业协会发布了"中证协发〔2015〕147 号"《关于证券业从业人员资格考试测试制度改革有关问题的通知》对证券从业类考试进行改革。

证券业从业资格考试测试划分为一般从业资格考试、专项业务类资格考试和管理类资格考试三种类别。

《发布证券研究报告业务》（证券分析师胜任能力考试）就属于专项业务类资格考试中的一项。该考试主要针对有志于从事发布证券研究报告业务的相关人员，测试考生是否具备从事发布证券研究报告业务所必备的专业知识、专业技能和专业操守。

2. 考试报名

年满 18 周岁、具有高中以上文化程度且具有完全民事行为能力的人员，都可报名参加一般从业资格考试。

一般从业资格考试合格的，均可参加专项业务类资格考试和管理类资格考试。

3. 题型题量

考试采取闭卷机考形式，考试题量为 120 题，考试时间为 180 分钟。120 道考试题包括 40 道单项选择题，每小题 0.5 分，共计 20 分；以及 80 道组合型选择题，每小题 1 分，共计 80 分。

4. 合格标准

（1）得分≥60 分则为合格。

（2）证券业协会对考试不预设通过率，以考生实际考试分数为准。每次考试通过率不同，既与试题难易程度有关，也与考生准备程度有关。据统计，2015 年考试改革以来通过率偏低（10% 左右），通过率偏低的主要原因不是考试太难，而是缺少权威的辅导教材，考生准备不足。通过认真学习本教材的内容，通过考试则相对容易。

5. 有效期限

（1）入门资格考试合格成绩长期有效。

（2）考生取得专业资格考试合格成绩后，应当每年参加并完成中国证券业协会组织的相应业务培训；未按要求完成相应业务培训的，其合格成绩不再有效。截至目前，证券业协会对于通过《发布证券研究报告业务》考试，但并未从业的人员没有发布培训学时的要求。

6. 执业证书的获取

根据《证券、期货投资咨询管理暂行办法》的规定，执业证书需通过所在机构申请，同时申请人须具有大学本科以上学历，通过证券从业资格考试和《发布证券研究报告业务》科目，且必须具备证券专业知识和从事证券业务或者证券服务业务二年以上经验。

二、教材设计

1. 紧跟考情、发现重点

证券分析的专业性很强，涉及的学科包括经济学、金融学、数理统计学、行业研究、财务分析等，任何一门学科都包含大量的知识点。为了减轻考生的学习负担，我们密切跟踪考情，以考题为指挥棒，进行考情分析，发现学习重点。

2. 紧扣大纲、精炼考点

本教材严格按照最新考试大纲进行编写，将大纲对每一个考点的要求列示于知识点后，便于考生随时了解大纲要求。对于要求掌握的考点，除精讲外通常精选过往真题加以练习，方便考生了解出题角度。对于要求理解特别是要求了解的考点，尽可能地以简单明了的方式表述，减少不必要的学习负担。

3. 精选真题、及时巩固

对知识点的掌握以能够正确答题为标准。为此，我们精选过往真题，在内容精讲中对知识点进行及时练习。同时，在每章后进行章节测试，力求深度挖掘考点，促进考生随堂练习、及时巩固。

4. 表格呈现、更易理解

统计显示，以表格形式呈现知识比文字描述更清晰明了。为此，重要知识点我们都经过提炼以表格形式呈现，希望有利于考生理解和记忆。

5. 深入浅出、难易适中

证券分析工作涉及的内容相当庞杂，考试大纲中对有些知识点的要求是比照实际工作。深挖知识点并不利于通过考试，为此我们在研究过往真题的基础上，对相应知识点进行了遴选，力求深入浅出，降低教材整体难度，利于考生通过考试。

三、教材使用

发布证券研究报告业务的知识点相比投资银行业务较少，记忆量并不是很大，建议考生在相对较短的周期内集中学习。在此，建议使用本教材的考生以三次复习的方式迎接考试。

第一，当天学习的内容当天晚上进行复习。

第二，次日早晨开始新内容的学习之前，对前一天学习的内容进行再次复习。

第三，在临近考试的时候，通过重点复习、综合模拟的方式进行总复习。

因为学习的周期较短（应该控制在 2 ~ 3 个月），经过三次复习的知识点在考试中应该能够准确再认，正确做答。

尽管教材编写组追求精益求精，但书中难免存在不足和错漏之处，欢迎广大读者登陆 www. 52touhang. com，与编写组交流学习。

目　录

第一章　发布证券研究报告业务监管 ……………………………………… 1

　第一节　资格管理 ………………………………………………………… 1

　第二节　主要职责 ………………………………………………………… 6

　第三节　工作规程 ………………………………………………………… 7

　第四节　执业规范 ………………………………………………………… 17

第二章　经济学 …………………………………………………………… 24

　第一节　需求与供给 ……………………………………………………… 24

　第二节　完全竞争市场 …………………………………………………… 32

　第三节　不完全竞争市场 ………………………………………………… 35

　第四节　博弈论 …………………………………………………………… 45

　第五节　总需求和总供给 ………………………………………………… 47

　第六节　IS－LM 模型 …………………………………………………… 50

　第七节　可贷资金市场 …………………………………………………… 53

第三章　金融学 …………………………………………………………… 61

　第一节　利率、风险与收益 ……………………………………………… 61

　第二节　资产定价 ………………………………………………………… 66

　第三节　有效市场与行为金融 …………………………………………… 73

第四章　数理方法 ………………………………………………………… 88

　第一节　概率基础 ………………………………………………………… 88

　第二节　统计基础 ………………………………………………………… 95

　第三节　回归分析 ………………………………………………………… 99

　第四节　时间序列分析 …………………………………………………… 108

　第五节　常用统计软件及其运用 ………………………………………… 114

第五章　基本分析 ·· 122

第一节　宏观经济分析 ································· 122

第二节　行业分析 ···································· 160

第三节　公司分析 ···································· 183

第四节　策略分析 ···································· 226

第六章　技术分析 ·· 248

第一节　证券投资技术分析概述 ····················· 248

第二节　技术分析主要理论及应用 ··················· 253

第七章　量化分析 ·· 279

第一节　量化投资分析概述 ························· 279

第二节　量化投资技术及应用 ······················· 282

第八章　股票 ··· 291

第一节　基本理论 ···································· 291

第二节　绝对估值法 ································· 297

第三节　相对估值法 ································· 307

第九章　固定收益证券 ······································ 318

第一节　基本理论 ···································· 318

第二节　债券定价 ···································· 323

第三节　债券评级 ···································· 336

第十章　衍生产品 ·· 347

第一节　基本理论 ···································· 347

第二节　期货估值 ···································· 354

第三节　期权估值 ···································· 362

第四节　其他衍生产品估值 ························· 371

第一章

发布证券研究报告业务监管

本章考情分析

　　本章是《发布证券研究报告业务》总体介绍，首先讲述了证券分析师执业资格的取得、管理及后续职业培训，然后介绍了相关机构及证券分析师的主要职责和工作规程，最后简略介绍了执业规范。

　　本章内容不多，考点相对比较密集，在最近三次考试中平均分为 5 分。考生在学习时重要考点要准确理解、精确记忆，其中后续管理、业务管理制度、执业规范需要掌握，其余考点以理解为主。

第一节　资格管理

本节大纲要求

1. 了解证券分析师执业资格的取得方式；
2. 熟悉证券分析师的监管、自律管理和机构管理；
3. 了解证券分析师后续职业培训的要求。

本节内容精讲

一、证券分析师执业资格的取得方式（了解）

1. 证券投资及证券投资分析的概念

证券投资	证券投资是指投资者（法人或自然人）购买股票、债券、基金等有价证券以及这些有价证券的衍生品，以获取红利、利息及资本利得的投资行为和投资过程，是直接投资的重要形式
证券投资分析	证券投资分析是指人们通过各种专业性分析方法，对影响证券价值或价格的各种信息进行综合分析以判断证券价值或价格及其变动的行为，是证券投资过程中不可或缺的一个重要环节

2. 证券分析师执业资格的取得方式

证券投资分析师	①按照《发布证券研究报告暂行规定》的规定，证券分析师是在发布的证券研究报告（包括涉及证券及证券相关产品的价值分析报告、行业研究报告、投资策略报告等）上署名的人员，应当具有证券投资咨询执业资格，并在中国证券业协会注册登记为证券分析师 ②简言之，证券分析师是指那些具有证券投资咨询执业资格，并在中国证券业协会注册登记的从事发布证券研究报告的人员
取得方式	①自身条件：根据《证券、期货投资咨询管理暂行办法》的规定，申请人须具有大学本科以上学历，通过证券从业资格考试和"发布证券研究报告业务"科目，且必须具备证券专业知识和从事证券业务或者证券服务业务两年以上经验 ②通过机构申请执业证书：《证券业从业人员资格管理办法》第十条规定，取得从业资格的人员，符合条件的，可以通过机构申请执业证书；第十一条规定，申请人符合本办法规定条件的，中国证券业协会应当自收到申请之日起三十日内，向中国证监会备案，颁发执业证书；不符合本办法规定条件的，不予颁发执业证书，并应当自收到申请之日起三十日内书面通知申请人或者机构，并书面说明理由

‖ **例题 1** ‖ 我国的证券分析师是指那些具有（　　　），并在中国证券业协会注册登记的从事发布证券研究报告的人员。

A. 证券从业资格　　　　　　　　B. 证券投资咨询执业资格

C. 基金从业资格　　　　　　　　D. 期货从业资格

【答案】B

【解析】我国的证券分析师是指那些具有证券投资咨询执业资格，并在中国证券业协会注册登记的从事发布证券研究报告的人员。

‖ **例题 2** ‖ 申请人向中国证券业协会申请证券分析师执业证书，符合规定条件的，协会应当自收到申请之日起（　　　）日内，向中国证监会备案，颁发执业证书。

A. 10　　　　　　　B. 20　　　　　　　C. 30　　　　　　　D. 60

【答案】C

【解析】申请人符合《证券业从业人员资格管理办法》规定条件的，中国证券业协会应当自收到申请之日起三十日内，向中国证监会备案，颁发执业证书。

二、证券分析师的监管、自律管理和机构管理（熟悉）

1. 证券分析师的监管

中国证监会及其派出机构依法对证券公司、证券投资咨询机构发布证券研究报告行为实行监督管理。

2. 证券分析师的自律管理

执业规范和行为准则制定	中国证券业协会对证券公司、证券投资咨询机构发布证券研究报告行为实行自律管理，并依据有关法律、行政法规和《发布证券研究报告暂行规定》，制定相应的执业规范和行为准则
人事变动	①从业人员取得执业证书后，辞职或者不为原聘用机构所聘用的，或者其他原因与原聘用机构解除劳动合同的，原聘用机构应当在上述情形发生后 10 日内向中国证券业协会报告，由协会变更该人员执业注册登记 ②取得执业证书的从业人员变更聘用机构的，新聘用机构应当在上述情形发生 10 日内向中国证券业协会报告，由协会变更该人员执业注册登记
证书注销	取得执业证书的人员，连续 3 年不在机构从业的，由中国证券业协会注销其执业证书；重新执业的，应当参加协会组织的执业培训，并重新申请执业证书
处分报告	从业人员在执业过程中违反有关证券法律、行政法规以及中国证监会有关规定，受到聘用机构处分的，该机构应当在处分后 10 日内向中国证券业协会报告

3. 证券分析师的机构管理

（1）证券公司、证券投资咨询机构发布证券研究报告，应当遵守法律、行政法规和《发布证券研究报告暂行规定》，遵循独立、客观、公平、审慎原则，有效防范利益冲突，公平对待发布对象，禁止传播虚假、不实、误导性信息，禁止从事或者参与内幕交易、操纵证券市场活动。

（2）证券公司、证券投资咨询机构应当采取有效措施，保证制作发布证券研究报告不受证券发行人、上市公司、基金管理公司、资产管理公司等利益相关者的干涉和影响。

（3）证券公司、证券投资咨询机构应当建立健全与发布证券研究报告相关的利益冲突防范机制，明确管理流程、披露事项和操作要求，有效防范发布证券研究报告与其他证券业务之间的利益冲突。

（4）证券公司、证券投资咨询机构发布对具体股票作出明确估值和投资评级的证券研究报告时，公司持有该股票达到相关上市公司已发行股份1%以上的，应当在证券研究报告中向客户披露本公司持有该股票的情况，并且在证券研究报告发布日及第二个交易日，不得进行与证券研究报告观点相反的交易。

（5）证券分析师不得兼营或兼任与其执业内容有利害关系的其他业务或职务，证券分析师不得以任何形式同时在两家或两家以上机构执业。

‖ **例题 3** ‖ 证券公司、证券投资咨询机构发布对具体股票作出明确估值和投资评级的证券研究报告时，公司持有该股票达到相关上市公司已发行股份（　　）%以上的，应当在证券研究报告中向客户披露本公司持有该股票的情况，并且在证券研究报告发布日及第（　　）个交易日，不得进行与证券研究报告观点相反的交易。

A. 5；2　　　　　B. 5；3　　　　　C. 1；2　　　　　D. 1；3

【答案】C

【解析】机构持有相关上市公司股票达到已发行股份1%以上的，应当在证券研究报告中向客户披露持股情况，并且在报告发布日及第二个交易日，不得进行与证券研究报告观点相反的交易。

‖ **例题 4** ‖ 下列有关证券分析师应当受到的管理的说法，正确的是（　　）。

A. 取得执业证书的人员，连续三年不在机构从业的，由中国证监会注销其执业证书

B. 从业人员取得执业证书后辞职的，原聘用机构应当在其辞职后五日内向中国证券业协会报告

C. 机构不得聘用未取得执业证书的人员对外开展证券业务

D. 中国证券业协会、机构应当不定期组织取得执业证书的人员进行后续职业培训

【答案】C

【解析】A，连续三年不在机构从业的，由中国证券业协会注销其执业证书；B，从业人员辞职的，原聘用机构应当在 10 日内向中国证券业协会报告；D，后续职业培训应当定期组织。

三、证券分析师后续职业培训的要求（了解）

证券分析师应当依照《证券业从业人员资格管理办法》，按照中国证券业协会的相关规定参加后续职业培训，积极参加所在公司组织的业务培训及合规培训，不断提高专业能力、执业水平以及合规意识。

主要内容	后续职业培训的主要内容包括法律法规、职业操守、新产品和新业务的实施规则与操作要点等
可以直接认定的后续培训	①由中国证券业协会、会员公司和地方协会按照后续职业培训大纲组织实施的培训 ②由证券监管部门组织的法律法规等业务知识培训 ③由证券交易所和证券登记结算公司组织的业务准则、技术标准和操作规则等业务培训
附带条件培训认定	会员公司和地方协会自行组织的培训，满足下列条件的，可作为后续职业培训：Ⅰ.培训内容为法律法规、职业操守、执业准则、操作规程及专业知识。Ⅱ.培训项目有明确的师资、讲义，且时间为 4 个学时以上
培训学时	从业人员的后续职业培训学时是指在年检期间应达到的培训学时。从业人员年检期间培训学时为 20 学时

‖例题 5‖会员公司和地方协会自行组织的培训，可以作为后续职业培训需要满足的条件包括（　　）。

Ⅰ.培训内容为法律法规、职业操守、执业准则、操作规程及专业知识

Ⅱ.培训学时不低于 20 学时

Ⅲ.培训项目有明确的师资、讲义

Ⅳ.培训时间在 4 学时以上

A.Ⅰ、Ⅱ　　　　B.Ⅲ、Ⅳ　　　　C.Ⅰ、Ⅱ、Ⅲ　　D.Ⅰ、Ⅲ、Ⅳ

【答案】D

【解析】会员公司和地方协会自行组织的培训，时间在 4 学时以上即可计入年检期间培训学时。20 学时为从业人员年检期间总培训学时要求。

第二节　主要职责

本节大纲要求

熟悉证券公司、证券投资咨询机构及证券分析师在发布证券研究报告中应履行的职责。

本节内容精讲

证券公司、证券投资咨询机构及证券分析师在证券研究报告中应履行的职责（熟悉）

（1）证券公司、证券投资咨询机构发布证券研究报告，应当遵循独立、客观、公平、审慎原则，加强合规管理，提升研究质量和专业服务水平。

（2）证券公司、证券投资咨询机构发布证券研究报告，应当建立健全研究对象覆盖、信息收集、调研、证券研究报告制作、质量控制、合规审查、证券研究报告发布以及相关销售服务等关键环节的管理制度，加强流程管理和内部控制。

（3）证券公司、证券投资咨询机构应当从组织设置、人员职责上，将证券研究报告制作发布环节与销售服务环节分开管理，以维护证券研究报告制作发布的独立性。

制作发布证券研究报告的相关人员，应当独立于证券研究报告相关销售服务人员；证券研究报告相关销售服务人员不得在证券研究报告发布前干涉和影响证券研究报告的制作过程、研究观点和发布时间。

（4）证券公司、证券投资咨询机构应当建立证券研究报告的信息来源管理制度，加强信息收集环节的管理，维护信息来源的合法合规性。

‖ 例题 ‖ 下列关于证券公司、证券投资咨询机构及证券分析师在证券研究报告中应履行的职责说法正确的有（　　）。

Ⅰ．遵循独立、客观、公平、审慎原则，加强合规管理

Ⅱ．建立健全相关的管理制度，加强流程管理和内部控制

Ⅲ．从组织设置、人员职责上，将证券研究报告制作发布环节与销售服务环节分开管理，以维护证券研究报告制作发布的独立性

Ⅳ．加强信息收集环节的管理，维护信息来源的合法合规性

A．Ⅰ、Ⅱ、Ⅲ　　　　　　　　　B．Ⅱ、Ⅲ、Ⅳ

C. Ⅰ、Ⅱ、Ⅳ　　　　　　　　　D. Ⅰ、Ⅱ、Ⅲ、Ⅳ

【答案】D

【解析】选项全部正确。

第三节　工作规程

本节大纲要求

1. 掌握证券投资咨询业务分类；

2. 掌握证券研究报告的分类；

3. 掌握证券研究报告的基本要素、组织结构和撰写要求；

4. 熟悉证券研究报告对象覆盖的要求；

5. 熟悉证券研究报告信息收集的要求；

6. 熟悉对上市公司调研活动管理的规范要求；

7. 熟悉证券研究报告制作的要求；

8. 掌握证券研究报告的质量控制要求；

9. 熟悉证券研究报告的合规审查要求；

10. 熟悉发布证券研究报告的业务管理制度；

11. 熟悉证券研究报告的销售服务要求；

12. 掌握业务主体的主要职责、业务流程管理与合规管理。

本节内容精讲

一、证券投资咨询业务分类（掌握）

概念	①证券投资咨询业务是指取得监管部门颁发的相关资格的机构及其咨询人员为证券投资者或客户提供证券投资的相关信息、分析、预测或建议，并直接或间接收取服务费用的活动 ②证券投资顾问业务是证券投资咨询业务的一种基本形式。证券投资顾问业务，是指证券公司、证券投资咨询机构接受客户委托，按照约定，向客户提供涉及证券及证券相关产品的投资建议服务，辅助客户作出投资决策，并直接或者间接获取经济利益的经营活动

分类	根据服务对象的不同，证券投资咨询业务可以分为 ①面向公众的投资咨询业务 ②为签订了咨询服务合同的特定对象提供的证券投资咨询业务 ③为本公司投资管理部门、投资银行部门提供的投资咨询服务

‖例题1‖（　　）是指证券公司、证券投资咨询机构接受客户委托，按照约定，向客户提供涉及证券及证券相关产品的投资建议服务，辅助客户作出投资决策，并直接或者间接获取经济利益的经营活动。

A. 证券投资顾问业务　　　　　　　B. 证券咨询业务

C. 证券中间介绍业务　　　　　　　D. 证券分析业务

【答案】A

二、证券研究报告业务分类（掌握）

概念	证券研究报告是指证券公司、证券投资咨询公司基于独立、客观的立场，对证券及证券相关产品的价值或者影响其市场价格的因素进行分析，含有对具体证券及证券相关产品的价值分析、投资评级意见等内容的文件
分类	①证券研究报告按研究内容分类，一般有宏观研究、行业研究、策略研究、公司研究、量化研究等 ②按研究品种分类，主要有股票研究、基金研究、债券研究、衍生品研究等

‖例题2‖证券研究报告按研究内容分类可分为（　　　　）。

Ⅰ. 宏观研究　　　　Ⅱ. 股票研究　　　　Ⅲ. 行业研究　　　　Ⅳ. 债券研究

A. Ⅱ、Ⅲ　　　　B. Ⅰ、Ⅱ　　　　C. Ⅱ、Ⅲ、Ⅳ　　　　D. Ⅰ、Ⅲ

【答案】D

【解析】证券研究报告按研究内容分类，一般有宏观研究、行业研究、策略研究、公司研究、量化研究等。

三、证券研究报告的基本要素、组织结构和撰写要求（掌握）

基本要素	（1）宏观经济、行业或上市公司的基本面分析 （2）上市公司盈利预测、法规解读、估值及投资评级 （3）相关信息披露和风险提示 其中，投资评级是基于基本面分析而作出的估值定价建议，不是具体的操作性买卖建议
内容形式	（1）证券研究报告主要包括涉及证券及证券相关产品的价值分析报告、行业研究报告、投资策略报告等 （2）证券研究报告可以采用书面或者电子文件形式
撰写要求	（1）基本原则是合法原则，以及独立、客观、公平、审慎原则。 （2）应当载明下列事项：①"证券研究报告"字样。②证券公司、证券投资咨询机构名称。③具备证券投资咨询业务资格的说明。④署名人员的证券投资咨询执业资格证书编码。⑤发布证券研究报告的时间。⑥证券研究报告采用的信息和资料来源。⑦使用证券研究报告的风险提示

‖ 例题 3 ‖ 证券研究报告可以采用（　　）形式。

Ⅰ．广告　　　　　　Ⅱ．书面　　　　　　Ⅲ．电子文件　　　　Ⅳ．电视媒体

A．Ⅱ、Ⅲ　　　　　　　　　　　　　　B．Ⅱ、Ⅲ、Ⅳ

C．Ⅰ、Ⅱ、Ⅲ　　　　　　　　　　　　D．Ⅰ、Ⅳ

【答案】A

【解析】证券研究报告可以采用书面或者电子文件形式。

四、证券研究报告对象覆盖的要求（熟悉）

证券公司、证券投资咨询机构应当公平对待证券研究报告的发布对象，不得将证券研究报告的内容或者观点优先提供给公司内部部门、人员或者特定对象。

证券公司的研究部门将资产管理部门作为证券研究报告的发布对象时，应当将资产管理部门作为普通客户对待，通过研究报告发布系统或者电子邮件等其他方式，向客户、资产管理部门同时发送证券研究报告。

五、证券研究报告信息收集的要求（熟悉）

（一）信息的作用

信息在证券投资分析中起着十分重要的作用，是进行证券投资分析的基础。来自不同渠道的信息最终都将通过各种方式对证券的价格发生作用，导致证券价格上升或下降，从而影响证券的收益率。因此，信息的多寡、信息质量的高低将直接影响证券投资分析的效果，影响分析报告的最终结论。

（二）信息来源

从信息发布主体和发布渠道来看，证券市场上各种信息的来源主要有以下几个方面。

1. 政府部门	（1）政府部门是国家宏观经济政策的制定者，是一国证券市场上有关信息的主要来源 （2）针对我国的实际情况，从总体上看，所发布的信息可能会对证券市场产生影响的政府部门主要包括国务院、中国证券监督管理委员会、财政部、中国人民银行、国家发展和改革委员会、商务部、国家统计局以及国务院国有资产监督管理委员会
2. 证券交易所	证券交易所向社会公布的证券行情、按日制作的证券行情表以及就市场内成交情况编制的日报表、周报表、月报表与年报表等成为技术分析中的首要信息来源
3. 中国证券业协会	中国证券业协会协助证券监督管理机构组织会员执行有关法律、维护会员的合法权益，为会员提供信息服务
4. 证券登记结算公司	证券登记结算公司履行下列职能：（1）证券账户、结算账户的设立和管理；（2）证券的存管和过户；（3）证券持有人名册登记及权益登记；（4）证券和资金的清算交收及相关管理；（5）受发行人的委托派发证券权益，依法提供与证券登记结算业务有关的查询、信息、咨询和培训服务
5. 上市公司	（1）一般来说，上市公司通过定期报告（如年度报告和中期报告）和临时公告等形式向投资者披露其经营状况的有关信息，如公司盈利水平、公司股利政策、增资减资和资产重组等重大事宜 （2）作为信息发布主体，它所公布的有关信息是投资者对其证券进行价值判断的最重要来源

6. 中介机构	由中介机构专业人员在资料收集、整理、分析的基础上撰写的，通常以有偿形式向使用者提供的研究报告，也是信息的一种重要形式
7. 媒体	媒体专业人员通过实地采访与调研所形成的新闻报道或报告，是以媒体为发布主体的重要信息形式。作为信息发布的主渠道，媒体是连接信息需求者和信息供给者的桥梁
8. 其他来源	除上述信息来源以外，投资者还可通过实地调研、专家访谈、市场调查等渠道获得有关信息，也可通过家庭成员、朋友、邻居等获得有关信息，甚至包括内幕信息

（三）信息收集要求

对某些投资者来说，其他来源有时可能是获取信息的非常重要的渠道。但必须指出的是，根据有关证券投资咨询业务行为的规定，证券分析师从事面向公众的证券投资咨询业务时所引用的信息仅限于完整翔实的、公开披露的信息资料，并且不得以虚假信息、内幕信息或者市场传言为依据向客户或投资者提供分析、预测或建议。所以，证券分析师应当非常谨慎地处理所获得的非公开信息。

‖ **例题 4** ‖ 下列关于证券研究报告信息收集的说法不正确的是（　　　）。

A. 政府部门是国家宏观经济政策信息的主要来源

B. 证券交易所编制的日报表、周报表等报表成为技术分析中的首要信息来源

C. 上市公司通过定期报告和临时公告向投资者披露的有关信息是投资者对其证券进行价值判断的最重要来源

D. 信息来源还可通过实地调研、专家访谈、市场调查等渠道获得，但是不包括内幕信息

【答案】D

【解析】信息来源包括内幕信息。

六、对上市公司调研活动管理的规范要求（熟悉）

发布证券研究报告相关人员进行上市公司调研活动，应当符合以下要求：

（1）事先履行所在证券公司、证券投资咨询机构的审批程序。

（2）不得向证券研究报告相关销售服务人员、特定客户和其他无关人员泄露研究部门或研究子公司未来一段时间的整体调研计划、调研底稿，以及调研

后发布证券研究报告的计划、研究观点的调整信息。

（3）不得主动寻求上市公司相关内幕信息或者未公开重大信息。

（4）被动知悉上市公司内幕信息或者未公开重大信息的，应当对有关信息内容进行保密，并及时向所在机构的合规管理部门报告本人已获知有关信息的事实，在有关信息公开前不得发布涉及该上市公司的证券研究报告。

（5）在证券研究报告中使用调研信息的，应当保留必要的信息来源依据。

‖**例题 5**‖ 发布证券研究报告相关人员进行上市公司调研活动，应当符合的要求包括（　　）。

Ⅰ. 在证券研究报告中使用调研信息的，应当保留必要的信息来源依据

Ⅱ. 不得主动寻求上市公司相关内幕信息或者未公开重大信息

Ⅲ. 不得向证券研究报告相关销售服务人员、特定客户和其他无关人员泄露研究部门或研究子公司未来一段时间的整体调研计划

Ⅳ. 被动知悉上市公司内幕信息或者未公开重大信息的，应当及时发布涉及该上市公司的证券研究报告

A. Ⅰ、Ⅱ、Ⅲ
B. Ⅰ、Ⅱ、Ⅳ
C. Ⅰ、Ⅲ、Ⅳ
D. Ⅱ、Ⅲ、Ⅳ

【答案】A

【解析】被动知悉内幕消息或未公开重大消息的，在有关信息公开前不得发布涉及该上市公司的证券研究报告。

七、证券研究报告制作的要求（熟悉）

总体要求	①证券公司、证券投资咨询机构制作证券研究报告应当合规、客观、专业、审慎 ②署名的证券分析师应当对证券研究报告的内容和观点负责，保证信息来源合法合规，研究方法专业审慎，分析结论具有合理依据
具体要求	①证券研究报告应当秉承专业的态度，采用严谨的研究方法和分析逻辑，基于合理的数据基础和事实依据，审慎提出研究结论 ②制作证券研究报告应当坚持客观原则，避免使用夸大、诱导性的标题或者用语，不得对证券估值、投资评级作出任何形式的保证 ③证券公司、证券投资咨询机构应提示投资者自主作出投资决策并自行承担投资风险，任何形式的分享证券投资收益或者分担证券投资损失的书面或口头承诺均为无效

八、证券研究报告的质量控制要求（掌握）

根据《发布证券研究报告执业规范》第十六条，证券公司、证券投资咨询机构应当建立健全证券研究报告发布前的质量控制机制，明确质量审核程序和审核人员职责，加强质量审核管理。

（1）证券研究报告应当由署名证券分析师之外的证券分析师或者专职质量审核人员进行质量审核。

（2）质量审核应当涵盖信息处理、分析逻辑、研究结论等内容，重点关注研究方法和研究结论的专业性和审慎性。

‖ **例题 6** ‖ 证券研究报告质量审核应当涵盖的内容包括（　　　）。

Ⅰ．信息处理　　　　　　　　　Ⅱ．分析逻辑

Ⅲ．研究结论　　　　　　　　　Ⅳ．投资策略

A．Ⅲ、Ⅳ　　　　　　　　　　B．Ⅰ、Ⅱ、Ⅲ

C．Ⅰ、Ⅱ、Ⅲ、Ⅳ　　　　　　D．Ⅰ、Ⅱ

【答案】B

【解析】根据《发布证券研究报告执业规范》第十六条，质量审核应当涵盖信息处理、分析逻辑、研究结论等内容，重点关注研究方法和研究结论的专业性和审慎性。

九、证券研究报告的合规审查要求（熟悉）

根据《发布证券研究报告执业规范》第十七条，证券公司、证券投资咨询机构应当建立健全证券研究报告发布前的合规审查机制，明确合规审查程序和合规审查人员职责。

（1）证券研究报告应当由公司合规部门或者研究部门、研究子公司的合规人员进行合规审查。

（2）合规审查应当涵盖人员资质、信息来源、风险提示等内容，重点关注证券研究报告可能涉及的利益冲突事项。

十、发布证券研究报告的业务管理制度（熟悉）

业务管理	①发布证券研究报告的证券公司、证券投资咨询机构，应当设立专门的研究部门或者子公司，建立健全业务管理制度，对发布证券研究报告行为及相关人员实行集中统一管理 ②从事发布证券研究报告业务的相关人员，不得同时从事证券自营、证券资产管理等存在利益冲突的业务。公司高级管理人员同时负责管理发布证券研究报告业务和其他证券业务的，应当采取防范利益冲突的措施，并有充分证据证明已经有效防范利益冲突
静默期制度	①担任发行人股票首次公开发行的保荐机构、主承销商或者财务顾问，自确定并公告发行价格之日起40日内，不得发布与该发行人有关的证券研究报告 ②担任上市公司股票增发、配股、发行可转换公司债券等再融资项目的保荐机构、主承销商或者财务顾问，自确定并公告公开发行价格之日起10日内，不得发布与该上市公司有关的证券研究报告 ③担任上市公司并购重组财务顾问，在证券公司、证券投资咨询机构的合规部门将该上市公司列入相关限制名单期间，按照合规管理要求限制发布与该上市公司有关的证券研究报告
档案管理	①证券公司、证券投资咨询机构应当建立健全研究咨询业务档案和客户服务档案，包括客户服务记录、对公众荐股记录、研究报告及公开发表的研究咨询文章等，履行相关资料的备案义务 ②证券分析师应当将投资分析、预测或建议中所使用和依据的原始信息资料或工作底稿妥善保存以备查证 ③证券公司、证券投资咨询机构发布证券研究报告，应当对发布的时间、方式、内容、对象和审阅过程实行留痕管理。发布证券研究报告相关业务档案的保存期限，自证券研究报告发布之日起不得少于5年

‖例题 7‖下列关于发布研究报告的业务管理制度的相关规定的说法中，正确的有（　　　）。

Ⅰ. 发布证券研究报告的证券公司、证券投资咨询机构，应当设立专门的研究部门或者子公司

Ⅱ. 担任发行人股票首次公开发行的保荐机构、主承销商或者财务顾问，自确定并公告发行价格之日起40日内，不得发布与该发行人有关的证券研究报告

Ⅲ. 从事发布证券研究报告业务的相关人员可以同时从事证券自营业务

Ⅳ. 发布证券研究报告相关业务档案的保存期限，自证券研究报告发布之日起不得少于 5 年

A. Ⅰ、Ⅲ、Ⅳ

B. Ⅰ、Ⅱ、Ⅳ

C. Ⅱ、Ⅲ、Ⅳ

D. Ⅰ、Ⅱ、Ⅲ

答案：B

【解析】从事发布证券研究报告业务的相关人员，不得同时从事证券自营、证券资产管理等存在利益冲突的业务。

十一、证券研究报告的销售服务要求（熟悉）

绩效规定	①证券公司、证券投资咨询机构应当建立合理的发布证券研究报告相关人员绩效考核和激励机制，以维护发布证券研究报告行为的独立性 ②证券公司、证券投资咨询机构应当综合考虑研究质量、客户评价、工作量等多种因素，设立发布证券研究报告相关人员的考核激励标准。发布证券研究报告相关人员的薪酬标准不得与外部媒体评价单一指标直接挂钩 ③与发布证券研究报告业务存在利益冲突的部门不得参与对发布证券研究报告相关人员的考核。证券分析师跨越信息隔离墙参与公司承销保荐、财务顾问业务等项目的，其个人薪酬不得与相关项目的业务收入直接挂钩
其他要求	①证券公司、证券投资咨询机构的研究部门或者研究子公司接受特定客户委托，按照协议约定就尚未覆盖的具体股票提供含有证券估值或投资评级的研究成果或者投资分析意见的，自提供之日起 6 个月内不得就该股票发布证券研究报告 ②证券公司、证券投资咨询机构的研究部门或者研究子公司不得就已经覆盖的具体股票接受委托提供仅供特定客户使用的、与最新已发布证券研究报告结论不一致的研究成果或者投资分析意见 ③证券公司、证券投资咨询机构的研究部门或者研究子公司接受特定客户委托的，应当要求委托方同时提供对委托事项的合规意见

‖ 例题 8 ‖ 证券公司、证券投资咨询机构的研究部门或者研究子公司接受特定客户委托，按照协议约定就尚未覆盖的具体股票提供含有证券估值或投资评级的研究成果或者投资分析意见的，自提供之日起（　　）个月内不得就该股票发布证券研究报告。

A. 6　　　　　　　B. 3　　　　　　　C. 12　　　　　　　D. 1

【答案】A

十二、业务主体的主要职责、业务流程管理与合规管理（掌握）

业务主体的主要职责	①证券研究报告由专门的研究部门制作。研究部门的研究人员负责撰写、制作证券研究报告 ②证券研究报告制作完成后，通过证券公司的证券研究报告发送系统或者电子邮件等方式，同时发送给基金、资产管理机构等机构客户和公司的投资顾问团队以及公司内部部门 ③研究部门向机构客户提供证券研究报告的报酬，包含在证券公司提供交易席位产生的佣金收入中；研究部门也会向机构客户直接销售证券研究报告，获取销售收入
发布流程	证券研究报告的发布流程通常包括五个主要环节 ①选题，即选择和覆盖研究对象。部分证券公司的研究部门建立了研究人员选择研究对象的内部审批程序 ②撰写，包括数据资料收集、研究分析和报告写作 ③质量控制。研究报告撰写完成后，研究部门的质量审核人员对分析前提、分析逻辑、使用工具和方法等进行审核，控制报告质量 ④合规审查。由公司的合规管理人员或者研究部门的合规人员负责，审查证券研究报告是否符合法律法规规范，是否涉及非公开信息、利益冲突情形等 ⑤发布。一般通过研究报告发送系统同时向公司确定的发布对象发送，系统自动留痕。实践中，有部分证券公司的研究部门指定岗位负责发送，也有公司的研究部门授权机构客户服务部门向机构客户发送
合规管理	①大部分从事发布证券研究报告业务的证券公司、证券投资咨询机构，根据自身实际情况，建立了内部控制机制和隔离墙制度。部分公司已经建立了清晰合理、运转有效的证券研究报告合规审查、证券分析师跨越隔离墙管理制度 ②实践中，在证券研究报告发布前，部分证券公司由合规管理部门对证券研究报告进行合规审查；部分证券公司由研究部门的合规专员岗进行合规审查。合规管理部门和相关业务部门负责证券分析师跨越隔离墙行为的审批和监控，防止证券分析师利用跨墙接触的非公开信息发布证券研究报告，防止投资银行部门干涉证券研究报告的独立性 ③《发布证券研究报告暂行规定》对合规管理、利益冲突防范机制等提出明确要求。证券公司和证券投资咨询机构应当按照规定，完善合规管理制度和机制，切实规范发布证券研究报告行为

‖例题 **9**‖下列关于业务主体主要职责的说法中，正确的有（　　）。

Ⅰ. 证券研究报告由专门的研究部门制作

Ⅱ. 研究部门的研究人员负责撰写、制作证券研究报告

Ⅲ. 研究部门可以向机构客户直接销售证券研究报告

Ⅳ. 研究部门向机构客户提供证券研究报告的报酬不包含在证券公司提供交易席位产生的佣金收入中

A. Ⅰ、Ⅲ、Ⅳ 　　　　　B. Ⅰ、Ⅱ、Ⅳ

C. Ⅱ、Ⅲ、Ⅳ　　　　　　D. Ⅰ、Ⅱ、Ⅲ

【答案】D

【解析】研究部门向机构客户提供证券研究报告的报酬，包含在证券公司提供交易席位产生的佣金收入中；也会向机构客户直接销售证券研究报告，获取销售收入。

第四节　执业规范

本节大纲要求

1. 掌握发布证券研究报告业务的相关法规；

2. 掌握证券公司、证券投资咨询机构及其人员从事发布证券研究报告业务，违反法律、行政法规和相关规定的法律后果、监管措施及法律责任。

本节内容精讲

一、发布证券研究报告业务的相关法规（掌握）

为了规范证券公司、证券投资咨询机构发布证券研究报告行为，保护投资者合法权益，维护证券市场秩序，依据《中华人民共和国证券法》《证券公司监督管理条例》《证券、期货投资咨询管理暂行办法》，制定《发布证券研究报告暂行规定》。

为了进一步规范证券公司、证券投资咨询机构发布证券研究报告行为，保护投资者合法权益，依据《中国证券业协会章程》和《发布证券研究报告暂行规定》的有关要求，制定《发布证券研究报告执业规范》。

二、证券公司、证券投资咨询机构及其人员从事发布证券研究报告业务，违反法律、行政法规和相关规定的法律后果、监管措施及法律责任（掌握）

监管措施	证券公司、证券投资咨询机构及其人员违反法律、行政法规和《发布证券研究报告暂行规定》的，中国证监会及其派出机构可以采取责令改正、监管谈话、出具警示函、责令增加内部合规检查次数并提交合规检查报告、责令暂停发布证券研究报告、责令处分有关人员等监管措施；情节严重的，中国证监会依照法律、行政法规和有关规定作出行政处罚；涉嫌犯罪的，依法移送司法机关
自律管理	证券公司、证券投资咨询机构及其人员违反《发布证券研究报告执业规范》的，中国证券业协会将根据自律规定，视情节轻重采取自律管理措施或纪律处分，并将纪律处分结果报送中国证监会

‖例题‖证券公司、证券投资咨询机构及其人员违反法律、行政法规和《发布证券研究报告暂行规定》的，中国证监会及其派出机构可以采取的措施不包括（　　）。

A. 责令改正　　　　　　　　　B. 监管谈话

C. 出具警示函　　　　　　　　D. 纪律处分

【答案】D

【解析】纪律处分属于中国证券业协会的自律管理措施。

章节测试

一、单项选择题

1. 我国的证券分析师是指那些具有（　　），并在中国证券业协会注册登记的从事发布证券研究报告的人员。

A. 证券从业资格　　　　　　　B. 证券投资咨询执业资格

C. 基金从业资格　　　　　　　D. 期货从业资格

2. 申请人向中国证券业协会申请证券分析师执业证书，符合规定条件的，协会应当在收到申请之日起（　　）日内，向中国证监会备案，颁发执业证书。

A. 10　　　　　B. 20　　　　　C. 30　　　　　D. 60

3. 下列有关证券分析师及其聘用机构发布证券研究报告的行为，应当受到的管理的说法不正确的是（　　）。

A. 中国证监会及其派出机构依法对证券公司、证券投资咨询机构发布证券研究报告行为实行监督管理

B. 取得执业证书的人员，连续三年不在机构从业的，由中国证券业协会注销其执业证书

C. 从业人员取得执业证书后辞职的，原聘用机构应当在其辞职后 10 日内向中国证券业协会报告

D. 中国证券业协会、机构应当不定期组织取得执业证书的人员进行后续职业培训

4. 证券公司、证券投资咨询机构发布对具体股票作出明确估值和投资评级的证券研究报告时，公司持有该股票达到相关上市公司已发行股份（　　）%以上的，应当在证券研究报告中向客户披露本公司持有该股票的情况，并且在证券研究报告发布日及第（　　）个交易日，不得进行与证券研究报告观点相反的交易。

A. 5；2　　　　B. 5；3　　　　C. 1；2　　　　D. 1；3

5. 证券分析师从业人员年检期间培训学时为（　　）。

A. 16 学时　　　B. 18 学时　　　C. 20 学时　　　D. 24 学时

6. （　　）是指证券公司、证券投资咨询机构接受客户委托，按照约定，向客户提供涉及证券及证券相关产品的投资建议服务，辅助客户作出投资决策，并直接或者间接获取经济利益的经营活动。

A. 证券投资顾问业务　　　　　　B. 证券咨询业务

C. 证券中间介绍业务　　　　　　D. 证券分析业务

7. 作为信息发布的主渠道，（　　）是连接信息需求者和信息供给者的桥梁。

A. 媒体　　　B. 上市公司　　　C. 政府部门　　　D. 证券交易所

8. 证券公司、证券投资咨询机构的研究部门或者研究子公司接受特定客户委托，按照协议约定就尚未覆盖的具体股票提供含有证券估值或投资评级的研究成果或者投资分析意见的，自提供之日起（　　）个月内不得就该股票发布证券研究报告。

A. 6　　　　　B. 3　　　　　C. 12　　　　　D. 1

9. 证券公司、证券投资咨询机构及其人员违反法律、行政法规和《发布证

券研究报告暂行规定》的，中国证监会及其派出机构可以采取的措施不包括（　　）。

A. 责令改正　　　　　　　　　　　　B. 监管谈话

C. 出具警示函　　　　　　　　　　　D. 纪律处分

二、组合单项选择题

1. 会员公司和地方协会自行组织的培训，可以作为后续职业培训需要满足的条件包括（　　）。

Ⅰ. 培训内容为法律法规、职业操守、执业准则、操作规程及专业知识

Ⅱ. 培训学时不低于 20 学时

Ⅲ. 培训项目有明确的师资、讲义

Ⅳ. 培训时间在 4 学时以上

A. Ⅰ、Ⅱ　　　　　　　　　　　　B. Ⅲ、Ⅳ

C. Ⅰ、Ⅱ、Ⅲ　　　　　　　　　　D. Ⅰ、Ⅲ、Ⅳ

2. 证券研究报告按研究内容分类可分为（　　）。

Ⅰ. 宏观研究　　　　　　　　　　　Ⅱ. 股票研究

Ⅲ. 行业研究　　　　　　　　　　　Ⅳ. 债券研究

A. Ⅱ、Ⅲ　　　　　　　　　　　　B. Ⅰ、Ⅱ

C. Ⅱ、Ⅲ、Ⅳ　　　　　　　　　　D. Ⅰ、Ⅲ

3. 证券公司、证券投资咨询机构发布证券研究报告，应当载明的事项包括（　　）。

Ⅰ. "证券研究报告"字样

Ⅱ. 证券公司、证券投资咨询机构名称

Ⅲ. 署名人员的证券投资咨询执业资格证书编码

Ⅳ. 发布证券研究报告的时间

A. Ⅰ、Ⅱ、Ⅲ　　　　　　　　　　B. Ⅰ、Ⅱ、Ⅳ

C. Ⅱ、Ⅲ、Ⅳ　　　　　　　　　　D. Ⅰ、Ⅱ、Ⅲ、Ⅳ

4. 证券公司、证券投资咨询机构应当建立调研活动的管理制度，内容包括（　　）。

Ⅰ. 事先履行所在证券公司、证券投资咨询机构的审批程序

Ⅱ. 应当主动寻求上市公司相关内幕信息或者未公开重大信息

Ⅲ. 被动知悉上市公司内幕信息或者未公开重大信息的，应当对有关信息内容进行保密，在有关信息公开前不得发布涉及该上市公司的证券研究报告

Ⅳ. 在证券研究报告中使用调研信息的，应当保留必要的信息来源依据

A. Ⅰ、Ⅲ、Ⅳ   B. Ⅰ、Ⅱ、Ⅳ

C. Ⅱ、Ⅲ、Ⅳ   D. Ⅰ、Ⅱ、Ⅲ、Ⅳ

5. 下列关于证券公司、证券投资咨询机构及证券分析师在证券研究报告中应履行职责的说法，正确的包括（　　）。

Ⅰ. 遵循独立、客观、公平、审慎原则，加强合规管理，提升研究质量和专业服务水平

Ⅱ. 建立健全相关的管理制度，加强流程管理和内部控制

Ⅲ. 应当从组织设置、人员职责上，将证券研究报告制作发布环节与销售服务环节分开管理，以维护证券研究报告制作发布的独立性

Ⅳ. 应当建立证券研究报告的信息来源管理制度，加强信息收集环节的管理，维护信息来源的合法合规性

A. Ⅰ、Ⅱ、Ⅲ   B. Ⅰ、Ⅱ、Ⅳ

C. Ⅱ、Ⅲ、Ⅳ   D. Ⅰ、Ⅱ、Ⅲ、Ⅳ

6. 下列关于发布证券研究报告的业务管理制度的相关规定的说法中，正确的有（　　）。

Ⅰ. 发布证券研究报告的证券公司、证券投资咨询机构，应当设立专门的研究部门或者子公司

Ⅱ. 担任发行人股票首次公开发行的保荐机构、主承销商或者财务顾问，自确定并公告发行价格之日起40日内，不得发布与该发行人有关的证券研究报告

Ⅲ. 从事发布证券研究报告业务的相关人员可以同时从事证券自营业务

Ⅳ. 发布证券研究报告相关业务档案的保存期限，自证券研究报告发布之日起不得少于5年

A. Ⅰ、Ⅲ、Ⅳ   B. Ⅰ、Ⅱ、Ⅳ

C. Ⅱ、Ⅲ、Ⅳ   D. Ⅰ、Ⅱ、Ⅲ

7. 证券研究报告的发布流程通常包括（　　）。

Ⅰ. 选题   Ⅱ. 撰写

Ⅲ. 质量控制   Ⅳ. 合规审查

Ⅴ. 发布

A. Ⅰ、Ⅱ、Ⅲ、Ⅳ、Ⅴ   B. Ⅰ、Ⅱ、Ⅲ、Ⅳ

C. Ⅰ、Ⅱ、Ⅳ   D. Ⅱ、Ⅲ、Ⅳ

章节测试答案与解析

一、单项选择题

1. 【答案】B

【解析】我国的证券分析师是指那些具有证券投资咨询执业资格，并在中国证券业协会注册登记的从事发布证券研究报告的人员。

2. 【答案】C

【解析】申请人符合《证券业从业人员资格管理办法》规定条件的，中国证券业协会应当自收到申请之日起三十日内，向中国证监会备案，颁发执业证书。

3. 【答案】D

【解析】后续职业培训应当定期组织。

4. 【答案】C

【解析】机构持有相关上市公司股票达到已发行股份1%以上的，应当在证券研究报告中向客户披露持股情况，并且在报告发布日及第二个交易日，不得进行与证券研究报告观点相反的交易。

5. 【答案】C

【解析】证券分析师从业人员年检期间培训学时为20学时。

6. 【答案】A

【解析】题干为证券投资顾问业务的概念。

7. 【答案】A

【解析】媒体是信息发布的主渠道，是连接信息需求者和信息供给者的桥梁。

8. 【答案】A

【解析】相关机构就尚未覆盖的具体股票提供含有证券估值或投资评级的研究成果或者投资分析意见的，自提供之日起6个月内不得就该股票发布证券研究报告。

9. 【答案】D

【解析】纪律处分属于中国证券业协会的自律管理措施。

二、组合单项选择题

1. 【答案】D

【解析】会员公司和地方协会自行组织的培训，时间在4学时以上即可计入年检期间培训学时。20 学时为从业人员年检期间总培训学时要求。

2. 【答案】D

【解析】按内容分类，内（容）行（行业）策（策略）量（量化）观（宏观）公（公司）。

3. 【答案】D

【解析】选项全部正确。此外还包括具备证券投资咨询业务资格的说明；证券研究报告采用的信息和资料来源；使用证券研究报告的风险提示。

4. 【答案】A

【解析】调研活动不得主动寻求上市公司内幕信息或者未公开重大信息。

5. 【答案】D

【解析】选项全部正确。

6. 【答案】B

【解析】从事发布证券研究报告业务的相关人员，不得同时从事证券自营、证券资产管理等存在利益冲突的业务。

7. 【答案】A

【解析】发布 5 环节：题（选题）写（撰写）布（发布）规（合规审查）质（质量控制）。

第二章

经济学

本章考情分析

本章在考试大纲中列举了二十二个考点，涉及微观经济和宏观经济学。在考试大纲中并未设置分节，为了便于大家学习我们按照经典的经济学教材分了七节。其中第一节至第四节属于微观经济学，第五节至第七节属于宏观经济学。

考试大纲对本章的内容要求较高，都是熟悉和掌握，在最近三次考试中平均分值为10分。本章的内容需要在理解的基础上比较记忆，考题也不是以原文为主，而是需要在理解的基础上加以分析。书中所列内容均应理解，相关题目需比照例题明确解题思路。

第一节　需求与供给

本节大纲要求

1. 熟悉需求函数、需求曲线和需求弹性的含义；
2. 熟悉供给函数、供给曲线和供给弹性的含义；
3. 掌握市场均衡原理。

本节内容精讲

一、需求函数、需求曲线和需求弹性的含义（熟悉）

（一）需求和需求函数的含义

需求	①一种商品的需求（有支付能力的需要）是指消费者在一定时期内在各种可能的价格水平下愿意而且能够购买的该种商品数量 ②需求的主要决定因素包括商品的价格、消费者收入水平、相关商品的价格、消费者的偏好和消费者对该商品的价格预期等
需求函数	一种商品的市场需求量 Q_d 与该商品的价格的关系是：在其他条件不变时，降价使需求量增加，涨价使需求量减少，因此需求量可以看成是价格 P 的单调减少函数，称为需求函数。用公式表示为 $$Q_d = f(P)$$

（二）需求曲线的含义

需求曲线表示在每一价格下所需求的商品数量。需求曲线是显示价格与需求量关系的曲线，是指其他条件相同时，在每一价格水平上买主愿意购买的商品量的表或曲线。其中，需求量是不能被观测的。

需求曲线可以以任何形状出现，符合需求定理的需求曲线只可以是向右下方倾斜的。需求曲线通常以价格为纵轴，以需求量为横轴。

假设一条向右下方倾斜，且为直线的需求曲线，如图 2－1 所示。价格需求数据如下表所示，虽然需求曲线的斜率是不变的，但它的需求价格弹性并不是不变的。

价格	7	6	5	4	3	2	1	0
需求量	0	1	2	3	4	5	6	7
总收益	0	6	10	12	12	10	6	0

如图 2－1 所示，当价格较高需求量较低时，降价使总收益增加，价格需求弹性大于 1（$e_d > 1$）；当价格较低需求量较高时，降价使总收益减少，价格需求弹性小于 1（$e_d < 1$）；当价格在 3 到 4 之间时，需求正好是单位弹性（$e_d = 1$），在这两个价格时总收益相同。

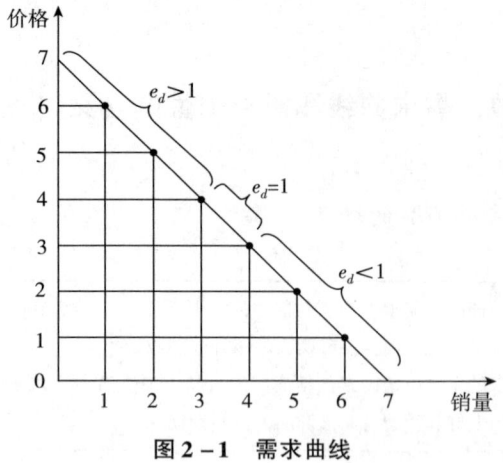

图 2 - 1　需求曲线

除以上三种情况外，需求曲线还有另外两种情况。如图 2 - 2 （a） 所示，当价格的极小变动都会引起需求量的极大变动时，价格需求弹性接近无限大，价格需求弹性曲线变为水平 （ $e_d = \infty$ ）。如图 2 - 2 （b） 所示，当价格对需求量完全无影响时，需求完全无弹性，需求曲线是一条垂直线 （ $e_d = 0$ ）。

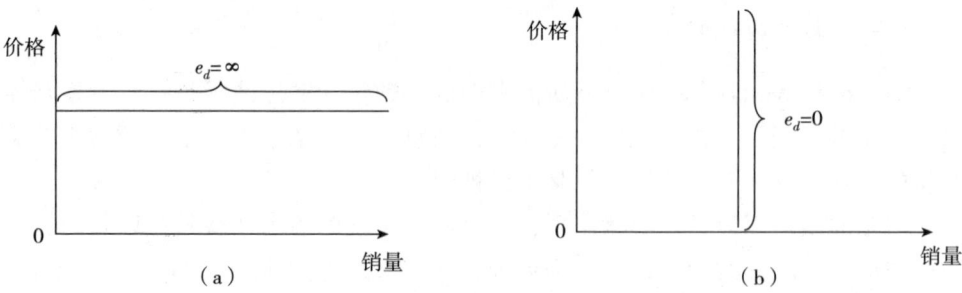

图 2 - 2　特殊需求曲线

‖ 例题 1 ‖ 下列关于需求曲线的说法中，正确的有 （　　　　）。

Ⅰ. 需求曲线表示在每一价格下所需求的商品数量

Ⅱ. 需求曲线通常以价格为纵轴

Ⅲ. 需求曲线通常以需求量为横轴

Ⅳ. 需求曲线不会出现向右下倾斜的情形

A．Ⅰ 、Ⅱ 、Ⅲ 　　　　　　　　B．Ⅱ 、Ⅲ 、Ⅳ

C．Ⅰ 、Ⅲ 、Ⅳ 　　　　　　　　D．Ⅰ 、Ⅱ 、Ⅳ

【答案】A

【解析】需求曲线可以以任何形状出现，符合需求定理的需求曲线只可以是向右下倾斜的。

（三）需求弹性的含义

1. 单一产品的需求价格弹性

需求价格弹性	①需求价格弹性简称为价格弹性或需求弹性，是指需求量对价格变动的反应程度，是需求量变化的百分比除以价格变化的百分比。需求量变化率对商品自身价格变化率反应程度的一种度量，等于需求变化率除以价格变化率。用数学术语就是 需求弹性＝需求量变化的百分比/价格变化的百分比 ②需求的价格弹性实际上是负数；也就是说，由于需求规律的作用，价格和需求量是呈相反方向变化的，价格下跌，需求量增加；价格上升，需求量减少。因此，需求量和价格的相对变化量符号相反，所以需求价格弹性系数总是负数。由于它的符号始终不变，为了简单起见，习惯上将需求看作一个正数，因为我们知道它是个负数
数值意义	当需求量变动百分数大于价格变动百分数，需求弹性系数大于 1 时，叫作需求富有弹性或高弹性；当需求量变动百分数等于价格变动百分数，需求弹性系数等于 1 时，叫作需求单一弹性；当需求量变动百分数小于价格变动百分数，需求弹性系数小于 1 时，叫作需求缺乏弹性或低弹性

2. 需求的其他弹性

交叉价格弹性	①需求的交叉价格弹性（e_{xy}）是指在一定时期内当一种商品的价格变化百分之一时，所引起的另一种商品的需求量变化的百分比，体现了一种商品需求量的变动对相关商品价格变动的反应程度。它是该商品需求量的变动率和相关商品价格的变动率的比值。用公式表示为 $$Q_x = f(P_y)$$ ②若两种商品的需求的交叉价格弹性系数为正值，则这两种商品之间为替代关系；若为负值，则这两种商品之间为互补关系；若为零，则这两种商品之间无相关关系
需求的收入弹性	①需求的收入弹性是指在一定时期内，当消费者的收入变化百分之一时，所引起的商品需求量变化的百分比，体现了消费者对某种商品的需求量的变动对消费者收入量变动的反应程度。用公式表示为 $$e_M = \frac{\Delta Q}{\Delta M} \cdot \frac{M}{Q}$$ ②若 $e_M > 0$，则此商品为正常品，其中 $0 < e_M < 1$ 时为必需品，$e_M > 1$ 时为奢侈品；若 $e_M < 0$，则此商品为劣等品，或者说是低档品

‖ **例题 2** ‖ 下列关于需求的交叉价格弹性 e_{xy} 的说法，正确的有（   ）。

Ⅰ. 需求的交叉价格弹性是指某种商品或者劳务需求量的相对变动对于另一种商品价格变动反应的敏感性程度

Ⅱ. 相关商品价格的变化是决定商品需求量的一个重要因素

Ⅲ. 若 $e_{xy} > 0$，说明 x 与 y 两种商品间存在替代关系

Ⅳ. 若 $e_{xy} = 0$，说明 x 与 y 两种商品间无相关关系

A. Ⅰ、Ⅱ、Ⅳ   B. Ⅱ、Ⅲ、Ⅳ

C. Ⅱ、Ⅳ   D. Ⅰ、Ⅱ、Ⅲ、Ⅳ

【答案】D

【解析】交叉价格弹性是指在一定时期内一种商品的需求量的变动对相关商品价格的变动的反应程度。$e_{xy} > 0$，说明 x 与 y 两种商品间存在替代关系；$e_{xy} < 0$，说明 x 与 y 两种商品间存在互补关系；若 $e_{xy} = 0$，说明 x 与 y 两种商品间无相关关系。

3. 商品的需求价格弹性与销售收入的关系

价格 \ 弹性 收入	$e_d > 1$	$e_d < 1$	$e_d = 1$	$e_d = 0$	$e_d = \infty$
降价	增加	减少	不变	同比例于价格的下降而减少	既定价格下收益可以无限增加，不会降价
涨价	减少	增加	不变	同比例于价格的上升而增加	收益会减少为零

‖ **例题 3** ‖ 下列关于商品需求价格弹性与销售收入的关系表述不正确的是（   ）。

A. 弹性大于 1，降价能够增加销售收入

B. 弹性小于 1，涨价会增加销售收入

C. 弹性等于 1，降价或涨价销售收入不变

D. 弹性等于无穷大，降价会增加销售收入

【答案】D

【解析】弹性无穷大，既定价格下收益可以无限增加不会降价，涨价会使收益减少为零。

二、供给函数、供给曲线和供给弹性的含义（熟悉）

（一）供给和供给函数的含义

供给	①所谓供给是指厂商在一定时间内，在一定条件下，对某一商品愿意并且有商品出售的数量 ②其必须具备两个条件：一是厂商愿意出售；二是厂商有商品出售，两者缺一不可
供给函数	①供给函数是指在某一特定时期内，市场上某种商品的各种可能的供给量和决定这些供给量的诸因素之间的数量关系 ②影响供给的各个因素是自变量，供给数量是因变量。如果其他条件不变，则供给函数的一般形式为 $$Q_s = f(P)$$

（二）供给曲线的含义

供给曲线	①供给曲线是以几何图形表示商品的价格和供给量之间的函数关系，供给曲线是根据供给表中的商品的价格—供给量组合在平面坐标图上所绘制的一条曲线 ②一般而言，供给量与价格呈正相关关系。影响供给的因素包括该商品的自身价格、生产的成本、生产的技术水平、相关商品的价格和生产者对未来的预期
供给曲线特点	①供给曲线的特点有 Ⅰ.向右上方倾斜，斜率为正 Ⅱ.既可以是直线，也可以是曲线 Ⅲ.供给与供给量意义不同 Ⅳ.供给曲线不只是一条，可有无数条 ②上述特点只是简单的供给曲线的特点，具体分析超长期、长期、短期中，供给曲线会保持不同的形态

‖ 例题 4 ‖ 下列关于供给曲线特点的说法中，错误的是（　　　　）。

A. 供给曲线只能是直线

B. 供给曲线向右上方倾斜，斜率为正

C. 供给与供给量意义不同

D. 供给曲线不只是一条，可有无数条

【答案】A

【解析】供给曲线既可以是直线，也可以是曲线。

（三）供给弹性

1. 含义及影响因素

供给价格弹性	①供给价格弹性是指供给量相对价格变化作出的反应程度，即某种商品价格上升或下降百分之一时，对该商品供给量增加或减少的百分比。供给量变化率对商品自身价格变化率反应程度的一种度量，等于供给变化率除以价格变化率。我们可以采用以下公式计算供给弹性 供给的价格弹性系数 = 供给量变动的百分比/价格变动的百分比
影响因素	供给弹性的大小取决于 ①资源替代的可能性 ②供给决策的时间框架 ③增加产量所需追加生产要素费用的大小

2. 供给弹性数值及含义

一般情况下，供给弹性（e_s）介于 0 与 1 之间，或者大于 1。

（1）如果当价格变动时，供给量保持不变，那么，供给弹性为 0，则称该种产品完全缺乏供给弹性［见图 2-3（a）］。

（2）如果对于微小的价格变动，供给量作出了无限大百分比的反应，那么，供给弹性是无限大的，则称这种产品完全富有供给弹性［见图 2-3（b）］。

（3）如果供给量变动的百分比恰好等于价格变动的百分比，那么，供给弹性等于 1，则称这种产品有单位供给弹性。

（4）如果供给量变动的百分比小于价格变动的百分比，在这种情况下，供给弹性位于 0 与 1 之间，则称这种产品缺乏供给弹性。

（5）如果供给量变动的百分比大于价格变动的百分比，在这种情况下，供给弹性大于 1，则称这种产品富有供给弹性［见图 2-3（c）］。

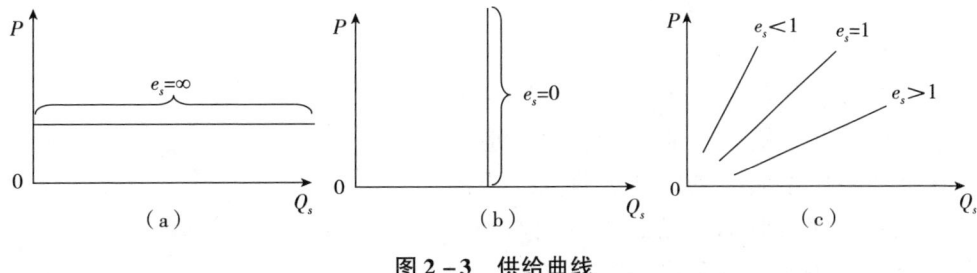

图2-3 供给曲线

‖例题 5‖ 当价格变动时，如果供给量保持不变，则表示该种产品（ ）。

A. 具有供给弹性   B. 完全缺乏供给弹性

C. 完全具有弹性   D. 缺乏供给弹性

【答案】B

【解析】如果当价格变动时，供给量保持不变，那么，供给弹性为0，则称该种产品完全缺乏供给弹性。

三、市场均衡原理（掌握）

（一）市场均衡的含义及分类

含义	一种商品的市场需求曲线和市场供给曲线相交时，该市场就处于均衡状态，该交点被称为均衡点。均衡点上的价格被称为均衡价格，相应的供求量被称为均衡数量。市场上需求量和供给量相等的状态，也被称为市场出清状态
分类	①一般均衡是指一个经济社会所有市场的供给和需求相等的一种状态。一般均衡理论的代表人物是瓦尔拉斯 ②局部均衡是指单个市场或部分市场的供给和需求相等的一种状态，局部均衡理论的代表人物是马歇尔

（二）市场均衡的实现过程

需求曲线向右下方倾斜，供给曲线向右上方倾斜。我们把供求相等的点 E 定义为均衡点，把与 E 点相对应的价格水平定义为均衡价格（P_e），即供求平衡时的价格；把与 E 点相对应的产量定义为均衡产量 Q_e，即供求平衡时的产量，如图2-4所示。

需求和供给相互作用决定均衡价格和均衡数量的过程：

（1）设市场价格 $P_1 > P_e$，如图 2-4 所示，此时，供给量大于需求量，P_1 对应的需求曲线与供给曲线的距离为供大于求的产品数量，即过剩的产品的数量，如果市场是充分竞争的，过剩产品的存在必然导致价格下降，随着价格下降需求量扩大，供给量减少，价格下降可以减少市场上的产品积压，最后达到 E 点，实现市场均衡。

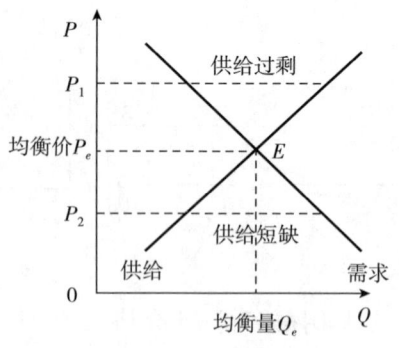

图 2-4　市场均衡

（2）设市场价格 $P_2 < P_e$，如图 2-4 所示，此时，供给量小于需求量，P_2 对应的供给曲线与需求曲线的距离即为短缺的量（供不应求）。此时，价格的上升可以扩大生产的产量，同时抑制消费。所以，价格的上升可以清除市场上的短缺现象，从而实现市场均衡。

‖例题6‖ 在供给曲线不变的情况下，需求的变动将引起（　　　）。

Ⅰ. 均衡价格同方向变动　　　　　Ⅱ. 均衡价格反方向变动
Ⅲ. 均衡数量同方向变动　　　　　Ⅳ. 均衡数量反方向变动

A. Ⅰ、Ⅲ　　　　B. Ⅰ、Ⅳ　　　　C. Ⅱ、Ⅲ　　　　D. Ⅱ、Ⅳ

【答案】A

【解析】在供给曲线不变的情况下，需求增加会使需求曲线向右平移，从而使得均衡价格和均衡数量都增加；需求减少会使需求曲线向左平移，从而使得均衡价格和均衡数量都减少。所以，需求的变动将引起均衡价格同方向的变动和均衡数量同方向的变动。

第二节　完全竞争市场

本节大纲要求

1. 熟悉完全竞争市场的特征；

2. 熟悉利润最大化与完全竞争企业的供给曲线的含义。

本节内容精讲

一、完全竞争市场的特征（熟悉）

特点	完全竞争型市场是指竞争不受任何阻碍和干扰的市场结构。其特点是 ①生产者众多，各种生产资料可以完全流动 ②产品不论是有形或无形的，都是同质的、无差别的 ③没有一个企业能够影响产品的价格，企业永远是价格的接受者而不是价格的制定者 ④企业的盈利基本上由市场对产品的需求来决定 ⑤生产者可自由进入或退出这个市场 ⑥市场信息对买卖双方都是畅通的，生产者和消费者对市场情况非常了解
根本因素	从上述特点可以看出，完全竞争是一个理论上的假设，该市场结构得以形成的根本因素在于企业产品的无差异，所有的企业都无法控制产品的市场价格
市场举例	在现实经济中，完全竞争的市场类型是少见的，初级产品（如农产品）的市场类型较类似于完全竞争

‖ 例题 1 ‖ 在现实经济中，完全竞争的市场类型是少见的，（　　）的市场类型较类似于完全竞争。

A. 初级产品　　　　B. 中级产品　　　　C. 高级产品　　　　D. 奢侈产品

【答案】A

二、完全竞争企业的利润最大化与供给曲线的含义（熟悉）

（一）利润最大化

厂商利润最大化原则就是产量的边际收益（MR）等于边际成本（MC）的原则。边际收益是最后增加一单位销售量所增加的收益，边际成本是最后增加一单位产量所增加的成本。如果最后增加一单位产量的边际收益大于边际成本，就意味着增加产量可以增加总利润，于是厂商会继续增加产量，以实现最大利润目标。

（二）完全竞争企业的供给曲线

1. 短期供给曲线

对于完全竞争厂商，价格（P）＝边际收益（MR）＝短期边际成本（SMC）。当价格高于平均成本曲线（AC）最低点则盈利，反之则亏损，如图2－5（a）所示。此时，企业仍然可能继续生产，因为除补偿全部可变成本外，还能够弥补一部分固定成本的亏损。

如果价格低于平均可变成本（AVC）最低点，企业就会停止营业。所以完全竞争厂商的短期供给曲线可以用大于平均可变成本最低点的部分表示，如图2－5（b）所示。

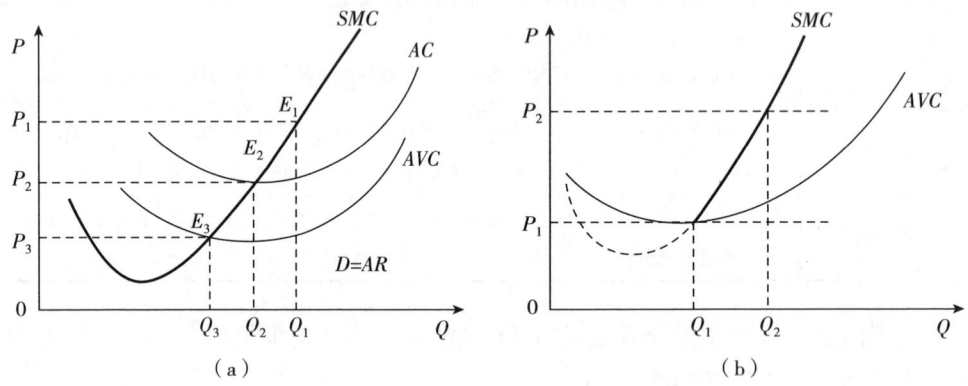

图 2－5　完全竞争企业的短期供给曲线

2. 长期供给曲线

短期供给曲线假定部分生产要素不变，但是长期情况下，当厂商进入或退出一个行业时，整个行业的产量的变化可能对生产要素市场的需求产生影响，从而影响生产要素的价格。

根据行业产量的变化对生产要素价格所可能产生的影响，可将完全竞争行业分为成本不变行业、成本递增行业和成本递减行业。

‖例题2‖在完全竞争市场的长期均衡状态下，关于厂商的平均成本、边际成本和边际收益，下列说法正确的是（　　　）。

Ⅰ. 边际成本等于市场价格，意味着最后一单位的产量耗费的资源的价值恰好等于该单位产品的社会价值，产量达到最优

Ⅱ. 平均成本等于市场价格，意味着生产者提供该数量的产品所获得的收益恰好补偿企业的生产费用，企业没有获得超额利润，消费者也没有支付多余的费用，这对买卖双方都是公平的

Ⅲ. 尽管完全竞争市场的长期均衡是通过价格的自由波动来实现的，资源

配置效率较高，但企业需要通过广告之类的宣传媒介强化自己的产品在消费者心中的地位，所以存在非价格竞争带来的资源浪费

Ⅳ. 完全竞争市场是有效率的

A. Ⅰ、Ⅱ、Ⅳ   B. Ⅰ、Ⅱ、Ⅲ、Ⅳ

C. Ⅲ、Ⅳ   D. Ⅰ、Ⅱ、Ⅲ

【答案】A

【解析】在完全竞争市场上，每个厂商提供的商品是完全同质的，生产的产品不存在差异，所以不存在非价格竞争。

第三节　不完全竞争市场

本节大纲要求

1. 熟悉完全垄断市场的特征；

2. 熟悉垄断企业的需求和边际收益曲线的含义；

3. 熟悉垄断企业的短期均衡与利润最大化原理；

4. 熟悉垄断企业供给曲线的含义；

5. 熟悉垄断企业的长期均衡与利润最大化原理；

6. 熟悉垄断竞争市场的特征；

7. 熟悉垄断竞争企业的短期均衡原理；

8. 熟悉垄断竞争企业的长期均衡原理；

9. 熟悉寡头市场的特征；

10. 熟悉古诺模型的原理。

本节内容精讲

一、完全垄断市场（熟悉）

（一）完全垄断市场的特征

概念	①完全垄断型市场是指独家企业生产某种特质产品的情形，即整个行业的市场完全处于一家企业所控制的市场结构 ②特质产品是指那些没有或缺少相近的替代品的产品

类型	①政府完全垄断。通常在公用事业中居多，如国有铁路、邮电等部门 ②私人完全垄断。如根据政府授予的特许专营，或根据专利生产的独家经营以及由于资本雄厚、技术先进而建立的排他性的私人垄断经营
特点	①市场被独家企业所控制，其他企业不可以或不可能进入该行业 ②产品没有或缺少相近的替代品 ③垄断者能够根据市场的供需情况制定理想的价格和产量，在高价少销和低价多销之间进行选择，以获取最大的利润 ④垄断者在制定产品的价格与生产数量方面的自由性是有限度的，要受到《反垄断法》和政府管制的约束
市场举例	①在当前的现实生活中没有真正的完全垄断型市场，每个行业都或多或少地引进了竞争。公用事业（如发电厂、煤气公司、自来水公司和邮电通信等）和某些资本、技术高度密集型或稀有金属矿藏的开采等行业属于接近完全垄断的市场类型 ②自然垄断常常发生在需要大量固定成本和边际成本递减的行业，比如铁路

‖ 例题 1 ‖ 下列属于完全垄断型市场结构特点的有（　　）。

Ⅰ. 市场被独家企业所控制，其他企业不可以或不可能进入该行业

Ⅱ. 产品没有或缺少相近的替代品

Ⅲ. 垄断者能够根据市场的供需情况制定理想的价格和产量

Ⅳ. 垄断者在制定产品的价格与生产数量方面的自由性是没有限度的

A. Ⅰ、Ⅱ、Ⅲ、Ⅳ　　　　　　　　B. Ⅰ、Ⅲ、Ⅳ

C. Ⅰ、Ⅱ、Ⅲ　　　　　　　　　　D. Ⅱ、Ⅲ、Ⅳ

【答案】C

【解析】垄断者在制定产品的价格与生产数量方面的自由性是有限度的，要受到《反垄断法》和政府管制的约束。

（二）垄断企业的需求和边际收益曲线的含义

1. 垄断企业的需求曲线

在完全垄断市场上，一家厂商就是整个行业。因此，垄断厂商的需求曲线是一条向右下方倾斜的曲线。它表示垄断企业的销售量与市场价格呈反方向变动，垄断企业可以用改变销售量的办法来控制市场价格。

2. 平均收益与边际收益曲线

（1）在完全垄断市场上，当销售量增加时，产品的价格会下降，边际收益等于总收益（TR）的变动除以销售量（Q）的变动，用公式表示为：

$$MR（Q）= \frac{\mathrm{d}TR（Q）}{\mathrm{d}Q}$$

由于价格下降导致边际收益减少，边际收益曲线 MR 也就不与需求曲线重合了，而是位于需求曲线下方，如图 2 - 6（a）所示，而且，随着产量的增加，边际收益曲线与需求曲线的距离越来越大，表示边际收益比价格下降得更快。

（2）垄断企业的边际收益曲线有如下特征：

①垄断企业的 MR 曲线位于需求曲线的左下方，且 MR 曲线也向右下方倾斜。

②由于每一销售量上的边际收益 MR 值就是相应的总收益（TR）曲线的斜率，所以在图 2 - 6（b）中，当 $MR > 0$ 时，TR 曲线的斜率为负；当 $MR = 0$ 时，TR 曲线达到最大值；当 $MR < 0$ 时，TR 曲线的斜率为负。

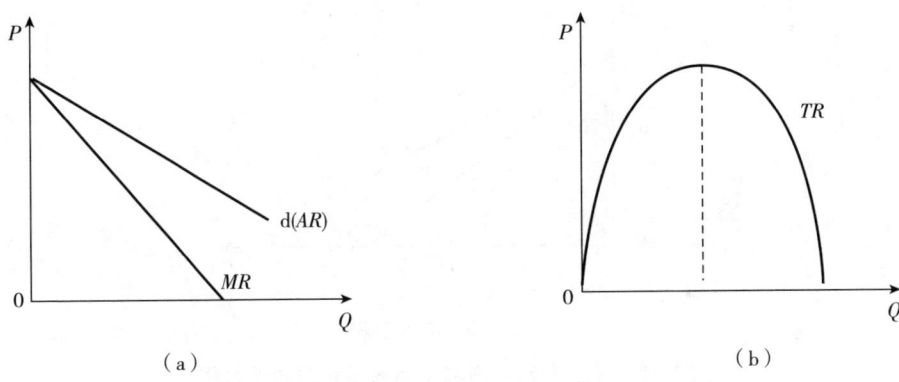

（a）   （b）

图 2 - 6 垄断企业的需求曲线与总收益曲线

（三）垄断企业的短期均衡与利润最大化原理

1. 垄断企业的短期均衡

在短期内，完全垄断厂商在既定的生产规模下，根据边际收益与短期边际成本相等（$MR = SMC$）的原则来调整产量，实现利润最大化（或亏损最小化）。如图 2 - 7 所示，短期边际成本（SMC）与边际收益（MR）的交点 E 决定均衡产量为 Q_1，需求曲线决定均衡价格为 P_1。

2. 垄断企业的利润最大化原理

（1）完全垄断企业实现短期均衡也有三种情况，分别是实现盈亏均衡、实现超额利润、实现最小亏损。盈利与否取决于需求曲线与短期平均成本曲线（SAC）的位置关系，如图 2 - 7 所示。

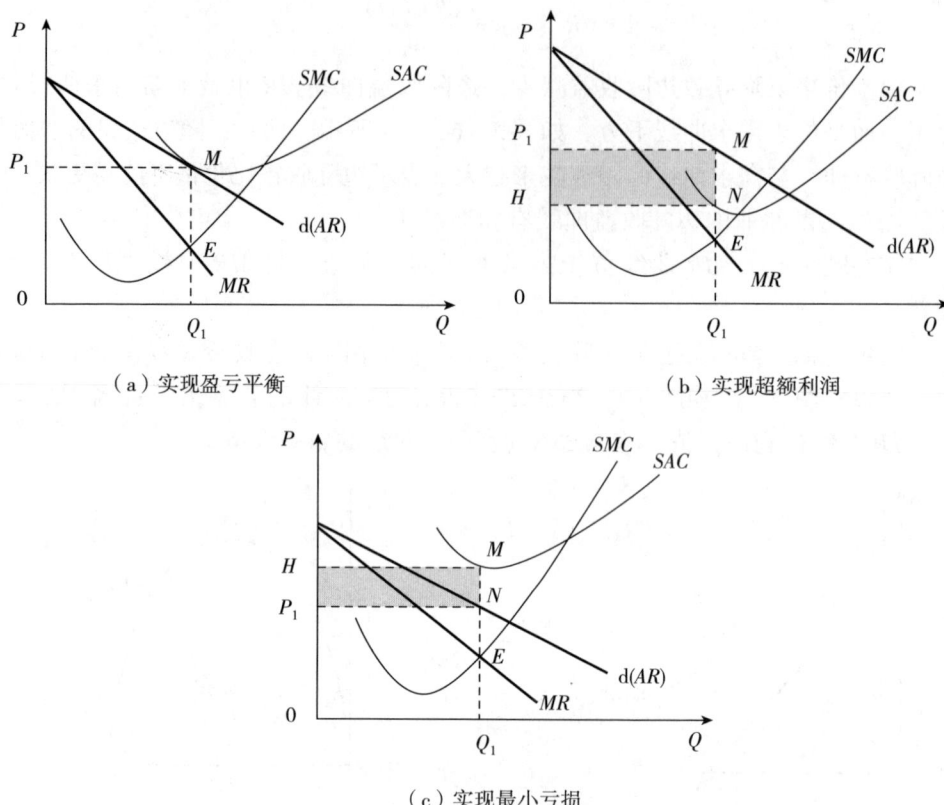

（a）实现盈亏平衡　　　　　　　　　　　（b）实现超额利润

（c）实现最小亏损

图2-7　完全垄断厂商的短期均衡和利润最大化

（2）垄断厂商利润最大化的实现途径

①垄断厂商可以通过调整产量和价格来实现利润最大化。

②垄断厂商利润最大化时的产量是由需求状况和成本状况共同决定的。

③垄断厂商利润最大化的条件为边际收益等于边际成本，即 $MR=MC$。

‖例题2‖垄断厂商利润最大化的实现途径不包括（　　）。

A. 垄断厂商可以通过调整产量和价格来实现利润最大化

B. 垄断厂商利润最大化时的产量是由需求状况和成本状况共同决定的

C. 垄断厂商利润最大化的条件为边际收益等于边际成本

D. 垄断厂商利润最大化的条件是边际收益大于边际成本

【答案】D

【解析】垄断厂商利润最大化的条件为边际收益等于边际成本。

（四）垄断企业供给曲线的含义

由于完全垄断市场的市场价格和企业产量可以同时由垄断企业决定，所以完全垄断市场不存在一条确定性的短期供给曲线。也就是说，凡是一定程度上带有垄断因素的不完全竞争市场中，或者说单个厂商的需求曲线向右下方倾斜的市场中，是不存在一条确定性的短期供给曲线的。

（五）垄断企业的长期均衡与利润最大化原理

1. 长期均衡的条件

①在长期内，垄断厂商可以通过调整全部生产要素的投入量即生产规模，从而调节产量与价格实现利润最大化。由于垄断行业有进入壁垒，如果垄断厂商在短期内获得利润，那么它的利润在长期内是可以保持的，它的利润不会因为新企业的加入而消失。

②垄断厂商长期均衡的条件是：边际收益＝长期边际成本＝短期边际成本（即 $MR = LMC = SMC$）。

③垄断厂商的短期和长期均衡价格与均衡产量的决定，就是垄断市场的短期和长期均衡价格与均衡产量的决定。

④垄断企业在长期均衡点上一般可获得利润。

2. 长期均衡的实现

①如图 2－8 所示，在垄断厂商现有的生产规模下短期平均曲线为 SAC_1，此时厂商为获取最大利润，销售量是 MR 与 SMC_1 相交的 E 点对应的 Q_1，对应的销售价格为 P_1。在短期均衡点上，垄断企业获得的利润为图中较小的阴影面积 P_1ABH。

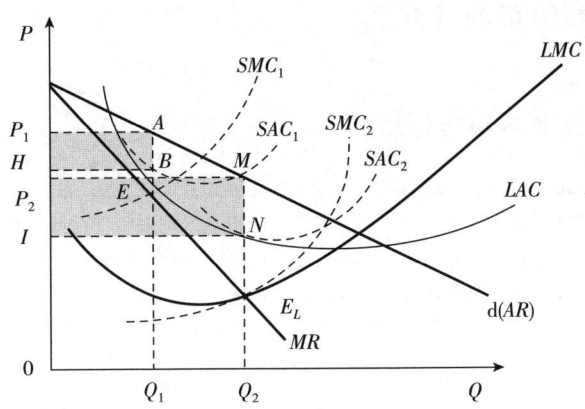

图 2－8　完全垄断市场上厂商长期均衡示意图

②在长期中，企业将通过扩大生产规模，使产品产量增加。按照 $MR = LMC$ 的长期均衡原则，长期均衡点为 E_L，对应的销售量为 Q_2，对应的销售价格为 P_2。此时，垄断厂商的短期平均成本曲线 SAC_2，应当与长期平均成本线相切，长期边际成本和短期边际成本与边际收益 MR 相交于一点，这时 $MR = LMC = SMC_2$，实现了长期均衡。在长期均衡点上，垄断企业获得的利润为图中较大的阴影面积 P_2MNI。

③长期均衡与短期均衡的区别是，后者不要求长期边际成本 LMC 与边际收益 MR 相等，而前者则要求它们相等。

台湾塑料大王王永庆初次生产100吨塑料制品，只销出了20吨，明显供过于求，后来扩大生产规模降低生产成本，通过降低销售价格打开市场，最终实现盈利的案例，是现实中非常好的例子。

‖ **例题 3** ‖ 关于完全垄断市场，下列说法中正确的是（　　　　）。

Ⅰ. 从产量的角度，垄断厂商的产量低于竞争情况下的产量

Ⅱ. 如果用消费者剩余和生产者剩余的总和来衡量整个社会的福利，完全垄断市场下的社会福利，将低于完全竞争市场下的社会福利

Ⅲ. 垄断条件下，虽然存在帕累托改进，但这样的改进对于垄断厂商是不可接受的

Ⅳ. 自然垄断常常发生在需要大量固定成本和边际成本递减的行业

A. Ⅲ、Ⅳ　　　　　　　　　　　　B. Ⅱ、Ⅳ

C. Ⅰ、Ⅱ、Ⅲ　　　　　　　　　　D. Ⅰ、Ⅱ、Ⅲ、Ⅳ

【答案】D

【解析】选项全部正确。

二、垄断竞争市场（熟悉）

（一）垄断竞争市场的特征

概念	垄断竞争市场是有许多企业生产和销售有差别的同种产品的市场结构，包括垄断因素与竞争因素，而又接近于完全竞争的一种市场结构，垄断竞争市场竞争程度较大，垄断程度较小，比较接近于完全竞争

特征	①企业众多 ②互不依存 ③同种产品之间存在差异 ④进出容易 ⑤可以形成产品集团
市场举例	垄断竞争市场是常见的一种市场结构，如肥皂、洗发水、毛巾、服装、布匹等日用品市场，餐馆、旅馆、商店等服务业市场，牛奶、火腿等食品类市场，书籍、药品等市场大都属于此类。而且要现实得多，在大城市的零售业、手工业、印刷业中普遍存在

‖ 例题 4 ‖ 下列不属于垄断竞争型市场特点的是（　　　）。

A. 生产者众多，各种生产资料可以流动

B. 生产的产品同种但不同质

C. 这类行业初始投入资本较大，阻止了大量中小企业的进入

D. 对其产品的价格有一定的控制能力

【答案】C

【解析】寡头垄断市场初始投入资本较大，阻止了大量中小企业的进入。

（二）垄断竞争企业的短期均衡原理

在短期内，垄断竞争厂商在现有的生产规模下，通过调整产量和价格，来实现边际收益等于短期边际成本（$MR = SMC$）的短期均衡条件。

在短期均衡实现过程中，垄断竞争市场同垄断市场一样，也会出现超额利润、收支相抵、亏损三种情况。如图 2-9 所示，垄断竞争企业在 E 点实现短期均衡，此时的均衡价格为 $\bar{P}$，均衡产量为 $\bar{Q}$。图中的短期平均成本为 N，所以垄断竞争厂商是有利润的，其利润为 $\bar{P}MNH$。

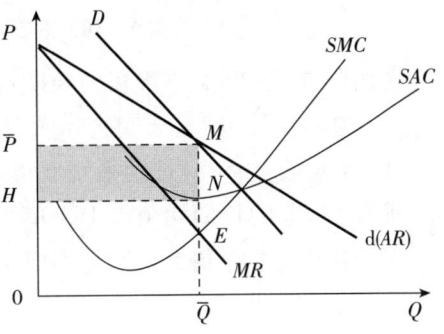

图 2-9　垄断竞争企业的短期均衡

（三）垄断竞争企业的长期均衡原理

在长期，垄断竞争厂商可以任意变动生产要素投入。如果行业出现超额利润或亏损，会通过新厂商进入或原有厂商退出，最终使超额利润或亏损消失。所以垄断竞争行业在达到长期均衡时，整个行业的超额利润为零。垄断竞争市场的长期均衡条件是：

①$MR = LMC = SMC$。

②$AR = LAC = SAC$。

如图 2-10 所示，垄断竞争厂商在 E 点实现长期均衡，均衡价格为 $\bar{P}$，均衡产量为 $\bar{Q}$。其产量由边际收益等于长期边际成本所决定，而对于平均收益上的价格恰好等于长期平均成本。垄断竞争市场在长期均衡时，平均收益等于平均成本，因此利润为零。此时不会有新的厂商加入，也不会有旧的厂商退出，市场达到长期均衡。

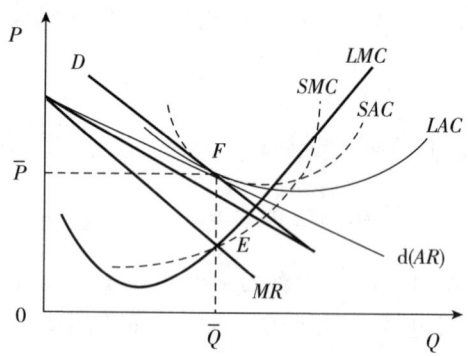

图 2-10　垄断竞争企业的长期均衡

‖例题 5‖垄断竞争市场的长期均衡条件是（　　　　）。

Ⅰ. 边际收益 MR = 长期边际成本 LMC = 短期边际成本 SMC

Ⅱ. 平均收益 AR = 长期平均成本 LAC = 短期平均成本 SAC

Ⅲ. 在厂商的长期均衡点上，单个厂商的需求曲线不一定与 LAC 曲线相切

Ⅳ. 生产成本降到了长期平均成本 LAC 的最低点

A. Ⅰ、Ⅲ、Ⅳ　　　　　　　　　　B. Ⅱ、Ⅳ

C. Ⅰ、Ⅱ　　　　　　　　　　　　D. Ⅰ、Ⅳ

【答案】C

【解析】垄断竞争企业长期均衡时，产品价格和平均成本相等。用公式表示为：边际收益 MR = 长期边际成本 LMC = 短期边际成本 SMC，平均收益 AR =

长期平均成本 LAC = 短期平均成本 SAC。Ⅲ，在厂商的长期均衡点上，单个厂商的需求曲线一定与 LAC 曲线相切；Ⅳ，垄断竞争市场处于长期均衡，但长期平均成本不是最低点。

三、寡头市场（熟悉）

（一）寡头市场的特征

概念	寡头市场是少数企业控制着某行业大部分产品的市场结构，是同时包含垄断因素与竞争因素而又更接近于完全垄断的一种市场结构
特征	①厂商极少。市场上的厂商只有一个以上的少数几个（当厂商为两个时，叫双头垄断），每个厂商在市场中都具有举足轻重的地位，对其产品价格具有相当的影响力 ②相互依存。任一厂商进行决策时，必须把竞争者的反应考虑在内，因而其既不是价格的制定者，更不是价格的接受者，而是价格的寻求者 ③产品同质或异质。产品没有差别，彼此依存的程度很高，叫纯粹寡头，存在于钢铁、尼龙、水泥等产业；产品有差别，彼此依存关系较低，叫差别寡头，存在于汽车、重型机械、石油产品、电气用具、香烟等产业 ④进出不易。其他厂商进入相当困难，甚至极其困难。因为，不仅在规模、资金、信誉、市场、原料、专利等方面，其他厂商难以与原有厂商匹敌，而且由于原有厂商相互依存，休戚相关，其他厂商不仅难以进入，也难以退出
市场举例	现实经济中，寡头垄断常见于重工业部门，如汽车、钢铁、造船、石油化工、有色冶金、飞机制造、航空运输等部门。中国的电信市场、石油市场是典型的寡头市场

（二）古诺模型的原理

概述	①古诺模型又称古诺双寡头模型或双寡头模型，古诺模型是早期的寡头模型。它是由法国经济学家古诺于 1838 年提出的 ②古诺模型是纳什均衡应用的最早版本，古诺模型通常被作为寡头理论分析的出发点。古诺模型的结论可以很容易地推广到三个或三个以上的寡头厂商的情况中去 ③古诺模型阐述了相互竞争而没有相互协调的厂商的产量决策是如何相互作用从而产生一个位于竞争均衡和垄断均衡之间的结果

续表

假设	①市场上只有 A、B 两个厂商生产和销售相同的产品，它们的生产成本为零 ②它们共同面临的市场的需求曲线是线性的，A、B 两个厂商都准确地了解市场的需求曲线 ③A、B 两个厂商都是在已知对方产量的情况下，各自确定能够给自己带来最大利润的产量，即每一个厂商都是消极地以自己的产量去适应对方已确定的产量
结论	双寡头的总产量为完全垄断总产量（Q_0）的三分之二，随着市场内厂商数量的增加，总产量 $\frac{n}{n+1}Q_0$ 也就越来越接近完全垄断总产量 Q_0

‖ 例题 6 ‖ 下列关于古诺模型的说法中，正确的有（　　）。

Ⅰ. 古诺模型又称古诺双寡头模型或双寡头模型

Ⅱ. 古诺模型是由法国经济学家古诺于 1938 年提出的

Ⅲ. 古诺模型通常被作为寡头理论分析的出发点

Ⅳ. 古诺模型是早期的寡头模型

A. Ⅱ、Ⅲ、Ⅳ　　　　　　　　　B. Ⅰ、Ⅱ、Ⅲ、Ⅳ

C. Ⅰ、Ⅲ、Ⅳ　　　　　　　　　D. Ⅰ、Ⅱ、Ⅲ

【答案】C

【解析】古诺模型又称古诺双寡头模型或双寡头模型，古诺模型是早期的寡头模型。它是由法国经济学家古诺于 1838 年提出的。古诺模型是纳什均衡应用的最早版本。

表 2-1　　　　　　　　　　　　　关于市场类型的总结

项目	市场类型			
	完全竞争	垄断竞争	寡头垄断	完全垄断
厂商数目	很多	许多	很少	一个
产品属性	同质（标准化）	有差别	有差别或无差别	无替代品
价格控制力	无（价格接受者）	有一点	有较强控制力	相当大
进入条件	不受限制	相对容易	受到限制	完全受限制
市场举例	初级产品（农产品）	日用品、餐饮等	电信、石油、汽车等	公用事业、稀有矿产

第四节 博弈论

本节大纲要求

1. 熟悉纳什均衡的基本原理;

2. 熟悉囚徒困境的基本原理。

本节内容精讲

一、纳什均衡的基本原理（熟悉）

概述	①纳什均衡又称为非合作博弈均衡,是博弈论的一个重要术语,以约翰·纳什命名 ②从经济学上说,所谓纳什均衡,指的是参与人的这样一种策略组合,在该策略组合上,任何参与人单独改变策略都不会得到好处。换句话说,如果在一个策略组合上,当所有其他人都不改变策略时,没有人会改变自己的策略,则该策略组合就是一个纳什均衡 ③纳什均衡,从实质上说,是一种非合作博弈状态
均衡达成	①纳什均衡达成时,并不意味着博弈双方都处于不动的状态,在顺序博弈中这个均衡是在博弈者连续的动作与反应中达成的 ②纳什均衡也不意味着博弈双方达到了一个整体的最优状态 ③需要注意的是,只有最优策略才可以达成纳什均衡,严格劣势策略不可能成为最佳对策,而弱优势策略和弱劣势策略是有可能达成纳什均衡的 ④在一个博弈中可能有一个以上的纳什均衡,而囚徒困境中有且只有一个纳什均衡
分类	①纳什均衡可以分成两类,即"纯战略纳什均衡"和"混合战略纳什均衡" ②所谓纯战略是指在每个给定信息下,只能选择一种特定策略,这个策略为纯策略。而混合战略是对每个纯战略分配一个概率而形成的战略。纯策略是混合策略的特例 ③每个纯战略都是一个"退化"的混合战略,某一特定纯战略的概率为1,其他的则为0。故"纯战略纳什均衡"即参与之中的所有玩家都玩纯战略;而相应的"混合战略纳什均衡"之中至少有一位玩家玩混合战略

‖ 例题 ‖ 下列关于纳什均衡基本原理的说法中，正确的有（   ）。

Ⅰ. 纳什均衡又称为非合作博弈均衡

Ⅱ. 纳什均衡是一种策略组合

Ⅲ. 纳什均衡达成时，并不意味着博弈双方都处于不动的状态

Ⅳ. 纳什均衡可以分成两类，即"纯战略纳什均衡"和"纯战术纳什均衡"

A. Ⅰ、Ⅱ、Ⅲ、Ⅳ   B. Ⅰ、Ⅱ、Ⅲ

C. Ⅱ、Ⅲ、Ⅳ   D. Ⅰ、Ⅲ、Ⅳ

【答案】B

【解析】纳什均衡可以分成两类，即"纯战略纳什均衡"和"混合战略纳什均衡"。

二、囚徒困境的基本原理（熟悉）

囚徒困境：两个被捕的囚徒之间的一种特殊博弈，说明为什么甚至在合作对双方都有利时，保持合作也是困难的。囚徒困境是博弈论的非零和博弈中具代表性的例子，反映个人最佳选择并非团体最佳选择。虽然困境本身只属模型性质，但现实中的价格竞争、环境保护、军备竞赛、关税战等方面，也会频繁出现类似情况。

假设有两个小偷 A 和 B 联合犯事、私入民宅被警察抓住。警方将两人分别置于不同的两个房间内进行审讯，对每一个犯罪嫌疑人，警方给出的政策是：如果一个犯罪嫌疑人坦白了罪行，交出了赃物，于是证据确凿，两人都被判有罪。此时，如果另一个犯罪嫌疑人也坦白了，则两人各被判刑 5 年；如果另一个犯罪嫌疑人没有坦白而是抵赖，则从重处罚判刑 10 年，而坦白者有功被减刑 5 年，立即释放。如果两人都抵赖，则警方因证据不足不能判两人的偷窃罪，但可以私入民宅的罪名将两人各判入狱 1 年。具体情况如表 2-2 所示。

表 2-2   囚徒困境博弈

A/B	坦白	抵赖
坦白	-5, -5	0, -10
抵赖	-10, 0	-1, -1

关于上述案例，显然最好的策略是双方都抵赖，结果是大家都只被判 1 年。但是由于两人处于隔离的情况，首先应该是从心理学的角度来看，当事双

方都会怀疑对方会出卖自己以求自保，按照亚当·斯密"理性的经济人"假设，每个人都会从利己的目的出发进行选择。这两个人都会有这样一个盘算过程：假如他坦白，如果我抵赖，得坐 10 年牢，如果我坦白最多才 5 年；假如他抵赖，如果我也抵赖，我就会被判刑 1 年，如果我坦白就可以被释放，而他会坐 10 年牢。综合以上几种情况考虑，不管他是否坦白，对我而言都是坦白了划算。因此（坦白、坦白）是囚徒模型的均衡解，结果都被判刑 5 年。

纳什均衡首先对亚当·斯密的"看不见的手"的原理提出挑战。按照亚当·斯密的理论，在市场经济中，每一个人都从利己的目的出发，而最终全社会达到利他的效果。但是我们可以从纳什均衡中引出"看不见的手"原理的一个悖论：从利己的目的出发，结果损人不利己，既不利己也不利他。

第五节　总需求和总供给

本节大纲要求

1. 熟悉社会总需求、社会总供给的含义；
2. 掌握宏观经济均衡的基本原理。

本节内容精讲

一、社会总需求、社会总供给的含义（熟悉）

（一）社会总需求的含义

含义	社会总需求是经济社会需求产品和劳务的总量，这一需求总量通常以产出水平（Y）来表示
总需求的构成	在四部门经济中，总需求由消费需求、投资需求、政府需求和国外需求构成，即 $$Y = C + I + G + (X - M)$$ 其中，Y 为总需求，C 为居民消费，I 为企业投资，G 为政府购买，X 为出口量，M 为进口量，$X - M$ 为净出口
影响因素	影响总需求的变量因素除价格水平、人们的收入、对未来的预期等，还包括诸如税收、政府购买以及货币供给等政策变量

总需求曲线	①总需求曲线表示产品市场与货币市场同时达到均衡时的价格水平与产出水平的组合 ②总需求曲线是向右下方倾斜的。它表示价格水平越低，需求总量越大；价格水平越高，需求总量越小。即价格水平与需求总量呈反方向变化的关系

（二）社会总供给的含义

含义	社会总供给是经济社会所提供的产品和劳务的总产量（或国民收入），即经济社会投入的基本资源所生产的产量
总供给的构成	社会总供给包括两个部分 ①由国内生产活动提供的产品和劳务，包括农林牧渔业、工业、建筑业等行业提供的产品，也包括由交通运输、邮电通信、银行保险、商业服务业等行业提供的服务，即国内生产总值 ②由国外提供的产品和劳务，即商品和劳务输入

计算公式	①总供给的计算公式为
	     社会总供给 = 本期国内生产总值 + 本期进口 − 本期不可分配部分
	本期不可分配部分，是指国内生产总值中当年不能进行分配的部分，如人工培育正在生长过程中的牲畜、树木、由于天灾人祸造成的损失等
	②由于各时期的供求状况相互影响，在测算社会总供给时，应考虑各时期之间的衔接。其计算公式又可表示为
	     社会总供给 = 本期形成的社会总供给 + 期初供给结余总额

总供给曲线	①常规总供给曲线向右上方倾斜，随着价格的上升，经济社会提供的总产量将增加 ②按照货币工资与价格水平进行调整所需时间的长短，宏观经济学将总产出与价格水平之间的关系分为三种：古典总供给曲线、凯恩斯总供给曲线和常规总供给曲线

二、宏观经济均衡的基本原理（掌握）

（一）宏观经济均衡的含义及条件

基本含义	宏观经济均衡是社会总需求与社会总供给在总量与结构之间的基本平衡
包含的内容	①一国的宏观经济均衡包括两个方面：内部均衡和外部均衡。内部均衡主要是指一国国内经济出现充分就业、经济增长和物价稳定的局面。外部均衡主要是指一国国际收支的基本平衡 ②如果一国同时达到内部均衡与外部均衡，经济就处于宏观经济的全面均衡状态，即最适宜的发展状态。追求宏观经济均衡是各国的发展目标
均衡条件	宏观经济均衡就是投资＝储蓄 ①在两部门经济中，即居民储蓄等于企业投资：$i=s$ ②在三部门经济中，即居民和政府储蓄等于企业投资：$i=s+(t-g)$，其中 t 为税收，g 为政府支出，$t-g$ 为政府储蓄 ③在四部门经济中，即居民、政府和国外储蓄等于企业投资：$i=s+(t-g)+(m-x)$，其中 m 是外国收到的钱，x 是他们支付的钱，$m-x$ 表示国外的储蓄

（二）宏观经济均衡的类型

1. 短期宏观经济均衡

基本含义	①短期宏观经济均衡发生在总需求曲线和短期总供给曲线的交点处，在该交点处，实际 GDP 的需求量等于实际 GDP 的供给量 ②如果实际 GDP 低于均衡 GDP，企业增加产量并提高价格；而如果实际 GDP 高于均衡 GDP，企业减少产量并降低价格
三种短期均衡状态	①充分就业均衡，当总需求曲线与短期总供给曲线相交时的产量恰好处在长期总供给曲线上时，我们称这时的宏观经济均衡为充分就业均衡。这时资源得到充分利用，失业率处于自然失业率的水平上，这是宏观经济的理想状态 ②低于充分就业的均衡（失业均衡），这就是宏观经济均衡时决定的实际国内生产总值小于充分就业时的国内生产总值，从而企业开工不足，失业率高于自然失业率 ③通货膨胀均衡，这就是宏观经济均衡时决定的实际国内生产总值大于充分就业时的实际国内生产总值，实际产出超过了潜在 GDP 的水平，推动了价格的上升

2. 长期宏观经济均衡

长期宏观经济均衡发生在实际 GDP 等于潜在 GDP 的位置上。长期均衡时，实际 GDP 位于总需求曲线和长期总供给曲线的交点处。

‖例题‖下列有关储蓄—投资恒等式的表达式中，正确的有（　　　）。

Ⅰ. I = S

Ⅱ. I = S + (T − G)

Ⅲ. I = S + (M − X)

Ⅳ. I = S + (T − G) + (M − X)

A. Ⅰ、Ⅱ、Ⅲ

B. Ⅰ、Ⅱ、Ⅳ

C. Ⅱ、Ⅲ、Ⅳ

D. Ⅰ、Ⅲ、Ⅳ

【答案】B

【解析】Ⅰ、Ⅱ、Ⅳ分别代表了两部门经济、三部门经济、四部门经济中的储蓄—投资恒等式。

第六节　IS – LM 模型

本节大纲要求

1. 熟悉产品市场和货币市场的一般均衡；

2. 掌握 IS – LM 模型。

本节内容精讲

一、产品市场和货币市场的一般均衡（熟悉）

（一）产品市场的均衡

含义	所谓产品市场的均衡，是指产品市场中总需求等于总供给时各经济变量的状态
推导过程	①在两部门经济中，产品市场的均衡条件是总需求等于总供给，即投资等于储蓄（$i = s$） ②假定消费函数为 $c = \alpha + \beta y$，其中 c 为消费，y 为收入，α、β 为参数。参数 β 称为边际消费倾向，其值介于 0 与 1 之间。根据两部门国民收入等于消费加储蓄（$y = c + s$）可以推导出储蓄函数：$s = y - c = y - (\alpha + \beta y) = -\alpha + (1 - \beta) y$ ③假设投资函数 $i = e - dr$，其中 e 为自主投资，r 为利率（实际利率），d 为投资需求对利率变动的敏感系数或利率对投资需求的影响系数 ④根据 $i = s$，经过推导可得 $$e - dr = -\alpha + (1 - \beta) y$$ $$y = \frac{\alpha + e - dr}{1 - \beta}$$

续表

IS 曲线	①从上式可以看到，储蓄等于投资是使产品市场保持均衡的必要条件，则均衡的国民收入与利率之间存在着反方向变化的关系 ②以纵轴代表利率，横轴代表收入则可得到一条反映收入和利率之间相互关系的曲线。将这条曲线称为 IS 曲线。IS 曲线是描述产品市场达到均衡（$i = s$）时，国民收入与利率之间反方向变动的曲线

（二）货币市场的均衡

含义	所谓货币市场的均衡，是指货币市场上货币需求等于货币供给时的状况
货币市场均衡达成	①货币市场上供给和需求的均衡决定了利率，而货币的供给量是由货币当局控制的，假定它是一个外生变量，所以货币市场的均衡只能通过调节对货币的需求来实现 ②产生货币需求的动机包括交易动机、预防动机和投机动机三种。交易动机和预防动机与收入正相关，是收入的增函数。投机动机与利率负相关，是利率的减函数 ③假定 m 代表实际货币供给量，当货币市场实现均衡时 $m = L = L_1(y) + L_2(y) = ky - hr$。其中 L_1 是货币的交易需求（由交易动机和预防动机引起），L_2 是货币的投机需求；k 表示边际持币倾向，h 代表货币的投机需求对利率变化的弹性系数
LM 曲线	当 m 给定时，由于货币市场均衡时 $m = ky - hr$，此公式可表示货币市场达到均衡时收入与利率的组合关系，这一关系图形被称为 LM 曲线。经过推导可得 $$y = \frac{hr}{k} + \frac{m}{k} \text{ 或 } r = \frac{ky}{h} - \frac{m}{h}$$

二、IS – LM 模型（掌握）

1. 产品市场和货币市场的一般均衡

当 IS 曲线和 LM 曲线相交时，产品市场和货币市场同时实现了均衡。如图 2 – 11 所示，IS 曲线和 LM 曲线相交于 E 点，在 E 点实现了两个市场的同时均衡，E 点也同时决定了均衡收入和均衡利率。

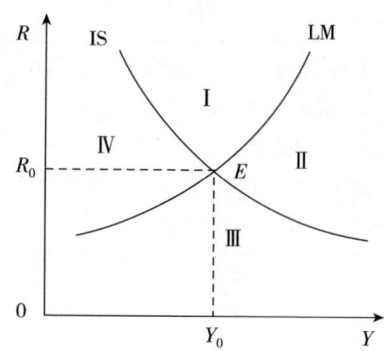

图 2 - 11   产品市场和货币市场的一般均衡

2. 产品市场和货币市场的非均衡关系

从图 2 - 11 中可以看出，只有在 IS 曲线和 LM 曲线的交点，才会产生均衡收入和均衡利率。IS 曲线和 LM 曲线将坐标平面分成了四个区域：Ⅰ、Ⅱ、Ⅲ、Ⅳ。这四个区域中的非均衡关系如下表所示。

区域	产品市场	货币市场
Ⅰ	i < s，有超额产品供给	L > M，有超额货币供给
Ⅱ	i < s，有超额产品供给	L < M，有超额货币需求
Ⅲ	i > s，有超额产品需求	L < M，有超额货币需求
Ⅳ	i > s，有超额产品需求	L > M，有超额货币供给

如果 IS 不均衡会导致收入变动：投资小于储蓄会导致收入下降，投资大于储蓄会导致收入上升。如果 LM 不均衡会导致利率变动：货币需求小于货币供给会导致利率下降，货币需求大于货币供给会导致利率上升。这种调整最终都会趋向于均衡收入和均衡利率。

‖例题‖ 在 IS - LM 模型中，若 i < s、L > M，则代表（   ）。

Ⅰ. 有超额产品供给   Ⅱ. 有超额产品需求

Ⅲ. 有超额货币供给   Ⅳ. 有超额货币需求

A. Ⅰ、Ⅲ   B. Ⅱ、Ⅲ   C. Ⅰ、Ⅳ   D. Ⅱ、Ⅳ

【答案】C

【解析】若 i < s、L > M，则代表有超额产品供给，有超额货币需求。

第七节 可贷资金市场

本节大纲要求

熟悉可贷资金市场均衡、外汇市场均衡及可贷资金市场与外汇市场同时均衡。

本节内容精讲

可贷资金市场均衡、外汇市场均衡及可贷资金市场与外汇市场同时均衡（熟悉）

（一）可贷资金市场均衡

概念	①可贷资金市场是指想借钱投资的人能够借贷资金、想储蓄的人可以提供资金的市场 ②投资是可贷资金需求的来源，这种需求包括家庭用抵押贷款购置住房和企业借款用于购买新设备或建立新工厂 ③可贷资金的供给来自国民储蓄，包括私人储蓄和公共储蓄
供给需求曲线	①利率是贷款的价格。它代表贷款者从其储蓄或放贷中得到的货币量以及借款者要为借款支付的货币量 ②由于高利率使储蓄更有吸引力，贷款者可以获得高利息，所以随着利率的上升，可贷资金供给量增加。同时，高利率使借款更为昂贵，借款者需要支付高利息，所以随着利率的上升，可贷资金需求量减少 ③如图2-12（a）所示，可贷资金的供给曲线向右上方倾斜，而可贷资金的需求曲线向右下方倾斜。可贷资金市场的需求曲线和供给曲线相交时，可贷资金市场实现了均衡，交点决定了均衡利率和均衡货币量 ④利率调整会使可贷资金需求与供给达到均衡水平

（二）外汇市场均衡

均衡条件	①资本净流出（NCO）＝净出口（NX） ②等式右边的净出口代表外汇市场的供给方，表示为购买本国物品与劳务的净出口而需求的本币量（提供外汇）。等式左方的资本净流出代表外汇市场的需求方，表示为购买国外资产而供给的本币量（支付外汇）
供给需求曲线	①需求曲线向右下方倾斜，即较低的真实汇率使本国的物品更加便宜，并增加了为购买这些物品而需求的本币量，如图 2 − 12（b）所示 ②供给曲线是垂直的，因为为资本净流出而供给的本币量并不取决于真实汇率，而是取决于真实利率（当讨论外汇市场时，我们把真实利率和资本净流出作为既定的）
外汇市场均衡	①外汇市场上的需求曲线与供给曲线相交时，交点决定的汇率是均衡汇率，此时外汇市场实现了均衡 ②真实汇率变动以维持外汇市场均衡。如果真实汇率高于均衡水平，那么外汇供给量将大于需求量，外汇过剩将使外汇的价值下降，真实汇率下降。相反，如果真实汇率低于均衡水平，那么外汇供给量将小于需求量，外汇短缺将使外汇的价值上升，真实汇率上升

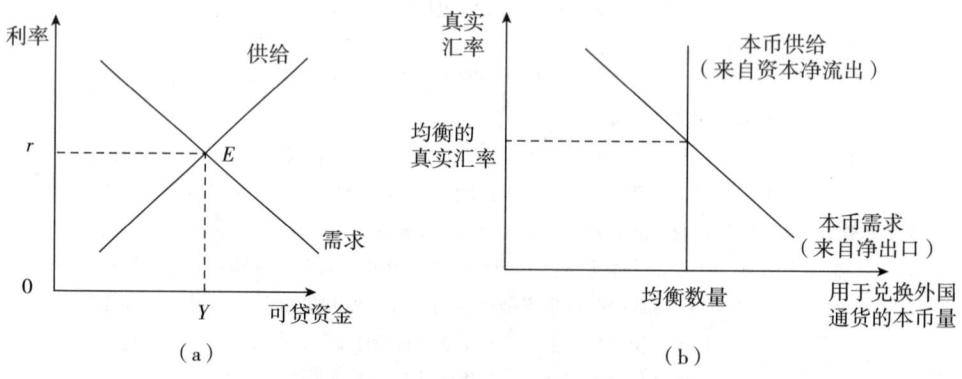

图 2 − 12　可贷资金市场和外汇市场

（三）可贷资金市场与外汇市场同时均衡

图 2 − 13 说明了可贷资金市场和外汇市场如何共同决定开放经济中的重要宏观经济变量，同时达到均衡。图 2 − 13（a）表示可贷资金市场。可贷资金供给主要来源于国民储蓄，可贷资金需求主要来源于国内投资和资本净流出，均

衡的真实利率（r_1）使可贷资金需求量等于可贷资金供给量。

图 2 – 13（b）表示资本净流出。它说明从图 2 – 13（a）中得出的真实利率如何决定资本净流出。国内真实利率上升使国内资产更有吸引力，而这又减少了资本净流出。因此，图 2 – 13（b）中的资本净流出曲线向右下方倾斜。

图 2 – 13（c）表示外汇市场。外汇需求曲线向右下方倾斜，因为较低的真实汇率使本国的物品更加便宜，增加了为购买这些物品而需求的本币量。由于购买外国资产需要用外国通货，所以从图 2 – 13（b）中得出的资本净流出量决定了用于兑换外国通货的本币的供给。供给曲线是垂直的，因为真实汇率并不影响资本净流出。均衡的真实汇率（E_1）使外汇市场上本币的需求量等于供给量。

图 2 – 13 中所表示的两个市场决定了两个相对价格——真实汇率和真实利率。图 2 – 13（a）中可贷资金市场需求和供给决定的真实利率是相对于未来物品与服务的现期物品与服务的价格。图 2 – 13（c）中外汇市场需求和供给决定的真实汇率是相对于国外物品与服务的国内物品与服务的价格。这两个相对价格同时调整使可贷资金市场和外汇市场的供求达到均衡。当这两个相对价格调整时，它们就决定了国内投资、国民储蓄、净出口和资本净流出。

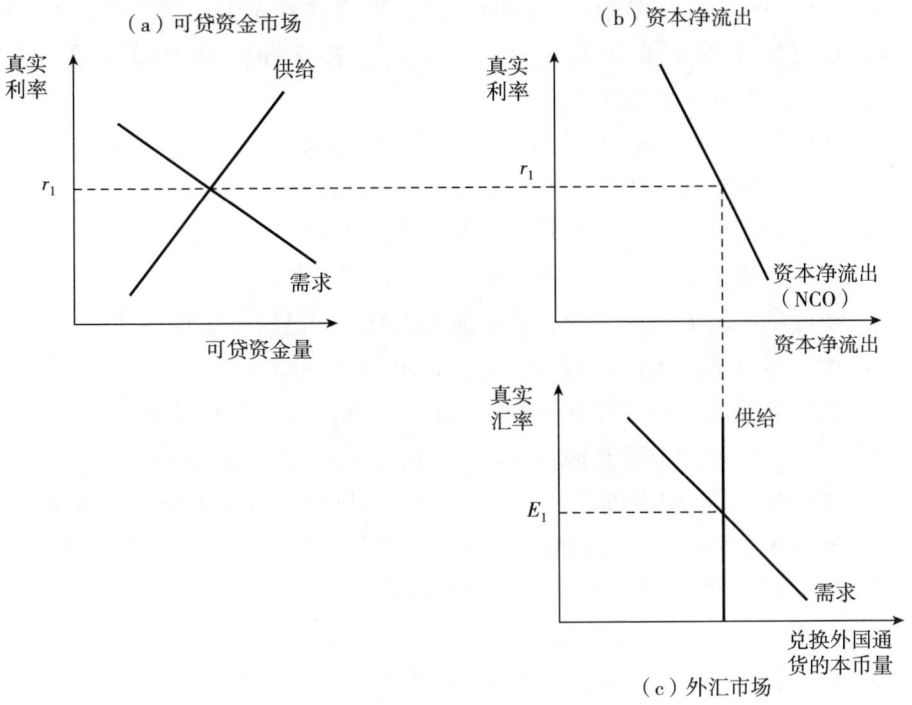

图 2 – 13　开放经济的实际均衡

‖ **例题** ‖ 下列关于可贷资金市场均衡的说法中，正确的有（　　）。

Ⅰ. 可贷资金市场是指想借钱投资的人能够借贷资金、想储蓄的人可以提供资金的市场

Ⅱ. 可贷资金的需求来自希望获得借款进行投资的包括家庭和企业

Ⅲ. 投资是可贷资金需求的来源

Ⅳ. 可贷资金的供给来自国民储蓄，包括私人储蓄和公共储蓄

A. Ⅰ、Ⅱ、Ⅲ   B. Ⅰ、Ⅱ、Ⅳ

C. Ⅱ、Ⅲ、Ⅳ   D. Ⅰ、Ⅱ、Ⅲ、Ⅳ

【答案】D

【解析】选项全部正确。

章节测试

一、单项选择题（以下备选项中只有一项符合题目要求，不选、错选均不得分）

1. 需求的收入弹性是指在一定时期内，当消费者的收入变化百分之一时，所引起的商品需求量变化的百分比（e_M），若某种商品的需求收入弹性 $0 < e_M < 1$，则该商品是（　　）。

A. 正常品　　　　B. 必需品　　　　C. 奢侈品　　　　D. 低档品

2. 完全竞争型市场结构得以形成的根本原因在于（　　）。

A. 企业的盈利完全由市场对产品的需求来决定

B. 生产者或消费者可以自由进入或退出市场

C. 企业的产品无差异，所有企业都无法控制产品的市场价格

D. 生产者众多，生产资料可以完全流动

3. 完全垄断企业为了实现利润最大化，应遵循的决策原则是（　　）。

A. 按照价格弹性进行价格歧视　　　B. 边际收益大于边际成本

C. 边际收益等于边际成本　　　　　D. 边际收益等于平均收益曲线

4. 假设有两家厂商，它们面临的是线性需求曲线 $P = A - BY$，每家厂商的边际成本均为零，则古诺均衡情况下的产量是（　　）。

A. A/3B　　　　B. A/5B　　　　C. A/4B　　　　D. A/2B

5. 关于垄断竞争型市场，下列说法错误的是（　　）。

A. 生产者众多，各种生产资料可以流动

B. 生产的产品同种但不同质

C. 这类行业初始投入资本较大，阻止了大量中小企业的进入

D. 对其产品的价格有一定的控制能力

6. 下列关于完全垄断企业的需求和边际收益说法不正确的是（　　）。

A. 整个行业的需求曲线也就是一家厂商的需求曲线

B. 平均收益曲线 AR 仍然与需求曲线 d 重合

C. 当销售量增加时，产品的价格会下降，边际收益曲线 MR 不再与需求曲线重合，而是位于需求曲线下方

D. 随着产量的增加，边际收益曲线与需求曲线的距离越来越大，表示边际收益比价格下降得更快

7. 已知某种商品的需求价格弹性系数是0.5，当价格为每台32元时，其销售量为1000台，如果这种商品的价格上升10%，在其他因素不变的条件下，其销售量是（　　）台。

A. 1050　　　　　B. 950　　　　　C. 1000　　　　　D. 1100

8. （　　）是博弈论的非零和博弈中具代表性的例子，反映个人最佳选择并非团体最佳选择。

A. 纳什均衡　　　B. 囚徒困境　　　C. 古诺模型　　　D. 合作博弈均衡

二、组合单项选择题（以下备选项中只有一项最符合题目要求，不选、错选均不得分）

1. 下列关于弹性的表述中，正确的有（　　）。

Ⅰ. 需求价格弹性是需求量变动对价格变动的敏感程度

Ⅱ. 需求价格弹性等于需求的变动量除以价格的变动量

Ⅲ. 收入弹性描述的是收入与需求量的关系

Ⅳ. 交叉弹性是一种商品的价格变化对另一种商品需求量的影响

A. Ⅰ、Ⅱ、Ⅲ　　　　　　　　　　B. Ⅱ、Ⅲ、Ⅳ

C. Ⅰ、Ⅲ、Ⅳ　　　　　　　　　　D. Ⅰ、Ⅱ、Ⅳ

2. 不完全竞争市场分为（　　）。

Ⅰ. 垄断市场　　　　　　　　　　Ⅱ. 有效竞争市场

Ⅲ. 寡头市场　　　　　　　　　　Ⅳ. 垄断竞争市场

A. Ⅰ、Ⅱ、Ⅲ　　　　　　　　　　B. Ⅱ、Ⅲ、Ⅳ

C. Ⅰ、Ⅲ、Ⅳ　　　　　　　　　　D. Ⅰ、Ⅱ、Ⅲ、Ⅳ

3. 下列属于垄断竞争市场结构的行业有（　　）。

Ⅰ. 玉米　　　　Ⅱ. 小麦　　　　Ⅲ. 啤酒　　　　Ⅳ. 糖果

A. Ⅰ、Ⅱ　　　　B. Ⅱ、Ⅳ　　　　C. Ⅰ、Ⅲ　　　　D. Ⅲ、Ⅳ

4. 下列属于寡头垄断的是 (　　　)。

Ⅰ. 制成品如纺织、服装等轻工业产品

Ⅱ. 资本密集型、技术密集型产品，如钢铁、汽车

Ⅲ. 少数储量集中的矿产品如石油

Ⅳ. 初级产品如农产品

A.Ⅰ、Ⅱ　　　　　　B.Ⅱ、Ⅲ　　　　　　C.Ⅲ、Ⅳ　　　　　　D.Ⅰ、Ⅳ

5. 下列关于垄断竞争市场特征和生产者行为的说法，正确的有 (　　　)。

Ⅰ. 单个企业的需求曲线是一条向右下方倾斜的曲线

Ⅱ. 行业的需求曲线和个别企业的需求曲线是相同的

Ⅲ. 垄断竞争市场的产量一般低于完全竞争市场的产量

Ⅳ. 企业能在一定程度上控制价格

A.Ⅰ、Ⅱ、Ⅲ　　　　　　　　　　B.Ⅱ、Ⅲ、Ⅳ

C.Ⅰ、Ⅲ、Ⅳ　　　　　　　　　　D.Ⅰ、Ⅱ、Ⅲ、Ⅳ

6. 根据凯恩斯的流动性偏好理论，决定货币需求的动机包括 (　　　)。

Ⅰ. 交易动机　　　　　　　　　　Ⅱ. 预防动机

Ⅲ. 投机动机　　　　　　　　　　Ⅳ. 储蓄动机

A.Ⅰ、Ⅱ、Ⅲ　　　　　　　　　　B.Ⅱ、Ⅲ、Ⅳ

C.Ⅰ、Ⅲ、Ⅳ　　　　　　　　　　D.Ⅰ、Ⅱ、Ⅲ、Ⅳ

7. 下列经济因素中，对长期总供给有决定性影响的有 (　　　)。

Ⅰ. 劳动　　　　　　　　　　　　Ⅱ. 价格总水平

Ⅲ. 资本　　　　　　　　　　　　Ⅳ. 技术

A.Ⅰ、Ⅱ、Ⅲ　　　　　　　　　　B.Ⅱ、Ⅲ、Ⅳ

C.Ⅰ、Ⅲ、Ⅳ　　　　　　　　　　D.Ⅰ、Ⅱ、Ⅲ、Ⅳ

8. 短期总供给曲线是一条向右上方倾斜的曲线，这表明 (　　　)。

Ⅰ. 价格水平越高，投资的效率就越低

Ⅱ. 价格水平越高，国民收入水平越高

Ⅲ. 利率水平越高，投资的效率就越高

Ⅳ. 价格与国民收入同方向变动

A.Ⅰ、Ⅲ　　　　　　B.Ⅱ、Ⅲ　　　　　　C.Ⅰ、Ⅳ　　　　　　D.Ⅱ、Ⅳ

章节测试答案与解析

一、单项选择题

1. 【答案】B

【解析】若 $e_M > 0$，则此商品为正常品，其中 $0 < e_M < 1$ 时为必需品，$e_M > 1$ 时为奢侈品；若 $e_M < 0$，则此商品为劣等品，或者说是低档品。

2. 【答案】C

【解析】完全竞争型市场结构得以形成的根本原因在于企业的产品无差异，所有企业都无法控制产品的市场价格。

3. 【答案】C

【解析】不论何种市场，企业实现利润最大化的决策原则都是边际收益等于边际成本。

4. 【答案】A

【解析】该市场仅有两家厂商，属于寡头垄断市场，根据市场需求曲线 $P = A - BY$，完全垄断下，市场的总产量为 $Q_0 = A/B$。寡头市场中每个厂商的均衡产量相同，总产量为 $\frac{n}{n+1} Q_0$，因此，双头垄断每个厂商的均衡产量为 $A/3B$。

5. 【答案】C

【解析】初始投入资本较大，阻止了大量中小企业的进入，属于寡头垄断型市场的特点。

6. 【答案】B

【解析】完全垄断市场上，需求增加产品的价格会下降，所以 C 正确，B 错误。

7. 【答案】B

【解析】需求弹性为 0.5，即价格上升 10% 时，销量下降 5%。涨价后的销量 $= 1000 \times (1 - 5\%) = 950$（台）。

8. 【答案】B

【解析】囚徒困境反映个人最佳选择并非团体最佳选择。

二、组合单项选择题

1. 【答案】C

【解析】需求价格弹性等于需求变动的百分比除以价格变动的百分比。

2. 【答案】C

【解析】Ⅱ，有效竞争市场即完全竞争市场。

3. 【答案】D

【解析】Ⅰ和Ⅱ为农产品，近似于完全竞争市场结构。

4. 【答案】B

【解析】寡头垄断型市场包括资本密集型、技术密集型产品，如钢铁、汽车等重工业以及少数储量集中的矿产品如石油等。Ⅰ属于垄断竞争；Ⅳ属于完全竞争。

5. 【答案】C

【解析】Ⅱ，对垄断竞争企业而言，因为行业中还存在其他生产者，因此行业的需求曲线和个别企业的需求曲线并不相同。

6. 【答案】A

【解析】凯恩斯流动偏好理论认为产生货币需求的动机包括交易动机、预防动机和投机动机三种。

7. 【答案】C

【解析】从长期来看，总供给变动与价格总水平无关，长期总供给只取决于劳动、资本与技术，以及经济体制等因素。

8. 【答案】D

【解析】短期总供给曲线一般是向右上方倾斜的曲线，它表示价格与国民收入同方向变动。

第三章

金融学

本章考情分析

本章在考试大纲中列举了 18 个考点，涉及利率与风险、资产定价、有效市场与行为金融等方面。在考试大纲中未设置分节，为了便于大家学习，我们分了三节。第一节介绍利率、风险与收益，第二节介绍资产定价，第三节介绍有效市场与行为金融。

本章的内容对理解金融市场有非常重要的作用，在最近三次考试中平均分值为 11 分。本章的内容不多，考点较多，特别是第二节的内容难度较大，需要理解资本市场线和证券市场线的区别，熟悉资本资产定价模型的含义及应用。其余内容，除第三节中的行为资产定价模型是了解之外，需要在理解的基础上加以掌握，区分不同表述的准确含义。

第一节　利率、风险与收益

本节大纲要求

1. 熟悉单利和复利的含义；

2. 熟悉连续复利的含义；

3. 熟悉终值、现值与贴现因子的含义；

4. 掌握无风险利率和风险评价、风险偏好的概念；

5. 熟悉无风险利率的度量方法及主要影响因素；

6. 掌握风险溢价的度量方法及主要影响因素。

本节内容精讲

一、单利和复利的含义（熟悉）

（一）单利的含义

单利的概念	单利是计算利息的一种方法。按照这种方法，只要本金在计息周期中获得利息，无论时间多长，所生利息均不加入本金重复计算利息
计算公式	$I = PV \times i \times t$ 其中 I 为利息；PV 为本金；i 为年利率；t 为计息时间
单利终值	①单利终值即现在的一定资金在将来某一时点按照单利方式计算的本利和 ②单利终值的计算公式为 $FV = PV \times (1 + i \times t)$
单利现值	①在现实经济生活中，有时需要根据终值来确定其现在的价值即现值。比如使用未到期的票据向银行申请贴现，贴现使用的利率称为贴现率，计算出来的利息称为贴现息，扣除贴现息后的余额称为现值 ②单利现值的计算公式为 $PV = FV/(1 + i \times t)$。因为单利贴现的时间通常较短（短于一年），所以 $PV = FV/(1 + i \times t) \approx FV \times (1 - i \times t)$

‖例题1‖ 某投资者投资一项目，该项目五年后将一次性获得100万元收入，假定投资者期望的年利率为5%，那么按照单利计算，投资的现值为（   ）万元。

A. 125　　　　　　　B. 100　　　　　　　C. 80　　　　　　　D. 75

【答案】C

【解析】单利现值 $PV = FV/(1 + i \times t) = 100/(1 + 5\% \times 5) = 80$（万元）。

（二）复利

复利的概念	①复利是计算利息的另一种方法。按照这种方法，每经过一个计息期，要将所生利息加入本金再计利，因此俗称"利滚利""驴打滚" ②这里所说的计息期，是指相邻两次计息的时间间隔，如年、月、日等。除非特别说明，计息期为一年。固定收益证券常常是半年付息一次

复利终值 计算公式	$FV = PV \times (1+i)^n$ 其中 PV 为本金，FV 为终值，$(1+i)^n$ 称为复利终值系数
复利现值 计算公式	$PV = FV/(1+i)^n = FV \times (1+i)^{-n}$ 其中，$(1+i)^{-n}$ 称为复利现值系数或 1 元的复利现值

‖ **例题 2** ‖ 某人未来三年中，每年从企业获得一次性劳务报酬 5 万元，若企业支付报酬的时间既可以在年初，也可以在年末，按年利率为 10%，由于企业支付报酬时点的不同，三年收入的现值差为（　　　）元。

A. 12434. 26　　　　B. 4545. 45　　　　C. 14683. 49　　　　D. 8677. 69

【答案】A

【解析】报酬在年初支付的现值为 $PV_1 = 50000 + \dfrac{50000}{1+10\%} + \dfrac{50000}{(1+10\%)^2} \approx 136776. 86$（元）。报酬在年末支付的现值 $PV_2 = \dfrac{50000}{1+10\%} + \dfrac{50000}{(1+10\%)^2} + \dfrac{50000}{(1+10\%)^3} \approx 124342. 60$（元）。现值差为 $136776. 86 - 124342. 60 = 12434. 26$（元）。

二、连续复利的含义（熟悉）

连续复利是指在复利的基础上，当期数趋于无限大时计算得到的利率。

假设本金为 P_0，年利率为 i，如果每年含有 m 个复利结算周期，当复利结算的周期数趋向于无穷大（$m \to \infty$）时，n 年后的本利和为 $P_n = P_0 \left(1 + \dfrac{i}{m}\right)^{mn} = P_0 \left(1 + \dfrac{i}{m}\right)^{\frac{1}{i/m}ni}$。

由于 $\lim\limits_{m \to \infty} \left(1 + \dfrac{i}{m}\right)^{\frac{1}{i/m}} = e$，因此 n 年后的本利和可以表示为 $P_n = P_0 e^{ni}$。

三、终值、现值与贴现因子的含义（熟悉）

终值、现值与贴现因子都是按照复利方式进行计算的。

终值	①终值是货币的未来价值。已知期初投入的现值为 PV，未来价值即第 n 期期末的终值 FV，也就是求第 n 期期末的本利和，年利率为 i ②终值一般计算公式为 $FV = PV \times (1 + i)^n$
现值	①现值即现在值，是指将来货币金额的现在价值。由终值的一般计算公式 $FV = PV \times (1 + i)^n$ 转换为求 PV，则一次性支付的现值计算公式为 $PV = \dfrac{FV}{(1 + i)^n}$ ②将未来某时点资金的价值折算为现在时点的价值称为贴现。因此，在现值计算中，利率 i 也被称为贴现率
贴现因子	当利率为 i 时，承诺 n 年后支付 R 的现值为 $\dfrac{R}{(1 + i)^n}$。其中 $\dfrac{1}{(1 + i)^n}$ 被称为未来 n 时期的货币的贴现因子

‖ **例题3** ‖ 某公司发行了面值为1000元的5年期零息债券，现在的市场利率为8%，那么该债券的现值为（　　　）元。

A. 680.52　　　　B. 680.58　　　　C. 680.70　　　　D. 680.96

【答案】B

【解析】该债券的现值 = $1000 / (1 + 8\%)^5 = 680.58$（元）。

四、无风险利率和风险评价、风险偏好的概念（掌握）

无风险利率	无风险利率指将资金投资于某一项没有任何风险的投资对象而能得到的利息率
风险评价	①风险评价指在风险识别和风险估测的基础上，结合其他因素对风险发生的概率、损失程度等进行全面的考虑，评估发生风险的可能性及将会造成的危害，并与公认的安全指标相比较，衡量风险的程度，并决定是否需要采取相应措施来应对风险的过程 ②风险价值（VaR）方法是一种重要的风险评价和控制方法
风险偏好	①指为了达到既定的目标，投资者在承担风险的种类、大小等方面的基本态度。根据投资者对风险的偏好程度，可将其分为风险偏好者、风险厌恶者和风险中立者 ②对于同样的风险，越是厌恶风险的人所要求的风险补偿越高

五、无风险利率的度量方法及主要影响因素 （熟悉）

度量方法	（1）无风险利率的度量方法主要有三种：①用短期国债利率作为无风险利率。②用利率期限结构中的远期利率来估计远期的无风险利率。③用即期的长期国债利率作为无风险利率 （2）国际上，一般采用短期国债利率作为市场无风险利率
主要影响因素	（1）无风险利率的主要影响因素包括：①资产市场化程度；②信用风险因素；③流动性因素 （2）资产市场化程度越高、信用风险越低、流动性越强，那么无风险利率越接近于实际情况

‖ 例题 4 ‖ 无风险利率的主要影响因素不包括（   ）。

A. 资产市场化程度　　　　　　　B. 信用风险因素

C. 流动性因素　　　　　　　　　D. 风险溢价

【答案】D

【解析】无风险利率的主要影响因素不包括风险溢价。

六、风险溢价的度量方法及主要影响因素 （掌握）

风险溢价的概念	风险溢价是为风险厌恶的投资者购买风险资产而向他们提供的一种额外的期望收益率，即风险资产的期望收益率由两部分构成，用公式表示为 风险资产期望收益率＝无风险资产收益率＋风险溢价
度量方法	资产的市场风险溢价系数通常用 β 系数来表示（详见本章第二节）
主要影响因素	①信用风险因素。一般来说，国债、企业债、股票的信用风险依次升高，所要求的风险溢价也越来越高 ②流动性因素。债券的流动性不同，所要求的风险溢价也不同。流动性越强，风险溢价越低；反之，则越高 ③到期日因素。理论上来说，到期日不同的债券，其时间溢价也是不同的。到期日越长，风险溢价越高；反之，则越低

第二节　资产定价

本节大纲要求

1. 熟悉资本资产定价模型的假设条件；
2. 熟悉资本市场线和证券市场线的定义和图形；
3. 了解证券系数 β 的含义和应用；
4. 熟悉资本资产定价模型的含义及应用；
5. 掌握因素模型的含义及应用。

本节内容精讲

一、资本资产定价模型的假设条件（熟悉）

资本资产定价模型是建立在一系列简化的假定条件基础上的。这些假定条件的核心是投资者同质化。假定条件包括：

①市场上存在大量投资者，每个投资者的财富相对于所有投资者的财富总量而言是微不足道的。这一假定意味着每个投资者都是价格接受者。

②所有的投资者都是风险厌恶者，都以均值—方差来度量风险。

③市场上存在一种无风险资产，投资者可以以无风险利率任意地借入或贷出资金。

④所有投资者的期望相同。即任何投资者都认为同一只股票有相同的风险/收益分布。所有投资者都具有同样的信息。这一假定也被称为同质期望假定或同质信念假定。

⑤所有投资者的投资期限都是相同的，并且不在投资期限内对投资组合做动态调整。

⑥无摩擦市场。主要指没有税和交易费用。

⑦所有的投资都可以无限分割，投资数量随意。

二、资本市场线和证券市场线的定义和图形（熟悉）

（一）资本市场线

1. 定义、图形及公式

（1）资本市场线由风险资产和无风险资产构成的投资组合，是表明有效投资组合的期望收益率和标准差之间的一种简单的线性关系的一条射线。

（2）这条射线从纵轴上无风险利率 r_f 处向右上方延伸，与全部风险资产组成的有效前沿相切于 M 点，包含了所有风险资产投资组合 M 与无风险资产的组合。如图 3 – 1 所示。

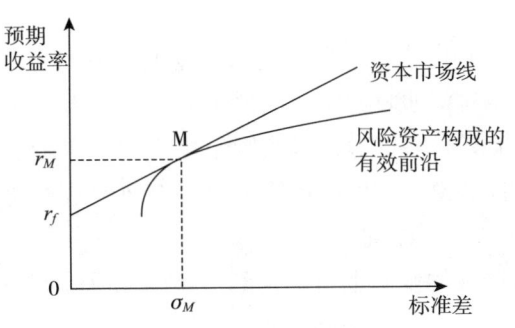

图 3 – 1　资本市场线

（3）资本市场线可以用如下公式表示

$$E\ (\ r_P\ ) = r_f + \left[\frac{E(r_M) - r_f}{\sigma_M} \right] \sigma_P$$

其中，$E\ (\ r_P\ )$ 代表有效投资组合 P 的期望收益率；σ_P 代表有效投资组合 P 的标准差；$E\ (\ r_M\ )$ 代表市场投资组合 M 的期望收益率；σ_M 代表市场投资组合 M 的标准差；r_f 代表无风险收益率。

2. 市场投资组合

（1）由于每个投资者都持有相同的风险投资组合 M，而市场投资组合是所有投资者持有的风险资产组合的加总，因此，风险投资组合 M 中各资产的比例恰好与市场投资组合一致，或者说 M 就是市场投资组合。

（2）市场投资组合具有三个重要的特征：其一，它是有效前沿上唯一一个不含无风险资产的投资组合；其二，有效前沿上的任何投资组合都可看作是市场投资组合 M 与无风险资产的再组合；其三，市场投资组合完全由市场决定，与投资者的偏好无关。

‖**例题 1**‖ 如果用图形来表示资本市场线，下列描述正确的有（　　　）。

Ⅰ. 横坐标表示证券组合的标准差

Ⅱ. 横坐标表示无风险利率

Ⅲ. 纵坐标表示证券组合的预期收益率

Ⅳ. 纵坐标表示证券组合的标准差

A. Ⅱ、Ⅲ　　　　　　B. Ⅰ、Ⅳ　　　　　　C. Ⅱ、Ⅳ　　　　　　D. Ⅰ、Ⅲ

【答案】D

【解析】资本市场线平面中横坐标表示证券组合的标准差，纵坐标表示证券组合的预期收益率。

（二）证券市场线的定义和图形

（1）证券市场线是以资本市场线为基础发展起来的。资本市场线给出了所有有效投资组合风险与预期收益率之间的关系，但没有指出每一个风险资产的风险与收益之间的关系。而证券市场线则给出每一个风险资产风险与预期收益率之间的关系。也就是说，证券市场线为每一个风险资产进行定价，它是资本资产定价模型（CAPM）的核心。

（2）在资本市场线的基础上可以得到一条以无风险利率 r_f 为截距、市场投资组合的风险溢价 $\overline{r_m} - r_f$ 为斜率的直线，此直线即为证券市场线，它直观地表现出特定资产的风险与期望收益率的关系，如图 3 - 2 所示。

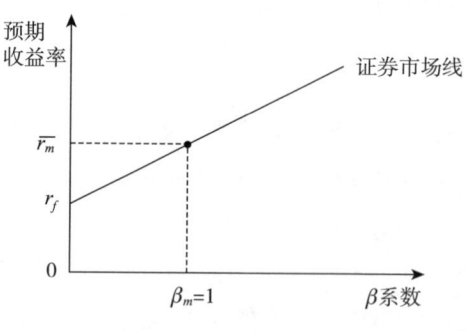

图 3 - 2　证券市场线

（3）证券市场线可以用如下公式表示：

$$r_i = r_f + \left[E(r_M) - r_f \right] \beta_i$$

其中，r_i 代表证券 i 的期望收益率；r_f 代表无风险收益率；$E(r_M)$ 代表市场投资组合 M 的期望收益率；β_i 代表证券 i 承担的系统风险。

（4）由上式可知，任意证券（证券组合）的期望收益率都由两部分构成：

①无风险利率 r_f，它是由时间创造的，是对放弃即期消费的补偿。

②风险溢价 $[E(r_M) - r_f]\beta_i$，是对承担风险的补偿。它与承担的风险 β_i 的大小成正比。其中的 $[E(r_M) - r_f]$ 代表了对单位风险的补偿，通常称为风险的价格。

‖例题 2‖ 假设无风险利率为 4%，市场投资组合收益率为 10%，如果一项资产组合由证券 A 和 B 各占 50% 组成。其中证券 A 的 β 系数为 1.5，证券 B 的 β 系数为 1.2，那么该资产组合的风险溢价为（　　　）。

A. 6%　　　　　　B. 7.5%　　　　　　C. 5.4%　　　　　　D. 8.1%

【答案】D

【解析】资产组合的 β 值为：$\beta = 50\% \times 1.5 + 50\% \times 1.2 = 1.35$，根据公式，风险溢价 $= [E(r_M) - r_f]\beta_i = (10\% - 4\%) \times 1.35 = 8.1\%$。

三、证券系数 β 的含义和应用（了解）

1. β 系数的含义

（1）证券系数 β 是评估证券或投资组合系统性风险的指标，反映的是投资对象对市场变化的敏感度。β 系数是一个统计指标，通常用历史数据来计算。采用回归方法计算，公式如下：

$$\beta_P = \frac{\text{cov}(r_p, r_m)}{\sigma_m^2}$$

其中，$\text{cov}(r_p, r_m)$ 是投资组合 P 的收益与市场收益的协方差（也可表示为 $\sigma_{p,m}$）；σ_m^2 为市场收益的方差。

（2）因为投资组合 P 与市场收益的相关系数为

$$\rho_{p,m} = \frac{\text{cov}(r_p, r_m)}{\sigma_p \cdot \sigma_m}$$

所以 β 系数也可以通过相关系数计算得到

$$\beta_p = \rho_{p,m} \cdot \frac{\sigma_p}{\sigma_m}$$

其中，σ_p 为投资组合 P 的标准差；σ_m 为市场的标准差。

（3）β 系数大于 0 时，该投资组合的价格变动方向与市场一致；β 系数小于 0 时，该投资组合的价格变动方向与市场相反。β 系数等于 1 时，该投资组合的价格变动幅度与市场一致。β 系数大于 1 时，该投资组合的价格变动幅度比市场更大。β 系数小于 1（大于 0）时，该投资组合的价格变动幅度比市场小。

2. β 系数的应用

证券选择	一般而言，当市场处于牛市时，在估值优势相差不大的情况下，投资者会选择 β 系数较大的股票，以期获得较高的收益；反之，当市场处于熊市时，投资者会选择 β 系数较小的股票，以减少股票下跌的损失
风险控制	由于 β 系数是证券或投资组合系统性风险的量度，因此，风险控制部门或投资者通常会利用 β 系数对证券投资进行风险控制，控制 β 系数过高的证券投资比例
绩效评价	评价投资组合业绩是基于风险调整后的收益进行考量的，既要考虑投资组合收益的高低，也要考虑投资组合所承担风险的大小

‖例题 3‖ 下列关于证券系数 β 的应用说法正确的有（　　　）。

Ⅰ. 市场处于熊市时，应选择 β 系数较大的股票

Ⅱ. 市场处于牛市时，应选择 β 系数较大的股票

Ⅲ. 市场处于熊市时，应选择 β 系数较小的股票

Ⅳ. 市场处于牛市时，应选择 β 系数较小的股票

A. Ⅱ、Ⅲ　　　　B. Ⅰ、Ⅳ　　　　C. Ⅱ、Ⅳ　　　　D. Ⅰ、Ⅲ

【答案】A

【解析】市场处于牛市时，应选择 β 系数较大的股票；市场处于熊市时，应选择 β 系数较小的股票。

四、资本资产定价模型的含义及应用（熟悉）

（一）资本资产定价模型的含义

（1）资本资产定价模型（CAPM）以马柯维茨证券组合理论为基础，研究如果投资者都按照分散化的理念去投资，最终证券市场达到均衡时，价格和收益率如何决定的问题。

（2）CAPM 汇集了威廉·夏普、约翰·林特纳和费雪·布莱克三位学者的研究成果，夏普教授也因此获得了 1990 年的诺贝尔经济学奖。

（3）资本资产定价模型认为只有证券或证券组合的系统性风险才能获得收益补偿，其非系统性风险将得不到收益补偿。按照该逻辑，投资者要想获得更高的报酬，必须承担更高的系统性风险；承担额外的非系统性风险将不会给投

资者带来收益。

（4）CAPM 使用 β 系数描述资产或资产组合的系统性风险大小。β 系数表示资产对市场收益变动的敏感性，即

$$\frac{E(r_i) - r_f}{\beta_i} = \frac{E(r_m) - r_f}{\beta_m} = \frac{E(r_m) - r_f}{1}$$

将上式变形可得资本资产定价模型的公式：

$$E(r_i) = r_f + \left[E(r_M) - r_f\right]\beta_i$$

上式即证券市场线，反映的是单个证券的系统性风险与其期望收益率之间的关系。

（二）资本资产定价模型的应用

1. 资产估值

（1）在资产估值方面，资本资产定价模型主要被用来判断证券是否被市场错误定价。

（2）根据资本资产定价模型的计算公式，证券 i 的期望收益率为

$$E(r_i) = r_f + \left[E(r_M) - r_f\right]\beta_i$$

在获得市场投资组合期望收益率的估计和证券 i 的系统性风险（β_i）的估计时，我们能计算市场均衡状态下证券 i 的期望收益率。

（3）市场对证券在未来所产生的收入流（股息加期末价格）有一个预期值，其与证券期初市场价格及其预期收益率 $E(r_i)$ 有如下关系：

$$E(r_i) = \frac{E(股息 + 期末价格)}{期初价格} - 1$$

（4）在均衡状态下，上述两个 $E(r_i)$ 应有相同的值。因此，均衡期初价格应为

$$均衡的期初价格 = \frac{E(股息 + 期末价格)}{1 + E(r_i)}$$

当实际价格低于均衡价格时，说明该证券是廉价证券，此时应该购买；相反则应该卖出。

2. 业绩评价

在现实中，CAPM 的假设条件未必能满足。不是所有的投资者都会完全按照分散化的理念去投资，不同投资者对于各资产的预期收益率及风险的判断也不会完全一致。这将导致现实中各资产的预期收益率未必与 CAPM 的预测结果一致。CAPM 解释不了的收益部分习惯上用希腊字母阿尔法（α）来描述，有

时称为超额收益。例如，如果市场期望收益率为12%，某只股票的 β 值为1.2，短期国库券利率为6%，依据证券市场线可以得出这只股票的期望收益率为 $6\% + 1.2 \times (12\% - 6\%) = 13.2\%$。如果某投资者估计这只股票的收益率为15%，这就意味着 $\alpha = 1.8\%$。图3-3以图形的方式表现了资产A的 α 值。

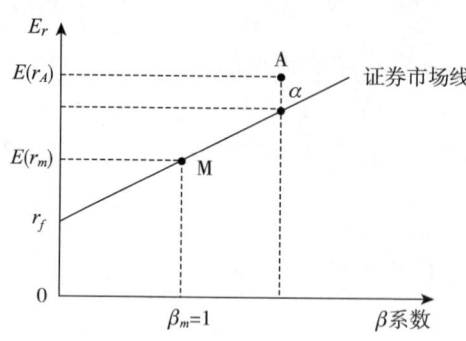

图3-3 资产A的 α 值

CAPM为投资业绩评价提供了一个基准。不同的资产组合由于风险不同，其收益率并不能直接比较，而 α 值则反映了市场风险调整后的超额收益。

3. 资本预算决策

CAPM可应用于资本预算决策。对一个考虑投资新项目的企业来说，CAPM可以给出一个以 β 值为基础的应有的收益率，这一收益率是投资者考虑投资风险后可以接受的收益率。一个新项目是否适合进行投资就取决于该应有的收益率是否有把握实现。

‖例题4‖某投资者计划投资A、B、C三种股票，其中股票A的期望收益率为5%，β 系数为0.8；股票B的期望收益率为10%，β 系数为1.2；股票C的期望收益率为15%，β 系数为1.5。该投资者在三种股票上的投资比例如下：股票A投资30%，股票B投资40%，股票C投资30%，则以下表述正确的有（ ）。

Ⅰ. 该投资者的组合 β 系数等于1.17

Ⅱ. 该投资者的组合预期收益率为10%

Ⅲ. 该投资组合在收益率 β 系数平面上优于股票B

Ⅳ. 该投资组合的预期收益率小于股票B

A. Ⅱ、Ⅲ   B. Ⅰ、Ⅱ   C. Ⅲ、Ⅳ   D. Ⅰ、Ⅲ

【答案】B

【解析】该投资组合的预期收益率 $= 0.05 \times 0.3 + 0.1 \times 0.4 + 0.15 \times 0.3 = 0.1$；该投资组合的 β 系数 $= 0.8 \times 0.3 + 1.2 \times 0.4 + 1.5 \times 0.3 = 1.17$。

五、因素模型的含义及应用（掌握）

（一）因素模型的含义

（1）因素模型是建立在证券收益率对各种因素或指数变动具有一定敏感性的假设基础上的一种模型。证券的收益率具有相关性，这种相关性是通过对模型中的一个或多个因素的共同反映而体现出来。因素模型也被称为指数模型或夏普模型。

（2）假定除了证券市场风险（系统性风险）以外，还存在 n 个影响证券收益率的非市场风险因素（非系统性风险），则在资本资产定价模型的基础上可以得出多因素模型，其公式为

$$\bar{r_i} = r_f + \beta_{i,m}(\bar{r_m} - r_f) + \beta_{i,f1}(\bar{r_{f1}} - r_f) + \beta_{i,f2}(\bar{r_{f2}} - r_f) + \cdots + \beta_{i,fn}(\bar{r_{fn}} - r_f)$$

其中，f_1，f_2，$\cdots$，f_n 分别为第 1 个到第 n 个要素——非市场风险因素；$\beta_{i,m}$ 为第 i 种资产的市场风险溢价系数；$\beta_{i,f1}$，$\beta_{i,f2}$，$\cdots$，$\beta_{i,fn}$ 分别为第 1 个到第 n 个非市场风险因素的溢价系数；$\bar{r_{f1}}$，$\bar{r_{f2}}$，$\cdots$，$\bar{r_{fn}}$ 分别为因素 1 到 n 的期望收益率。

（二）因素模型的应用

例如，已知目前的无风险利率是3%，市场风险和非市场风险因素1、2、3的风险溢价分别为5%、6%、7%和8%，如果某股票与风险因素相对应的系数分别为1.5、2、2.5和3，则该股票的期望收益率为

$$r_i = 3\% + 1.5 \times (5\% - 3\%) + 2 \times (6\% - 3\%) + 2.5 \times (7\% - 3\%) + 3 \times (8\% - 3\%) = 37\%$$

第三节　有效市场与行为金融

本节大纲要求

1. 熟悉市场有效性和信息类型；

2. 熟悉有效市场假说的含义、特征、应用和缺陷；

3. 熟悉预期效用理论；

4. 熟悉判断与决策中的认知偏差；

5. 熟悉金融市场中的行为偏差的原理；

6. 了解行为资产定价理论；

7. 了解行为资产组合理论。

本节内容精讲

一、市场有效性和信息类型（熟悉）

（一）市场有效性

市场有效性是指市场根据新信息迅速调整证券价格的能力。如果市场是有效的，那么证券价格就可以对最新出现的信息作出快速的反应，价格迅速调整到位。反之，如果市场是无效的，证券价格就不会对新信息作出反应。那么股价相对于公司的前景就有可能被高估或者低估。

（二）信息类型

20世纪70年代，美国芝加哥大学教授尤金·法玛依据时间维度，把信息划分为历史信息、公开可得信息以及内部信息。

①历史信息主要包括证券交易的有关历史资料，如历史股价、成交量等；

②公开可得信息，即一切可公开获得的有关公司财务及其发展前景等方面的信息；

③内部信息则为还未公开的只有公司内部人员才能获得的私人信息。

二、有效市场假说的含义、特征、应用和缺陷（熟悉）

（一）有效市场假说的含义

在信息划分的基础上，法玛界定了三种形式的有效市场：弱有效、半强有效与强有效。

弱有效市场	①弱有效市场是指证券价格能够充分反映价格历史序列中包含的所有信息，如证券的价格、交易量等。如果这些历史信息对证券价格的变动不会产生任何影响，则意味着证券市场达到了弱有效 ②在一个弱有效的证券市场上，任何为了预测未来证券价格走势而对以往价格、交易量等历史信息所进行的技术分析都是徒劳的

半强有效市场	①半强有效市场是指证券价格不仅反映了历史价格信息，而且反映了当前所有与公司证券有关的公开有效信息，如盈利预测、红利发放、股票分拆、公司并购等各种公告信息 ②如果市场是半强有效的，市场参与者就不可能从任何公开信息中获取超额利润，这意味着基本面分析方法无效
强有效市场	①强有效市场是指与证券有关的所有信息，包括公开发布的信息和未公开发布的内部信息，都已经充分、及时地反映到了证券价格中 ②在一个强有效的证券市场上，任何投资者不管采用何种分析方法，除了偶尔靠运气"预测"到证券价格的变化外，是不可能重复地，更不可能连续地取得成功的

三种市场有效性的层次关系如图 3-4 所示。

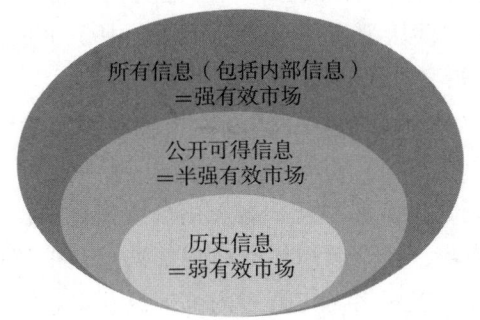

图 3-4　市场有效性的三个层次

（二）有效市场假说的特征

①将资本市场划分为弱有效市场、半强有效市场和强有效市场三种形式。
②证券的价格能充分反映该证券的所有可获得的信息，即"信息有效"。
③证券的价格能够根据最新信息迅速作出调整。

（三）有效市场假说的应用

（1）在高度有效的市场中，证券的价格应该与其预期价值一致，不存在偏离的情形。因此，在高度有效的市场中，所有投资者都不可能获得超额收益。此时正确的投资策略是：与市场同步，取得和市场一致的投资收益。具体做法是：按照市场综合价格指数组织投资。

（2）如果市场是弱有效的，即存在信息高度不对称，那么提前掌握大量消息或内部消息的投资者就可以比其他投资者更准确地识别证券的价值，并在价格与价值有较大偏离的情况下，通过买进或卖出的交易行为，获取超额收益。此时正确的策略或做法是：设法得到第一手有效信息，确定价格被高估或者低估的证券，并做卖出或者买进的处理。

（四）有效市场假说的缺陷

（1）理性人假设缺陷。有效市场假说的一个重要假设是经济行为人为完全意义上的理性人。但是由于人们限于先天的心智结构、后天的知识储备等，理性是不完备的，是有限的，所以人们往往不能作出实现效用最大化的理性行为。

（2）完全信息假设缺陷。有效市场假说的另一个重要假设是所有投资者都可获得与证券相关的所有信息。在实践中，由于种种原因，大部分投资者并不能获得包括内部信息在内的所有信息，所以他们并不能作出理性自利的行为。

（3）投资者均为风险厌恶者假设缺陷。现实中，并非所有的投资者都是保守型的，也有部分投资者是激进型的，他们偏好风险。

‖例题1‖下列关于市场有效性假设和投资者操作策略的说法不正确的是（　　）。

A. 在弱有效市场，投资者不能根据历史价格信息获得超额收益

B. 在半强有效市场，投资者可以通过内部消息获得超额收益

C. 在强有效市场，投资者可以通过内部消息获得超额收益

D. 在强有效市场，投资者应当按照市场综合价格指数组织投资

【答案】C

【解析】强有效市场已经包括未公开发布的内部信息，所以投资者不能通过内部消息获得超额收益。

三、预期效用理论（熟悉）

定义	预期效用理论也称期望效用函数理论，是20世纪50年代冯·诺依曼和摩根斯坦在公理化假设的基础上，运用逻辑和数学工具，建立的不确定条件下对理性人选择进行分析的框架

效用函数和 无差异曲线	（1）假定每一个投资者都可以根据资产（或资产组合）的预期收益与风险情况对效用进行量化比较，则可得出其效用函数。效用函数的一个常见形式为 $$U = E（r）- \frac{1}{2}A\sigma^2$$ 其中，U 为效用值；A 为某投资者的风险厌恶系数；$E（r）$ 为资产的预期收益；σ^2 为资产收益的方差 （2）从上式可以看出，对风险厌恶系数 A 一定的投资者来说，某资产的期望收益率越大，带给投资者的效用越大；资产的风险越大，效用越小。同一资产带给风险厌恶系数不同的投资者的效用并不相同。风险厌恶系数 A 越大的投资者感受到的效用越低 （3）根据投资者的效用函数，可以画出无差异曲线。无差异曲线具有以下特点：①风险厌恶的投资者的无差异曲线是从左下方向右上方倾斜的。②同一条无差异曲线上的所有点向投资者提供了相同的效用。③风险厌恶程度高的投资者与风险厌恶程度低的投资者相比，其无差异曲线更陡，因为随着风险的增加，其要求的风险溢价更高
期望效用 函数	如果某个随机变量 X 以概率 P_i 取值 x_i（$i = 1，2，\cdots，n$），而某人在确定地得到 x_i 时的效用为 $u（x_i）$，那么，该随机变量给他的效用便是 $$U（X）= E［u（X）］= P_1 u（x_1）+ P_2 u（x_2）+ \cdots + P_n u（x_n）$$ 其中，$E［u（X）］$ 表示关于随机变量 X 的期望效用。因此 $U（X）$ 称为期望效用函数，又叫冯·诺依曼—摩根斯坦效用函数（VNM 函数）
理论缺陷	（1）预期效用理论描述了"理性人"在风险条件下的决策行为，但实际上投资者并不是纯粹的理性人 （2）预期效用理论在一系列选择实验中受到了一些悖论（同结果效应、同比率效应、反射效应、概率性保险、孤立效应、偏好反转等）的挑战

‖ 例题 2 ‖ 根据预期效用理论，下列描述正确的有（　　　）。

Ⅰ. 越是风险厌恶的投资者无差异曲线越陡峭

Ⅱ. 在一定风险水平上，投资者越是厌恶风险越会要求更高的风险溢价

Ⅲ. 无差异曲线越靠近左下角，效用水平越高

Ⅳ. 同一条无差异曲线上的两个投资组合给投资者带来的效用相同

A. Ⅰ、Ⅱ、Ⅲ　　　　　　　　　　　B. Ⅰ、Ⅱ、Ⅳ

C. Ⅱ、Ⅲ、Ⅳ　　　　　　　　　　　D. Ⅰ、Ⅱ、Ⅲ、Ⅳ

【答案】B

【解析】同一条无差异曲线上，所有投资组合带来的效用水平是相等的。

四、判断与决策中的认知偏差（熟悉）

认知偏差	所谓认知偏差是指人们根据一定表现的现象或虚假的信息而对他人作出判断，从而出现判断失误或判断本身与判断对象的真实情况不相符合
产生原因	①人性存在包括自私、趋利避害等弱点 ②投资者的认知中存在诸如有限的短时记忆容量、不能全面了解信息等生理能力方面的限制 ③投资者的认知中存在信息获取、加工、输出、反馈等阶段的行为、心理偏差的影响

五、金融市场中的行为偏差的原理（熟悉）

投资者在金融市场中出现行为偏差的原因主要有如下几点。

过度自信	投资者是过度自信的，尤其对其自身知识的准确性过度自信，从而系统性地低估某类信息而高估其他信息
处置效应	①处置效应是指投资人在处置股票时，倾向卖出赚钱的股票、继续持有赔钱的股票，也就是所谓的"出赢保亏"效应 ②投资者盈利时，面对确定的收益和不确定的未来走势时，为了避免价格下跌而带来的后悔，倾向于风险回避而作出获利了结的行为 ③当投资者出现亏损时，面对确定的损失和不确定的未来走势，为避免立即兑现亏损而带来的后悔，倾向于风险寻求而继续持有股票
过度交易	①无论是成熟的证券市场还是新兴的证券市场，股票交易的年换手率都相当高。也就是说，投资者在证券交易过程中，出现了过度交易 ②在投资活动中，通常男性比女性更趋向于"过度交易"；行为金融学认为，过度交易现象的表现就是即便忽视交易成本，在这些交易中投资者的收益也降低了
注意力驱动交易	①有限注意力是心理学范畴的概念，大量研究结果表明人难以同时处理多项信息，如此一来，有限注意力使得人们对某一事物的注意必须以牺牲对另一事物的注意为代价 ②投资者倾向于关注显著刺激而忽视模糊刺激。在投资者投资决策过程中，有限注意力会影响投资者对信息的反应，进而影响股票价格

投资经历记忆与行为偏差	①过去的经历或结果通常会影响投资者以后的风险决策，但是，人们大脑的防护机制总是倾向于过滤掉反面的信息，并改变对过去决策的回忆，导致投资者很难客观地评价他们的决策行为是否符合既定的投资目标 ②通常的表现形式包括：赌场效应（赚钱以后倾向于购买风险更大的股票）、尽量返本效应（赔钱后倾向于抓住机会弥补损失）、蛇咬效应（投资亏损后不再进入市场）
心理账户对投资行为的影响	心理账户是指人们在心里无意识地把不同的财富划归不同的账户进行管理，不同的心理账户有不同的记账方式和心理运算规则。其存在使投资者在做决策时往往作出非理性的投资或消费行为
羊群效应	①金融市场中的"羊群行为"是指投资者在信息环境不确定的情况下，行为受到其他投资者的影响，模仿他人决策，或者过度依赖于舆论，而不考虑信息的行为 ②在金融市场中，个人投资者和机构投资者均有羊群行为
本土偏差	①许多研究表明投资者，尤其是个人投资者在分散化投资时有"本土偏差"的倾向，即投资者将他们的大部分资金投资于本国，甚至本地的股票 ②本土偏差的表现有：投资于国内股票、投资于距离近的公司、投资于自己就职的公司
恶性增资	面对进退两难困境，决策者往往会倾向于继续投入资源，提升原方案的承诺，而且随着投入资源的增加，决策者表现出越来越强的"自我坚持"的行为倾向，从而导致更深的陷入

‖例题3‖ 关于投资者在金融市场中出现行为偏差的表述不正确的是（　　）。

A. 处置效应是指投资人在处置股票时，倾向卖出赚钱的股票、继续持有赔钱的股票

B. 在投资活动中，通常男性比女性更趋向于"过度交易"

C. "羊群行为"是指投资者行为受到其他投资者的影响，通常是个人投资者，机构投资者比较少见

D. 本土偏差的表现有：投资于国内股票、投资于距离近的公司、投资于自己就职的公司

【答案】C

【解析】个人投资者和机构投资者均有羊群行为。

六、行为资产定价理论（了解）

行为资产定价模型（BAPM）是谢弗林和斯塔曼在1994年挑战资本资产定价模型（CAPM）的基础上提出来的。行为资产定价模型是对现代资本资产定

价模型的拓展。

行为资产定价模型与资本资产定价模型的区别：

（1）行为资产定价模型中投资者被分为两类

①信息交易者。信息交易者是"理性投资者"，他们通常支持现代金融理论的 CAPM 模型，避免出现认识性错误并且具有均值方差偏好。

②噪声交易者。噪声交易者通常跳出 CAPM 模型，易犯认识性错误，没有严格的均值方差偏好。

当信息交易者占据交易的主体地位时，市场是有效率的，而当噪声交易者占据交易的主体地位时，市场是无效率的。

（2）在行为资产定价模型中，证券的预期收益是由其"行为贝塔"决定的，行为资产组合（行为贝塔组合）中成长型股票的比例要比市场投资组合中的高。因此，在行为资产定价模型中，虽然均值方差有效投资组合会随着时间推移而改变，但是资本市场组合的问题仍然存在。

（3）资本资产定价模型只考虑了人们的功利主义考虑（如产品成本、替代品价格），而行为资产定价模型既考虑了功利主义，又考虑了价值表达（如个人品位、特殊偏好）。功利主义考虑和价值表达考虑都是由供求决定的。

（4）行为资产定价模型还对在噪声交易者存在的条件下市场投资组合回报的分布、风险溢价、期限结构、期权定价等问题进行了全面研究。行为资产定价模型从无法战胜市场的意义上接受市场的有效性，而从理性主义的意义出发，它又拒绝市场有效性。即行为资产定价模型既有限度地接受了市场有效性观点，也秉承了行为金融学所奉行的有限理性、有限控制力和有限自利的观点。这对金融研究的未来发展有着深刻的启示。

七、行为资产组合理论（了解）

理论提出	行为资产组合理论是斯塔曼和谢弗林借鉴现代资产组合理论于 2000 年提出的
主要观点	行为资产组合理论针对均值—方差方法以及以其为基础的投资决策行为分析理论的缺陷，从投资人的最优投资决策实际上是不确定条件下的心理选择的事实出发，确立了以 $E(w)$ 和 $\text{Prob}(w \leq s) \leq \alpha$ [其中 $E(w)$ 为预期财富，α 为某一预先确定的概率] 来进行组合与投资选择的方法根基，以此来研究投资者的最优投资决策行为

续表

理论创新	打破了现代投资组合理论中存在的局限：理性人局限、投资者均为风险厌恶者的局限以及风险度量的局限，更加接近于投资者的实际投资行为
主要内容	行为资产组合理论设立了单一心理账户和多个心理账户 ①单一心理账户投资者之所以把投资组合整个放在一个心理账户里面，是因为他们只关心投资组合中各资产的相关系数 ②多个心理账户投资者会将投资组合分成不同的账户，将投资组合分成多个部分分别放入不同的账户，忽视各个账户之间的相关关系
与现代资产组合理论的区别	行为资产组合理论实际构建的资产组合是基于对不同资产的风险程度的认识以及投资目的所形成的一种金字塔式的资产组合。金字塔的每一层都对应着投资者特定的投资目的和风险特征。投资者通过综合考察现有财富、投资的安全性、期望财富水平、达到期望水平的概率等因素来选择符合个人愿望的最优投资组合

‖ **例题 4** ‖ 下列关于行为资产组合理论的表述正确的有（　　　）。

Ⅰ. 行为资产组合理论是斯塔曼和谢弗林借鉴现代资产组合理论于 2000 年提出的

Ⅱ. 行为资产组合理论打破了现代投资组合理论中存在的理性人局限、投资者均为风险厌恶者的局限，更加接近于投资者的实际投资行为

Ⅲ. 行为资产组合理论设立了单一心理账户和多个心理账户

Ⅳ. 行为资产组合理论实际构建的资产组合是一种金字塔式的资产组合，金字塔的每一层都对应着投资者特定的投资目的和风险特征

A. Ⅰ、Ⅱ、Ⅲ
B. Ⅰ、Ⅲ、Ⅳ
C. Ⅰ、Ⅱ、Ⅳ
D. Ⅰ、Ⅱ、Ⅲ、Ⅳ

【答案】D

【解析】选项全部正确。

章节测试

一、单项选择题（以下备选项中只有一项符合题目要求，不选、错选均不得分）

1. 某投资者投资一项目，该项目五年后将一次性获得 100 万元的收入，假定投资者期望的年利率为 5%，那么按照单利计算，投资的现值为（　　　）万元。

A. 125
B. 100
C. 80
D. 75

2. 某人未来三年中，每年从企业获得一次性劳务报酬 10 万元，若企业支付报酬的时间既可以在年初，也可以在年末，按年利率为 10%，由于企业支付报酬时点的不同，三年收入的现值差为（　　）元。

A. 24868.52　　　　B. 9090.9　　　　C. 29366.98　　　　D. 17355.38

3. 在计算利息额时，按一定期限将所生利息加入本金再计算利息的计息方法是（　　）。

A. 单利计息　　　B. 存款计息　　　C. 复利计息　　　D. 贷款计息

4. 某公司发行了面值为 1000 元的 5 年期零息债券，现在的市场利率为 6%，那么该债券的现值为（　　）元。

A. 700　　　　　　B. 747.26　　　　C. 680.70　　　　D. 792.09

5. 下列关于无风险利率的度量方法表述不正确的是（　　）。

A. 可以用短期国债利率作为无风险利率

B. 可以用利率期限结构中的远期利率来估计远期的无风险利率

C. 可以用即期的长期国债利率作为无风险利率

D. 国际上，一般采用长期国债利率作为市场无风险利率

6. 下列不属于资本资产定价模型假设条件的是（　　）。

A. 所有的投资者都是风险厌恶者

B. 市场上存在一种无风险资产，投资者都是以自有资金进行投资

C. 所有投资者的投资期限都是相同的，并且不在投资期限内对投资组合做动态调整

D. 无摩擦市场，主要指没有税和交易费用忽略不计

7. 资本资产定价模型中的 β 系数测度的是（　　）。

A. 利率风险　　　B. 通货膨胀风险　　C. 非系统性风险　　D. 系统性风险

8. 根据资本资产定价模型，市场价格偏高的证券将会（　　）。

A. 位于证券市场线上方　　　　　　B. 位于证券市场线下方

C. 位于资本市场线上方　　　　　　D. 位于资本市场线下方

9. 如果风险溢价保持不变，则无风险利率的上升会使证券市场线（SML）（　　）。

A. 斜率增加　　　B. 斜率减小　　　C. 向上平行移动　　D. 向下平行移动

二、组合单项选择题（以下备选项中只有一项最符合题目要求，不选、错选均不得分）

1. 无风险利率的主要影响因素包括（　　）。

Ⅰ. 资产市场化程度　　　　　　　　Ⅱ. 信用风险因素

Ⅲ. 流动性因素　　　　　　　　　Ⅳ. 风险溢价

A. Ⅰ、Ⅱ、Ⅲ　　　　　　　　　B. Ⅰ、Ⅱ、Ⅳ

C. Ⅱ、Ⅲ、Ⅳ　　　　　　　　　D. Ⅰ、Ⅱ、Ⅲ、Ⅳ

2. 下列关于风险溢价影响因素的说法中，正确的有（　　　）。

Ⅰ. 一般来说，国债、企业债、股票的信用风险依次升高，所要求的风险溢价也越来越高

Ⅱ. 债券的流动性越强，风险溢价越高

Ⅲ. 债券的流动性越强，风险溢价越低

Ⅳ. 到期日越长的债券，风险溢价越高

A. Ⅰ、Ⅱ、Ⅲ　　　　　　　　　B. Ⅱ、Ⅲ、Ⅳ

C. Ⅰ、Ⅱ、Ⅳ　　　　　　　　　D. Ⅰ、Ⅲ、Ⅳ

3. 无风险利率为4%，市场期望收益率为10%的条件下：证券A的期望收益率为10%，β系数为1.2；证券B的期望收益率为15%，β系数为1.7，则投资者应该（　　　）。

Ⅰ. 卖出证券A　　　　　　　　　Ⅱ. 卖出证券B

Ⅲ. 买入证券A　　　　　　　　　Ⅳ. 买入证券B

A. Ⅰ、Ⅱ　　　B. Ⅲ、Ⅳ　　　C. Ⅱ、Ⅲ　　　D. Ⅰ、Ⅳ

4. 假设证券市场中只有证券A和证券B，两种证券的预期收益率分别为8%和12%，β系数分别为0.6和1.2，无风险利率为4%，那么根据资本资产定价模型，下列说法正确的有（　　　）。

Ⅰ. 证券市场已经达到均衡

Ⅱ. 证券市场尚未达到均衡

Ⅲ. 证券A的风险溢价为0.13

Ⅳ. 证券B的风险溢价为0.067

A. Ⅰ、Ⅲ　　　B. Ⅰ、Ⅳ　　　C. Ⅱ、Ⅲ　　　D. Ⅱ、Ⅳ

5. 在资本市场线中，切点投资组合的特征包括（　　　）。

Ⅰ. 它是有效前沿上唯一一个不含无风险资产的投资组合

Ⅱ. 有效前沿上的任何投资组合都可看作是切点投资组合与无风险资产的再组合

Ⅲ. 切点投资组合完全由市场决定

Ⅳ. 切点投资组合与投资者的偏好相关

A. Ⅱ、Ⅲ、Ⅳ　　　　　　　　　B. Ⅰ、Ⅲ、Ⅳ

C. Ⅰ、Ⅱ、Ⅳ　　　　　　　　　D. Ⅰ、Ⅱ、Ⅲ

6. 下列属于证券系数 β 的应用的有（　　　）。

Ⅰ. 证券选择　　　　　　　　　　Ⅱ. 风险控制

Ⅲ. 确定债券的久期和凸性　　　　Ⅳ. 绩效评价

A. Ⅰ、Ⅱ、Ⅲ　　　　　　　　　B. Ⅰ、Ⅲ、Ⅳ

C. Ⅰ、Ⅱ、Ⅳ　　　　　　　　　D. Ⅱ、Ⅲ、Ⅳ

7. 某投资者计划投资 A、B、C 三种股票，其中股票 A 的期望收益率为 5%，β 系数为 0.8；股票 B 的期望收益率为 10%，β 系数为 1.2；股票 C 的期望收益率为 15%，β 系数为 1.5。该投资者在三种股票上的投资比例如下：股票 A 投资 30%，股票 B 投资 40%，股票 C 投资 30%，则以下表述正确的有（　　　）。

Ⅰ. 该投资者的组合 β 系数等于 1.17

Ⅱ. 该投资者的组合预期收益率为 10%

Ⅲ. 该投资组合在收益率 β 系数平面上优于股票 B

Ⅳ. 该投资组合的预期收益率小于股票 B

A. Ⅱ、Ⅲ　　　　B. Ⅰ、Ⅱ　　　　C. Ⅲ、Ⅳ　　　　D. Ⅰ、Ⅲ

8. 下列关于资本市场线和证券市场线的说法正确的有（　　　）。

Ⅰ. 资本市场线只适用于有效组合的风险收益关系

Ⅱ. 证券市场线适用于所有证券或证券组合的风险收益

Ⅲ. 资本市场线以方差描述风险，证券市场线以 β 系数描述风险

Ⅳ. 证券市场线是资本市场线的推广

A. Ⅰ、Ⅱ、Ⅲ　　　　　　　　　B. Ⅰ、Ⅲ、Ⅳ

C. Ⅰ、Ⅱ、Ⅳ　　　　　　　　　D. Ⅰ、Ⅱ、Ⅲ、Ⅳ

9. 下列关于证券市场线的表述正确的有（　　　）。

Ⅰ. 证券市场线是用标准差来衡量风险的

Ⅱ. 如果证券的价格被低估，则证券会在证券市场线的上方

Ⅲ. 如果证券的价格被低估，则证券会在证券市场线的下方

Ⅳ. 证券市场线说明只有系统性风险才是决定期望收益率的因素

A. Ⅰ、Ⅲ　　　　B. Ⅰ、Ⅱ　　　　C. Ⅲ、Ⅳ　　　　D. Ⅱ、Ⅳ

10. 在强势有效市场中，下列描述正确的有（　　　）。

Ⅰ. 任何人都不可能通过对公开信息或内幕信息的分析获取额外的收益

Ⅱ. 证券价格总是能及时充分地反映所有的相关信息

Ⅲ. 每一位投资者都掌握了所有证券产品的所有公开可得信息

Ⅳ. 基本面分析是无效的

A. Ⅰ、Ⅱ、Ⅲ   B. Ⅰ、Ⅲ、Ⅳ

C. Ⅰ、Ⅱ、Ⅳ   D. Ⅰ、Ⅱ、Ⅲ、Ⅳ

11. 金融市场中个体投资者出现的心理和行为偏差主要有（　　）。

Ⅰ. 过度自信   Ⅱ. 处置效应

Ⅲ. 羊群效应   Ⅳ. 恶性增资

A. Ⅰ、Ⅱ、Ⅲ   B. Ⅰ、Ⅲ、Ⅳ

C. Ⅰ、Ⅱ、Ⅳ   D. Ⅰ、Ⅱ、Ⅲ、Ⅳ

12. 在行为资产定价模型中，投资者被分为（　　）。

Ⅰ. 信息交易者   Ⅱ. 噪声交易者

Ⅲ. 风险偏好者   Ⅳ. 风险厌恶者

A. Ⅰ、Ⅲ   B. Ⅰ、Ⅱ   C. Ⅲ、Ⅳ   D. Ⅱ、Ⅳ

章节测试答案与解析

一、单项选择题

1. 【答案】C

【解析】单利现值 $PV = FV/(1 + i \times t) = 100/(1 + 5\% \times 5) = 80$（万元）。

2. 【答案】A

【解析】两种计算方式的差额为：$100000 - 100000/(1 + 10\%)^3 \approx 24868.52$（元）。

3. 【答案】C

【解析】复利计息是按一定期限将所生利息加入本金再计算利息的计息方法。

4. 【答案】B

【解析】该债券的现值 $= 1000/[(1 + 6\%)]^5 \approx 747.26$（元）。

5. 【答案】D

【解析】国际上，一般采用短期国债利率作为市场无风险利率。

6. 【答案】B

【解析】市场上存在一种无风险资产，投资者可以以无风险利率任意地借入或贷出资金。

7. 【答案】D

【解析】资本资产定价模型中的 β 系数测度的是系统性风险。

8. 【答案】B

【解析】证券市场线给出了每一个风险资产风险与预期收益率之间的关系，市场价格偏高的证券预期收益率较低，所以位于证券市场线下方。

9.【答案】C

【解析】证券市场线的公式为 $r_i = r_f + \beta_i (r_m - r_f)$，如果风险的市值保持不变，则风险利率的上升会使证券市场线向上平行移动。

二、组合单项选择题

1.【答案】A

【解析】无风险利率的主要影响因素包括：资产市场化程度、信用风险因素、流动性因素。

2.【答案】D

【解析】债券的流动性越强，风险溢价越低。

3.【答案】D

【解析】证券 A 的预期收益率 $= 4\% + (10\% - 4\%) \times 1.2 = 11.2\%$，因为 $11.2\% > 10\%$，所以应该卖出；证券 B 的预期收益率 $= 4\% + (10\% - 4\%) \times 1.7 = 14.2\%$，因为 $14.2\% < 15\%$，所以应该买入。

4.【答案】B

【解析】证券 A 的单位风险补偿 $= (0.08 - 0.04)/0.6 \approx 0.067$；证券 B 的单位风险补偿 $= (0.12 - 0.04)/1.2 \approx 0.067$，二者单位风险补偿相同，所以市场已经达到均衡。

5.【答案】D

【解析】切点投资组合（市场投资组合）完全由市场决定，与投资者的偏好无关。

6.【答案】C

【解析】β 系数的应用包括证券选择、风险控制、绩效评价。

7.【答案】B

【解析】该投资组合的预期收益率 $= 0.05 \times 0.3 + 0.1 \times 0.4 + 0.15 \times 0.3 = 0.1$；该投资组合的 β 系数 $= 0.8 \times 0.3 + 1.2 \times 0.4 + 1.5 \times 0.3 = 1.17$。

8.【答案】D

【解析】选项全部正确。

9.【答案】D

【解析】证券市场线是用 β 系数来衡量系统性风险的，证券的价格被低估，预期收益率较高，所以证券会在证券市场线的上方。

10.【答案】D

【解析】选项全部正确。

11.【答案】D

【解析】选项全部包括，此外还包括注意力驱动交易、投资经历记忆与行为偏差、心理账户对投资行为的影响、本土偏差。

12.【答案】B

【解析】行为资产定价模型中投资者被分为信息交易者和噪声交易者。

第四章

数理方法

本章考情分析

本章在考试大纲中列举了十六个考点，涉及概率基础、统计基础、回归分析、时间序列分析和常用统计软件及其运用等方面。在考试大纲中未设置分节，为了便于大家学习我们分了五节，分别为第一节概率基础、第二节统计基础、第三节回归分析、第四节时间序列分析和第五节常用统计软件及其运用。

本章内容较多，部分内容难度较大，在最近三次考试中，本章的平均分为12分。第一节可能出计算题，其余内容主要以概念考察为主，考生应在理解基本概念的基础上结合例题掌握相关内容，循序渐进。

第一节　概率基础

本节大纲要求

1. 熟悉概率与随机变量的含义、计算和原理；

2. 熟悉多元分布函数及其数字特征；

3. 熟悉随机变量的函数；

4. 掌握对数正态分布等统计分布的特征和计算。

本节内容精讲

一、概率与随机变量的含义、计算和原理（熟悉）

（一）概率

1. 概率的概念

概率，又称或然率、机会率、几率或可能性，是概率论的基本概念。概率是对随机事件发生的可能性的度量，一般以一个在 0 到 1 之间的实数表示一个事件发生的可能性大小。越接近 1，该事件越可能发生；越接近 0，则该事件越不可能发生。

2. 概率的数学表示

在数学上，概率测度 P 是定义在样本空间子集族 S 上的函数。样本空间 S 上的概率测度 P 满足以下概率公理：

（1）对于任意事件 A（$A \subseteq S$），$0 \leqslant P（A）\leqslant 1$，表示一个事件的概率必定在 0 和 1 之间。

（2）P（S）＝1，表示样本空间 S 包含所有可能的结果，事件 S 的概率应该为 1。

（3）概率的一般加法公式为 P（A∪B）＝P（A）＋P（B）－P（A∩B）。当事件 A 和事件 B 的交集为空（A∩B＝φ），表示事件 A 与事件 B 互斥，那么它们并集的概率等于两个事件的概率和，即 P（A∪B）＝P（A）＋P（B）。

3. 条件概率、联合概率、边缘概率与事件独立

条件概率	①若有两个事件 A、B，且 P（B）＞0，那么 $P（A \mid B）=\dfrac{P（AB）}{P（B）}$ 称为在事件 B 发生的条件下，事件 A 发生的概率 ②如果 P（B）＝0，P（A｜B）没有定义。条件概率可以用决策树进行计算
联合概率	联合概率表示两个事件共同发生的概率。A 与 B 的联合概率可以表示为 P（AB）或者 P（A，B），或者 P（A∩B）
边缘概率	边缘概率是某个事件发生的概率，而与其他事件无关。A 的边缘概率表示为 P（A），B 的边缘概率表示为 P（B）
事件独立	如果 P（AB）＝P（A｜B）P（B）＝P（A）P（B），那么事件 A 和事件 B 是相互独立的。否则，事件 A 和事件 B 是相互依赖的

‖ 例题 1 ‖ 某种动物活到 25 岁以上的概率为 0.8，活到 30 岁以上的概率为

0.4，则现年 25 岁的这种动物活到 30 岁的条件概率为 (　　)。

　　A. 0. 4　　　　　　B. 0. 5　　　　　　C. 0. 32　　　　　　D. 0. 68

【答案】B

【解析】记 X 为该种动物活的年龄。现年 25 岁的该种动物活到 30 岁的条件概率为

$$P \{X \geqslant 30 \mid X \geqslant 25\} = \frac{P\{X \geqslant 30 \mid X \geqslant 25\}}{P\{X \geqslant 25\}} = \frac{P\{X \geqslant 30\}}{P\{X \geqslant 25\}}$$

$$= \frac{0.4}{0.8} = 0.5$$

（二）随机变量

1. 随机变量的定义

我们将一个能取得多个可能值的数值变量 X 称为随机变量。比如，我们规定对于某 A 公司发行的债券，定义违约变量：

$$\text{Default} = \begin{cases} 1 & \text{债券违约} \\ 0 & \text{债券不违约} \end{cases}$$

那么，Default 就是一个随机变量。再比如 A 公司发行的普通股股价在未来某一天的收盘价 S 可以是 5 元，可以是 10 元，也可以是 5 ~ 10 元的任意一个数值，于是 S 同样是一个随机变量。

2. 离散型随机变量和连续型随机变量及其概率分布函数

（1）离散型随机变量及其概率分布

如果一个随机变量 X 最多只能取可数的不同值，则为离散型随机变量；$P(X = x_i) = p_i$，$i = 1, 2, \cdots, n$ 称为随机变量 X 的概率分布。

（2）连续型随机变量及其概率密度函数

①如果 X 的取值无法一一列出，可以遍取某个区间的任意数值，则为连续型随机变量。上例中的 S 可以遍取 5 ~ 10 之间的任意数值，所以 S 为连续型随机变量。

②概率密度函数。在实数集上的函数 $f(x)$，如果满足下列三条性质，则称它为某个连续的随机变量 X 的概率密度函数：a. 对于所有的 $x \in \mathrm{R}$，有 $f(x) \geqslant 0$；b. $\int_{-\infty}^{\infty} f(x) \mathrm{d}x = 1$；c. 对于任意两个实数 a、b 有 $P(a \leqslant X \leqslant b) = \int_a^b f(x) \mathrm{d}x$。

③累积分布函数。连续的随机变量 X 的累积分布函数 $F(x) = P(X \leqslant x)$

$$= \int_{-\infty}^{x} f(t)\,\mathrm{d}t，并且 f(x) = \frac{\mathrm{d}F(x)}{\mathrm{d}x} = F'(x)。$$

二、多元分布函数及其数字特征（熟悉）

1. 期望（均值）

（1）定义

随机变量 X 的期望（或称均值，记作 $E(X)$）衡量了 X 取值的平均水平；它是对 X 所有可能的取值按照其发生概率的大小加权后得到的平均值。

$P(X = x_i) = p_i$，$i = 1, 2, \cdots, n$，它的期望值为 $E(X) = \sum_{i=1}^{n} x_i p_i$。

如果 X 是一个连续的随机变量，它的概率密度函数为 $f(x)$，那么它的期望值为 $E(X) = \int_{-\infty}^{\infty} x f(x)\,\mathrm{d}x$。

（2）性质

如果 a 和 b 是两个常数，那么 $E(aX + b) = aE(X) + b$。

对于 X 的某个函数 $g(X)$ 的数学期望，如果 X 是一个离散的随机变量，那么 $E[g(X)] = \sum_{i=1}^{n} g(x) p_i$；如果 X 是一个连续随机变量，那么 $E[g(X)] = \int_{-\infty}^{\infty} g(x) f(x)\,\mathrm{d}x$。

2. 方差和标准差

X 的方差记为 σ^2 或 $\mathrm{var}(X)$，并且有

$$\sigma^2 = E\left\{[X - E(X)]^2\right\} = E(X^2) - [E(X)]^2$$

方差的平方根称为标准差，标准差可用于衡量随机变量的波动程度。

3. 切比雪夫定理（不等式）

如果一个随机变量 X 的均值为 μ，方差为 σ^2，切比雪夫定理可以表示为

$$P(|X - \mu| < k\sigma) \geqslant 1 - \frac{1}{k^2} \text{ 或 } P(|X - \mu| \geqslant k\sigma) < \frac{1}{k^2}$$

即一个随机变量和它的均值之差的绝对值超过它的标准差 k 倍的概率小于 $\frac{1}{k^2}$。

‖例题 2‖ 某投资者将其资金分别投向 A、B、C 三只股票，其占总资金的百分比分别为 40%、40% 和 20%；股票 A 的期望收益率为 14%，股票 B 的期望收益率为 20%，股票 C 的期望收益率为 8%，则投资者持有的股票组合的期

望收益率为（ ）。

  A. 14%   B. 14.6%   C. 15.2%   D. 20%

【答案】C

【解析】该投资者持有的股票组合的期望收益率 $r = 0.4 \times 14\% + 0.4 \times 20\% + 0.2 \times 8\% = 15.2\%$。

三、多元分布函数及其数字特征

（一）多元分布函数

1. 离散随机变量的分布

如果 X 和 Y 是两个离散的随机变量，那么函数 $f(x, y) = P(X = x, Y = y)$ 被称为联合概率密度函数。

（1）概率密度函数满足 $f(x, y) \geq 0$，并且 $\sum\limits_{x}\sum\limits_{y} f(x,y) = 1$。

（2）相应的联合累积分布函数为

$$F(x, y) = P(X \leq x, Y \leq y) = \sum\limits_{r \leq x}\sum\limits_{t \leq y} f(r, t)$$

2. 连续随机变量的分布

（1）如果 X 和 Y 是两个连续随机变量，那么满足下列性质的二元函数 $f(x, y)$ 被称为 X 和 Y 的联合概率密度函数。

①$f(x, y) \geq 0$；

②对于任意的 $A \subset R^2$ 有 $P[(X, Y) \in A] = \iint f(x,y) \mathrm{d}x\mathrm{d}y$；

③ $\int\limits_{-\infty}^{\infty}\int\limits_{-\infty}^{\infty} f(x,y) \mathrm{d}x\mathrm{d}y = 1$。

（2）相应的联合累积分布函数为

$$F(x, y) = P(X \leq x, Y \leq y) = \int\limits_{-\infty}^{x}\int\limits_{-\infty}^{y} f(x,y) \mathrm{d}x\mathrm{d}y$$

（3）如果 $F(x, y)$ 的偏导数存在，那么联合密度函数为

$$f(x, y) = \frac{\partial^2 F(X, Y)}{\partial x \partial y}$$

（4）X 和 Y 的边际概率密度函数为

$$G(x) = \int\limits_{-\infty}^{\infty} f(x, y) \mathrm{d}y$$

$$H\,(y) = \int_{-\infty}^{\infty} f(x,y)\,\mathrm{d}x$$

（5）当两个随机变量为独立变量时，联合概率密度是各个边际概率密度的乘积，即 $f\,(x,\ y) = g\,(x) \cdot h\,(y)$。

（二）多元分布函数的数字特征

1. 协方差

协方差用于描述两个随机变量之间的相关程度。两个实数随机变量 X 和 Y 之间的协方差 cov $(X,\ Y)$ 定义为

$$\mathrm{cov}\,(X,\ Y) = E[\,(X - EX)\,(Y - EY)\,] = E\,(XY) - E\,(X)\,E\,(Y)$$

如果 X 和 Y 是相互独立的，那么 cov $(X,\ Y) = 0$。

2. 相关系数

X 和 Y 之间的相关系数记为 ρ_{xy}，$\rho_{xy} = \dfrac{\mathrm{cov}(X,Y)}{\sqrt{\mathrm{var}(X)}\ \sqrt{\mathrm{var}(Y)}}$。

相关系数的性质有：

①ρ_{xy} 的取值一定在 -1 与 1 之间；

②若 X 和 Y 相互独立，则 $\rho_{xy} = 0$；

③如果 $Y = aX + b$ $(a,\ b \neq 0)$，那么 $|\,\rho_{xy}\,| = 1$，此时称 X 和 Y 是完全相关的。X 和 Y 的值越接近线性关系，$|\,\rho_{xy}\,|$ 越大。

3. 协方差矩阵

对多元随机变量而言，用 X 表示随机变量组成的向量，即

$$X = \begin{bmatrix} X_1 \\ X_2 \\ \vdots \\ X_n \end{bmatrix}$$

其中 $E\,(X_i) = \mu_i$，var $(X_i) = \sigma_i^2$，cov $(X_i, X_j) = \sigma_{ij}$。

‖例题 3‖已知变量 X 和 Y 的协方差为 -40，X 的方差为 320，Y 的方差为 20，其相关系数为（　　　）。

A. 0.5　　　　　B. -0.5　　　　　C. 0.01　　　　　D. -0.01

【答案】B

【解析】随机变量的相关系数 $\rho_{xy} = \dfrac{\mathrm{cov}(X,Y)}{\sqrt{\mathrm{var}(X)}\ \sqrt{\mathrm{var}(Y)}} = \dfrac{-40}{\sqrt{320 \times 20}} = -0.5$。

四、随机变量的函数（熟悉）

一个随机变量经过函数变换后仍是一个随机变量，并且通过原始随机变量的分布可得到新的随机变量的概率分布。

（一）随机变量的线性组合

如果 $a_1, a_2, \cdots, a_n$ 是常数，$X_1, X_2, \cdots, X_n$ 是随机变量，那么

$$\mathrm{var}\left[a_0 + a_1 X_1 + \cdots + a_n X_n \right] = \sum_{i=1}^{n} a_i^2 \mathrm{var}(X_i) + 2 \sum \sum_{i<j} a_i a_j \mathrm{cov}(X_i, X_j)$$

特别地有

$$\mathrm{var}\left(a_0 + a_1 X_1 \right) = a_1^2 \mathrm{var}\left(X_1 \right),$$

$$\mathrm{var}\left(X_1 \pm X_2 \right) = \mathrm{var}\left(X_1 \right) + \mathrm{var}\left(X_2 \right) \pm 2\mathrm{cov}\left(X_1, X_2 \right)$$

（二）随机变量的加权和

如果 $a' = \left(a_1, a_2, \cdots, a_n \right)$ 是常数向量，那么

$$E\left(a'X \right) = \alpha'\mu = a_1 \mu_1 + a_2 \mu_2 + \cdots + a_n \mu_n$$

$$\mathrm{var}\left(a'X \right) = a' \sum_x a = \sum_{i=1}^{n} a_i^2 \sigma_i^2 + 2 \sum \sum_{i<j} a_i a_j \sigma_{ij}$$

如果 a 是资产组合的权重，μ 是资产组合收益率，σ_i 是资产组合波动率，上述结果就是资产组合收益率的期望和方差的计算公式，可用于计算组合风险价值。

（三）随机变量的积

对于随机变量乘积 $Y = X_1 X_2$，其期望为

$$E\left(X_1 X_2 \right) = E\left(X_1 \right) E\left(X_2 \right) + \mathrm{cov}\left(X_1, X_2 \right)$$

（四）随机变量变换（函数）的分布

假设 X 是一个连续随机变量，概率密度函数为 $f\left(x \right)$，$g\left(X \right)$ 是一个单调函数，那么 $Y = g\left(X \right)$ 是一个新的随机变量。把 X 表述成 Y 的函数为 $X = W\left(Y \right)$，那么 Y 的概率密度函数 $h\left(y \right)$ 为

$$h\left(y \right) = f\left[\omega(y) \right] \cdot \left| \partial \omega(y) / \partial y \right|$$

五、对数正态分布等统计分布的特征和计算（掌握）

如果一个随机变量 X 的对数形式 $Y = \ln(X)$ 是正态分布，则称这一变量服从对数正态分布。对数正态分布的密度函数为

$$f(x) = \frac{1}{x\sqrt{2\pi\sigma^2}} \exp\left[-\frac{1}{2\sigma^2}(\ln(x) - \mu)^2\right], \; x > 0$$

对数正态分布变量 X 的均值和方差分别为

$$E(X) = e^{\mu + \sigma^2/2}$$

$$\mathrm{var}(X) = e^{2\mu + \sigma^2}(e^{\sigma^2} - 1)$$

如果资产的对数收益率是独立同分布，且都服从均值 μ 和方差 σ^2 的正态分布，那么简单收益率是独立同分布的对数正态分布的随机变量，均值和方差分别为 $E(R_t) = e^{\mu + \sigma^2/2} - 1$，$\mathrm{var}(R_t) = e^{2\mu + \sigma^2}(e^{\sigma^2} - 1)$。

反之，假设简单收益率 R_t 服从对数正态分布，均值为 m_1，方差为 m_2，则对应的对数收益率 r_t 的均值和方差分别为 $E(r_t) = \ln\left\{\dfrac{m_1 + 1}{\sqrt{1 + \dfrac{m_2}{(1 + m_1)^2}}}\right\}$，

$\mathrm{var}(r_t) = \ln\left\{1 + \dfrac{m_2}{(1 + m_1)^2}\right\}$。

‖ **例题 4** ‖ 如果 X 是服从正态分布的随机变量，则 $\exp(x)$ 服从（　　　）。

A. 正态分布　　　　B. x^2 分布　　　　C. t 分布　　　　D. 对数正态分布

【答案】D

【解析】如果一个随机变量 X 的对数形式 $Y = \ln(X)$ 是正态分布，则称这一变量服从对数正态分布。

第二节　统计基础

本节大纲要求

1. 熟悉总体、样本和统计量的含义；

2. 熟悉统计推断的参数估计；

3. 熟悉统计推断的假设检验。

本节内容精讲

一、总体、样本和统计量的含义（熟悉）

（一）总体与样本

在一个统计问题中，我们把研究对象的全体称为总体 X，把组成总体的每个成员称为个体。X 的分布函数称为总体分布函数。

在实际中，总体的分布一般是未知的，或只知道它具有某种形式而其中包含着未知参数。在数理统计中，人们都是通过从总体中抽取一部分个体，根据获得的数据对总体分布作出推断的，被抽出的部分个体称为总体的一个样本。从总体抽取一个个体，就是对总体 X 进行一次观察并记录其结果。在相同的条件下对总体 X 进行 n 次重复的、独立的观察，将 n 次观察结果按试验的次序记为 $X_1, X_2, \cdots, X_n$。这样得到的 $X_1, X_2, \cdots, X_n$ 称为来自总体 X 的一个简单随机样本，n 称为这个样本的容量，$X_1, X_2, \cdots, X_n$ 称为样本观测值。

（二）统计量

1. 定义

设 $X_1, X_2, \cdots, X_n$ 是从总体 X 中抽取的容量为 n 的一个样本，如果由此样本构造一个函数 $T(X_1, X_2, \cdots, X_n)$，不依赖于任何未知参数，则称函数 $T(X_1, X_2, \cdots, X_n)$ 是一个统计量。

2. 常用统计量

①样本均值：$\bar{X} = \dfrac{1}{n} \sum\limits_{i=1}^{n} X_i$，用来估计总体的均值 μ。

②样本方差：$S^2 = \dfrac{1}{n-1} \sum\limits_{i=1}^{n} (X_i - \bar{X})^2 = \dfrac{1}{n-1} \left(\sum\limits_{i=1}^{n} X_i^2 - n\bar{X}^2 \right)$，用来估计总体方差 σ^2。

二、统计推断的参数估计（熟悉）

参数估计就是根据样本统计量去估计相应总体的参数。统计推断的参数估计包括两种：点估计和区间估计。

（一）点估计

设（$X_1, X_2, \cdots, X_n$）是来自总体 X 的样本，θ 是总体的未知参数，若用一个统计量 $\hat{\theta} = \hat{\theta}(X_1, X_2, \cdots, X_n)$ 来估计 θ，则称 $\hat{\theta}$ 为参数 θ 的估计量。这种估计称为点估计，常用方法包括距估计和最大似然估计。

1. 矩估计

其基本思路是利用样本矩去估计对应总体的各阶矩。

（1）原点矩

记样本的 i 阶原点矩为 $m_i = \dfrac{1}{n} \sum\limits_{j=1}^{n} X_j^i$，记总体的 i 阶原点矩为 $\mu_i = E(X_i)$，则 $\mu_i = m_i$。

（2）中心矩

样本的 k 阶中心矩为 $A_k = \dfrac{1}{n} \sum\limits_{i=1}^{n} (X_i - \bar{X})^k$，总体 k 阶中心矩为 $M_k = \dfrac{1}{n} E\{[X_i - E(X)^k]\}$。

（3）最常用的矩估计法是用一阶样本原点矩来估计总体的期望，用二阶样本中心矩来估计总体的方差。

2. 最大似然估计

最大似然估计的基本思想是：当从模型总体中随机抽取 n 组样本观测值后，最合理的参数估计量应该使得从模型中抽取该 n 组样本观测值的概率最大。

3. 点估计的优良性评判准则

（1）无偏性。设 $\hat{g} = \hat{g}(X_1, X_2, \cdots, X_n)$ 是 $g(\theta)$ 的一个估计量，若 $E(\hat{g}) = g(\theta)$ 对每一个 $\theta \in \Theta$ 都成立，则称 $g(X_1, X_2, \cdots, X_n)$ 是 $g(\theta)$ 的一个无偏估计。

（2）有效性。设 g_1 和 g_2 是 $g(\theta)$ 的两个无偏估计，如对每一个 $\theta \in \Theta$ 都有 $\mathrm{var}(g_1) \leqslant \mathrm{var}(g_2)$，且至少对某个 θ 使不等式严格成立，则称 g_1 比 g_2 有效。

（3）一致性。一致性是指随着样本量的增大，估计量的值越来越接近被估计总体的参数。即一个大样本给出的估计量要比一个小样本给出的估计量更接近总体的参数。样本均值是总体均值的一个一致估计量。

（二）区间估计

1. 区间估计的中心思想

区间估计是在点估计的基础上，给出总体参数估计的一个区间范围，该区间通常由样本统计量加减估计误差得到。与点估计不同，进行区间估计时，根据样本统计量的抽样分布可以对样本统计量与总体参数的接近程度给出一个概率度量。

2. 区间估计的重要概念

区间估计中有三个重要概念：置信区间、置信系数和置信限。置信区间是指在特定的可靠性（即置信系数）要求下，估计总体参数所落的区间范围，也即进行估计的全距。置信系数是指被估计的总体参数落在置信区间内的概率 P 或以 $1-\alpha$ 表示，又叫置信水平、置信度、可靠性系数和置信概率。置信系数是用来说明置信区间可靠程度的概率，也是进行正确估计的概率。一个置信系数同时反映了作出一个估计时所犯错误的小概率（α），即可靠性为 95% 时，意味着犯错误的概率为 5%；可靠性为 99% 时，意味着犯错误的概率为 1%。

三、统计推断的假设检验（熟悉）

1. 原假设与备择假设

原假设（H_0）：如果提出一种想法，要检验这种想法是否正确，那么这种想法或假设称为原假设（又称零假设）。一般原假设经过长期检验被认为是正确的，在现在的新情况下希望检验它是否仍然正确。

备择假设（H_1）：当 H_0 被否定后，作为备用选择的假设就是正确的，称这种备用选择的假设为对立假设或备择假设。

否定论证是假设检验的重要推理方法，其要旨在于：先假定原假设成立，如果导致观察数据的表现与此假定矛盾，则否定原假设。通常使用的一个准则是小概率事件的实际推断原理。

2. 两类错误

第一类错误（概率）：弃真概率 α，指原假设成立，而错误地加以拒绝。

第二类错误（概率）：取伪概率 β，指原假设不成立，而错误地接受它。

3. 显著性水平（α）

在样本容量固定的情况下，犯两类错误的概率不可能同时减小，只有增加样本容量，才能使它们同时减小。一般在控制弃真概率的条件下，使得取伪概率尽量小，简化为控制第一类错误的概率 α。

4. 假设检验的基本步骤

①根据实际问题的要求，提出原假设 H_0 以及备择假设 H_1；

②给定显著性水平 α 以及样本容量 n；

③确定检验统计量以及拒绝域的形式；

④按 $P\{当 H_0 为真拒绝 H_0\} \leq \alpha$ 求出拒绝域；

⑤取样，根据样本观察值作出决策，是接受 H_0 还是拒绝 H_0。

‖例题‖统计假设检验决策结果可能包括的情形有（　　）。

Ⅰ. 原假设是真实的，判断结论接受原假设

Ⅱ. 原假设是不真实的，判断结论拒绝原假设

Ⅲ. 原假设是真实的，判断结论拒绝原假设

Ⅳ. 原假设是不真实的，判断结论接受原假设

A. Ⅰ、Ⅱ、Ⅲ

B. Ⅰ、Ⅱ

C. Ⅱ、Ⅲ、Ⅳ

D. Ⅰ、Ⅱ、Ⅲ、Ⅳ

【答案】D

【解析】Ⅲ、Ⅳ两项属于假设检验中的两类错误：第一类错误是原假设成立，而错误地加以拒绝；第二类错误是原假设不成立，而错误地接受它。

第三节　回归分析

本节大纲要求

1. 熟悉一元线性回归模型的含义和特征；

2. 熟悉多元线性回归模型的含义和特征；

3. 掌握非线性模型线性化的原理；

4. 掌握回归模型常见问题和处理方法。

本节内容精讲

一、一元线性回归模型的含义和特征（熟悉）

一元线性回归是对两个具有相关关系的数量指标进行线性拟合获得最佳直线回归方程，从而在相关分析的基础上进行指标预测。

（一）总体回归函数

1. 模型形式

对于具有线性关系的两个变量，可以用一个线性方程来表示它们之间的关系。描述因变量 y 如何依赖自变量 x 和误差项 u 的方程称为回归模型。只涉及

一个自变量的一元线性回归模型可表示为

$$y_i = \alpha + \beta x_i + u_i \; (i = 1,\ 2,\ 3,\ \cdots,\ n)$$

其中，y 为因变量或被解释变量；x 称为自变量或解释变量；u 是一个随机变量，称为随机（扰动）项；α 和 β 是两个常数，称为回归参数；下标 i 表示变量的第 i 个观察值或者随机项。

2. 随机项 u 和自变量满足的统计假定

每个 $u_i \; (i = 1,\ 2,\ 3,\ \cdots,\ n)$ 均为独立同分布、服从正态分布的随机变量。且 $E\ (u_i) = 0 \; (i = 1,\ 2,\ 3,\ \cdots,\ n)$，$\mathrm{var}\ (u_i) = \sigma_u^2$ 为常数。

随机项 u_i 和自变量的任一观察值 x_i 都不相关，即 $\mathrm{cov}\ (u_i,\ x_i) = 0 \; (i = 1,\ 2,\ 3,\ \cdots,\ n)$。

3. 总体回归直线

对 $y_i = \alpha + \beta x_i + u_i$ 两边同时取均值，则有

$$E\ (y_i) = \alpha + \beta x_i$$

满足上式的点 $[x_i,\ E\ (y_i)]$ 构成的直线叫作总回归直线。由于 y_i 是 u_i 的线性函数，y_i 的正态分布为 $y_i \sim \mathrm{N}\ (\alpha + \beta x_i,\ \sigma_u^2)$。

（二）样本回归函数

从总体中抽取一定样本数据进行观测，对于解释变量 x 的一定值，取得的被解释变量 y 的样本观测值也可计算其条件均值，y 的样本观测值的条件均值随解释变量 x 而变动的轨迹，称为样本回归线。样本回归函数如为线性函数，可表示为

$$y_i = \hat{\alpha} + \hat{\beta} x_i + \varepsilon_i$$

其中，$\hat{\alpha}$、$\hat{\beta}$ 是 α 和 β 的估计量；ε_i 称为剩余项，或称为残差，是实际观测的被解释变量 y_i 与样本条件均值二者之差，即 $\varepsilon_i = y_i - \hat{y}_i$。$\varepsilon_i$ 在概念上类似于总体回归的随机扰动项 u_i，作为 u_i 的估计量的残差 ε_i 是可以观察的。

1. 回归参数的 OLS 估计

为了使样本回归函数"尽可能接近"总体回归函数，就是要使样本回归函数估计的 y_i 与实际的 y_i 的误差尽量小，即使残差 ε_i 越小越好。可是 ε_i 有正有负，其简单代数和会相互抵消而趋于零。为了在数学上便于处理，可采用剩余平方和 $\sum \varepsilon_i^2$ 最小的准则，这就是最小二乘准则，即

$$\min \sum_{i=1}^{n} \varepsilon_i^2 = \min \sum (y - \hat{y})^2 = \min \sum_{i=1}^{n} [y_i - (\hat{\alpha} + \hat{\beta} x_i)]^2$$

利用最小二乘准则估计回归参数的方法称为普通最小二乘法（OLS），$\hat{\alpha}$ 和

$\hat{\beta}$ 称为普通最小二乘估计量。

根据微积分的极值定理，对上式求相应于 $\hat{\alpha}$ 和 $\hat{\beta}$ 的偏导数，并令其等于 0，便可求出 $\hat{\alpha}$ 和 $\hat{\beta}$，即

$$\begin{cases} \hat{\beta} = \dfrac{n \sum\limits_{i=1}^{n} x_i y_i - \sum\limits_{i=1}^{n} x_i \sum\limits_{i=1}^{n} y_i}{n \sum\limits_{i=1}^{n} x_i^2 - \left(\sum\limits_{i=1}^{n} x_i \right)^2} \\ \hat{\alpha} = \bar{y} - \hat{\beta} \bar{x} \end{cases}$$

2. 回归参数显著性检验和回归参数区间估计

获得模型参数 $\hat{\alpha}$ 和 $\hat{\beta}$ 之后，需要对模型是否稳健和有效作出判断，为此，还需进行：

（1）对回归参数进行显著性检验，并对参数做区间估计；

（2）对回归模型的有效性作出判断。

3. 回归方程显著性检验与拟合优度

（1）总离差平方和的分解

y_i 的总离差 $= y_i - \bar{y_0}$，总离差平方和（TSS）及其分解详情如表 4 – 1 所示。

表 4 – 1　　　　　　　　　　　总离差平方和的分解

类别	公式
总离差平方和（TSS）	$TSS = \sum (y - \bar{y})^2$，是反映全部总离差变化的量，$TSS = RSS + ESS$
回归平方和（ESS）	$ESS = \sum (\hat{y_i} - \bar{y})^2$，反映 ESS 中被 y 对 x 回归说明的部分
残差平方和（RSS）	$RSS = \sum\limits_{i=1}^{n} \varepsilon_i^2$，是 TSS 中除了 y 对 x 回归之外的一切随机因素构成的部分

（2）拟合优度（样本决定系数）

样本决定系数 R^2 是度量回归模型对样本观测值拟合程度的指标，其公式为

$$R^2 = \frac{ESS}{TSS} = \frac{\sum (\hat{y_i} - \bar{y})^2}{\sum (y_i - \bar{y})^2} = 1 - \frac{RSS}{TSS}$$

拟合优度越大，表示回归直线与样本观察值拟合得越好，反之越差。通过分析可知，$0 \leqslant R^2 \leqslant 1$，越接近 1，拟合效果越好。

‖例题 1‖一元线性回归模型的总体回归直线可表示为（　　　）。

A. $E(y_i) = \alpha + \beta x_i$ B. $\hat{y}_i = \hat{\alpha} + \hat{\beta} x_i + \varepsilon_i$

C. $\hat{y}_i = \hat{\alpha} + \hat{\beta} x_i$ D. $y_i = \alpha + \beta x_i + u_i$

【答案】A

【解析】对一元线性回归方程 $y_i = \alpha + \beta x_i + u_i$ 两边同时求期望，则有 $E(y_i) = \alpha + \beta x_i$。表明点 $[x_i, E(y_i)]$ 在 $E(y_i) = \alpha + \beta x_i$ 对应的直线上，这条直线即为总体回归直线（或理论回归直线）。

二、多元线性回归模型的含义和特征（熟悉）

1. 模型定义

（1）总体回归函数

如果总体回归函数描述了一个被解释变量与多个解释变量之间的线性关系，由此而设定的总体回归函数就是多元线性回归模型。多元线性回归模型的一般形式可表示为

$$y_i = \alpha + \beta_1 x_{1i} + \beta_2 x_{2i} + \cdots + \beta_k x_{ki} + u_i$$

（2）样本回归函数

多元样本线性回归函数可表示为

$$y_i = \hat{\alpha} + \hat{\beta}_1 x_{1i} + \hat{\beta}_2 x_{2i} + \cdots + \hat{\beta}_k x_{ki} + \varepsilon_i$$

多元总体线性回归函数的矩阵形式可表示为

$$Y = X\beta + U$$

其中，

$$Y = \begin{bmatrix} y_1 \\ y_2 \\ \cdots \\ y_n \end{bmatrix}, \beta = \begin{bmatrix} \beta_1 \\ \beta_2 \\ \cdots \\ \beta_k \end{bmatrix}, U = \begin{bmatrix} u_1 \\ u_2 \\ \cdots \\ u_n \end{bmatrix}$$

$$X = \begin{bmatrix} 1 & X_{11} & X_{21} & \cdots & X_{k1} \\ 1 & X_{12} & X_{22} & \cdots & X_{k2} \\ \vdots & \vdots & \vdots & & \vdots \\ 1 & X_{1n} & X_{2n} & \cdots & X_{kn} \end{bmatrix}$$

类似地，多元样本线性回归函数的矩阵表示为

$$Y = X\hat{\beta} + \varepsilon$$

2. 模型假定

（1）被解释变量和解释变量之间具有一种线性关系。

（2）解释变量之间不存在线性关系。

（3）随机扰动项的期望值为零，即 $E(u_i)=0$。

（4）所有随机扰动项的方差都相等，为 σ^2，不同的随机扰动项互不相关，且服从标准正态分布，即 $u_i \sim N(0,\sigma^2)$。

（5）随机扰动项与解释变量不相关。

3. 参数的最小二乘估计

多元线性回归方程中的 $\hat{\alpha}$、$\hat{\beta}_1$、$\hat{\beta}_2$、$\hat{\beta}_k$ 仍然是根据最小二乘法求得，也就是使残差平方和最小：

$$\min \sum_{i=1}^{n} \varepsilon_i^2 = \min \sum (y_i - \hat{y_i})^2 =$$

$$\min \sum_{i=1}^{n} \left[y_i - (\hat{\alpha} + \hat{\beta}_1 x_{1i} + \hat{\beta}_2 x_{2i} + \cdots + \hat{\beta}_k x_{ki}) \right]^2$$

通过求解，可得多元线性回归模型参数向量 $\hat{\beta}$ 的最小二乘估计式的矩阵表达式为

$$\hat{\beta} = (X^T X)^{-1} X^T T$$

其中，X^T 表示 X 的转置矩阵，$(X^T X)^{-1}$ 表示 $X^T X$ 的逆矩阵。

4. 拟合优度检验

（1）可决系数

与简单线性回归类似，为了说明多元线性回归线对样本观测值的拟合情况，也可以考察在 y 的总变差中由多个解释变量作出了解释的那部分变差的比重，即"回归平方和"与"总离差平方和"的比值。在多元回归中这一比值称为多重可决系数，用 R^2 表示：

$$R^2 = \frac{ESS}{TSS}$$

或

$$R^2 = \frac{TSS - RSS}{TSS} = 1 - \frac{RSS}{TSS}$$

多重可决系数是介于 0 和 1 之间的一个数，R^2 越接近 1，模型对数据的拟合程度就越好。

（2）修正的可决系数

多重可决系数有一个重要性质，即它是模型中解释变量个数的不减函数，在样本容量不变时，随着模型中解释变量的增加，总离差平方和 TSS 不会改变，而回归平方和 ESS 可能增大，多重可决系数 R^2 的值会变大。当被解释变量相同而解释变量个数不同时，会给运用多重可决系数去比较两个模型的拟合

程度带来缺陷。可决系数只涉及变差，没有考虑自由度。如果用自由度去校正所计算的变差，可以纠正解释变量个数不同引起的对比困难，从而引入修正的可决系数 $\bar{R}^2$，其计算公式为

$$\bar{R}^2 = 1 - (1 - R^2)\left(\frac{n-1}{n-k-1}\right)$$

$\bar{R}^2$ 的解释与 R^2 类似，不同的是：$\bar{R}^2$ 同时考虑了样本量（n）和模型中自变量的个数（k）的影响，这就使得 $\bar{R}^2$ 的值永远小于 R^2，而且 $\bar{R}^2$ 的值不会由于模型中自变量个数的增加而越来越接近1。因此，在多元回归分析中，通常用修正的可决系数。

‖例题 2‖下列关于多元线性回归模型的说法，正确的是（　　）。

A. 如果模型的 R^2 很接近1，可以认为此模型的质量较好

B. 如果模型的 R^2 很接近0，可以认为此模型的质量较好

C. R^2 的取值范围为 $R^2 > 1$

D. 调整后的 R^2 测度多元线性回归模型解释能力没有 R^2 好

【答案】A

【解析】R^2 表示总离差平方和中线性回归解释的部分所占的比例，其取值范围为 $0 \leqslant R^2 \leqslant 1$，$R^2$ 越接近1，线性回归模型的解释能力越强。调整后的 R^2 能够克服 R^2 的缺点，在多元回归分析中，通常用修正的可决系数。

三、非线性模型线性化原理（掌握）

当变量 y 与 x 之间可能不存在线性关系时，有一部分可以通过变量的替换，转化为线性的回归模型处理。线性关系只是要求参数和随机扰动项是线性的，而并不要求变量之间是线性关系。典型的对数线性模型是经常使用的一个模型。它的表达式为

$$y = e^{\beta_1} X_2^{\beta_2} X_3^{\beta_3} \cdots X_K^{\beta_K} e^{\varepsilon}$$

两边取自然对数可得

$$\ln y = \beta_1 + \beta_2 \ln X_2 + \beta_3 \ln X_3 + \cdots + \beta_K \ln X_K + \varepsilon$$

对于非线性回归模型，按形式和估算方法的不同，可以分为：①解释变量与被解释变量之间不存在线性关系，但是未知参数之间存在线性关系的非标准线性回归模型；②被解释变量与变量之间和未知参数之间都不存在线性关系的可线性化的非线性回归模型；③被解释变量与变量之间和未知参数之间都不存在线性关系，且不可转化为标准模型的不可线性化的非线性回归模型。

四、回归模型常见问题及处理（掌握）

1. 多重共线性

（1）概念

回归模型的基本假设之一是解释变量是相互独立的。如果解释变量之间存在严格或者近似的线性关系，就会产生多重共线性问题，其本质为解释变量之间高度相关。

（2）产生原因

①滞后变量的引入；

②样本数据的限制；

③自变量之间具有某种类型的近似线性关系等。

（3）后果

①多重共线性使得估计值不稳定，并对样本非常敏感；

②使得参数估计值的方差增大；

③参数估计值的方差增大，使得统计量 t 减小，从而 $|t| < t_{\alpha/2}$ 出现的机会变化大，即 t 值落在零假设范围内的可能性增加，可能会出现舍去对因变量有显著影响的变量，从而导致模型错误；

④参数估计值的方差增大，做预测时，会导致预测的置信区间过大，降低预测精度。

（4）检验

判断多重共线性的方法主要有简单相关系数检验法、逐步回归法等。

①简单相关系数检验法

简单相关系数检验法是利用解释变量之间的线性相关程度去判断是否存在严重多重共线性的一种简便方法。一般而言，如果每两个解释变量的简单相关系数比较高，如大于 0.8，则可认为存在着较严重的多重共线性。但要注意，较高的简单相关系数只是多重共线性存在的充分条件，而不是必要条件。特别是在多于两个解释变量的回归模型中，有时较低的简单相关系数也可能存在多重共线性。因此并不能简单地依据相关系数进行多重共线性的准确判断。

②逐步回归法

逐步回归法是指以 y 为被解释变量，逐个引入解释变量，构成回归模型，进行模型估计。根据拟合优度的变化决定新引入的变量是否独立。如果拟合优度变化显著，则说明引入的变量是一个独立解释变量；如果拟合优度变化很不显著，则说明新引入的变量与其他变量之间存在共线性。

（5）消除多重共线性影响的方法

①排除引起共线性的变量。使用逐步回归法找出引起多重共线性的解释变量，将它排除。

②差分法。对于时间序列数据，将原模型变换为差分模型：

$$\Delta y_i = \beta_1 \Delta x_{1i} + \beta_2 \Delta x_{2i} + \cdots + \beta_k \Delta x_{ki} + \Delta \varepsilon_i$$

差分模型可以有效地消除原模型中的多重共线性。

③通过增加样本容量或者使用零回归技术降低参数估计方差。

2. 异方差问题

（1）异方差的概念与后果

对于线性模型 $y_i = \alpha + \beta_1 x_{1i} + \cdots + \beta_k x_{ki} + \varepsilon_i$，如果出现 $\mathrm{var}(\varepsilon_i) = \sigma_i^2$ 不为常数，即对于不同的样本点，随机误差项的方差互不相同，这就是异方差性。

对于存在异方差性的模型，采用 OLS 估计模型参数会产生下列不良后果：

①参数估计量非有效：无偏的 OLS 估计量不再具有有效性。

②变量的显著性检验失去意义：异方差性导致 t 检验失去意义，其他检验也如此。

③模型的预测失效：当模型出现异方差时，参数 OLS 估计值的变异程度增大，从而造成对 y 的预测误差变大，降低预测精度，预测功能失效。

（2）异方差的检验方法

①散点图判断

可利用 $x - \varepsilon^2$ 残差图判断异方差性，以是否形成斜率为零的直线作为判断基础。

②统计检验方法

这里主要介绍 G - Q 检验法。G - Q 检验的思想为：先将样本一分为二，对子样本 1 和子样本 2 分别做回归，然后利用两个子样本的残差平方和之比构造统计量进行异方差检验。该统计量服从 F 分布，因此假设存在递增的异方差，则 F 远大于 1；反之，就会等于 1（同方差）或小于 1（递减方差）。

（3）异方差问题的处理

模型被检验出存在异方差性，可用加权最小二乘法（WLS）进行估计。加权最小二乘法是对原模型加权，使之变成一个新的不存在异方差性的模型，然后采用 OLS 估计其参数。

3. 序列相关性问题

（1）序列相关的概念及后果

序列相关又称自相关，是指总体回归模型的随机误差项 μ_i 之间存在相关关系。在回归模型的古典假定中是假设随机误差项无自相关的，或者说 μ_i 在不同观测点之间是不相关的，即

$$\text{cov}\ (\mu_i,\mu_j)=E\ (\mu_i\mu_j)=0\ (i\neq j)$$

如果该假定不能满足，就称 μ_i 和 μ_j 存在自相关。

一阶自相关往往可写成 $\mu_i=\rho\ u_{i-1}+v_i$，其中，ρ 为自相关系数，$-1<\rho<1$，v_i 满足标准（正态）随机干扰项的假定。

模型一旦出现序列相关性，如果仍采取 OLS 估计模型参数，会产生下列不良后果：

①不影响参数估计量的线性和无偏性，但是参数估计量失去有效性；

②变量的显著性检验失去意义；

③模型的预测失效。

（2）序列相关性检验的思路和常用方法

①序列相关性检验的思路

首先采用 OLS 对模型做估计，获得随机干扰项的近似估计量。然后，通过分析这些"近似估计量"之间的相关性，判断随机误差项是否具有序列相关性。

②常用检验方法

序列相关性检验的常用方法包括图示法、回归检验法、杜宾—瓦森检验法（DW 检验）、拉格朗日乘数检验等。其中，图示法简单，回归检验法可以满足任何类型的序列相关性检验，拉格朗日乘数检验适用于高阶序列相关以及模型中存在滞后变量的情形。

DW 检验的假设条件为解释变量 x 为非随机，随机干扰项满足一阶自回归形式，解释变量中不包含滞后的被解释变量，截距项不为零，数据序列无缺失项。DW 检测的判断如图 4-1 所示。

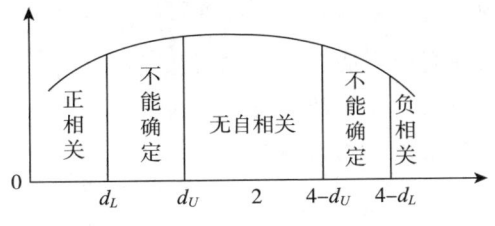

图 4-1 序列相关检测的判断

当 DW 值在 2 左右时，模型不存在一阶自相关。

（3）消除自相关影响的方法

最常用的方法是广义最小二乘法（GLS）和广义差分法。

广义最小二乘法（GLS）是一种常见的消除异方差的方法，它的主要思想是为解释变量加上一个权重，从而使得加上权重后的回归方差是相同的。然后再用 OLS 对变换后的回归方程进行估计。

广义差分法的思想是将原模型转化为对应的差分形式，消除序列相关性，然后用普通最小二乘法估计。多元回归模型与一元回归模型的广义差分法原理相同。广义差分法得以实施的关键是计算出自相关系数 ρ 的值。

‖**例题 3**‖ 对于存在异方差性的模型，采用 OLS 估计模型参数会产生的不良后果包括（　　　）。

Ⅰ．回归参数估计量非有效　　　　　Ⅱ．变量的显著性检验失效

Ⅲ．模型的预测功能失效　　　　　　Ⅳ．解释变量之间不独立

A．Ⅰ、Ⅱ、Ⅲ　　　　　　　　　　B．Ⅰ、Ⅲ、Ⅳ

C．Ⅰ、Ⅱ、Ⅳ　　　　　　　　　　D．Ⅱ、Ⅲ、Ⅳ

【答案】A

【解析】模型存在异方差的后果包括：①参数估计量非有效：无偏的 OLS 估计量不再具有有效性。②变量的显著性检验失去意义：异方差性导致 t 检验失去意义，其他检验也如此。③模型的预测失效：当模型出现异方差时，参数 OLS 估计值的变异程度增大，从而造成对 y 的预测误差变大，降低预测精度，预测功能失效。

第四节　时间序列分析

本节大纲要求

1. 了解时间序列的基本概念；

2. 了解平稳时间序列模型的含义和应用；

3. 了解非平稳时间序列模型的含义和应用；

4. 熟悉协整分析和误差修正模型。

本节内容精讲

一、时间序列的基本概念（了解）

1. 定义

从统计意义上讲，时间序列是将某一个指标在不同时间上的不同数值，按照时间的先后顺序编制形成的数列。数列由于受到各种偶然因素的影响，往往表现出某种随机性，彼此之间存在着统计上的依赖关系。依赖参数时间 t 的随机变量集合就是随机过程，记为 $\{y_t\}$。元素 y_t 为该随机过程的观察值，称为时间序列又称时间数列。

2. 数列形态分类

按照指标变量的性质和数列形态的不同，时间数列可分为随机性时间数列和非随机性时间数列。其中，非随机性时间数列又分为平稳性时间数列、趋势性时间数列和季节性时间数列三种。

随机性时间数列		随机性时间数列是指由随机变量组成的时间数列
非随机性时间数列	平稳性时间数列	指由确定性变量构成的时间数列，其特点是影响数列各期数值的因素是确定的，且各期的数值总是保持在一定的水平上下波动
	趋势性时间数列	指各期数值逐期增加或逐期减少，呈现一定的发展变化趋势的时间数列
	季节性时间数列	指按月统计的各期数值，随一年内季节变化而周期性波动的时间数列

3. 时间序列的平稳性

时间序列的平稳性，是指时间序列的统计规律不会随时间的推移而发生变化。也就是说，生成变量时间序列数据的随机过程的特征不随时间变化而变化。

从理论上看，有两种意义的平稳性，一种是严格平稳，另一种是弱平稳。严格平稳是指随机过程 $\{y_t\}$ 的联合分布函数与时间的位移无关。弱平稳是指随机过程 $\{y_t\}$ 的期望、方差和协方差不随时间的推移而变化。若 $\{y_t\}$ 满足

$$E(y_t) = \mu$$
$$\text{var}(y_t) = \sigma^2$$
$$\text{cov}(y_t, y_{t+k}) = \lambda_k$$

其中，λ_k 为只与时间间隔 k 有关，而与 t 无关的常数。则称 $\{y_t\}$ 为弱平稳随机过程。

4. 白噪声

如果随机过程 $\{\varepsilon_t\}_{t=-\infty}^{+\infty}$，满足 $E(\varepsilon_t)=0$，$var(\varepsilon_t)=\sigma^2$，当 $t \neq T$ 时，有 $E(\varepsilon_t \varepsilon_T)=0$，则称这个随机过程为白噪声过程。

白噪声过程是一个平稳的过程。如果当 $t \neq T$ 时，ε_t 与 ε_T 是相互独立的，则称为独立白噪声过程。如果随机过程 $\{y_t\}_{t=-\infty}^{+\infty}$ 是常数 μ 与一个白噪声过程的和，即 $y_t = \mu + \varepsilon_t$，那么 $\{y_t\}_{t=-\infty}^{+\infty}$ 是一个平稳的随机过程。

‖ 例题 1 ‖ 按照指标变量的性质和数列形态的不同，时间序列可分为随机性时间数列和非随机性时间数列。其中非随机性时间数列又分为（　　）。

Ⅰ. 平稳性时间数列　　　　　　　Ⅱ. 趋势性时间数列

Ⅲ. 波动性时间数列　　　　　　　Ⅳ. 季节性时间数列

A. Ⅰ、Ⅱ、Ⅲ　　　　　　　　　B. Ⅰ、Ⅲ、Ⅳ

C. Ⅰ、Ⅱ、Ⅳ　　　　　　　　　D. Ⅱ、Ⅲ、Ⅳ

【答案】C

【解析】非随机性时间数列又分为平稳性时间数列、趋势性时间数列和季节性时间数列三种。

二、平稳时间序列 ARMA 模型的含义和应用（了解）

ARMA 模型是一种常用的随机时序模型，是精度较高的时序短期预测方法，其基本思想是：除极个别情况外，几乎所有的时间序列中按照时间顺序排列的观察值之间具有依赖关系或自相关性，这种自相关性体现了变量发展的连续性。因此，一旦时间序列的这种自相关性被定量描述出来，即可根据其过去值预测将来值。

1. 移动平均（MA）过程

设 $\{\varepsilon_t\}_{t=-\infty}^{+\infty}$ 是白噪声过程，如果一个随机过程满足两个白噪声的加权和 $y_t = \mu + \varepsilon_t + \theta \varepsilon_{t-1}$，其中 μ 和 ε 是任意常数，则称它为一阶移动平均过程，记为 MA（1）。

记（$\theta_1, \theta_2, \cdots, \theta_q$）是任意实数，一个 q 阶移动平均过程，记为 MA（q），可表示为

$$y_t = \mu + \varepsilon_1 + \theta_1 \varepsilon_{t-1} + \theta_2 \varepsilon_{t-2} + \cdots + \theta_q \varepsilon_{t-q}$$

MA（q）过程是平稳的。

2. 自回归（AR）过程

一个 p 阶自回归过程可表示为

$$y_t = c + \phi_1 y_{t-1} + \phi_2 y_{t-2} + \cdots + \phi_p y_{t-p} + \varepsilon_t$$

将其记为 AR（p）。如果其特征根都在单位圆外面，则 AR（p）过程是平稳的。

3. ARMA 模型

实际上 AR 模型和 MA 模型都是自回归移动平均过程的特例。阶数为（p，q）的自回归移动平均过程可表示为

$$y_t = c + \phi_1 y_{t-1} + \cdots + \phi_p y_{t-p} + \varepsilon_t + \theta_1 \varepsilon_{t-1} + \cdots + \theta_q \varepsilon_{t-q}$$

这里 $\{\varepsilon_t\}_{t=-\infty}^{+\infty}$ 是一个白噪声过程。将这个过程记为 ARMA（p，q）。常用的过程是 ARMA（1，1）。利用滞后算子可以证明 ARMA（p，q）过程是平稳的。ARMA 模型的估计需要使用非线性估计方法，实务中常使用数学软件进行估计。

三、非平稳时间序列 ARIMA 模型的含义和应用（了解）

1. 平稳过程与非平稳过程

考虑下列过程：

$$y_t = y_{t-1} + x_t$$

这里 x_t 是一个平稳过程，均值为 $\mu \neq 0$，假设 $y_0 = 0$，那么有

$$y_t = (y_{t-2} + x_{t-1}) + x_t = \cdots = x_1 + x_2 + \cdots + x_t$$

故 $E(y_t) = t\mu \neq 0$。因此，$\{y_t\}$ 有一个时间趋势，它不是一个平稳过程。为了消除这个时间趋势，考虑 y_t 的一阶差分 $\Delta y_t = y_t - y_{t-1}$，它是一个平稳过程。作差分是把非平稳过程转换成平稳过程的常用方法。

如果上述模型中 Δy_t 是一个 ARMA（p，q）过程，则称上述模型的 y_t 是一个自回归移动平均过程，记为 ARIMA（p，1，q）。如果 Δy_t 是 y_t 经过 d 阶差分后的一个 ARMA（p，q）过程，那么 y_t 是一个 ARIMA（p，d，q）。

2. 非平稳时间序列模型的特点

①不具有特定的长期均值；

②方差和自协方差不具有时间不变性；

③理论上，序列自相关函数不随滞后阶数的增加而衰减。

‖ 例题 2 ‖ 为建立回归模型，将非平稳时间序列转换为平稳序列，需要（　　　）。

　　A. 分差　　　　　B. 差分　　　　　C. 分解　　　　　D. 函数

【答案】B

【解析】作差分是把非平稳过程转换成平稳过程的常用方法。

四、时间数列的预测方法（了解）

时间数列分析的一个重要任务是根据现象发展变化的规律进行外推预测。最常见的时间数列预测方法有趋势外推法、移动平均法与指数平滑法。

1. 趋势外推法

趋势外推法的预测过程一般分为四个步骤：选择趋势模型、求解模型参数、对模型进行检验、计算估计标准误差。

以简单的直线方程为例，当某一时间数列具有直线上升或直线下降趋势时，可以用直线回归方程拟合，即$\widehat{Y}_t = a + bt$。根据这个趋势方程，可以对时间数列进行趋势外推预测。

2. 移动平均法

移动平均法即通过取n项的移动平均，可以对原时间数列修匀而形成一个新的时间数列，显示数列的变动趋势。移动平均法又可以分为简单移动平均法和加权移动平均法。

简单移动平均法就是相继移动计算若干时期的算术平均数作为下期预测值。加权移动平均法即将简单移动平均数进行加权计算。在确定权数时，近期观察值的权数应该大些，远期观察值的权数应该小些。

移动平均法只能预测最近一期数值，逐期移动、逐期预测。它需要大量的历史资料，且权数的选择具有较大的随意性，所以预测的准确性相对较差。

3. 指数平滑法

指数平滑法即根据历史资料中的上期实际数和上期预测值，用指数加权的办法进行预测。此法实质是由移动平均法演变而来的一种方法，其优点是只要有上期实际数和上期预测值，就可以计算下期的预测值，这样可以节省很多数据和处理数据的时间，减少数据的存储量，方法简便，是国外广泛使用的一种短期预测方法。

五、协整分析和误差修正模型（熟悉）

1. 协整的概念

协整是指某些时间序列是非平稳时间序列，但其线性组合却存在长期的均衡关系。具体来讲，对于两个均为一阶单整序列（一阶单整序列是指非平稳时间序列经过一阶差分之后变为平稳序列）的时间序列 $\{x_t\}$ 和 $\{y_t\}$，即 $x_t \sim I(1)$，$y_t \sim I(1)$，若存在一组非零常数 α_1 和 α_2，使得 $\alpha_1 x_t + \alpha_2 y_t \sim I(0)$，则称 x_t 和 y_t 之间存在协整关系。

虽然两个经济变量有各自的长期波动规律，但是如果它们是协整的，则它们之间存在着一个长期稳定的比例关系。

2. 误差修正模型

（1）误差修正模型的基本思想

若变量间存在协整关系，则表明这些变量间存在着长期均衡关系，而这种长期均衡关系是在短期波动过程中的不断调整下得以实现的。

（2）误差修正机制

由于大多数金融时间序列的一阶差分是平稳序列，受长期均衡关系的支配，这些变量的某些线性组合也可以是平稳的。即所研究变量中的各长期分量相互抵消，产生了一个平稳的时间序列，这是由于一种调节机制——误差修正机制在起作用，它防止了长期均衡关系出现较大的偏差。因此，任何一组相互协整的时间序列变量都存在误差修正机制，通过短期调节行为，实现变量间长期均衡关系的存在。

建立误差修正模型的步骤：第一步，建立长期关系模型，即通过水平变量和 OLS 估计出时间序列变量间的关系。第二步，建立短期动态关系，即误差修正方程。将长期关系模型中的各变量以一阶差分形式重新加以构造，并将长期关系模型所产生的残差序列作为解释变量引入，在一个从一般到特殊的检验过程中，对短期动态关系进行逐项检验，不显著的项逐渐被剔除，直到最适合的表示方法被找到为止。

下面以建立货币需求函数为例，说明误差修正模型的建模过程。

假设当前实际货币需求余额是关于实际货币需求余额滞后值、实际国民收入和机会成本等变量的回归。依据交易方程设定的模型可作为长期关系模型，其一般形式为

$$\left(\frac{M}{P}\right)_t = \beta_0 + \beta_1 Y_t + \beta_2 \pi_t + \beta_3 \left(\frac{M}{P}\right)_{t-1} + \varepsilon_t$$

其中，M 为相应的名义货币余额；P 为物价指数（通常用 GDP 的平减指数表示）；Y 为实际的国内生产总值（GDP）；π 为季度通货膨胀率（根据综合物价指数衡量）。第二阶段误差修正方程的一般形式是

$$\Delta\left(\frac{M}{P}\right)_t = \alpha_0 + \sum_{i=0}^{t} \beta_i \Delta Y_{t-i} + \sum_{i=0}^{t} \gamma_i \Delta \pi_{t-i} + \sum_{i=0}^{t} \sigma_i \Delta\left(\frac{M}{P}\right)_{t-i-1} + \lambda E C_{t-1} + \varepsilon_t$$

其中，*EC* 为长期关系模型中的残差。

‖**例题 3**‖根据误差修正模型，下列说法不正确的是（　　）。

A. 若变量之间存在长期均衡关系，则表明这些变量间存在协整关系

B. 建模时需要用数据的动态非均衡过程来逼近经济理论的长期均衡过程

C. 变量之间的长期均衡关系是在短期波动过程中的不断调整下得以实现的

D. 传统的经济模型通常表述的是变量之间的一种"长期均衡"关系

【答案】A

【解析】误差修正模型的基本思想是若变量间存在协整关系，则表明这些变量间存在着长期均衡关系，而这种长期均衡关系是在短期波动过程中的不断调整下得以实现的。

第五节　常用统计软件及其运用

本节大纲要求

熟悉常用统计软件及其应用。

本节内容精讲

一、常用统计软件及其应用（熟悉）

常用的统计软件有 SAS、SPSS、Excel、S‒Plus、Minitab、Statistica、Eviews。

1. SAS

SAS（STATISTICAL ANALYSIS SYSTEM）由美国北卡罗来纳州立大学于 1966 年开发的，是目前国际上最为流行的一种大型统计分析系统，被誉为统计分析的标准软件。SAS 具有完备的数据存取、数据管理、数据分析、数据展现功能。

尽管现在 SAS 已经尽量"傻瓜化"，但是仍然需要一定的训练才可以使用。因此，该统计软件主要适合于统计工作者和科研工作者使用。

2. SPSS（统计产品与服务解决方案）

SPSS 为 IBM 公司推出的一系列用于统计学分析运算、数据挖掘、预测分析和决策支持任务的软件产品及相关服务的总称，是世界上最早的统计分析软

件，由美国斯坦福大学的三位研究生于 20 世纪 60 年代末研制。

在国际学术界有条不成文的规定，即在国际学术交流中，凡是用 SPSS 软件完成的计算和统计分析，可以不必说明算法，由此可见其影响之大和信誉之高。因此，SPSS 对非统计工作者来说是很好的选择。

3. Excel

Excel 是微软办公套装软件的一个重要组成部分，可以进行各种数据的处理、统计分析和辅助决策操作，广泛应用于管理、统计、财经、金融等领域。

有时在安装 Office 时没有装数据分析的功能，那就必须安装插件 XLSTAT 才能进行数据统计分析。对于复杂的问题，Excel 就不那么"傻瓜"，需要使用函数，甚至根本没有相应的计算方法。专业一些的统计推断问题还是需要其他专门的统计软件来处理。

4. S – Plus

S – Plus 是由美国 MathSoft 公司开发的一种基于 S 语言的统计学软件，是世界上公认的三大统计软件之一，主要用于数据挖掘、统计分析和统计作图等。

S – Plus 的数据可以直接来源于 Excel、Lotus、Access、SAS、SPSS 等软件，兼容性极好。这是统计学家喜爱的软件。不仅功能齐全，而且其强大的编程功能，使得研究人员可以编制自己的程序来实现自己的理论和方法。它也在进行"傻瓜化"以争取顾客，但仍然以编程方便为顾客所青睐。

5. Minitab

Minitab 软件是现代质量管理统计的领先者——全球六西格玛实施的共同语言。Minitab 于 1972 年成立于美国的宾夕法尼亚州立大学。Minitab 软件是为质量改善、教育和研究应用领域提供统计软件和服务的先导，是全球领先的质量管理和六西格玛实施软件工具，更是持续质量改进的良好工具软件。

这个软件是简单易懂，功能强大而又齐全，也已经"傻瓜化"，还具有很多统计软件不具备的矩阵运算功能。

6. Statistica

Statistica（史丹索特统计）是一个整合数据分析、图表绘制、数据库管理与自订应用发展系统环境的专业软件。

它也是功能强大而齐全的"傻瓜化"软件，在我国使用得不如 SPSS 与 SAS 那么普遍。

7. Eviews

Eviews 是 Econometrics Views 的缩写，通常称为计量经济学软件包，是专门为大型机构开发的、用于处理回归和时间序列数据的时间序列软件包。

　　Eviews 具有操作简便且可视化的操作风格，拥有强大的命令功能和批处理语音功能。

　　‖ 例题 ‖ 下列属于常用统计软件的有（　　　）。

Ⅰ. SAS　　　　　　　Ⅱ. SPSS　　　　　Ⅲ. Eviews　　　　Ⅳ. Minitab

A. Ⅰ、Ⅱ、Ⅲ　　　　　　　　　　B. Ⅰ、Ⅲ、Ⅳ

C. Ⅰ、Ⅱ、Ⅳ　　　　　　　　　　D. Ⅰ、Ⅱ、Ⅲ、Ⅳ

【答案】D

二、不同统计软件的特征（熟悉）

SAS	优点：有完备的数据存取、数据管理、数据分析、数据展现功能
	缺点：需要编写程序，主要适合于统计工作者和科研工作者使用
SPSS	优点：操作比较方便，统计方法比较齐全，绘制图形、表格比较方便，输出结果比较直观，数据分析深入，功能齐全
	缺点：通常利用菜单进行一些数据的常规操作，几乎是固定的用法，不具备灵活性
Excel	优点：功能强大，容易操作，通过插件 XLSTAT 能进行数据统计分析
	缺点：运算速度慢，统计方法不全
S – Plus	优点：可视化操作，功能齐全，有强大的编程能力
	缺点：更适合专业人员使用
Minitab	优点：简单易懂，方便进行试验设计及质量控制，界面直观、隐含操作少
	缺点：数据分析功能相对有限
Statistica	优点：图形库种类非常丰富，制图功能强大，能够在图表视窗中显示各种统计分析和作图技术，软件兼容性很好
	缺点：用法复杂
Eviews	优点：操作简便入手容易，具有可视化操作的优良风格，拥有强大的命令功能和批处理语音功能
	缺点：拓展性、可持续性较弱，需要使用定制的模型分析数据时无能为力

章节测试

一、单项选择题（以下备选项中只有一项符合题目要求，不选、错选均不得分）

1. 概率的加法公式为（　　）。

A. P（A∪B）＝P（A）＋P（B）－P（A）P（B）

B. P（A∪B）＝P（A）＋P（B）－P（A∩B）

C. P（A∪B）＝P（A）＋P（B）

D. P（A∪B）＝P（A）＋P（B）＋P（A∩B）

2. （　　）表示两个事件共同发生的概率。

A. 条件概率　　　B. 联合概率　　　C. 测度概率　　　D. 边缘概率

3. 设随机变量 $X \sim N（3, 2^2）$，且 P（$X > a$）＝P（$X < a$），则常数 a 为（　　）。

A. 0　　　　　B. 2　　　　　C. 3　　　　　D. 4

4. 寻找实际值与拟合值的离差平方和最小的回归直线是（　　）的基本思想。

A. 点估计　　　B. 区间估计　　　C. 最小二乘法　　　D. 总体估计

5. 相关系数是反映两个随机变量之间线性相关程度的统计指标，如果两个随机变量 X 和 Y 之间的协方差为 0.031，方差分别为 0.04 和 0.09，据此可以判断 X 和 Y 之间是（　　）。

A. 相互独立　　　B. 极弱相关　　　C. 中度相关　　　D. 高度相关

6. 已知变量 X 和 Y 的协方差为 －40，X 的方差为 320，Y 的方差为 20，其相关系数为（　　）。

A. 0.5　　　　　B. －0.5　　　　　C. 0.01　　　　　D. －0.01

7. 经检验后，若多元回归模型中的一个解释变量是另一个解释变量的 0.95 倍，则该模型中存在（　　）。

A. 多重共线　　　B. 异方差　　　C. 自相关　　　D. 非正态性

8. （　　）是指在特定的可靠性（即置信系数）要求下，估计总体参数所落的区间范围，也即进行估计的全距。

A. 置信度　　　B. 置信概率　　　C. 置信区间　　　D. 置信限

9. 在国际学术界有条不成文的规定，即在国际学术交流中，凡是用（　　）软件完成的计算和统计分析，可以不必说明算法，由此可见其影响之大和信誉之高，对非统计工作者来说是很好的选择。

A. SAS   B. SPSS   C. Excel   D. Eviews

二、组合单项选择题（以下备选项中只有一项最符合题目要求，不选、错选均不得分）

1. 下列关于概率的几种形式的说法中，正确的有（　　　）。

Ⅰ. 条件概率可以用决策树进行计算

Ⅱ. 联合概率表示两个事件共同发生的概率

Ⅲ. A 与 B 的联合概率表示为 P（AB）或者 P（A，B），或者 P（A ∩ B）

Ⅳ. A 的边缘概率表示为 P（A|B）

A. Ⅰ、Ⅲ、Ⅳ   B. Ⅰ、Ⅱ、Ⅲ、Ⅳ

C. Ⅰ、Ⅱ、Ⅲ   D. Ⅱ、Ⅲ、Ⅳ

2. 下列属于二维随机变量（X，Y）的概率密度 $f(x, y)$ 性质的有（　　　）。

Ⅰ. $f(x, y) > 0$

Ⅱ. $\int_{-\infty}^{\infty} \int_{-\infty}^{\infty} f(x,y)\mathrm{d}x\mathrm{d}y = F(-\infty, \infty) = 1$

Ⅲ. 若 $f(x, y)$ 在点（X，Y）处连续，则有 $f(x, y) = \dfrac{\partial^2 F(X,Y)}{\partial x \partial y}$

Ⅳ. 设 D 是 xOy 平面的一个区域，则点（X，Y）落在 D 内的概率为

$$P[(X,Y) \in D] = \iint_D f(x,y)\mathrm{d}x\mathrm{d}y$$

A. Ⅰ、Ⅱ、Ⅲ   B. Ⅰ、Ⅱ

C. Ⅱ、Ⅲ、Ⅳ   D. Ⅰ、Ⅱ、Ⅲ、Ⅳ

3. 若随机向量（X，Y）服从二维正态分布，则（　　　）。

Ⅰ. X、Y 一定相互独立

Ⅱ. 若 $\rho_{XY} = 0$，则 X、Y 一定相互独立

Ⅲ. X 和 Y 都服从一维正态分布

Ⅳ. 若 X、Y 相互独立，则 cov（X，Y）= 0

A. Ⅰ、Ⅲ   B. Ⅱ、Ⅳ   C. Ⅱ、Ⅲ、Ⅳ   D. Ⅰ、Ⅲ、Ⅳ

4. 非线性回归模型，按其形式和估计方法的不同，可以分为（　　　）。

Ⅰ. 非标准线性回归模型

Ⅱ. 可线性化的非线性回归模型

Ⅲ. 不可线性化的非线性回归模型

Ⅳ. 非回归模型

A. Ⅰ、Ⅱ、Ⅲ　　　　　　　　　　B. Ⅰ、Ⅲ

C. Ⅱ、Ⅲ、Ⅳ　　　　　　　　　　D. Ⅰ、Ⅱ、Ⅲ、Ⅳ

5. 在区间估计中，重要的三个概念是（　　）。

Ⅰ. 置信区间　　　Ⅱ. 置信系数　　　Ⅲ. 置信集合　　　Ⅳ. 置信限

A. Ⅰ、Ⅱ、Ⅲ　　　　　　　　　　B. Ⅰ、Ⅲ、Ⅳ

C. Ⅰ、Ⅱ、Ⅳ　　　　　　　　　　D. Ⅱ、Ⅲ、Ⅳ

6. 最常见的时间数列预测方法包括（　　）。

Ⅰ. 趋势外推法　　　　　　　　　　Ⅱ. 移动平均法

Ⅲ. 指数平滑法　　　　　　　　　　Ⅳ. 算术平均法

A. Ⅰ、Ⅱ、Ⅲ　　　　　　　　　　B. Ⅰ、Ⅱ

C. Ⅱ、Ⅲ、Ⅳ　　　　　　　　　　D. Ⅰ、Ⅱ、Ⅲ、Ⅳ

7. 点估计的常用方法包括（　　）。

Ⅰ. 矩估计　　　Ⅱ. 最大似然估计　Ⅲ. 参数法　　　Ⅳ. 最小二乘法

A. Ⅰ、Ⅱ、Ⅲ　　　　　　　　　　B. Ⅰ、Ⅱ

C. Ⅱ、Ⅲ、Ⅳ　　　　　　　　　　D. Ⅰ、Ⅱ、Ⅲ、Ⅳ

8. DW 检验的假设条件包括（　　）。

Ⅰ. 回归模型不含有滞后自变量作为解释量

Ⅱ. 随机干扰项满足一阶自回归形式

Ⅲ. 回归模型含有不为零的截距项

Ⅳ. 解释变量中不包含滞后的被解释变量

A. Ⅰ、Ⅱ、Ⅲ　　　　　　　　　　B. Ⅰ、Ⅱ

C. Ⅱ、Ⅲ、Ⅳ　　　　　　　　　　D. Ⅰ、Ⅱ、Ⅲ、Ⅳ

9. 下列关于回归平方和的说法正确的有（　　）。

Ⅰ. 总的离差平方和与残差平方和之差

Ⅱ. 无法用回归直线解释的离差平方和

Ⅲ. 是回归值 $\hat{y}$ 与均值 $\bar{y}$ 的离差平方和

Ⅳ. 是实际值 y 与均值 $\bar{y}$ 的离差平方和

A. Ⅰ、Ⅱ　　　　B. Ⅰ、Ⅲ　　　　C. Ⅰ、Ⅳ　　　　D. Ⅱ、Ⅲ

10. 常用的统计软件有（　　）。

Ⅰ. SPSS　　　　Ⅱ. SAS　　　　　Ⅲ. Excel　　　　Ⅳ. Word

A. Ⅰ、Ⅱ、Ⅲ　　　　　　　　　　B. Ⅰ、Ⅱ、Ⅳ

C. Ⅰ、Ⅲ、Ⅳ　　　　　　　　　　D. Ⅰ、Ⅱ、Ⅲ、Ⅳ

章节测试答案与解析

一、单项选择题

1. 【答案】B

【解析】概率的一般加法公式为 P（A∪B）＝P（A）＋P（B）－P（A∩B）。

2. 【答案】B

【解析】联合概率表示两个事件共同发生的概率。

3. 【答案】C

【解析】由于 X 为连续型随机变量，所以 P（$X=a$）$=0$，已知 P（$X>a$）$=$ P（$X<a$）$=0.5$，即 a 处于正态分布的中心位置，根据题干中的条件可知该分布关于 $\mu=3$ 轴对称，所以 a$=3$。

4. 【答案】C

【解析】最小二乘估计的基本思想是寻找实际值与拟合值的离差平方和最小的回归直线。

5. 【答案】C

【解析】$\rho_{xy}=\dfrac{\mathrm{cov}(X,Y)}{\sqrt{\mathrm{var}(X)\,\mathrm{var}(Y)}}=\dfrac{0.031}{\sqrt{0.04\times0.09}}\approx0.517$。当 $|\rho|\geqslant0.8$ 时，视为高度相关，$0.5\leqslant|\rho|<0.8$ 为中度相关，$|\rho|<0.3$ 为弱相关，本题 0.517 为中度相关。

6. 【答案】B

【解析】$\rho_{xy}=\dfrac{\mathrm{cov}(X,Y)}{\sqrt{\mathrm{var}(X)\,\mathrm{var}(Y)}}=\dfrac{-40}{\sqrt{320\times20}}=-0.5$。

7. 【答案】A

【解析】如果解释变量之间存在严格或近似的线性关系，就产生了多重共线性的问题，其本质为解释变量之间高度相关。通常情况下，相关系数越接近 1，则多重共线性程度越高。

8. 【答案】C

【解析】置信区间是指在特定的可靠性（即置信系数）要求下，估计总体参数所落的区间范围，也即进行估计的全距。

9. 【答案】B

【解析】用 SPSS 软件完成的计算和统计分析，可以不必说明算法，对非统计工作者来说是很好的选择。

二、组合单项选择题

1. 【答案】C

【解析】边缘概率是某个事件发生的概率，而与其他事件无关，A 的边缘概率表示为 P（A）。

2. 【答案】C

【解析】Ⅰ，二维连续随机变量（X，Y）的概率密度 $f（x，y）\geqslant 0$。

3. 【答案】C

【解析】Ⅰ，二维正态随机变量（X，Y）相互独立的充分必要条件是参数 $\rho_{XY}=0$。Ⅲ，若随机向量（X，Y）服从二维正态分布，则 X 和 Y 都服从一维正态分布，但相反则不一定。

4. 【答案】A

【解析】非线性回归模型，按形式和估算方法的不同可以分为：非标准线性回归模型、可线性化的非线性回归模型和不可线性化的非线性回归模型。

5. 【答案】C

【解析】在区间估计中有三个重要概念：置信区间、置信系数和置信限。

6. 【答案】A

【解析】最常见的时间数列预测方法有趋势外推法、移动平均法与指数平滑法。

7. 【答案】B

【解析】点估计的常用方法包括距估计和最大似然估计。

8. 【答案】C

【解析】Ⅰ，回归模型中不应含有滞后因变量作为解释变量。

9. 【答案】B

【解析】Ⅱ，回归平方和是可用回归直线解释的离差平方和；Ⅳ，为总离差平方和。

10. 【答案】A

【解析】常用的统计软件有 SAS、SPSS、Excel、Minitab、Statistica、Eviews。

第五章

基本分析

本章考情分析

本章在考试大纲中共分为四节，分别为宏观经济分析、行业分析、公司分析和策略分析。本章是证券分析的核心章节，共列举了 122 个考点，每一节中都包含了大量的考点，并且以熟悉和掌握为主。

本章知识点多，涵盖面广。真题考察内容多为宏观经济政策、行业分析方法、公司财务分析以及一些常用的投资策略等。在最近三次考试中平均分值为 16 分。在本章的学习中，需要对宏观经济分析和行业分析方法有总体上的把握；对公司财务报表分析的各项指标需要深刻理解，并能够完成计算；股票投资策略等需要深刻理解。

第一节　宏观经济分析

本节大纲要求

1. 熟悉宏观经济分析的信息来源；

2. 熟悉宏观经济分析所需信息和数据的内容；

3. 熟悉宏观经济分析信息和数据的质量要求；

4. 熟悉宏观经济分析信息的收集与处理方法；

5. 熟悉宏观经济分析的总量分析法和结构分析法；

6. 熟悉长期分析和短期分析的应用与局限；

7. 掌握国内生产总值的概念及计算方法；

8. 掌握经济增长率的概念及计算方法；

9. 掌握固定资产投资的概念及分类；

10. 熟悉工业增加值、社会消费品零售总额的概念；

11. 熟悉失业率与通货膨胀率的概念及衡量方式；

12. 掌握居民消费价格指数与生产者价格指数的概念及计算方法；

13. 掌握采购经理指数（PMI）的概念及应用；

14. 掌握国际收支中商品贸易、资本流动的概念；

15. 掌握各项指标变动对宏观经济的影响；

16. 掌握主要的宏观经济政策；

17. 熟悉宏观调控的手段和目标；

18. 熟悉宏观调控对证券市场的影响；

19. 熟悉主要的产业政策工具及其对证券市场的影响；

20. 掌握主要的货币政策工具；

21. 掌握货币供应量的三个层次；

22. 掌握社会融资总量的含义与构成；

23. 熟悉我国货币政策的传导机制；

24. 掌握货币政策变动对实体经济和证券市场的影响；

25. 掌握汇率的概念；

26. 熟悉汇率制度及汇率变动对证券市场的影响；

27. 熟悉外汇储备与外汇占款的含义；

28. 了解货币当局和金融机构资产负债表的构成及含义；

29. 了解利率和汇率市场化改革的方向；

30. 了解资本账户改革方向；

31. 了解资本账户开放对证券市场的影响；

32. 掌握主要的财政政策工具；

33. 掌握扩张性财政政策、中性财政政策和紧缩性财政政策对实体经济和证券市场的影响；

34. 熟悉财政收支以及财政赤字或结余的概念；

35. 熟悉主权债务的概念；

36. 熟悉主权债务相关的分析预警指标；

37. 掌握主要的税收制度；

38. 熟悉税收制度变化对实体经济和证券市场的影响；

39. 了解我国财税体制改革的方向；

40. 掌握影响证券市场供给和需求的主要因素;

41. 熟悉股市制度改革的方向;

42. 熟悉股市制度改革对股市运行的影响;

43. 熟悉国际金融市场环境对我国证券市场的影响。

本节内容精讲

一、宏观经济分析的信息（熟悉）

（一）宏观经济分析的信息来源

（1）从电视、广播、报纸、杂志等了解世界经济动态与国内经济大事。

（2）政府部门与经济管理部门，省、自治区、直辖市公布的各种经济政策、计划、统计资料和经济报告，各种统计年鉴，如《中国统计年鉴》《中国经济年鉴》《经济白皮书》等。

（3）各主管公司、行业管理部门收集和编制的统计资料。

（4）部门与企业内部的原始记录。

（5）各预测、情报和咨询机构公布的数据资料。

（6）国家领导人和有关部门、省市领导报告或讲话中的统计数字和信息等。

（二）宏观经济分析所需信息和数据的内容

宏观经济分析所需信息和数据的内容一般包括政府的重点经济政策与措施、一般生产统计资料、金融物价统计资料、贸易统计资料、每年国民收入统计与景气动向、突发性非经济因素等。

‖例题1‖宏观经济分析所需的有效资料一般包括（　　）等。

Ⅰ. 一般生产统计资料　　　　Ⅱ. 金融物价生产资料

Ⅲ. 贸易统计资料　　　　　　Ⅳ. 每年国民收入统计与景气动向

A. Ⅰ、Ⅱ、Ⅲ　　　　　　　B. Ⅰ、Ⅱ、Ⅳ

C. Ⅱ、Ⅲ、Ⅳ　　　　　　　D. Ⅰ、Ⅱ、Ⅲ、Ⅳ

【答案】D

【解析】选项全部正确，此外还有突发性非经济因素等。

（三）宏观经济分析信息和数据的质量要求

准确性	数据资料必须准确可靠，虚假的数据资料将导致得出不真实的结论
系统性	数据资料要连续和系统，要有历史各期的统计数据资料。连续而系统的信息资料是分析、比较、掌握经济运行规律的基础。支离破碎、零零散散的数据资料对于分析价值不大
时间性	数据资料要新，要有近期和最新的数据资料。某些数据资料的时效性很强，收集或处理不及时就会失去利用价值
可比性	社会变革、经济变革、统计制度的变化、物价涨落，以及行政区划、企业归属、市场供应范围的改变等因素，常使历史统计数据不可比，直接使用这些数据将造成很大的误差。因此必须对不可比数据调整口径或进行单位换算，使之具有可比性
适用性	许多数据资料虽然符合上述四项标准，但与分析目标无关，如果把它们收集进来，不仅浪费时间和精力，而且不利于提高分析的效率与精确度

（四）宏观经济分析信息的处理方法

数据资料可能因口径不一致而不可比，或者存在不反映变量变化规律的异常值，此时还需对数据资料进行处理。

不可比信息的处理	①由于国家政策法规造成数据统计口径不一致，可以替换分析指标或舍弃部分信息 ②价格因素造成的统计数据不可比，应按某年不变价格进行折算。具体做法是将按当年价格计算的经济指标值除以当年对基年的物价指数，就得到了按基年不变价格计算的指标数值
异常数据的处理	①由于一些特殊原因，在收集到的数据中往往包含一些异常数据，比如中华人民共和国成立后曾经发生过"大跃进""三年自然灾害""文化大革命"等特殊历史事件，使不少经济数据成为异常值 ②通常应将这些异常值剔除。当数据较少时，不适合采用剔除法，可以利用平均值法将异常值前后相邻两期数据的算数平均值作为当期修正值

（五）宏观经济分析的总量分析法和结构分析法

总量分析	①总量分析法是指对影响宏观经济运行总量指标的因素及其变动规律进行分析，如对国民生产总值、消费额、投资额、银行贷款总额及物价水平的变动规律的分析等，进而说明整个经济的状态和全貌 ②总量分析主要是一种动态分析，因为它主要研究总量指标的变动规律。同时它也包括静态分析，因为总量分析包括考察同一时间内各总量指标的相互关系，如投资额、消费额和国民生产总值的关系等
结构分析	①结构分析法是指对经济系统中各组成部分及其对比关系变动规律的分析。如国民生产总值中三次产业的结构分析、消费和投资的结构分析、经济增长中各因素作用的结构分析等 ②结构分析主要是一种静态分析，即对一定时间内经济系统中各组成部分变动规律的分析。如果对不同时期内的经济结构变动进行分析，则属于动态分析
二者的关系及运用	①总量分析和结构分析是相互联系的。总量分析侧重于总量指标速度的考察，侧重分析经济运行的动态过程；结构分析侧重于对一定时期经济整体中各组成部分相互关系的研究，侧重分析经济现象的相对静止状态 ②总量分析需要结构分析来深化和补充，而结构分析要服从于总量分析的目标。为使经济正常运行，需要对经济运行进行全面把握，将总量分析方法和结构分析方法结合起来使用

‖例题 2‖以下关于宏观经济分析方法的说法错误的是（　　　　）。

A. 总量分析法侧重分析经济运行的动态过程

B. 对国民生产总值的分析属于结构分析

C. 总量分析主要是一种动态分析，因为它主要研究总量指标的变动规律

D. 结构分析主要是一种静态分析，结构分析要服从于总量分析的目标

【答案】B

【解析】对国民生产总值、消费额、投资额、银行贷款总额及物价水平的变动规律的分析等属于总量分析。

（六）长期分析和短期分析的应用与局限

凯恩斯把预期分为两类，一类是短期预期，也就是对价格的预期，是"制造者在开始—生产过程，以生产某产品时预测此产品制成时，其售价为何"。另一类是长期预期，是关于未来报酬的预期。经济学中分辨长期和短期最直接的方法就是"短期中一定有不可变的因素，而在长期，一切都是可变的"。

长期分析中人们用于推测未来收益者，一部分为现有事实，这一部分容易

为人们确知；另一部分为未来发展，未来发展只能预测，做此预测的信心也有大小不同。

二、反映宏观经济形势的基本指标

（一）国内生产总值的概念及计算方法（掌握）

1. 概念及表现形态

概念	国内生产总值（GDP）是指一个国家（或地区）所有常住居民在一定时期内（一般按年统计）生产活动的最终成果
表现形态	国内生产总值有3种表现形态，即价值形态、收入形态和产品形态 ①价值形态是所有常住居民在一定时期内生产的全部货物和服务价值超过同期中间投入的全部非固定资产货物和服务价值的差额 ②收入形态是所有常住居民在一定时期内创造并分配给常住居民和非常住居民的初次收入分配之和 ③产品形态是所有常住居民在一定时期内最终使用的货物和服务价值与货物和服务净出口价值之和

2. 国内生产总值的计算方法

对应于以上三种表现形态，在实际核算中国内生产总值有三种计算方法，即生产法、收入法和支出法。其中，支出法和收入法较为常用。

生产法	①用生产法核算 GDP，是指按提供物质产品与劳务的各个部门的产值来计算国内生产总值 ②生产法又叫部门法。这种计算方法反映了国内生产总值的来源。其计算公式为 GDP = 劳动者报酬 + 生产税净额 + 固定资产折旧 + 营业盈余
收入法	①收入法核算 GDP，就是从收入的角度，把生产要素在生产中所得到的各种收入相加来计算 GDP，即把劳动所得到的工资、土地所有者得到的地租、资本所得到的利息以及企业家得到的利润相加来计算 GDP ②收入法又叫要素支付法、要素成本法。其计算公式为 GDP = 工资 + 利息 + 利润 + 租金 + 间接税和企业转移支付 + 折旧 也可看成是 GDP = 生产要素的收入 + 非生产要素的收入 ③从理论上讲，用收入法计算出的 GDP 与用支出法计算出的 GDP 在量上是相等的

支出法	①支出法核算 GDP，就是从产品的使用出发，把一年内购买的各项最终产品的支出加总而计算出的该年内生产的最终产品的市场价值 ②这种方法又称最终产品法、产品流动法。其计算公式为 GDP = C + I + G + (X − M) 其中，C 代表消费（即常住居民的个人消费。其中，所有房屋，包括居民住房的购买，都属于固定资本形成，而不属于消费性支出）；I 代表投资（包括净投资与折旧）；G 代表政府支出（包括政府购买，但不包括政府转移支付，以避免重复计算）；X 代表出口；M 代表进口；（X − M）代表净出口

‖ 例题 3 ‖ 国内生产总值的价值形态包括（　　　）。

Ⅰ. 价值形态　　　　Ⅱ. 收入形态　　　　Ⅲ. 货币形态　　　　Ⅳ. 产品形态

A. Ⅰ、Ⅱ、Ⅲ　　　　　　　　　　　B. Ⅰ、Ⅱ、Ⅳ

C. Ⅱ、Ⅲ、Ⅳ　　　　　　　　　　　D. Ⅰ、Ⅱ、Ⅲ、Ⅳ

【答案】 B

【解析】 国内生产总值有 3 种表现形态，即价值形态、收入形态和产品形态。

(二) 掌握经济增长率的概念及计算方法 (掌握)

概念	①经济增长率也称经济增长速度（RGDP），是指国民收入的增长率，尤其是国内生产总值（GDP）的增长率[①]。以末期现行价格计算末期 GDP，得出的增长率是名义经济增长率，以不变价格（即基期价格）计算末期 GDP 得出的是实际经济增长率 ②在量度经济增长时，一般都采用实际经济增长率，它是反映一定时期经济发展水平变化程度的动态指标，也是反映一个国家经济是否具有活力的基本指标
计算方法	①年度经济增长率。年度经济增长率衡量的是两年之间经济的变化。计算比较简单，就是后一年的经济指标（如 GDP 或人均 GDP）减去前一年的经济指标再除以前一年的经济指标，如果我们用百分数来表示的话还要再乘上百分之百 ②年均经济增长率。年均经济增长率衡量的是若干年来经济的平均变化情况。计算比较复杂，准确起见，我们用数学符号和公式来表述。假设一个经济变量 y 的值由初始值 y_0 经过 n 个时间段（如年、月、日等）后变为 y_n，则在每个时间段里 y 的平均增长率应该是 $g = \sqrt[n]{\dfrac{y_n}{y_0}} - 1$

---

①　经济增长率有时也采用国民生产总值（GNP），GNP 是指由一国国民所拥有的生产要素，在一定时间内生产并销售的最终产品和服务的价值总和，它仅包括本国国民（企业和个人）在本国和外国投资带来的产出，并不包括外国人在本国投资带来的产出。

（三）固定资产投资的概念及分类（掌握）

相关概念	①固定资产投资是建造和购置固定资产的经济活动，即固定资产再生产活动，包括固定资产更新（局部更新和全部更新）、改建、扩建、新建等活动。固定资产投资是社会固定资产再生产的主要手段 ②固定资产投资额是以货币表现的建造和购置固定资产活动的工作量，它是反映固定资产投资规模、速度、比例关系和使用方向的综合性指标
不同类型	①按照经济类型不同，固定资产投资可分为国有、集体、个体、联营、股份制、外商、港澳台商等 ②按照管理渠道不同，固定资产投资总额分为基本建设投资、更新改造投资、房地产开发投资和其他固定资产投资四个部分

‖例题 4‖按我国现行管理体制划分，全社会固定资产投资包括（　　）投资。

Ⅰ. 保障房开发　　　　　Ⅱ. 更新改造

Ⅲ. 商品房开发　　　　　Ⅳ. 基本建设

A. Ⅰ、Ⅱ、Ⅲ　　　　　B. Ⅰ、Ⅱ、Ⅳ

C. Ⅱ、Ⅲ、Ⅳ　　　　　D. Ⅰ、Ⅱ、Ⅲ、Ⅳ

【答案】D

【解析】我国现行固定资产投资总额分为基本建设投资、更新改造投资、房地产开发投资和其他固定资产投资四个部分，房地产开发投资包括保障房开发投资和商品房开发投资。

（四）工业增加值、社会消费品零售总额的概念（熟悉）

1. 工业增加值

工业增加值是指工业行业在报告期内以货币表现的工业生产活动的最终成果，是衡量国民经济的重要统计指标之一。工业增加值有两种计算方法。

（1）生产法，即工业总产出减去工业中间投入。

（2）收入法，也称"要素分配法"。从收入的角度出发，根据生产要素在生产过程中应得到的收入份额计算，具体构成项目有固定资产折旧、劳动者报酬、生产税净额、营业盈余。

工业总产值采用"工厂法"计算，即将工业企业作为一个整体，按企业工业生产活动的最终成果来计算，企业内部不允许重复计算，不能把企业内部各个车间（分厂）生产的成果相加。但在企业之间、行业之间、地区之间存在着重复计算。

2. 社会消费品零售总额

社会消费品零售总额是指国民经济各行业通过多种商品流通渠道向城乡居民和社会集团供应的消费品总额。社会消费品零售总额包括各种经济类型的批发零售贸易业、餐饮业、制造业和其他行业售给城乡居民和社会集团的消费品零售额，以及农民售给非农业居民和社会集团的消费品零售额。

社会消费品零售总额按销售对象划分为两大部分：①对居民的消费品零售额，针对的是售给城乡居民用于生活消费的商品；②对社会集团的消费品零售额，针对的是企业、事业和行政等各种类型单位用公款购买的用作非生产、非经营用的消费品。其中，居民的消费品零售额与国民经济核算中的居民消费之间具有密切的联系，前者中的大部分直接构成居民消费，是计算后者的主要资料来源之一。社会消费品需求是国内需求的重要组成部分，对一国经济增长具有巨大促进作用。

（五）失业率与通货膨胀率的概念及衡量方式（熟悉）

1. 失业率

失业率是指劳动力人口中失业人数所占的百分比。劳动力人口是指年龄在16岁以上具有劳动能力的人的全体。目前，我国统计部门公布的失业率为城镇登记失业率，即城镇登记失业人数占城镇从业人数与城镇登记失业人数之和的百分比。

$$城镇登记失业率 = 城镇登记失业人数 \div （城镇从业人数 + 城镇登记失业人数）$$

城镇登记失业人数是指拥有非农业户口、在一定的劳动年龄内、有劳动能力、无业而要求就业，并在当地就业服务机构进行求职登记的人员数。

2. 通货膨胀率

概念	通货膨胀是指一般物价水平持续、普遍、明显地上涨。对通货膨胀的衡量可以通过对一般物价水平上涨幅度的衡量来进行
分类	①温和的通货膨胀是指年通货膨胀率低于10%的通货膨胀 ②严重的通货膨胀是指两位数的通货膨胀 ③恶性通货膨胀则是指三位数以上的通货膨胀

衡量指标	①一般来说，衡量通货膨胀常用的指标包括：零售物价指数、生产者价格指数（见下页）、国民生产总值物价平减指数 ②国民生产总值物价平减指数是按当年不变价格计算的国民生产总值与按基年不变价格计算的国民生产总值的比率。它可以反映全部生产资料、消费品和劳务费用的价格的变动。该指数是正式的通货膨胀指标之一，是衡量一国经济在不同时期内所生产和提供的最终产品和劳务的价格总水平变化程度的经济指标
产生原因	对于通货膨胀产生的原因，传统的理论解释主要有三种：需求拉上的通货膨胀、成本推进的通货膨胀和结构性通货膨胀
对经济的影响	①通货膨胀一般通过收入和财产的再分配以及通过改变产品产量与类型影响经济 ②具体影响主要有：引起收入和财富的再分配，扭曲商品相对价格，降低资源配置效率，引发泡沫经济乃至危害一国的经济基础和政权基础

‖ 例题 5 ‖ 下列各项中，通常用于衡量通货膨胀的指数有（　　　）。

Ⅰ．零售物价指数　　　　　　　Ⅱ．生产者价格指数

Ⅲ．基准利率　　　　　　　　　Ⅳ．国民生产总值物价平减指数

A．Ⅰ、Ⅱ、Ⅲ　　　　　　　　B．Ⅰ、Ⅱ、Ⅳ

C．Ⅰ、Ⅲ、Ⅳ　　　　　　　　D．Ⅰ、Ⅱ、Ⅲ、Ⅳ

【答案】B

【解析】衡量通货膨胀常用的指标有零售物价指数、生产者价格指数、国民生产总值物价平减指数。

（六）掌握居民消费价格指数与生产者价格指数的概念及计算方法（掌握）

1. 居民消费价格指数

概述	①居民消费价格指数（CPI）是一个反映居民家庭一般所购买的消费商品和服务价格水平变动情况的宏观经济指标 ②CPI是度量一组代表性消费商品及服务项目的价格水平随时间推移而变动的相对数，用来反映居民家庭购买消费商品及服务的价格水平的变动情况 ③CPI是一个滞后性数据，但它往往是市场经济活动与政府货币政策的一个重要参考指标，也是宏观经济分析与决策以及国民经济核算的重要指标

续表

CPI 计算	①计算 CPI 是确定一个固定的代表平均水平的一揽子商品和服务，然后用当前价值除以基准年份的价值，则 t 年的 CPI 表示为 $$CPI_t = \frac{\sum_i^n P_{it} \times q_i^*}{\sum_i^n P_i^* \times q_i^*}$$ 其中，P_{it} 为 t 年第 i 种最终商品或服务的价格；q_i^* 为一揽子商品和服务中第 i 种最终商品或服务的数量；P_i^* 为基准年第 i 种最终商品或服务的价格 ②通货膨胀率（π_i^{CPI}）是 CPI 在两个时期之间的变化率 $$\pi_i^{CPI} = \frac{CPI_t - CPI_{t-1}}{CPI_{t-1}}$$
CPI 修正或补充	①调整基期和权重 ②核心 CPI 的计算。核心 CPI 是指将受气候和季节因素影响较大的产品价格剔除之后的居民消费价格指数，代表消费价格长期趋势。核心 CPI 被认为是衡量通货膨胀的最佳指标 ③计算不同消费层次的价格指数

2. 生产者价格指数

生产者价格指数（PPI）是衡量工业企业产品出厂价格变动趋势和变动程度的指数，是反映某一时期生产领域价格变动情况的重要经济指标，也是制定有关经济政策和国民经济核算的重要依据。我国生产者价格指数（PPI）的计算方法与 CPI 的计算方法基本一致，都采用国际通行的链式拉氏公式。

PPI 向 CPI 的传导通常有两条途径：一是以工业品为原料的生产，存在"原材料—生产资料—生活资料"的传导；二是以农产品为原料的生产，存在"农业生产资料—农产品—食品"的传导。不同的市场条件会使 PPI 在向 CPI 传导时存在差异。在卖方市场条件下，成本上涨引起的工业品价格（如电力、水、煤炭等能源、原材料价格）上涨最终会顺利传导到消费品价格上；在买方市场条件下，由于供大于求，工业品价格很难传递到消费品价格上，企业需要通过压缩利润对上涨的成本予以消化，其结果表现为中下游产品价格稳定，甚至可能继续走低，企业盈利减少。

‖例题 6‖ 为解决诸多因素对计算 CPI 的影响，可以采用（　　　）的方法进行修正或补充。

Ⅰ. 对基期和权重进行调整　　　　Ⅱ. 计算核心 CPI

Ⅲ. 计算综合物价指数　　　　　Ⅳ. 计算不同消费层次的价格指数

A. Ⅰ、Ⅱ、Ⅲ　　　　　　　　B. Ⅱ、Ⅲ、Ⅳ

C. Ⅰ、Ⅱ、Ⅳ　　　　　　　　D. Ⅰ、Ⅲ、Ⅳ

【答案】C

【解析】CPI 的修正或补充包括调整基期和权重、核心 CPI 的计算、计算不同消费层次的价格指数。

（七）采购经理指数（PMI）的概念及应用（掌握）

概述	①采购经理指数（PMI）是根据企业采购与供应经理的问卷调查数据而编制的月度公布指数 ②采购经理指数的应用起源于美国，目前全球有 20 多个国家建立了 PMI，已经是全球范围内非常核心的一个经济分析指标 ③我国的采购经理指数由国家统计局和中国物流与采购联合会合作编制
分类	从国际上看，PMI 分为制造业 PMI 和服务业 PMI，也有些国家建立了建筑 PMI
编制	中国物流与采购联合会发布的制造业 PMI 是一个综合指数，由 5 个扩散指数加权而成，即产品订货（以下简称订单）、生产量（以下简称生产）、生产经营人员（以下简称雇员）、供应商配送时间（以下简称配送）、主要原材料库存（以下简称存货）。这 5 个指数依据其对经济的先行影响程度而定，各指数的权重分别是：订单 30%，生产 25%，雇员 20%，配送 15%，存货 10%。计算公式如下 　PMI = 订单×30% + 生产×25% + 雇员×20% + 配送×15% + 存货×10%
作用	PMI 具有明显的先导性，是国际上通行的宏观经济监测指标之一，对国家经济活动的监测和预测具有重要作用
应用	①通常以 50% 作为经济强弱的分界点，PMI 高于 50%，反映制造业经济扩张；低于 50%，则反映制造业经济衰退 ②在过去 40 多年里，美国 PMI 与 GDP 具有高度相关性，且转折点往往领先于 GDP 几个月

‖ 例题 7 ‖ 采购经理指数通常以（　　　）% 作为经济强弱的分界点，反映制造业经济扩张或衰退。

A. 40　　　　　　B. 50　　　　　　C. 51　　　　　　D. 60

【答案】B

【解析】采购经理指数通常以 50% 作为经济强弱的分界点，PMI 高于 50%，反映制造业经济扩张；低于 50%，则反映制造业经济衰退。

（八）国际收支中商品贸易、资本流动的概念（掌握）

1. 国际收支

国际收支一般是一国居民在一定时期内与非本国居民在政治、经济、军事、文化及其他往来中所产生的全部交易的系统记录。这里的居民是指在国内居住 1 年以上的自然人和法人。国际收支包括：

（1）经常项目，主要反映一国的贸易和劳务往来状况，包括贸易收支（进出口）、劳务收支（如运输、港口、通信和旅游等）和单方面转移（如侨民汇款、无偿援助和捐赠、国际组织收支等），是最具综合性的对外贸易的指标。

（2）资本项目，集中反映一国同国外资金往来的情况，反映一国利用外资和偿还本金的执行情况。资本项目一般分为：①长期资本，是指合同规定偿还期超过 1 年的资本或未定偿还期的资本（如公司股本），其主要形式有直接投资、政府和银行的长期借款及企业信贷等；②短期资本，指即期付款的资本和合同规定借款期为 1 年或 1 年以下的资本。

2. 商品贸易

商品贸易是指以商品买卖为目的的纯商业方式的贸易活动。商品贸易的具体交易方式包含经销（总经销、独家经销、特约经销和一般经销）、代理（总代理、独家代理、特约代理和一般代理）、寄售、拍卖、招投标及展卖等。

3. 资本流动

资本流动是指大额资金在国与国之间流动，其目的在于寻求较高的回报率和较高的投资机会。资本流动的作用分为积极作用和消极作用两个方面，如下表所示。

积极作用	①促进世界生产水平的提高与经济效益的增长 ②有利于各国国际收支的调节 ③有利于国内外突发事件不良影响的缓解
消极作用	①引起货币市场的混乱与外汇市场的动荡 ②长期过度的资本输出，可能引起资本输出国经济发展的停滞 ③资本输入国如无正确的产业政策与投资政策就不能正确引导发展国际上具有竞争力的优势产业；或国外直接投资规模过大，则易成为外国资本的附庸

三、宏观经济政策

(一) 主要的宏观经济政策（掌握）

宏观经济政策是指国家或政府有意识有计划地运用一定的政策工具，调节控制宏观经济运行，以达到一定的政策目标。宏观经济政策主要包括货币政策、财政政策、汇率政策和收入政策。

货币政策	(1) 货币政策是指政府为实现一定的宏观经济目标所制定的关于货币供应和货币流通组织管理的基本方针和基本准则 (2) 货币政策工具是指中央银行为实现货币政策目标所采用的政策手段 (3) 货币政策工具可分为一般性政策工具（包括法定存款准备金率、再贴现政策、公开市场业务）和选择性政策工具（包括直接信用控制、间接信用指导等）
财政政策	(1) 财政政策是政府依据客观经济规律制定的指导财政工作和处理财政关系的一系列方针、准则和措施的总称 (2) 财政政策是当代市场经济条件下国家干预经济、与货币政策并重的一项手段 (3) 财政政策的主要手段包括国家预算、税收、国债、财政补贴、财政管理体制、转移支付等。这些手段可以单独使用，也可以配合协调使用
汇率政策	(1) 汇率是国际贸易中最重要的调节杠杆，是一国货币兑换另一国货币的比率，也是以一种货币表示另一种货币的价格 (2) 通常来讲，汇率制度主要有四种，即自由浮动汇率制度、有管理的浮动汇率制度、目标区间管理和固定汇率制度
收入政策	(1) 收入政策是国家为实现宏观调控总目标和总任务，针对居民收入水平高低、收入差距大小在分配方面制定的原则和方针 (2) 与财政政策、货币政策相比，收入政策具有更高一层次的调节功能，它制约着财政政策和货币政策的作用方向和作用力度，而且收入政策最终也要通过财政政策和货币政策来实现 (3) 收入政策目标包括收入总量目标和收入结构目标。①收入总量调控政策主要通过财政、货币机制来实施，还可以通过行政干预和法律调整等机制来实施。②财政机制通过预算控制、税收控制、补贴调控和国债调控等手段贯彻收入政策。③货币机制通过调控货币供应量、调控货币流通量、调控信贷方向和数量、调控利息率等贯彻收入政策

‖ **例题 8** ‖ 税收政策属于（　　　）。

A. 财政政策　　　　B. 货币政策　　　　C. 汇率政策　　　　D. 收入政策

【答案】A

【解析】财政政策主要手段包括国家预算、税收、国债、财政补贴、财政管理体制、转移支付等。

（二）宏观调控的手段和目标（熟悉）

1. 宏观调控的手段

宏观调控的手段分为经济手段、行政手段和法律手段。

经济手段	①经济手段是指政府在自觉依据和运用价值规律的基础上借助于经济杠杆的调节作用，对国民经济进行宏观调控 ②经济杠杆是对社会经济活动进行宏观调控的价值形式和价值工具，主要包括价格、税收、信贷、工资等，通过媒体宣传，达到调控目的 ③经济手段包括财政政策和货币政策。经济手段中的政策有税收政策、信贷政策、利率政策、汇率政策、产品购销政策、价格政策、扶贫政策、产业政策等
法律手段	①法律手段是指政府依靠法制力量，通过经济立法和经济司法，运用经济法规来调节经济关系和经济活动，以达到宏观调控目标的一种手段 ②通过法律手段可以有效地保护公有财产、个人财产，维护各种所有制经济、各个经济组织和社会成员个人的合法权益；调整各种经济组织之间横向和纵向的关系，以保证经济运行的正常秩序 ③法律手段的内容包括经济立法和经济司法两个方面。经济立法主要是由立法机关制定各种经济法规，保护市场主体权益；经济司法主要是由司法机关按照法律规定的制度、程序，对经济案件进行检察和审理的活动，维护市场秩序，惩罚和制裁经济犯罪
行政手段	①行政手段是依靠行政机构，采取强制性的命令、指示、规定等行政方式来调节经济活动，以达到宏观调控目标的一种手段。行政手段具有权威性、纵向性、无偿性及速效性等特点 ②因为经济手段、法律手段的调节功能都有一定的局限性，社会主义宏观经济调控还不能放弃必要的行政手段。当然，行政手段是短期的非常规的手段，不可滥用，必须在尊重客观经济规律的基础上，从实际出发加以运用 ③国家宏观调控，应该以经济手段和法律手段为主，辅之以必要的行政手段，形成有利于科学发展观的宏观调控体系，充分发挥宏观调控手段的总体功能

2. 宏观调控的目标

宏观调控的目标是保持社会总供给与总需求的基本平衡，弥补市场调节的不足。从而促进经济增长、增加就业、稳定物价、保持国际收支平衡。

以上四大目标之间的关系为：促进经济增长对增加就业、稳定物价、保持国际收支平衡有决定性的意义；增加就业、稳定物价、保持国际收支平衡又可以促进经济的发展，保持社会稳定，维护国家独立和主权，促进经济增长是国家宏观调控最主要的任务和目标。

‖ **例题 9** ‖ 当国民经济重大比例关系失调或社会经济某一领域失控时，运用（　　）调节将能更迅速地扭转失控，更快地恢复正常的经济秩序。

A. 经济手段　　　　B. 法律手段　　　　C. 行政手段　　　　D. 计划手段

【答案】C

【解析】行政手段具有权威性、纵向性、无偿性及速效性等特点，当国民经济重大比例关系失调或社会经济某一领域失控时运用效果明显。

（三）宏观调控对证券市场的影响（熟悉）

1. 宏观经济对证券市场的影响

证券市场素有"经济晴雨表"之称，这既表明证券市场是宏观经济的先行指标，也表明宏观经济的走向决定了证券市场的长期趋势。宏观经济运行对证券市场的影响主要表现在以下几个方面。

企业经济效益	①公司的经济效益会随着宏观经济运行周期、宏观经济政策、利率水平和物价水平等宏观经济因素的变动而变动 ②无论从长期看还是从短期看，宏观经济环境都是影响公司生存、发展的最基本因素
居民收入水平	①在经济周期处于上升阶段或在提高居民收入政策的作用下，居民收入水平提高将会在一定程度上拉动消费需求，从而增加相关企业的经济效益 ②居民收入水平的提高也会直接促进证券市场投资需求的提高
投资者股价预期	当宏观经济趋好时，投资者预期公司效益和自身的收入水平会上升，证券市场自然人气旺盛，从而推动市场平均价格走高；反之，当宏观经济趋坏时，投资者对证券市场信心下降，会令证券市场平均价格走低
资金成本	当国家经济政策发生变化时，如采取调整利率水平、实施消费信贷政策、征收利息税等政策，居民、单位的资金持有成本将随之变化。如利率水平的降低和征收利息税的政策，将会促使部分资金由银行储蓄变为投资，从而影响证券市场的走向

2. 宏观经济变动与证券市场波动的关系

（1）国内生产总值变动

国内生产总值（GDP）是一国经济成就的根本反映。从长期看，在上市公司的行业结构与该国产业结构基本一致的情况下，股票平均价格的变动与GDP的变化趋势是相吻合的。但不能简单地认为GDP增长，证券市场就必将伴之以上升的走势。

①在GDP持续、稳定、高速增长的情况下，社会总需求与总供给协调增长，经济结构逐步合理，趋于平衡，需求刺激使得闲置的或利用率不高的资源得以更充分利用，从而表明经济发展势头良好。这时证券市场将呈现上升走势。

②高通货膨胀下的GDP增长。当经济处于严重失衡下的高速增长时，总需求大大超过总供给，这将表现为高的通货膨胀率。这是经济形势恶化的征兆，如不采取调控措施，必将导致未来的滞胀（通货膨胀与经济停滞并存）。这时，经济中的各种矛盾会突出表现出来，企业经营将面临困境，居民实际收入也将降低，因此失衡的经济增长必将导致证券市场行情下跌。

③宏观调控下的GDP减速增长。当GDP呈失衡的高速增长时，政府可能采取宏观调控措施以维持经济的稳定增长，这样必然减缓GDP的增长速度。如果调控目标得以顺利实现，GDP仍以适当的速度增长而未导致GDP负增长或低增长，说明宏观调控措施十分有效，经济矛盾逐步得以缓解，并为进一步增长创造了有利条件。这时，证券市场也将反映这种好的形势而呈平稳渐升的态势。

④转折性的GDP变动。当GDP由低速增长转向高速增长时，表明低速增长中，经济结构得到调整，经济的瓶颈制约得以改善，新一轮经济高速增长已经来临，证券市场也将伴之以快速上涨之势。如果GDP一定时期以来呈负增长，当负增长速度逐渐减缓并呈现向正增长转变的趋势时，表明恶化的经济环境逐步得到改善，证券市场走势也将由下跌转为上升。

（2）经济周期变动

经济周期是一个连续不断的过程，表现为扩张和收缩的交替出现。某个时期产出、价格、利率、就业不断上升直至某个高峰——繁荣，之后可能是经济的衰退，产出、产品销售、利率、就业率开始下降，直至某个低谷——萧条。接着则是经济重新复苏，进入一个新的经济周期。

证券市场伴随着经济周期相应波动，但证券市场的波动超前于经济波动，市场的波动是永恒的。

（3）通货变动

通货是指一个国家的法定货币。通货变动包括通货膨胀和通货紧缩。

①通货膨胀对证券市场的影响。通货膨胀对证券市场特别是个股的影响，没有一成不变的规律可循，应具体情况具体分析。温和的、稳定的通货膨胀对股价的影响较小。通货膨胀提高了债券的必要收益率，从而引起债券价格下跌。如果通货膨胀在一定的可容忍范围内持续，而经济处于景气（扩张）阶段，产量和就业都持续增长，那么股价也将持续上升。严重的通货膨胀是很危险的，经济将被严重扭曲，货币加速贬值，这时人们将会囤积商品、购买房屋等进行保值。此时，资金流出证券市场，引起股价和债券价格下跌。另外，严重通货膨胀时，经济扭曲并失去效率，企业筹集不到必需的生产资金，同时原材料、劳务成本等价格飞涨，使企业经营严重受挫，盈利水平下降，甚至倒闭。

②通货紧缩对证券市场的影响。通货紧缩将损害消费者和投资者的积极性，造成经济衰退和经济萧条，与通货膨胀一样不利于币值稳定和经济增长。通货紧缩带来经济的负增长，使得股票、债券及房地产等资产价格大幅下降，造成证券价格下跌。

（四）主要的产业政策工具及其对证券市场的影响（熟悉）

产业政策是国家干预或参与经济的一种形式，是国家（政府）系统设计有关产业发展的政策目标和政策措施的总和。一般认为，产业政策可以包括产业结构政策、产业组织政策、产业技术政策和产业布局政策等部分。其中，产业结构政策与产业组织政策是产业政策的核心。

产业结构政策	（1）产业结构政策是选择行业发展重点的优先顺序的政策措施，其目标是促使行业之间的关系更协调、社会资源配置更合理，使产业结构高级化 （2）产业结构政策是一个政策系统，主要包括 ①产业结构长期构想。它是根据现阶段发展水平和进一步发展的要求，遵循产业发展演变的规律，提出在较长一段时期内产业发展的目标和方向 ②对战略产业的保护和扶植。对战略产业的保护和扶植政策是产业结构政策的重点。所谓战略产业，一般是指具有较高需求弹性和收入弹性、能够带动国民经济其他部门发展的产业 ③对衰退产业的调整和援助。对衰退产业及时进行救援和调整，有利于减少经济损失、避免社会动乱

产业组织政策	（1）产业组织政策是调整市场结构和规范市场行为的政策，以"反对垄断、促进竞争、规范大型企业集团、扶持中小企业发展"为主要核心，其目的在于实现同一产业内企业组织形态和企业间关系的合理化 （2）产业组织政策主要包括 ①市场秩序政策。其目的在于鼓励竞争、限制垄断 ②产业合理化政策。其目的在于确保规模经济的充分利用，防止过度竞争 ③产业保护政策。其目的在于减小国外企业对本国幼稚产业的冲击
产业技术政策	（1）产业技术政策是促进产业技术进步的政策，是产业政策的重要组成部分 （2）产业技术政策主要包括两方面内容 ①产业技术结构的选择和技术发展政策。主要涉及制定具体的技术标准，规定各产业的技术发展方向，鼓励采用先进技术等方面 ②促进资源向技术开发领域投入的政策。主要包括技术引进政策、促进技术开发政策和基础技术研究的资助与组织政策
产业布局政策	（1）产业布局是产业存在和发展的空间形式。产业布局政策的目标是实现产业布局的合理化 （2）产业布局政策一般遵循以下原则 ①经济性原则，即保证那些投资效率高、经济效益好、发展速度快的地区优先发展 ②合理性原则，即鼓励各地区根据自身资源、经济、技术条件，发展具有相对优势的产业 ③协调性原则，即促进地区间的经济、技术交流，形成合理的分工协作体系 ④平衡性原则，在加快先进地区发展的同时，逐步缩小先进地区与落后地区的差距

‖ **例题 10** ‖ 下列各项中，属于产业政策范畴的有（　　　　）。

Ⅰ. 玻璃纤维行业准入条件　　　　Ⅱ. 钢铁产业发展政策

Ⅲ. 企业会计准则　　　　　　　　Ⅳ.《反垄断法》

A. Ⅰ、Ⅱ、Ⅲ　　　　　　　　　B. Ⅱ、Ⅲ、Ⅳ

C. Ⅰ、Ⅱ、Ⅳ　　　　　　　　　D. Ⅰ、Ⅱ、Ⅲ、Ⅳ

【答案】C

【解析】产业政策包括产业结构政策、产业组织政策、产业技术政策和产业布局政策。Ⅰ、Ⅱ两项属于我国目前现行的产业政策；Ⅳ项属于产业组织政策。

四、货币政策

(一) 主要的货币政策工具 (掌握)

货币政策工具是指中央银行为实现货币政策目标所采用的政策手段。货币政策工具可分为一般性政策工具和选择性政策工具。

1. 一般性政策工具

法定存款准备金率	(1) 法定存款准备金率是指中央银行规定的金融机构为保证客户提取存款和资金清算需要而准备的在中央银行的存款占其存款总额的比例 (2) 当中央银行提高法定存款准备金率时，商业银行可运用的资金减少，贷款能力下降，货币乘数变小，市场货币流通量便会相应减少。所以，在通货膨胀时，中央银行可提高法定准备金率；反之，则降低法定准备金率 (3) 由于货币乘数的作用，法定存款准备金率的作用效果十分明显。人们通常认为这一政策工具效果过于猛烈，它的调整会在很大程度上影响整个经济和社会心理预期，因此一般对法定存款准备金率的调整都持谨慎态度
再贴现政策	(1) 再贴现政策是指中央银行对商业银行用持有的未到期票据向中央银行融资所做的政策规定 (2) 再贴现政策一般包括再贴现率的确定和再贴现的资格条件 ①再贴现率主要着眼于短期政策效应，以影响商业银行借入资金成本，进而影响商业银行对社会的信用量，从而调整货币供给总量 ②对再贴现资格条件的规定则着眼于长期的政策效用，以发挥抑制或扶持作用，并改变资金流向
公开市场操作	①公开市场业务操作是中央银行吞吐基础货币、调节市场流动性的主要货币政策工具，通过中央银行与指定交易商进行有价证券和外汇交易，实现货币政策调控目标 ②中国人民银行的公开市场操作包括人民币操作和外汇操作两部分 ③从人民币操作交易品种看，中国人民银行公开市场业务债券交易主要包括回购交易、现券交易和发行中央银行票据三种

2. 选择性政策工具

直接信用控制	①直接信用控制是指以行政命令或其他方式，直接对金融机构尤其是商业银行的信用活动进行控制 ②具体手段包括：规定利率限额与信用配额、信用条件限制、规定金融机构流动性比率和直接干预等

间接信用指导	间接信用指导是指中央银行通过道义劝告、窗口指导等办法来间接影响商业银行等金融机构行为的做法

‖例题 11‖ 下列各项中，属于一般性货币政策工具的有（　　　）。

Ⅰ. 法定存款准备金率　　　　　　Ⅱ. 再贴现政策

Ⅲ. 公开市场操作　　　　　　　　Ⅳ. 间接信用指导

A. Ⅰ、Ⅱ、Ⅲ　　　　　　　　　B. Ⅱ、Ⅲ、Ⅳ

C. Ⅰ、Ⅱ、Ⅳ　　　　　　　　　D. Ⅰ、Ⅱ、Ⅲ、Ⅳ

【答案】A

【解析】间接信用指导属于选择性政策工具。

（二）货币供应量的三个层次（掌握）

货币供应量是单位和居民个人在银行的各项存款和手持现金之和，其变化反映了中央银行货币政策的变化，对企业生产经营、金融市场尤其是证券市场的运行和居民个人的投资行为有着重大的影响。

根据货币流动性的大小，我国现行货币统计制度将货币供应量划分为 3 个层次。

流通中现金	流通中现金（M_0），指单位库存现金和居民手持现金之和，其中"单位"指银行体系以外的企业、机关、团体、部队、学校等单位
狭义货币供应量	狭义货币供应量（M_1），指M_0加上单位在银行的可开支票进行支付的活期存款
广义货币供应量	广义货币供应量（M_2），指M_1加上单位在银行的定期存款和城乡居民个人在银行的各项储蓄存款以及证券公司的客户保证金。其中，中国人民银行从 2001 年 7 月起，将证券公司客户保证金计入广义货币供应量M_2。M_2与M_1的差额，通常称为准货币

‖例题 12‖ 根据我国货币供给层次划分口径，属于M_1的是（　　　）。

A. 定期存款　　　　　　　　　　B. 活期存款

C. 储蓄存款　　　　　　　　　　D. 证券公司客户保证金

【答案】B

【解析】M_1 指 M_0 加上单位在银行的可开支票进行支付的活期存款，其余三项属于 M_2。

（三）社会融资总量的含义与构成（掌握）

含义	①社会融资总量是指一定时期内（每月、每季度或每年）实体经济从金融体系获得的全部资金总额 ②社会融资总量是全面反映金融与经济关系，以及金融对实体经济资金支持的总量指标 ③社会融资总量是增量概念，为期末、期初余额的差额，或当期发行额或发生额扣除当期兑付额或偿还额的差额，统计上表现为每月、每季度或每年新增量
构成	（1）社会融资总量的内涵主要体现在三个方面 ①金融机构通过资金运用对实体经济提供的全部资金支持，即金融机构资产的综合运用，主要包括人民币各项贷款、外币各项贷款、信托贷款、委托贷款、金融机构持有的企业债券、非金融企业股票、保险公司的赔偿和投资性房地产等 ②实体经济利用规范的金融工具在正规金融市场通过金融机构服务所获得的直接融资，主要包括银行承兑汇票、非金融企业股票筹资及企业债的净发行等 ③其他融资，主要包括小额贷款公司贷款、贷款公司贷款、产业基金投资等 （2）综上所述，社会融资总量＝人民币各项贷款＋外币各项贷款＋委托贷款＋信托贷款＋银行承兑汇票＋企业债券＋非金融企业股票＋保险公司赔偿＋保险公司投资性房地产＋其他
指标统计	①社会融资总量各项指标统计，均采用发行价或账面价值进行计值，以避免股票、债券等金融资产的市场价格波动扭曲实体经济的真实筹资 ②社会融资总量中以外币标值的资产折算成人民币单位，折算的汇率为所有权转移日的汇率买卖中间价 ③在数据汇总方面，金融机构之间的债权和所有权关系相互轧差，不存在重复计算问题

（四）我国货币政策的传导机制（掌握）

货币政策传导机制是指中央银行运用货币政策工具影响中介指标，进而最终实现既定政策目标的传导途径与作用机理。货币政策传导主要有四种途径：利率渠道、信贷渠道、资产价格渠道、汇率渠道，传导过程如下表所示。

利率渠道	货币供应量↑→实际利率↓→投资↑，消费↑→社会总需求↑→总产出↑
信贷渠道	货币供应量↑→贷款供给↑→投资↑→总产出↑
资产价格渠道	货币供应量↑→实际利率↓→资产（股票）价格↑→投资↑→总产出↑
汇率渠道	货币供应量↑→实际利率↓→汇率↓→净出口↑→总产出↑

（五）货币政策变动对实体经济和证券市场的影响（掌握）

1. 货币政策变动对实体经济的影响

①通过调控货币供应总量保持社会总供给与总需求的平衡。

②通过调控利率和货币总量控制通货膨胀，保持物价总水平的稳定。

③调节国民收入中消费与储蓄的比例。

④引导储蓄向投资的转化并实现资源的合理配置。

2. 货币政策变动对证券市场的影响

①利率。中央银行调整基准利率的高低，对证券价格产生影响。一般来说，利率下降时，股票价格就上升；而利率上升时，股票价格就下降。

②中央银行的公开市场业务对证券价格的影响。当政府倾向于实施较为宽松的货币政策时，中央银行就会大量购进有价证券，从而使市场上货币供给量增加。这会推动利率下调，资金成本降低，从而使企业和个人的投资和消费热情高涨，生产扩张，利润增加，这又会推动股票价格上涨；反之，股票价格将下跌。此外，中央银行公开市场业务的运作直接以国债为操作对象，从而直接关系到国债市场的供求变动，影响到国债市场的波动。

③调节货币供应量对证券市场的影响。中央银行可以通过法定存款准备金率和再贴现政策调节货币供应量，从而影响货币市场和资本市场的资金供求，进而影响证券市场。如果中央银行降低法定存款准备金率或降低再贴现率，通常都会导致证券市场行情上扬。

④选择性货币政策工具对证券市场的影响。为了实现国家的产业政策和区域经济政策，我国对不同行业和区域采取区别对待的方针。一般来说，该项政策会对证券市场整体走势产生影响，而且还会因为板块效应对证券市场产生结构性影响。

‖例题 13‖货币政策的作用包括（　　　）。

Ⅰ. 通过调控货币供应总量保持社会总供给与总需求的平衡

Ⅱ. 通过调控利率和货币总量控制通货膨胀，保持物价总水平的稳定

Ⅲ. 引导储蓄向投资的转化并实现资源的合理配置

Ⅳ. 调节国民收入中消费与储蓄的比例

A. Ⅰ、Ⅱ、Ⅲ　　　　　　　　　　B. Ⅱ、Ⅲ、Ⅳ

C. Ⅰ、Ⅱ、Ⅳ　　　　　　　　　　D. Ⅰ、Ⅱ、Ⅲ、Ⅳ

【答案】D

【解析】选项全部正确。

五、外汇

（一）汇率的概念（掌握）

汇率是外汇市场上一国货币和他国货币相互交换的比率，是以一种货币表示另一种货币的价格。汇率是国际贸易中最重要的调节杠杆。

（二）汇率制度及汇率变动对证券市场的影响（熟悉）

1. 汇率制度
（1）常见汇率制度

通常来讲，汇率制度主要有四种：自由浮动汇率制度、有管理的浮动汇率制度、目标区间管理和固定汇率制度。

自由浮动汇率制度	①自由浮动汇率制度是指汇率由货币的供求关系决定，中央银行不对外汇市场实施任何干预措施，市场参与者根据物价水平变化、利差、经济增长和其他相关的变量决定买卖外汇 ②在自由浮动汇率制度下，汇率往往很不稳定
有管理的浮动汇率制度	①汇率大幅度的波动会危害一国的经济稳定。绝大多数实行浮动汇率制度的国家都采取措施避免汇率大幅度波动，这样的汇率制度即为有管理的浮动汇率制度 ②有管理的浮动汇率制度的优点是避免了汇率的过分波动，主要缺点是中央银行的行为有时缺乏透明度，可能引起一定的不确定性 ③我国现行的汇率制度是以市场供求为基础的，参考一篮子货币进行调节，有管理的浮动汇率制度
目标区间管理	①目标区间管理是减少汇率波动的另一种汇率制度。在目标区间汇率制度下，一个国家的中央银行将调整其货币政策以保持汇率在一个以中心汇率为基准上下浮动的区间内 ②目标区间管理降低了由汇率波动造成的不稳定性。如果这种管理是可信的，汇率在没有中央银行干预时也将会保持在区间内。可信性就是中央银行在面临偏离目标区间的威胁时维护汇率的意愿和能力
固定汇率制度	①在固定汇率制度下，政府将汇率维持在某一个目标水平。事实上，固定汇率制度相当于浮动区间很小的目标区间汇率制度，一旦这个国家的汇率偏离固定水平超过一个既定的百分比，中央银行将进入外汇市场进行干预 ②固定汇率体系的主要优点是减少了经济活动的不确定性，一个想稳定其物价的高通货膨胀国家可以选择加入固定汇率体系来恢复中央银行的信誉。而这种体系的缺点是缺乏灵活性

（2）三元悖论

概念	三元悖论即自由的资本流动、固定的汇率和独立的货币政策是不可能同时达成的，一个国家只能达成其中两个目标
三元悖论三种情况	①一个国家如果允许资本流动，就不可能在汇率固定的条件下实施国内货币政策从而稳定经济增长，因为国际投机者会担忧稳定经济增长的货币政策与对汇率的支持相冲突而抛售该国货币 ②如果想保持固定汇率，那么自由资本流动会使他们的货币政策丧失独立性 ③如果一个国家想保持货币政策的独立性，同时保持固定汇率，那么他必须对资本流动进行限制来阻碍投机

2. 汇率变动对证券市场的影响

①汇率对证券市场的影响是多方面的。一般来讲，一国的经济越开放，证券市场的国际化程度越高，证券市场受汇率的影响越大。这里汇率用单位外币的本币标值来表示。

②一般而言，以外币为基准，汇率上升，本币贬值，本国产品竞争力强。出口型企业将增加收益，因而企业的股票和债券价格将上涨；相反，依赖于进口的企业成本增加，利润受损，股票和债券的价格将下跌。同时，汇率上升，本币贬值，将导致资本流出本国，资本的流失将使得本国证券市场需求减少，从而市场价格下跌。

③汇率上升时，本币表示的进口商品价格提高，进而带动国内物价水平上涨，引起通货膨胀。通货膨胀对证券市场的影响需根据当时的经济形势和具体企业以及政策行为进行分析。

‖例题 14‖2005 年 7 月 21 日，我国启动了人民币汇率形成机制改革，开始实行以市场供求为基础，参考（　　　）。

A. 美元进行调节，自由浮动的汇率制度

B. 美元进行调节，有管理的浮动汇率制度

C. 一篮子货币进行调节，自由浮动的汇率制度

D. 一篮子货币进行调节，有管理的浮动汇率制度

【答案】D

【解析】我国现行的汇率制度是以市场供求为基础的，参考一篮子货币进行调节，有管理的浮动汇率制度。

（三）外汇储备与外汇占款的含义（熟悉）

1. 外汇储备

相关概念	①外汇储备是一国对外债权的总和，用于偿还外债和支付进口，是国际储备的一种 ②国际储备包括外汇储备、黄金储备、国际货币基金组织（IMF）中的普通提款权和特别提款权。外汇储备在储备资产中最为重要
外汇储备增减变动	①外汇储备的变动是由国际收支发生差额引起的。在国际收支账户中，经常账户和资本账户都会发生差额，但如果两者方向不同，就会相互抵销。只有国际收支账户上的所有项目综合起来发生综合差额，才会引起国际储备变动特别是外汇储备变动 ②当国际收支发生顺差时，流入国内的外汇量大于流出的外汇量，外汇储备就会增加；当发生逆差时，外汇储备减少
非储备外汇	①非储备外汇，即通过国际货币市场单纯进行货币交易而增加或减少的外汇 ②非储备外汇和储备外汇的不同之处就是它不是通过国际收支账户实现的。很多时候，人们可能需要进行货币兑换，当一个国家在国际市场卖出持有的外汇时，外汇流向国外，本币流向国内；当买进外汇时，本币流出，外币流入 ③非储备外汇减少就意味着国内需求增加，非储备外汇增加就意味着国内需求减少。它和储备外汇在方向上是不同的

2. 外汇占款

概念	外汇占款是指受资国中央银行收购外汇资产而相应投放的本国货币。由于人民币是非自由兑换货币，外资引入后需兑换成人民币才能进入流通使用，国家为了外资换汇要投入大量的资金，增加了货币的需求量，形成了外汇占款
外汇占款的两种含义	由于银行结售汇制由银行间外汇市场和银行柜台结售汇市场两层市场体系组成，两个市场上外汇供求都存在管制刚性，因此外汇占款也就相应具有两种含义：一是中央银行在银行间外汇市场中收购外汇所形成的人民币投放；二是统一考虑银行柜台市场与银行间外汇市场两个市场的整个银行体系（包括中央银行和商业银行）收购外汇所形成的向实体经济的人民币资金投放
对国内货币资金的不同影响	两种含义的外汇占款对国内的人民币货币资金各有不同的影响。具体表现为 ①中央银行购汇→形成中央银行所持有的外汇储备→投放基础货币 ②整个银行体系购汇→形成全社会外汇储备→形成社会资金投放

‖ **例题 15** ‖ 当一国出现国际收支顺差时，该国货币当局会投放本币，收购

外汇，从而导致（　　　）。

　　A. 外汇储备增多，通货膨胀　　　　B. 外汇储备增多，通货紧缩

　　C. 外汇储备减少，通货膨胀　　　　D. 外汇储备减少，通货紧缩

【答案】A

【解析】当国际收支顺差时，货币当局投放本币收购外汇，从而导致通货膨胀。

（四）货币当局和金融机构资产负债表的构成及含义（了解）

1. 货币当局资产负债表

自1994年起，我国的中央银行（中国人民银行）开始向社会公布中央银行（也称货币当局）资产负债表。在中央银行的资产负债表中，资产项下的主要内容是：

①国外资产：外汇储备、货币黄金、其他国外资产；

②对政府债权：对中央政府债权；

③对其他存款性公司债权；

④对其他金融性公司债权；

⑤对非金融性公司债权；

⑥其他资产。

负债项下的主要内容是：

①储备货币：货币发行、金融性公司存款（其他存款性公司、其他金融性公司）；

②不计入储备货币的金融性公司存款；

③发行债券；

④国外负债；

⑤政府存款；

⑥自有资金；

⑦其他负债。

2. 金融机构资产负债表

金融机构以商业银行为代表，其资产负债表是综合反映其资产负债科目及数量的会计报表，是进行资产负债统计分析的基本资料。商业银行资产负债表的负债方代表其资金的来源，资产项目代表其资金的运用，如下表所示。

资产	负债
贷款	存款
法定准备金	对中央银行负债
备付金	—
其他项目净额	—

（五）利率和汇率市场化改革（了解）

1. 利率市场化改革

未来利率改革的主要内容将涉及以下几个方面：

①增加金融机构风险定价能力。应增加金融机构的风险定价能力，把控相关的风险，为更好的利率市场化提前做好准备。

②推动产品创新，培育基准利率体系，优化利率传导渠道。我们目前金融工具的品种较为单一，金融衍生品的种类相对较少，对推动利率市场化形成了一定的障碍。因此，需要加强推动相关的产品创新，培育好基准利率体系。

③提高央行市场利率引导和调控水平，强化价格型调控机制。为了推动利率市场化改革的进展，应提高央行的市场利率引导和调控水平，强化价格调控机制。

2. 汇率市场化改革

汇率市场化改革的内容将主要涉及以下几个方面：

①人民币汇率浮动弹性将进一步放宽。为了更好地适应汇率市场化的改革，人民币汇率的浮动弹性有望得到逐步放宽。

②外汇市场汇率风险管理工具创新。国外主流的债券品种在我国市场上几乎没有。而国外大量使用的远期、期货、期权、互换等外汇市场汇率风险管理工具在我国市场上尚未形成规模，更不用说在此基础上进一步开发出更为复杂的金融衍生品。因此，外汇市场汇率风险管理工具的创新势在必行。

③支持人民币在跨境贸易和投资中的使用，稳步拓宽人民币流出和回流渠道。我国政府应该逐步扩宽人民币流出和回流的渠道，进一步支持人民币在跨境贸易和投资中的使用。

④推动人民币对其他货币直接交易市场发展，更好地为跨境贸易人民币结算业务发展服务。人民币国际化需经历三个阶段：以人民币进行贸易结算、以人民币进行金融交易计价、人民币成为世界储备货币之一。

⑤密切关注国际形势变化对资本流动的影响，加强对跨境资本的有效

监控。

总体而言，我国的利率和汇率市场化改革将有助于在中长期增强对国际资本的吸引力。不过，持续的国际资本流入会带来一系列问题。如果不能很好地"消化"国际资本流入带来的人民币升值、货币供应量上升和房地产等资产价格膨胀等副作用，我国经济有陷入经济和金融危机的可能性。

‖ **例题 16** ‖ 人民币国际化需经历的阶段包括（　　　）。

Ⅰ. 以人民币进行贸易结算

Ⅱ. 以人民币进行金融交易计价

Ⅲ. 人民币成为世界储备货币之一

Ⅳ. 取代美元称为世界货币

A. Ⅰ、Ⅱ、Ⅲ   B. Ⅱ、Ⅲ、Ⅳ

C. Ⅰ、Ⅱ、Ⅳ   D. Ⅰ、Ⅱ、Ⅲ、Ⅳ

【答案】A

【解析】人民币国际化需经历三个阶段：以人民币进行贸易结算、以人民币进行金融交易计价、人民币成为世界储备货币之一。

（六）资本账户改革方向（了解）

资本账户记录资本的国际流动，是指用于核算和监督投资者投入的资本或留存收益的增减变动及其结存情况的账户。

资本账户改革的方向为资本项目可兑换。资本账户开放意味着更少的政府干预，但并不是完全取消所有的管制。

（七）资本账户开放对证券市场的影响（了解）

资本账户开放是中国目前面临的一个非常重要的问题。中国已经实现了经常项目可自由兑换，近年来，中国在贸易自由化方面的努力，特别是 2001 年加入世界贸易组织（WTO），极大地推动了中国的对外贸易和资本流动，促进并加快了中国实体经济与世界经济的一体化。对外贸易日益自由和资本流动规模不断扩大，对中国资本管制体系产生了巨大冲击和进一步开放的客观要求。

资本账户开放对证券市场的影响：资本账户完全开放后，会面临大规模的国际资本流入和流出，股票等证券的价格容易出现大规模波动。对投资者而言，市场波动的增加加剧了风险；对证券从业机构而言，由于国内的证券行业发展较国外晚，国内的证券从业机构在规模、实力、创新能力上都不如国外机构，因此面临着更大的竞争压力；对监管机构而言，监管难度也进一步加大。

六、财政政策

（一）主要的财政政策工具（掌握）

财政政策手段主要包括国家预算、税收、国债、财政补贴、财政管理体制、转移支付制度等。这些手段可以单独使用，也可以配合协调使用。

国家预算	①国家预算作为政府的基本财政收支计划，是财政政策的主要手段 ②在一定时期，当其他社会需求总量不变时，财政赤字具有扩张社会总需求的功能，财政采用结余政策和压缩财政支出具有减少社会总需求的功能 ③国家预算的支出方向可以调节社会总供求的结构平衡。财政投资的多少和投资方向直接影响和制约国民经济的部门结构，因而具有造就未来经济结构框架的功能，也有矫正当期结构失衡状态的功能
税收	①税收是国家凭借政治权力参与社会产品分配的重要形式，具有强制性、无偿性和固定性的特征 ②税制的设置可以调节和制约企业间的税负水平 ③税收还可以根据消费需求和投资需求的不同对象设置税种或在同一税种中实行差别税率，以控制需求数量和调节供求结构 ④进口关税政策和出口退税政策对于国际收支平衡具有重要的调节功能
国债	①国债是国家按照有偿信用原则筹集财政资金的一种形式，同时也是实现政府财政政策、进行宏观调控的重要工具 ②国债可以调节国民收入的使用结构和产业结构，用于农业、能源、交通和基础设施等国民经济的薄弱部门和瓶颈产业的发展，调整固定资产投资结构，促进经济结构的合理化 ③政府还可以通过发行国债调节资金供求和货币流通量 ④国债的发行对证券市场资金的流向格局也有较大影响。如果一段时间内，国债发行量较大且具有一定的吸引力，将会分流证券市场的资金
财政补贴	①财政补贴是国家为了某种特定需要，将一部分财政资金无偿补助给企业和居民的一种再分配形式 ②我国财政补贴主要包括价格补贴、企业亏损补贴、财政贴息、房租补贴、职工生活补贴和外贸补贴等
财政管理体制	财政管理体制是中央与地方、地方各级政府之间以及国家与企事业单位之间资金管理权限和财力划分的一种根本制度，主要功能是调节各地区、各部门之间的财力分配

转移支付制度	转移支付制度是中央财政将集中的一部分财政资金，按一定的标准拨付给地方财政的一项制度。其主要功能是调整中央与地方政府之间的财力纵向不平衡，调整地区间的财力横向不平衡

‖ 例题 17 ‖ 税收政策属于（ 　　　）。

A. 财政政策　　　　B. 会计政策　　　　C. 货币政策　　　　D. 收入政策

【答案】A

【解析】财政政策手段主要包括国家预算、税收、国债、财政补贴、财政管理体制、转移支付制度等。

（二）扩张性财政政策、中性财政政策和紧缩性财政政策对实体经济和证券市场的影响（掌握）

财政政策分为扩张性财政政策、紧缩性财政政策和中性财政政策。扩张性财政政策，刺激实体经济发展，证券市场将走强；紧缩性财政政策，使过热的经济受到控制，证券市场将走弱；中性财政政策对实体经济和证券市场的影响较小。下面以积极财政政策为例，分析实施积极财政政策对经济和证券市场的影响。

（1）减少税收，降低税率，扩大减免税范围

①对实体经济的政策效应是：增加微观经济主体的收入，刺激经济主体的投资需求，从而扩大社会供给，增加人们的收入，并同时增加了他们的投资需求和消费支出。

②对证券市场的政策效应是：人们收入增加，投资需求增加引起股票价格上涨。因市场需求活跃，企业经营环境改善，盈利能力增强，进而降低了还本付息风险，债券价格也将上扬。

（2）扩大财政支出，加大财政赤字

①政策效应。扩大社会总需求，从而刺激投资，扩大就业。政府通过购买和公共支出增加对商品和劳务的需求，激励企业增加投入，提高产出水平，于是企业利润增加，经营风险降低，使得股票价格和债券价格上升。特别是与政府购买和支出相关的企业将最先、最直接从财政政策中获益，有关企业的股票价格和债券价格将率先上涨。

②注意事项。过度使用此项政策，财政收支现巨额赤字时，虽然进一步扩大了需求，却增加了经济的不稳定因素。通货膨胀加剧，物价上涨，有可能使投资者对经济的预期不乐观，反而造成股价下跌。

（3）减少国债发行（或回购部分短期国债）

国债是证券市场上重要的交易券种，国债发行规模的缩减使市场供给量减少，从而对证券市场原有的供求平衡产生影响，导致更多的资金转向股票，推动证券市场上扬。

（4）增加财政补贴

财政补贴往往使财政支出扩大。其政策效应是扩大社会总需求和刺激供给增加，从而使整个证券市场的总体水平趋于上涨。

紧缩性财政政策的经济效应及其对证券市场的影响与上述情况相反。

（三）财政收支以及财政赤字或结余的概念（熟悉）

1. 财政收入

概念	财政收入指国家财政参与社会产品分配所取得的收入，是实现国家职能的财力保证
主要内容	①各项税收：增值税、营业税、消费税、土地增值税、城市维护建设税、资源税、城市土地使用税、印花税、个人所得税、企业所得税、关税、农牧业税和耕地占用税等 ②专项收入：征收排污费收入、征收城市水资源费收入、教育费附加收入等 ③其他收入：基本建设贷款归还收入、基本建设收入、捐赠收入等 ④国有企业计划亏损补贴。这项为负收入，冲减财政收入

2. 财政支出

概念	财政支出是指国家财政将筹集起来的资金进行分配使用，以满足经济建设和各项事业的需要
主要内容	（1）经常性支出，包括政府的日常性支出、公共消费产品的购买、经常性转移等 （2）资本性支出，就是政府的公共性投资支出，包括政府在基础设施上的投资、环境改善方面的投资以及政府储备物资的购买等 （3）资本性支出和经常性支出的变化对国内总供需的影响是不同的 ①经常性支出的扩大可以扩大消费需求，其中既有个人消费需求，也有公共物品的消费需求。资本性支出的扩大则扩大投资需求 ②在总量不变的条件下，两者是此多彼少的关系。扩大了投资，消费就必须减少；扩大了消费，投资就必须减少。所以在需求结构调整时，适当调整财政的支出结构就能很显著地产生效应

3. 财政赤字或结余

财政收入与财政支出的差额即为赤字（差值为负时）或结余（差值为正

时）。核算财政收支总额主要是为了进行财政收支状况的对比。财政收入大于支出表现为结余，财政收不抵支则出现赤字。如果财政赤字过大，就会引起社会总需求的膨胀和社会总供求的失衡。

财政赤字或结余也是宏观调控中应用最普遍的一个经济变量。财政发生赤字的时候有两种弥补方式：一是通过举债即发行国债来弥补；二是通过向银行借款来弥补。发行国债对国内需求总量是不会产生影响的。财政向银行借款弥补赤字，如果银行没有因此而增发货币，只是把本来应该增加贷款的数量借给财政使用，那么财政赤字同样不会使需求总量增加。只有在银行因为财政的借款而增加货币发行量时，财政赤字才会扩大国内需求。

‖ 例题 18 ‖ 财政赤字会不会引起通货膨胀，取决于（　　　）。

A. 赤字发生的时间　　　　　　　B. 赤字的弥补方法

C. 赤字的数量　　　　　　　　　D. 赤字形成的原因

【答案】B

【解析】财政赤字为通货膨胀提供了一种可能性，如果运用信用方法，从银行借款或是从中央银行财政金库账户透支，就可能引发通货膨胀。

（四）主权债务的概念（熟悉）

主权债务是指一国以自己的主权为担保向外（不管是向国际货币基金组织，还是向世界银行或其他国家）借来的债务。从概念上讲，主权债务是一国对国外的负债。一国适度举债，可以利用国外资本发展本国经济，但过度举债，超越国家的财政偿还能力就会引发主权债务危机。

（五）主权债务相关的分析预警指标（熟悉）

1. 主权债务分析预警指标

主权债务危机的实质是国家债务信用危机。一般对债务风险的判断都是基于国债负担率、债务依存度、赤字率、偿债率这样一些指标。

国债负担率	①国债负担率又称国民经济承受能力，是指国债累计余额占国内生产总值（GDP）的比重。这一指标着眼于国债存量，反映了整个国民经济对国债的承受能力 ②国际公认的国债负担率的警戒线为发展中国家不超过45%，发达国家不超过60% ③按照《马斯特里赫特条约》的规定，财政赤字占GDP的比重不得超过3%，国债负担率（公共部门债务率）不得超过GDP的60%，这被认为是目前国际上通行的一国政府债务风险警戒线指标

债务依存度	①债务依存度是指当年的债务收入与财政支出的比例关系。其计算公式是 债务依存度 =（当年债务收入额÷当年财政支出额）×100% ②在中国，债务依存度反映了一个国家的财政支出有多少是依靠发行国债来实现的
偿债率	①偿债率是指当年的还本付息额与当年出口创汇收入额之比，它是分析、衡量外债规模和一个国家偿债能力大小的重要指标 ②国际上一般认为，一般国家的偿债率的警戒线为20%，发展中国家为25%，危险线为30%。当偿债率超过25%时，说明该国外债还本付息负担重，有可能发生债务危机

2. 主权债务危机的负面影响

主权债务危机一般会产生以下负面影响：①导致新的贸易保护。②危机国货币贬值，资金外流。③危机国财政紧缩、税收增加和失业率增加，社会矛盾激化。④危机国国债收益率上升，增加筹资成本，甚至无法发行国债。

‖ 例题 19 ‖ 目前国际上通行的一国政府债务风险警戒线指标是（　　　）。

A. 财政赤字占 GDP 的比重不得超过 3%，公共部门债务率不得超过 GDP 的 45%

B. 财政赤字占 GDP 的比重不得超过 3%，公共部门债务率不得超过 GDP 的 60%

C. 财政赤字占 GDP 的比重不得超过 5%，公共部门债务率不得超过 GDP 的 45%

D. 财政赤字占 GDP 的比重不得超过 5%，公共部门债务率不得超过 GDP 的 60%

【答案】B

【解析】财政赤字占 GDP 的比重不得超过 3%，国债负担率（公共部门债务率）不得超过 GDP 的 60%，被认为是国际上通行的一国政府债务风险警戒线指标。

（六）主要的税收制度（掌握）

概念	税收制度即税法体系，一个国家的税收制度是指在既定的管理体制下设置的税种以及与这些税种的征收、管理有关的，具有法律效力的各级成文法律、行政法规、部门规章等

分类	从税收制度的形式来看，一个国家的税收制度，可按照构成方法和形式分为简单型税制及复合型税制 ①简单型税制主要是指税种单一、结构简单的税收制度 ②复合型税制主要是指由多个税种构成的税收制度。在现代社会中，世界各国一般都采用复合型税收制度
内容	税收制度的内容主要有三个层次 ①不同的要素构成税种。构成税种的要素主要包括：征税对象、纳税人、税目、税率、纳税环节、纳税期限、减税免税、违章处理等 ②不同的税种构成税收制度。国与国之间构成税收制度的具体税种差异较大，但一般都包括所得税（直接税）、流转税（间接税），以及其他一些税种，如财产税、关税等 ③规范税款征收程序的法律法规。如税收征收管理法等

‖ **例题 20** ‖ 按照税种划分，增值税属于（　　　　）。

A. 直接税　　　　　B. 流转税　　　　　C. 财产税　　　　　D. 关税

【答案】B

【解析】增值税属于流转税（间接税）。

（七）税收制度变化对实体经济和证券市场的影响（熟悉）

税收是国家为维持其存在、实现其职能而凭借其政治权力，按照法律预先规定的标准，强制地、无偿地、固定地取得财政收入的一种手段，也是国家参与国民收入分配的一种方式。

国家财政通过税收总量和结构的变化，可以调节证券投资和实际投资规模，抑制社会投资总需求膨胀或者补偿有效投资需求的不足。随着加入世界贸易组织和税制改革的不断深化，我国已相继出台或将要出台一些税收调整政策。

税收政策对证券市场的影响主要是国家运用税收杠杆可对证券市场的投资者、证券市场中上市公司的盈利状况进行调节。

（八）我国财税体制改革的方向（了解）

政治经济条件和政治经济目标不同，税收制度也就不同。我国目前的税制是以间接税为主体的税制结构，其中增值税占全部税收收入的比例较高。我国财税体制改革的方向包括：

①深化税收制度改革，优化税制结构、完善税收功能、减轻宏观税负、推进依法治税、建立有利于科学发展、社会公平、市场统一的税收制度体系，充分发挥税收筹集财政收入、调节分配、促进结构优化的职能作用。

②改进预算管理制度，强化预算约束、规范政府行为、实现有效监督，加快建立全面规范、公开透明的现代预算制度。

③调整中央和地方政府间财政关系，在保持中央和地方收入格局大体稳定的前提下，进一步理顺中央和地方收入划分，合理划分政府间事权和财权，促进权力和责任、办事和花钱相统一，建立事权和财权相适应的制度。

七、证券市场

（一）影响证券市场供给和需求的主要因素（掌握）

1. 证券市场供给

（1）证券市场供给方

证券市场的供给方包括公司（企业）、政府与政府机构以及金融机构。①公司（企业）通过向市场发行股票、债券和权证等产品进行融资，是主要的供给主体。②政府与政府机构，包括中央政府、地方政府以及中央政府直属机构，其为债券产品的主要供给方。③金融机构作为证券市场的发行供给方，既发行债券，也发行股票。

（2）证券市场供给的主要影响因素

证券市场供给的主体是上市公司，上市公司的数量和质量是证券市场供给方的主要影响因素。

上市公司质量	（1）上市公司的质量状况会影响证券市场的前景、投资者的收益及投资热情、个股价格及大盘指数变动，这些因素将直接或间接影响证券市场的供给 （2）质量高的上市公司易于为证券市场所接受，因而有利于股票供给的增加；反之，质量低的上市公司，其股票很难被市场接受，对股票的供给增加不利。上市公司的质量和业绩情况也影响到公司本身的再筹资功能和筹资规模，从而影响股票的供给 （3）上市公司质量与经济效益状况是影响证券市场供给的最根本因素

上市公司数量	（1）与上市公司质量相比，上市公司数量直接决定证券市场供给 （2）影响上市公司数量的主要因素包括 ①宏观经济环境。宏观经济向好，公司（企业）质量提升，有利于证券市场供给 ②制度因素。主要有发行上市制度、市场设立制度和股权流通制度三大因素 ③市场因素。当证券市场处于牛市时，大量的场外资金流入股市，有利于公司（企业）上市融资，能够增加市场上的股票供给量；当证券市场处于熊市时则相反

总的来看，上市公司的数量和质量将随国家宏观经济、证券市场监管部门对证券市场监管效率以及上市公司的整体质量等因素的变化而变化。

2. 证券市场需求

证券市场需求，即证券市场资金量的供给，主要是指能够进入证券市场的资金总量。证券市场需求主要受到以下因素影响：

（1）宏观经济环境。

（2）政策因素。对证券市场的需求产生影响的一系列政策包括市场准入政策、融资融券政策、金融监管政策甚至货币与财政政策。

（3）居民金融资产结构的调整。居民的金融资产主要由银行存款、证券投资基金、股票、债券及信托资产等构成。居民金融资产在不同种类间调整，影响证券市场需求。

（4）机构投资者的培育和壮大。目前，我国证券市场机构投资者已经形成了以证券投资基金、券商、保险公司、社会保障基金、QFII、信托公司、财务公司、企业法人以及私募投资机构等为主体的多元化格局。

（5）资本市场的逐步对外开放。资本市场的开放包含两方面的含义，即服务性开放和投资性开放。

①服务性开放包括：允许外国资本市场中介机构在本国资本市场上为证券投融资提供各种服务；允许本国资本市场中介机构在其他国家的资本市场上为证券投融资提供各种服务。

②投资性开放包括：融资的开放，即允许本国居民在国际资本市场上融资和外国居民在本国资本市场上融资；投资的开放，即允许外国居民投资于本国的资本市场和允许本国居民投资于国际资本市场。

‖ **例题 21** ‖ 影响证券市场需求的政策因素不包括（　　　）。

A. 市场准入政策　　　　　　　　B. 产业调整政策

C. 融资融券政策　　　　　　　　D. 金融监管政策

【答案】 B

【解析】对证券市场的需求产生影响的一系列政策包括市场准入政策、融资融券政策、金融监管政策甚至货币与财政政策。

（二）股市制度改革的方向及对股市运行的影响（熟悉）

推进股市的市场化是我国股市的改革方向。2019 年计划在上海交易所以注册制方式设立科创板，这应该是中国股市一项前所未有的重大改革，也是中国股市迈向市场化最为重要及关键的一步。注册制对股市运行的影响如下。

1. 带来信息透明的完备披露

注册制下，证监会要审核的是上市公司信息披露的完备性，把可能遇到的所有情形，包括风险都准确地披露给投资者。

2. 带来市场定价的规则

注册制下，市场拥有鉴别一家公司值不值得投资的权利，市场用资金来表达它的选择。股票发行的选择权利交给市场，只要市场愿意接受，公司无论盈亏都可以发行股票，IPO 定价也由市场决定。

3. 带来真正的退市制度

企业只要符合上市标准就可以挂牌上市，上市公司不再稀缺，也就没有人花钱去买壳资源，所以一个公司只要自身没有投资价值就会面临退市。

目前，整个股市发行制度还是在核准制的制度环境下，向注册制的制度环境转变将会面临一系列的制度、法律、观念、利益等方面的障碍，必须有一系列的重大制度改革，以确立中国股市市场化的基础性制度。这是保证中国股市注册制能够成功的关键，也是中国股市能否繁荣的关键。

‖ 例题 22 ‖ 中国股市推行注册制，进行市场化改革带来的影响不包括（　　）。

A. 带来信息透明的完备披露　　　B. 带来市场定价的规则

C. 带来股市的长期繁荣　　　　　D. 带来真正的退市制度

【答案】C

【解析】股市繁荣受多方面因素的影响，注册制改革未必引致股市繁荣。

（三）国际金融市场环境对我国证券市场的影响（熟悉）

国际金融市场按经营业务的种类划分，可以分为货币市场、证券市场、外汇市场、黄金市场和期权期货市场。这些市场是一个整体，各个市场相互影响。证券市场仅仅是国际金融市场的一部分。国际证券市场受其他市场的影响，其对一国证券市场的影响可以通过该国国内其他金融市场的传导进行。

1. 国际金融市场动荡通过人民币汇率预期影响证券市场

如果国际市场预期人民币汇率上升，将增加对中国资产（包括证券）的投资力度，促进人民币资产升值，促使证券市场价格上涨。相反，预期人民币汇率贬值，则会抛售人民币资产，造成证券市场价格下跌。

2. 国际金融市场动荡通过宏观面间接影响我国证券市场

改革开放以来，我国国民经济的对外依存度大大提高，国际金融市场动荡会导致出口增幅下降、外商直接投资下降，从而影响经济增长率。宏观经济环境的恶化导致上市公司业绩下降和投资者信心下降，最终使证券市场行情下跌。其中，国际金融市场的动荡对外向型上市公司和外贸行业上市公司的业绩影响最大，对其股价的冲击也最大。

3. 国际金融市场动荡通过微观面直接影响我国证券市场

随着中国经济实力的不断壮大，国内企业的国际竞争能力也在不断增强。一些大型企业最近几年来通过跨国兼并参与国际竞争。国内主要上市公司通过购买境外企业的股份，以达到参股或控股的目的。另外一些大型上市公司通过购买境外企业债券进行组合投资套期保值，国际金融市场的动荡造成境外企业的股票和债券价格大幅度缩水，严重影响了上述公司的业绩。

第二节　行业分析

本节大纲要求

1. 熟悉行业分析的信息来源；

2. 熟悉行业分析所需信息和数据的内容；

3. 熟悉行业分析信息和数据的质量要求；

4. 熟悉行业分析信息的收集与处理方法；

5. 了解对所获得的行业部门、行业内部竞争、部门需求和供给数据进行分析的方法；

6. 掌握行业分类方法；

7. 掌握描述行业基本状况的各种指标；

8. 掌握行业的市场结构；

9. 掌握行业供需分析方法；

10. 熟悉行业盈利模式；

11. 熟悉行业集中度的概念；

12. 掌握以行业集中度为划分标准的产业市场结构分类；

13. 了解产业价值链的概念；

14. 熟悉价值链上不同环节的各种特征及竞争策略；

15. 熟悉各类行业的运行状态与经济周期的变动关系、具体表现、产生原因及投资者偏好等；

16. 熟悉行业生命周期的含义、发展顺序、表现特征与判断标准；

17. 熟悉处于各周期阶段的企业的风险、盈利表现及投资者偏好；

18. 掌握行业兴衰的实质及影响因素；

19. 熟悉技术进步的行业特征及影响；

20. 了解政府和行业监管、货币政策、财政政策对行业的影响；

21. 熟悉重组、并购等对行业的影响。

本节内容精讲

一、行业分析概述

（一）行业分析的信息来源（熟悉）

1. 行业分析的概念

行业分析是指根据经济学原理，综合应用统计学、计量经济学等分析工具对行业经济的运行状况、产品生产、销售、消费、技术、行业竞争力、市场竞争格局、行业政策等行业要素进行深入的分析，从而发现行业运行的内在经济规律，进而进一步预测未来行业发展的趋势。

行业分析的主要任务包括：解释行业本身所处的发展阶段及其在国民经济中的地位，分析影响行业发展的各种因素以及判断对行业影响的力度，预测并引导行业的未来发展趋势，判断行业投资价值，揭示行业投资风险，从而为政府部门、投资者及其他机构提供决策依据或投资依据。

行业分析是对上市公司进行分析的前提，是连接宏观经济分析和上市公司分析的桥梁，是基本分析的重要环节。

2. 行业分析的信息来源

①统计年鉴。

②其他政府部门公开发布的统计数据。

③国际组织编制的综合或专门统计年鉴。

④专门行业协会编制的本行业相关信息。

⑤专门咨询机构发布的专门咨询报告。

⑥工商行政管理部门的企业报表。

⑦报纸、杂志、学术论文、学术著作归纳或转载的行业相关信息。

⑧国家专利部门公布的行业相关专利信息。

⑨国家制定并公布的行业、产业政策。

⑩中国海关、国家发展和改革委员会公布的倾销、反倾销调查信息及相关政策。

⑪行业内专家或资深从业人士对行业内某话题的归纳、观点或分析结论。

⑫IPO招股说明书等公开披露资料中归纳汇总的行业相关信息。

⑬政府内参及其他信息来源。

（二）行业分析所需信息和数据的内容（熟悉）

行业分析的内容主要包括基本状况分析、一般特征分析和行业结构分析。其中，基本状况分析包括行业概述、行业发展的历史回顾、行业发展的现状与格局分析、行业发展趋势分析、行业的市场容量、销售增长率现状及趋势预测、行业的毛利率、净资产收益率现状及发展趋势预测等。一般特征分析包括行业的市场类型分析和行业的经济周期分析。

（三）行业分析信息和数据的质量要求（熟悉）

完整性	①完整性是指数据信息不存在缺失的状况，数据缺失可能是整个数据记录的缺失，也可能是数据中某个字段信息的缺失 ②不完整的数据借鉴价值大打折扣，因此完整性是数据质量最为基础的要求
一致性	①一致性是指数据是否遵循了统一的规范，数据集合是否保持了统一的格式 ②一致性要求主要体现在数据记录的规范和数据是否符合逻辑
准确性	准确性是指数据记录的信息是否存在异常或错误
及时性	①及时性是指数据从产生到可以查看的时间间隔，也叫数据的延时时长 ②数据使用必须注意时效，否则事过境迁便会降低甚至失去其应有的价值

（四）行业分析信息的收集与处理方法（熟悉）

1. 信息收集的概念

信息收集是指通过各种方式获取所需要的信息。信息收集是信息得以利用的第一步，也是关键的一步。信息收集工作的好坏，直接关系到整个信息管理工作的质量。为了保证信息收集的质量，应坚持以下原则：准确性、全面性、时效性。

2. 信息收集的方法

调查法	调查方法一般分为普查和抽样调查两大类 ①普查是调查有限总体中每个个体的有关指标值 ②抽样调查是按照一定的科学原理和方法，从事物的总体中抽取部分称为样本的个体进行调查，用所得到的调查数据推断总体。抽样调查是较常用的调查方法
观察法	①观察法是通过开会、深入现场、参加生产和经营、实地采样、进行现场观察并准确记录（包括测绘、录音、录像、拍照、笔录等）调研情况 ②观察法主要包括两个方面：一是对人的行为的观察，二是对客观事物的观察。观察法应用很广泛，常和询问法、搜集实物结合使用，以提高所收集信息的可靠性
实验方法	实验方法能通过实验过程获取其他手段难以获得的信息或结论
文献检索	文献检索就是从浩繁的文献中检索出所需信息的过程
网络信息收集	①网络信息是指通过计算机网络发布、传递和存储的各种信息 ②收集网络信息的最终目标是给广大用户提供网络信息资源服务，整个过程包括网络信息搜索、整合、保存和服务四个步骤

3. 信息处理

信息处理就是对信息的接收、存储、转化、传送和发布等。信息处理的目的主要是：①提高有效性。②提高抗干扰性。③改善主观感觉的效果。④对信息进行识别和分类。⑤分离和选择信息。

‖ **例题 1** ‖ 行业分析的主要任务包括（　　　）。

Ⅰ. 预测行业的未来发展趋势，判断行业投资价值

Ⅱ. 分析影响行业发展的各种因素及其影响力度

Ⅲ. 解释行业本身所处的发展阶段及其在国民经济中的地位

Ⅳ. 判断行业投资价值，揭示行业投资风险

A. Ⅰ、Ⅱ、Ⅲ
B. Ⅰ、Ⅲ、Ⅳ
C. Ⅱ、Ⅲ、Ⅳ
D. Ⅰ、Ⅱ、Ⅲ、Ⅳ

【答案】D

【解析】选项全部正确。

二、行业分析方法

（一）对所获得的行业部门、行业内部竞争、部门需求和供给数据进行分析的方法（了解）

历史资料研究法	①历史资料研究法是通过对已有资料的深入研究，寻找事实和一般规律，然后根据这些信息去描述、分析和解释过去的过程，同时揭示当前的状况，并依照这种一般规律对未来进行预测 ②这种方法的优点是省时、省力并节省费用；缺点是只能被动地圃于现有资料，不能主动地去提出问题并解决问题
调查研究法	①调查研究法是一项非常古老的研究技术，也是科学研究中一个常用的方法，在描述性、解释性和探索性的研究中都可以运用调查研究的方法。它一般通过抽样调查、实地调研、深度访谈等形式，通过对调查对象的问卷调查、访查、访谈获得资讯，并对此进行研究 ②调查研究是收集第一手资料用于描述一个难以直接观察的群体的最佳方法。这种方法的优点是可以获得最新的资料和信息，并且研究者可以主动提出问题并获得解释，适合对一些相对复杂的问题进行研究时采用。缺点是这种方法的成功与否取决于研究者和访问者的技巧和经验
归纳与演绎法	①归纳法是从个别出发以达到一般性，从一系列特定的观察中发现一种模式，在一定程度上代表所有给定事件的秩序。值得注意的是，这种模式的发现并不能解释为什么这个模式会存在 ②演绎法是从一般到个别，从逻辑或者理论上预期的模式到观察检验预期的模式是否确实存在。演绎法是先推论后观察，归纳法则是从观察开始
比较研究法	①在进行行业分析的时候，比较研究法是一种较为常用的分析方法。比较研究又可以分为横向比较和纵向比较两种方法 ②横向比较一般是取某一时点的状态或者某一固定时段（比如1年）的指标，在这个横截面上对研究对象及其比较对象进行比较研究。比如将行业的增长情况与国民经济的增长进行比较；或者将不同的行业进行比较，研究本行业的成长性；或者将不同国家或者地区的同一行业进行比较，研究行业的发展潜力和发展方向等 ③纵向比较主要是利用行业的历史数据，如销售收入、利润、企业规模等，分析过去的增长情况，并据此预测行业的未来发展趋势 ④利用比较研究法可以直观和方便地观察行业的发展状态和比较优势

数理统计法	随着研究的深入，数理统计和计量经济学的理论和方法将会被越来越多地应用到行业分析中来。其中，相关分析、一元线性回归和时间数列是最常用的分析方法

（二）行业分类方法（掌握）

1. 道·琼斯分类法

道·琼斯股价指数	①道·琼斯公司于1882年创立，主要提供新闻服务和指数服务 ②道·琼斯股价指数是由道琼斯公司的创始人查尔斯·亨利·道开始编制的，是一种算术平均股价指数 ③道·琼斯股价平均数是世界上历史最为悠久的股票指数，自从1896年开始发布道·琼斯工业指数（DJIA）以来，至今已有一百多年的历史，目前编制并维护着4000多个指数，涉及股票价格指数、债券价格指数和商品指数
道·琼斯股票分类	①道·琼斯分类法将大多数股票分为三类：工业、运输业和公用事业。工业类包括采掘业、制造业和商业；运输业类包括航空、铁路、汽车运输与航运业；公用事业类主要包括电话公司、煤气公司和电力公司等 ②道·琼斯股价平均数中工业、运输业和公用事业的成分股数目分别为30、20和15

2. 标准行业分类法

标准制定	为便于汇总各国的统计资料并进行互相对比，联合国经济和社会事务统计局曾制定了一个《全部经济活动国际标准行业分类》（以下简称《国际标准行业分类》），建议各国采用
门类划分及表示方法	(1)《国际标准行业分类》把国民经济划分为10个门类：①农业、畜牧狩猎业、林业和渔业。②采矿业及土、石采掘业。③制造业。④电、煤气和水。⑤建筑业。⑥批发和零售业、饮食和旅馆业。⑦运输、仓储和邮电通信业。⑧金融、保险、房地产和工商服务业。⑨政府、社会和个人服务业。⑩其他 (2) 对每个门类再细分大类、中类、小类。各个类目都进行编码 ①各个门类用1个数字代表，各个大类用2个数字代表，各个中类用3个数字代表，各个小类用4个数字代表 ②根据上述编码原则，在表示某小类的4位数代码中，第1位数字表示该小类所属的部门，第1位和第2位数字合起来表示所属大类，前3位数字表示所属中类，全部4个数字就表示某小类本身

3. 我国国民经济的行业分类

分类依据	①《国民经济行业分类》国家标准于 1984 年首次发布，分别于 1994 年、2002 年、2011 年三次修订，2017 年第四次修订 ②该标准（GB/T 4754—2017）由国家统计局起草，国家质量监督检验检疫总局、国家标准化管理委员会批准发布，并于 2017 年 10 月 1 日实施
我国行业分类演进	（1）1985 年，国家统计局明确划分三大产业 ①农业（包括林业、牧业、渔业等）为第一产业 ②工业（包括采掘业、制造业、自来水、电力、煤气）和建筑业为第二产业 ③第一、第二产业以外的各行业为第三产业，主要是指向全社会提供各种各样劳务的服务性行业，具体包括交通运输业、邮电通信业、仓储业、金融保险业、餐饮业、房地产业、社会服务业等。第三产业的内涵非常丰富，而且随着生产力的发展，它所包括的细分行业也不断增多，因而是个发展性的概念 （2）经过 2017 年修订，新行业分类共有 20 个门类、97 个大类、473 个中类、1380 个小类，基本反映出我国目前行业结构状况

4. 我国上市公司行业分类

分类依据	（1）2001 年中国证监会以国家统计局《国民经济行业分类与代码》为主要依据，制定了《上市公司行业分类指引》，并于 2012 年进行了修订 （2）《上市公司行业分类指引》将上市公司分成 19 个门类、90 个大类
分类职责	（1）依照《上市公司行业分类指引》，中国证监会统筹指导上市公司行业分类工作，中国上市公司协会具体负责上市公司行业分类工作的组织实施 （2）《上市公司行业分类指引》规定，由中国上市公司协会建立上市公司行业分类专家委员会，为行业分类提供专业咨询与判断，并最终确定行业分类结果
分类标准	（1）《上市公司行业分类指引》以上市公司营业收入为分类标准，所采用财务数据为经会计师事务所审计的合并报表数据 （2）当公司某类业务的营业收入比重大于或等于 50%，则将其划入该业务相对应的类别；当公司没有一类业务的营业收入比重大于或等于 50%，但某类业务的收入和利润均在所有业务中最高，而且均占到公司总收入和总利润的 30% 以上（包含本数），则该公司归属该业务对应的行业类别；否则，将其划为综合类
分类时间	（1）上市公司行业分类按季度进行。每年 3 月 20 日、6 月 10 日、9 月 20 日和 12 月 20 日为当季行业分类工作起始日；原则上应于季度末完成当季上市公司行业分类工作

续表

分类时间	（2）行业分类包括初次分类和定期调整 ①初次分类是对新上市公司的行业分类，依据公司《招股说明书》进行。公司上市首日在每季度行业分类工作起始日（不含当日）之前的，纳入当季行业分类；上市首日在行业分类工作起始日至季末之间的，转入下一季度进行行业分类 ②定期调整是对已上市公司行业分类结果的重新确认或变更。原则上未发生重大资产重组的公司，每年依据上市公司年报调整一次，纳入第二季度的行业分类；完成重大资产重组的公司，依据重大资产重组相关公告，纳入最近季度的上市公司行业分类

‖ **例题 2** ‖ 按照《上市公司行业分类指引》的规定，可以归入某一行业的财务指标包括（　　）。

Ⅰ. 公司某类业务的营业收入比重大于或等于50%

Ⅱ. 公司某类业务的净利润比重大于或等于50%

Ⅲ. 当公司没有一类业务的营业收入比重大于或等于50%，但某类业务的收入和利润均在所有业务中最高，而且均占到公司总收入和总利润的30%以上

Ⅳ. 当公司没有一类业务的营业收入或总利润比重大于或等于50%，但某类业务的收入和利润均在所有业务中最高，而且均占到公司总收入或总利润的30%以上

A. Ⅰ、Ⅲ　　　　　B. Ⅰ、Ⅳ　　　　　C. Ⅱ、Ⅲ　　　　　D. Ⅱ、Ⅳ

【答案】A

【解析】当公司某类业务的营业收入比重大于或等于50%，则将其划入该业务相对应的类别；不符合营业收入50%的条件，但某类业务的收入和利润均在所有业务中最高，而且均占到公司总收入和总利润的30%以上（包含本数），则该公司归属该业务对应的行业类别。

三、描述行业基本状况的指标——行业景气指数（掌握）

1. 行业景气的基本内涵

行业周期波动是行业在市场经济下的必然规律。处于周期波动不同节点的行业将有明显的表现差异：处于周期上升期的行业出现需求旺盛、生产满负荷和买卖活跃的景象；处于周期下降期的行业出现需求萎缩、生产能力过剩、产品滞销、应收款增加、价格下跌和多数企业亏损的景象。当行业处于不同的周期节点时呈现不同的市场景象，称为行业景气。

2. 行业景气指数

相关概念	①景气指数又称为景气度，它是采用定量的方法综合反映某一特定调查群体或某一社会经济现象所处的状态或发展趋势的一种指标 ②行业景气指数是将能综合反映行业的各种指标进行加权编制而成的能够反映行业变动趋势的一种综合指数
数值含义	景气指数通常以100为临界值，范围在0～200点，景气指数高于100，表明调查对象的状态趋于上升或改善，处于景气状态；景气指数低于100，表明其处于下降或恶化，处于不景气状态
影响因素	①影响行业景气的外因是宏观经济指标波动、经济周期、上下游产业链的供应需求变动，内因是行业的产品需求变动、生产能力变动、技术水平变化及产业政策的变化等 ②在分析行业景气变化时，通常会关注到几个重要因素，即需求、供应、产业政策和价格

3. 中经产业景气指数

中经产业景气指数是目前我国比较成熟和权威的行业类景气指数。中经产业景气指数是一个指数体系。各产业指数都包括景气指数（以行业生产、利润、销售、投资、就业等主要经济指标合成）、预警指数（以10个左右行业先行指标合成，反映行业发展态势），以及用红、黄、绿、浅蓝和蓝色灯号直观描述行业经济冷热状况的行业预警灯号。

‖ **例题 3** ‖ 下列关于景气指数的说法不正确的是（　　　）。

A. 景气指数又称为景气度，它是采用定性的方法综合反映某一特定调查群体或某一社会经济现象所处的状态或发展趋势的一种指标

B. 行业景气指数是能够反映行业变动趋势的一种综合指数

C. 景气指数通常以100为临界值，范围在0～200点

D. 景气指数高于100，表明调查对象的状态趋于上升或改善，处于景气状态

【答案】A

【解析】景气指数又称为景气度，它是采用定量的方法综合反映某一特定调查群体或某一社会经济现象所处的状态或发展趋势的一种指标。

四、行业的市场结构（掌握）

市场结构就是市场竞争或垄断的程度。根据该行业中企业数量的多少、进

入限制程度和产品差别，行业基本上可分为四种市场结构：完全竞争、垄断竞争、寡头垄断、完全垄断。

1. 完全竞争

概念	完全竞争型市场是指竞争不受任何阻碍和干扰的市场结构
特点	①生产者众多，各种生产资料可以完全流动 ②产品不论是有形或无形的，都是同质的、无差别的 ③没有一个企业能够影响产品的价格，企业永远是价格的接受者而不是价格的制定者 ④企业的盈利基本上由市场对产品的需求来决定 ⑤生产者可自由进入或退出这个市场 ⑥市场信息对买卖双方都是畅通的，生产者和消费者对市场情况非常了解
市场举例	①完全竞争是一个理论上的假设，该市场结构得以形成的根本因素在于企业产品的无差异，所有的企业都无法控制产品的市场价格 ②在现实经济中，完全竞争的市场类型是少见的，初级产品（如农产品）的市场类型较类似于完全竞争

2. 垄断竞争

概念	垄断竞争型市场是指既有垄断又有竞争的市场结构。在垄断竞争型市场上，每个企业都在市场上具有一定的垄断力，但它们之间又存在激烈的竞争
特点	①生产者众多，各种生产资料可以流动 ②生产的产品同种但不同质，即产品之间存在着差异。产品的差异性是指各种产品之间存在着实际或想象上的差异。这是垄断竞争与完全竞争的主要区别 ③由于产品差异性的存在，生产者可以树立自己产品的信誉，从而对其产品的价格有一定的控制能力
市场举例	①在垄断竞争市场结构中，造成垄断现象的原因是产品差别；造成竞争现象的是产品同种，即产品的可替代性 ②在垄断竞争市场上，每个企业都在市场上有一定的垄断力，同时它们之间的竞争又非常激烈。在国民经济各行业中，制成品（如纺织、服装等轻工业产品）的市场类型一般都属于垄断竞争

3. 寡头垄断

概念	寡头垄断型市场是指相对少量的生产者在某种产品的生产中占据很大市场份额，从而控制了这个行业的供给的市场结构

形成原因	①这类行业初始投入资本较大，阻止了大量中小企业的进入 ②这类产品只有在大规模生产时才能获得好的效益，这就会在竞争中自然淘汰大量的中小企业
市场特点	在寡头垄断市场上，由于这些少数生产者的产量非常大，因此它们对市场的价格和交易具有一定的垄断能力。同时，由于只有少量的生产者生产同一种产品，因而每个生产者的价格政策和经营方式及其变化都会对其他生产者产生重要的影响
市场举例	在现实经济中，资本密集型、技术密集型产品，如钢铁、汽车等重工业以及少数储量集中的矿产品如石油等多属于寡头垄断

4. 完全垄断

概念	①完全垄断型市场是指独家企业生产某种特质产品的情形，即整个行业的市场完全处于一家企业所控制的市场结构 ②特质产品是指那些没有或缺少相近的替代品的产品
类型	完全垄断可分为两种类型 ①政府完全垄断。通常在公用事业中居多，如国有铁路、邮电等部门 ②私人完全垄断。如根据政府授予的特许专营，或根据专利生产的独家经营以及由于资本雄厚、技术先进而建立的排他性的私人垄断经营
市场特点	①产品没有或缺少相近的替代品 ②市场被独家企业所控制，其他企业不可以或不可能进入该行业 ③垄断者能够根据市场的供需情况制定理想的价格和产量，在高价少销和低价多销之间进行选择，以获取最大的利润 ④垄断者在制定产品的价格与生产数量方面的自由性是有限度的，要受到《反垄断法》和政府管制的约束
市场举例	①当前的现实生活中没有真正的完全垄断型市场，每个行业都或多或少地引进了竞争 ②公用事业（如发电厂、煤气公司、自来水公司和邮电通信等）和某些资本、技术高度密集型或稀有金属矿藏的开采等行业属于接近完全垄断的市场类型

‖ **例题 4** ‖ 下列不属于垄断竞争型市场特点的是（　　　）。

A. 生产者众多，各种生产资料可以流动

B. 生产的产品同种但不同质

C. 这类行业初始投入资本较大，阻止了大量中小企业的进入

D. 对其产品的价格有一定的控制能力

【答案】C

【解析】寡头垄断初始投入资本较大，阻止了大量中小企业的进入。

五、行业供需分析方法（掌握）

1. 传统经济学分析

行业供需分析方法，是利用行业内供给和需求情况来对行业进行分析预测的方法。在实际的行业分析中，供需分析主要包括：

①供给与市场价格的关系。包括供给法则、供给弹性、供给量的构成和影响供给的一般因素。

②需求与市场价格的关系。包括需求法则、需求弹性、需求量的构成和影响需求的一般因素。

2. 五力分析模型

五力分析模型是迈克尔·波特（Michael Porter）于 20 世纪 80 年代初提出的，他认为一个行业内供需竞争的局面源于其内存的竞争结构。一个行业存在五种基本竞争力量：供应商的议价能力、购买者的议价能力、潜在竞争者进入的能力、替代品的替代能力、行业内竞争者现在的竞争能力。

供应商	（1）供方主要通过其提高投入要素价格与降低单位价值质量的能力，来影响行业中现有企业的盈利能力与产品竞争力 （2）供方力量的强弱主要取决于它们所提供给买主的是什么投入要素，当供方所提供的投入要素的价值构成了买主产品总成本的较大比例、对买主产品生产过程非常重要，或者严重影响买主产品的质量时，供方对于买主的潜在讨价还价力量就大大增强了
购买者	（1）购买者主要通过其压价与要求提供较高的产品或服务质量的能力，来影响行业中现有企业的盈利能力 （2）一般来说，满足如下条件的购买者可能具有较强的讨价还价力量 ①购买者的总数较少，而每个购买者的购买量较大，占了卖方销售量的很大比例 ②卖方行业由大量相对来说规模较小的企业所组成 ③购买者所购买的基本上是一种标准化产品，同时向多个卖主购买产品在经济上也完全可行 ④购买者有能力实现后向一体化，而卖主不可能前向一体化

潜在竞争者	（1）新进入者在给行业带来新生产能力、新资源的同时，有可能会与现有企业发生原材料与市场份额的竞争，导致行业现有企业盈利水平降低，甚至危及这些企业的生存 （2）竞争性新进入者威胁的严重程度取决于两个方面的因素，这就是进入新领域的障碍大小与预期现有企业对进入者的反应情况 （3）进入障碍主要包括规模经济、产品差异、资本需要、转换成本、销售渠道开拓、政府行为与政策（如国家综合平衡统一建设的石化企业）、不受规模支配的成本劣势（如商业秘密、产供销关系、学习与经验曲线效应等）、自然资源（如冶金业对矿产的拥有）、地理环境（如造船厂只能建在海滨城市）等方面，这其中有些障碍是很难借助复制或仿造的方式来突破的
替代品	（1）两个处于同行业或不同行业中的企业，可能会由于所生产的产品是互为替代品，从而在它们之间产生相互竞争行为，替代品的竞争会以各种形式影响行业中现有企业的竞争战略 （2）替代品价格越低、质量越好、用户转换成本越低，其所能产生的竞争压力就越强。这种来自替代品生产者的竞争压力的强度，可以具体通过考察替代品销售增长率、替代品厂家生产能力与盈利扩张情况来加以描述
行业内竞争者	（1）现有企业之间的竞争常常表现在价格、广告、产品介绍、售后服务等方面，其竞争强度与许多因素有关 （2）一般来说，出现下述情况将意味着行业中现有企业之间竞争的加剧 ①行业进入障碍较低，势均力敌竞争对手较多，竞争参与者范围广泛 ②市场趋于成熟，产品需求增长缓慢 ③竞争者企图采用降价等手段促销 ④竞争者提供几乎相同的产品或服务，用户转换成本很低 ⑤一个战略行动如果取得成功，其收入相当可观 ⑥行业中实力薄弱企业被行业外的公司收购，并发起新的竞争 ⑦退出障碍较高，即退出竞争要比继续参与竞争代价更高

各种力量的作用是不同的，常常是最强的某个力量或某几个力量处于支配地位，起着决定性的作用。

‖例题 5‖根据迈克尔·波特五力竞争理论，潜在竞争者进入障碍主要包括（ ）。

Ⅰ．规模经济 　　　　　　　　　Ⅱ．产品差异

Ⅲ．政府行为与政策 　　　　　　Ⅳ．与规模无关的成本劣势

A．Ⅰ、Ⅱ、Ⅲ 　　　　　　　　B．Ⅰ、Ⅱ、Ⅳ

C. Ⅱ、Ⅲ、Ⅳ   D. Ⅰ、Ⅱ、Ⅲ、Ⅳ

【答案】D

【解析】选项全部正确，此外还有转换成本、销售渠道开拓、自然资源、地理环境等。

六、行业盈利模式（熟悉）

盈利模式指按照利益相关者划分的企业的收入结构、成本结构以及相应目标利润，是管理学的重要研究对象之一。盈利模式是对企业经营要素进行价值识别和管理，在经营要素中找到盈利的机会，即探求企业利润来源、生产过程以及产出方式的系统方法。

盈利模式分为自发的盈利模式和自觉的盈利模式两种。

①自发的盈利模式是自发形成的，企业对如何盈利，未来能否盈利缺乏清醒的认识，企业虽然盈利，但盈利模式不明确不清晰。其盈利模式具有隐蔽性、模糊性、缺乏灵活性的特点。

②自觉的盈利模式，是企业通过对盈利实践的总结，对盈利模式加以自觉调整和设计而形成的。它具有清晰性、针对性、相对稳定性、环境适应性和灵活性的特征。

盈利分析主要通过分析盈利模式，对现有的盈利方式进行改进。

七、行业集中度

（一）行业集中度的概念（熟悉）

概念	行业集中度是指某行业相关市场内前 N 家最大的企业所占市场份额（产值、产量、销售额、销售量、职工人数、资产总额等）的总和
通常应用	①行业集中度（CR）一般以某一行业排名前 4 位的企业的销售额（或生产量等数值）占行业总的销售额的比例来度量，表示为 CR_4。CR_4 越小，集中度越低，市场趋向于竞争；CR_4 越大，说明行业集中度越高，市场趋向于垄断 ②行业集中度是衡量行业市场结构的一个重要指标

计算公式	①已知某行业的企业的产值、产量、销售额、职工人数、销售量、资产总额等的情况下，CR 的计算公式为 $$CR_n = \frac{\sum (X_i)_n}{\sum (X_i)_N} \quad (N > n)$$ 其中，CR_n 为规模最大的前几家企业的行业集中度；x_i 为第 i 家企业的产值、产量、销售额、职工人数、销售量、资产总额等；n 为产业内规模最大的前几家企业数；N 为产业内的企业总数 ②通常 $n=4$ 或者 $n=8$，此时，行业集中度就分别表示产业内规模最大的前 4 家或者前 8 家企业的集中度
缺点	行业集中度的缺点是没有指出这个行业相关市场中正在运营和竞争的企业总数

（二）以行业集中度为划分标准的产业市场结构分类（掌握）

根据美国经济学家贝恩和日本通产省对产业集中度的划分标准，将产业市场结构粗分为寡占型（$CR_8 \geqslant 40\%$）和竞争型（$CR_8 < 40\%$）两类。其中，寡占型又细分为极高寡占型（$CR_8 \geqslant 70\%$）和低集中寡占型（$40\% \leqslant CR_8 < 70\%$）；竞争型又细分为低集中竞争型（$20\% \leqslant CR_8 < 40\%$）和分散竞争型（$CR_8 < 20\%$）。

表 4-1　　　　　　　　　贝恩对市场结构进行的分类　　　　　　　　　　单位:%

市场结构　　　集中度	CR_4 值	CR_8 值
寡占 I 型	$CR_4 \geqslant 85$	
寡占 II 型	$75 \leqslant CR_4 < 85$	$CR_8 \geqslant 85$
寡占 III 型	$50 \leqslant CR_4 < 75$	$75 \leqslant CR_8 < 85$
寡占 IV 型	$35 \leqslant CR_4 < 50$	$45 \leqslant CR_8 < 75$
寡占 V 型	$30 \leqslant CR_4 < 35$	$40 \leqslant CR_8 < 45$
竞争型	$CR_4 < 30$	$CR_8 < 40$

‖例题 6‖ 根据美国经济学家贝恩和日本通产省对产业集中度（CR）的划分标准，产业市场结构可粗分为寡占型和竞争型，其相对应的集中度值分别为（　　）。

A. $CR_4 \geqslant 40\%$，$CR_4 < 40\%$　　　　　　B. $CR_8 \geqslant 40\%$，$CR_8 < 40\%$

C. $CR_4 \geqslant 50\%$，$CR_4 < 50\%$　　　　　　D. $CR_8 \geqslant 50\%$，$CR_8 < 50\%$

【答案】B

【解析】根据美国经济学家贝恩和日本通产省对产业集中度的划分标准，

将产业市场结构粗分为寡占型（$CR_8 \geq 40\%$）和竞争型（$CR_8 < 40\%$）两类。

八、产业价值链

（一）产业价值链的概念（了解）

美国哈佛商学院教授迈克尔·波特在其 1985 年出版的《竞争优势》一书中提出了价值链理论。他认为，一般企业都可以视为一个由管理、设计、采购、生产、销售、交货等一系列创造价值的活动所组成的链条式集合体，企业内部各业务单元的联系构成了企业的价值链。

价值链在经济活动中是无处不在的，将企业价值链根据企业与相应供应方和需求方的关系，分别向其前、后延伸就形成了产业价值链。

（二）价值链上不同环节的各种特征及竞争策略（熟悉）

1. 企业价值创造

企业的增值活动可以分为基本增值活动和辅助性增值活动两大部分。

基本增值活动	①企业的基本增值活动，即一般意义上的"生产经营环节"，如材料供应、成品开发、生产运行、成品储运、市场营销和售后服务 ②这些活动都与商品实体的加工流转直接相关
辅助性增值活动	①企业的辅助性增值活动，包括组织建设、人事管理、技术开发和采购管理 ②价值链的各环节之间相互关联、相互影响。比如，多花一点成本采购高质量的原材料，生产过程中就可以减少工序，少出次品，缩短加工时间
竞争策略	①企业的基本活动都可以用价值链来表示，但是不同的行业价值的具体构成并不完全相同，同一环节在各行业中的重要性也不同。例如，在农产品行业，竞争主要表现为价格竞争，一般较少需要广告营销和售后服务，而在许多工业机械行业以及其他技术性要求较高的行业，售后服务往往是竞争成败的关键 ②价值链理论的基本观点是，在一个企业众多的"价值活动"中，并不是每一个环节都创造价值。企业所创造的价值，实际上来自企业价值链上的某些特定的价值活动；这些真正创造价值的经营活动，就是企业价值链的"战略环节"。企业抓住了这些关键环节，也就抓住了整个价值链

2. 产业链环节及运用

价值链的各个环节相互关联、互相影响，一个环节经营管理的好坏可以影响其他环节的成本和效益。一个环节能在多大程度上影响其他环节的价值活动，与其在价值链条上的位置有很大的关系。根据产品实体在价值链各环节的流转程序，企业的价值活动可以被分为"上游环节"和"下游环节"两大类。

上游环节	①在企业的基本价值活动中，材料供应、产品开发、生产运行可以被称为上游环节 ②上游环节经济活动的中心是产品，与产品的技术特性紧密相关
下游环节	①成品储运、市场营销和售后服务可以被称为下游环节 ②下游环节的中心是顾客，成败优劣主要取决于顾客特点
策略运用	①对产业链进行分析，实质上就是将某一产业价值链进行分解考察，通过区分和界定处于产业链上的不同企业在某一特定行业内的各种活动，比较各个环节的价值和变化，以分析产业链上企业的竞争力和产业的发展方向 ②产业链分析有利于不同国家或地区的企业和行业根据自己独特的比较优势和竞争优势进行相应产业价值链环节的选择，通过正确的产业定位和选择形成自己独特的产业竞争力，另外也促使不同国家或地区的生产者在同一产业价值链上不同环节间的有效协作和分工的形成 ③从价值链的角度来看，对不同国家或地区间产业竞争力的比较，并不一定需要建立在最终产品或服务的比较上，只需要就产业价值链条上的某几个价值环节的经济效益进行比较或对其中间产品或半成品进行比较

‖ **例题7** ‖ 进行产业链分析的意义包括（　　　）。

Ⅰ. 有利于企业根据自己独特的比较优势和竞争优势进行相应产业价值链环节的选择

Ⅱ. 有利于企业形成自己独特的产业竞争力

Ⅲ. 有利于企业提高自己的创新研发能力

Ⅳ. 有利于不同生产者在不同环节间形成有效协作和分工

A. Ⅰ、Ⅱ、Ⅲ　　　　　　　　B. Ⅰ、Ⅱ、Ⅳ

C. Ⅱ、Ⅲ、Ⅳ　　　　　　　　D. Ⅰ、Ⅱ、Ⅲ、Ⅳ

【答案】B

【解析】创新研发能力不属于产业链分析的作用。

九、行业的运行状态、经济周期、生命周期

（一）各类行业的运行状态与经济周期的分析（熟悉）

各行业变动时，往往呈现出明显的、可测的增长或衰退的格局。这些变动

与国民经济总体的周期变动是有关系的，但关系密切的程度不一样。据此，可以将行业分为增长型、周期型和防守型三类。

增长型	①增长型行业主要依靠技术的进步、新产品推出及更优质的服务，从而使其经常呈现出增长形态。增长型行业的运动状态与经济活动总水平的周期及其振幅并不紧密相关。信息技术行业在过去几十年表现出这种形态 ②高增长的行业为投资者提供了一种财富套期保值的手段。在经济高涨时期，高增长行业的发展速度通常高于平均水平；在经济衰退时期，其所受影响较小甚至仍能保持一定的增长 ③这种行业增长的形态使得投资者难以把握精确的购买时机，因为这些行业的股票价格不会明显地随着经济周期的变化而变化
周期型	①周期型行业的运动状态与经济周期紧密相关。当经济处于上升时期，这些行业会紧随其扩张；当经济衰退时，这些行业也相应衰落，且该类型行业收益的变化幅度往往会在一定程度上夸大经济的周期性 ②产生这种现象的原因是，当经济上升时，对这些行业相关产品的购买相应增加；当经济衰退时，这些行业相关产品的购买被延迟到经济改善之后。例如，消费品业、耐用品制造业及其他需求收入弹性较高的行业，就属于典型的周期型行业
防守型	①防守型行业的经营状况在经济周期的上升和下降阶段都很稳定。因为该类型行业的产品需求相对稳定，需求弹性小，经济周期处于衰退阶段对这种行业的影响也比较小。有些防守型行业在经济衰退时期还会有一定的实际增长 ②该类型行业的产品往往是生活必需品或是必要的公共服务，公众对其产品有相对稳定的需求，因而行业中有代表性的公司盈利水平相对较稳定。典型代表行业有食品业和公用事业 ③因为经营状况稳定，投资于防守型行业的一般属于收入型投资，而非资本利得型投资

‖ 例题 8 ‖ 下列属于周期型行业的是（　　　）。

A. 公用事业　　　　B. 信息技术行业　C. 耐用品制造业　D. 食品业

【答案】C

【解析】典型的周期性行业有消费品业、耐用品制造业及其他需求收入弹性较高的行业；公用事业和食品业属于防守型行业；信息技术行业属于增长型行业。

（二）行业生命周期的含义、发展顺序（熟悉）

通常，每个行业都要经历一个由成长到衰退的发展演变过程。这个过程便称为行业的生命周期。一般来说，行业的生命周期可分为幼稚期、成长期、成熟期和衰退期。

1. 幼稚期

在幼稚期，由于新行业刚刚诞生或初建不久，只有为数不多的投资公司投资于这个新兴的行业。而且，创业公司的研究和开发费用较高，大众对其产品尚缺乏全面了解，产品市场需求狭小，销售收入较低，因此这些创业公司财务上可能不但没有盈利，反而出现较大亏损。

幼稚期的创业公司面临很大的市场风险，这类企业更适合投机者和创业投资者。

2. 成长期

行业的成长实际上就是行业的扩大再生产。各个行业成长的能力是有差异的，判断一个行业的成长能力，可以从以下几个方面考察：

①需求弹性。一般而言，需求弹性较高的行业成长能力也较强。

②生产技术。技术进步快的行业，创新能力强，生产率上升快，容易保持优势地位，其成长能力也强。

③产业关联度。产业关联度强的行业，成长能力也强。

④市场容量与潜力。市场容量和市场潜力大的行业，其成长空间也大。

⑤行业在空间的转移活动。行业在空间的转移活动停止，一般可以说明行业成长达到市场需求边界，成长期也就进入尾声。

⑥产业组织变化活动。在行业成长过程中，一般伴随着行业中企业组织不断向集团化、大型化方向发展。

在成长期，行业形成并快速发展。这一时期企业的利润增长很快，面临的竞争风险也非常大，破产率和兼并率相当高。在市场竞争优胜劣汰规律作用下，市场上生产厂商的数量会在一个阶段后出现大幅度减少，之后逐渐稳定下来。由于市场需求趋向饱和，产品的销售增长减慢，迅速赚取利润的机会减少，整个行业便开始进入成熟期。

3. 成熟期

行业成熟表现在技术上的成熟、产品的成熟、生产工艺的成熟和产业组织上的成熟。行业处于成熟期的特点主要有：

①企业规模空前、地位显赫，产品普及程度高。

②构成支柱产业地位，其生产要素份额、产值、利税份额在国民经济中占有一席之地。

③行业生产能力接近饱和，市场需求也趋于饱和，买方市场出现。

在行业成熟期，行业增长速度降到一个适度水平。在某些情况下，整个行业的增长可能会完全停止，其产出甚至下降。当然，由于技术创新、产业政策、经济全球化等各种因素，某些行业可能会在进入成熟期之后迎来新的增长。

4. 衰退期

行业衰退是客观的必然，是行业经济新陈代谢的表现。行业衰退可以分为自然衰退和偶然衰退。自然衰退是一种自然状态下到来的衰退。偶然衰退是指在偶然的外部因素作用下，提前或者延后发生的衰退。行业衰退还可以分为绝对衰退和相对衰退。绝对衰退是指行业本身内在的衰退规律起作用而发生的规模萎缩、功能衰退、产品老化。相对衰退是指行业因结构性原因或者无形原因引起行业地位和功能发生衰减的状况，而并不一定是行业实体发生了绝对的萎缩。

衰退期出现在较长的稳定期之后。由于大量替代品的出现，原行业产品的市场需求开始逐渐减少，产品的销售量也开始下降，某些厂商开始向其他更有利可图的行业转移资金，原行业出现了厂商数目减少、利润水平停滞不前或不断下降的萧条景象。至此，整个行业便进入了衰退期。但在很多情况下，行业的衰退期往往比行业生命周期的其他三个阶段的总和还要长，大量的行业都是衰而不亡，甚至会与人类社会长期共存。如烟草业。

（三）行业生命周期的特征与判断标准（熟悉）

1. 行业生命周期的特征

一个行业在生命周期的不同阶段会表现出不同特点。

行业周期	公司数量	产品价格	利润情况	投资风险
幼稚期	少	高	亏损	高
成长期	增加	下降	增加	高
成熟期	减少	稳定	高	降低
衰退期	少	略有提高	减少→亏损	增大

生命周期不同阶段的情况见图 5-1。

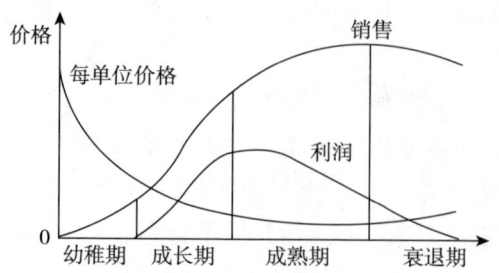

图 5 – 1　行业生命周期不同阶段的情况

2. 行业生命周期的判断标准

分析师在具体判断某个行业所处的实际生命周期阶段的时候，往往会从以下几个方面进行综合考察。

行业规模	随着行业兴衰，行业的市场容量有一个"小—大—小"的过程，行业的资产总规模也经历了"小—大—萎缩"的过程
产出增长率	产出增长率在成长期较高，在成熟期以后降低，经验数据一般以 15% 为界。到了衰退阶段，行业处于低速运行状态，有时甚至处于负增长状态
利润率水平	利润率水平是行业兴衰程度的综合反映，一般都有一个"低—高—稳定—低—严重亏损"的过程
技术进步和成熟程度	随着行业兴衰，行业的创新能力有一个强增长到逐步衰减的过程，技术成熟程度有一个"低—高—老化"的过程
开工率	长时期的开工充足反映了行业处在成长或成熟期间的景气状态。衰退期往往伴随着开工不足
从业人员职业化和收入水平	①从业人员的职业化水平和工资福利收入水平与行业生命周期密切相关 ②随着行业兴衰，从业人员的职业化水平和工资福利收入水平有一个"低—高—低"的过程
资本进退	行业生命周期中的每个阶段都会有企业的进退发生 ①在成熟期以前，进入的企业数量及资本量大于退出量 ②进入成熟期，则进入的企业数量及资本量与退出量有一个均衡的过程 ③在衰退期，则退出超过进入，行业规模逐渐萎缩，转产、倒闭多有发生

（四）处于各周期阶段的企业的风险、盈利表现及投资者偏好（熟悉）

幼稚期的创业公司面临很大的市场风险，这类企业更适合投机者和创业投资者。成长期的企业成长率较高，也面临较大的风险，总体上属于高风险、高收益，适合比较激进的投资者。而成熟期的行业，因为这些行业基础稳定，盈利丰厚，市场风险相对较小，适合稳健型、收益型的投资者。衰退产业需要具体分析，可以关注衰退产业技术改造、技术创新和产品创新可能带来的新的投资机会。

分析师应当仔细研究公司所处的行业生命周期阶段，跟踪考察该行业的发展趋势，分析行业的投资价值和投资风险。针对不同偏好的投资者，分析师应有不同的投资建议选择。

‖ 例题 9 ‖ 追求稳定收益的稳健型投资者，应当投资的企业阶段是（　　）。

A. 幼稚期　　　　B. 成长期　　　　C. 成熟期　　　　D. 衰退期

【答案】C

【解析】成熟期的行业，基础稳定，盈利丰厚，市场风险相对较小，适合稳健型、收益型的投资者。

十、技术进步的行业特征及影响（熟悉）

1. 当前技术进步的行业特征

①以信息通信技术为核心的高新技术成为 21 世纪国家产业竞争力的决定性因素之一。

②信息技术的扩散与应用引起相关行业的技术革命，并加速改造着传统产业。

③研发活动的投入强度成为划分高技术群类和衡量产业竞争力的标尺。

④技术进步速度加快，周期明显缩短，产品更新换代频繁。

2. 技术进步对行业的影响

当前正是科学技术日新月异的时代，不仅新兴学科不断涌现，而且理论科学向实用技术的转化过程也被大大缩短，速度大大加快。技术进步对行业的影响是巨大的，它往往催生了一个新的行业，同时迫使一个旧的行业加速进入衰退期。新产品在定型和大批量生产后，市场价格大幅度下降，从而很快就能被消费者所使用。上述这些特点使得新兴行业能够很快地超过并代替旧行业，或严重地威胁原有行业的生存。未来优势行业将伴随新的技术创新而到来，处于技术尖端的基因技术、纳米技术、5G 技术等将催生新的优势行业。

当然，新、旧行业并存是未来全球行业发展的基本规律和特点，大部分行业都是国民经济不可缺少的。多数行业都会在竞争中发生变化，以新的增长方式为自己找到生存的空间。例如，传统农业已经遍布全世界，未来农业还会靠技术创新获得深度增长。传统工业在通过技术创新获得深度增长的同时，还可以通过行业的国际间转移，在其他相对落后的国家获得广度增长的机会。

十一、政府和行业监管对行业的影响（了解）

政府对于行业的管理和调控主要是通过产业政策来实现的。产业政策是国家干预或参与经济的一种形式，是国家（政府）系统设计的有关产业发展的政策目标和政策措施的总和。

一般认为，产业政策可以包括产业结构政策、产业组织政策、产业技术政策和产业布局政策等部分。其中，产业结构政策与产业组织政策是产业政策的核心。

产业结构政策	产业结构政策是一个政策系统，主要包括 ①产业结构长期构想，即遵循产业发展演变的规律，提出在较长一段时期内产业发展的目标和方向 ②对战略产业的保护和扶植，这是产业结构政策的重点。战略产业，一般是指具有较高需求弹性和收入弹性、能够带动国民经济其他部门发展的产业 ③对衰退产业的调整和援助。对衰退产业的调整和援助政策主要包括限制进口、财政补贴、减免税等。对衰退产业及时进行救援和调整，有利于减少经济损失、避免社会动乱
产业组织政策	产业组织政策是调整市场结构和规范市场行为的政策，以"反对垄断、促进竞争、规范大型企业集团、扶持中小企业发展"为主要核心，其目的在于实现同一产业内企业组织形态和企业间关系的合理化
产业技术政策	产业技术政策是促进产业技术进步的政策，是产业政策的重要组成部分。它主要包括两方面内容 ①产业技术结构的选择和技术发展政策。主要涉及制定具体的技术标准，规定各产业的技术发展方向，鼓励采用先进技术等方面 ②促进资源向技术开发领域投入的政策。主要包括技术引进政策、促进技术开发政策和基础技术研究的资助与组织政策
产业布局政策	产业布局是产业存在和发展的空间形式。一般产业布局遵循经济性、合理性、协调性、平衡性的原则

此外，社会习惯的改变和经济全球化，会使一个国家的行业结构发生重大变化。

‖ 例题 10 ‖ 产业结构政策的重点是（　　　）。

A. 对增长型行业的保护和扶植　　　B. 产业结构短期构想

C. 对传统产业的调整和援助　　　　D. 对战略产业的保护和扶植

【答案】D

【解析】对战略产业的保护和扶植是产业结构政策的重点。

十二、重组、并购对行业的影响（熟悉）

重组	①资产重组是指企业资产的拥有者、控制者与企业外部的经济主体进行的，对企业资产的分布状态进行重新组合、调整、配置的过程，或对设在企业资产上的权利进行重新配置的过程 ②我国的资产重组不包括企业内部资产的重新组合以及企业对外正常的投资行为。资产重组的概念有两个层面的含义：一个是企业层面的资产重组，另一个是股东层面的产权重组
并购	并购是指企业的兼并和收购，所谓兼并又称企业的合并吸收，几个企业合并为一个企业；收购是指一家企业通过收购另一家企业的股权，获得被收购企业的控制权，实现收购方与被收购方的优势互补、产业协调，被收购企业仍然存在，并继续经营
影响	①并购重组已成为国内外企业进行产业结构调整、优化产品结构、提升企业核心竞争力的重要手段 ②并购重组对于行业长远发展、实现规模经营、减少竞争、缩短投入产出时间、提高生产能力、提高科研水平、保证行业可持续发展等方面具有重要作用

第三节 公司分析

本节大纲要求

1. 熟悉上市公司调研的目的和对象；

2. 熟悉上市公司调研的分类内容和重点；

3. 熟悉上市公司调研的流程；

4. 熟悉公司分析所需信息和数据的来源；

5. 熟悉公司分析所需信息和数据的内容；

6. 熟悉公司分析信息和数据的质量要求；

7. 熟悉公司分析信息的收集与处理方法；

8. 掌握公司法人治理结构、股权结构规范和相关利益者的含义；

9. 熟悉健全的法人治理机制的具体体现和独立董事制度的有关要求；

10. 熟悉监事会的作用及责任；

11. 熟悉公司盈利能力和成长性分析的内容；

12. 掌握公司盈利预测的主要假设及实际预测方法；

13. 熟悉影响公司收益或增长预测的因素；

14. 了解经营战略的含义、内容和特征；

15. 熟悉公司规模变动特征和扩张潜力与公司成长性的关系；

16. 熟悉公司基本分析在上市公司调研中的实际运用；

17. 熟悉资产负债表、利润分配表、现金流量表和股东权益变动表的含义、内容、格式、编制方式以及资产、负债和股东权益、现金流量的内在关系；

18. 熟悉建立、维持和更新公司财务表现的历史数据；

19. 熟悉使用财务报表的主体、目的以及报表分析的功能、方法和原则；

20. 熟悉比较分析法和因素分析法；

21. 熟悉财务比率的含义与分类；

22. 掌握公司变现能力、营运能力、长期偿债能力、盈利能力、投资收益和现金流量的含义、影响因素及其计算；

23. 熟悉或有负债的概念及内容；

24. 熟悉影响企业存货结构及周转速度的指标；

25. 熟悉资产负债率与产权比率、有形资产净值债务率与产权比率的关系；

26. 熟悉融资租赁与经营租赁在会计处理方式上的区别；

27. 熟悉流动性与财务弹性的含义；

28. 了解本期到期债务的统计对象；

29. 熟悉财务指标的评价作用、变动特征与对应的财务表现以及各变量之间的关系；

30. 熟悉公司会计报表附注项目的主要项目；

31. 掌握会计报表附注对基本财务比率的影响；

32. 熟悉预测公司潜在收益的方法；

33. 熟悉公司经营的安全边际；

34. 了解可能影响公司收益或增长预测的因素；

35. 熟悉公司资产重组和关联交易的主要方式、具体行为、特点、性质以及与其相关的法律规定；

36. 熟悉资产重组和关联交易对公司业绩和经营的影响；

37. 熟悉会计政策的含义以及会计政策与税收政策变化对公司的影响；

38. 熟悉运用市场价值法、重置成本法、收益现值法评估公司资产价值的步骤和优缺点。

本节内容精讲

一、公司市场调研

（一）上市公司调研的目的和对象（熟悉）

调研目的	公司调研是上市公司基本分析的重要环节。分析师通过公司调研需要达到的目的有 ①核实公司公开信息中披露的信息，如重要项目的进展、融资所投项目等是否与信息披露一致 ②对公司公开信息中披露的对其利润有重大影响的会计科目或对主营业务发生重大改变的事项进行实地考察和咨询 ③通过与公司管理层的对话与交谈，深入了解公司管理层对公司未来战略的设想（包括新的融资计划等），并对其基本素质有一个基本的判断 ④通过对车间或工地的实地考察，对公司的开工率和员工精神面貌有比较清醒的认识 ⑤深入了解公司可能面临的风险 ⑥提高公司盈利预测模型中相关参数确定的准确性
调研对象	①公司调研的对象并不限于上市公司本身。为了达到以上上市公司调研的主要目的，上市公司调研围绕上市公司的内部条件和外部环境进行，一切关系到上市公司盈利的对象都应当受到证券分析师的关注 ②通常的调研对象包括：公司管理层及员工、公司本部及子公司、公司车间及工地、公司所处行业协会、公司供应商、公司客户、公司产品零售网点

（二）上市公司调研的分类、内容和重点（熟悉）

调研分类	根据调研所涉及问题的广度不同，可以分为全面调查和专项调查 ①全面调查覆盖上市公司经营活动的各个层面，调查项目多，动用的人力、物力都相对较大。通常，卖方研究机构在编写重点上市公司深度研究报告过程中，会进行全面调查。为公司股票或债券发行、兼并、重组等重大事项而进行的实地尽职调查通常也属于全面调查 ②专项调查在调研对象和范围上具有较为明确的指向性。当投资者对上市公司公开披露信息中的部分重要敏感信息存有疑虑，或外界流传关于上市公司特定信息，或影响上市公司经营状况的若干重要因素发生变化时，投资者或卖方研究机构可能会展开针对特定问题的专项调查

调研内容	上市公司调研的内容包括：公司基本情况，业务与技术，同业竞争与关联交易，组织结构与内部控制，高级管理人员信息，业务发展目标，财务与会计信息，以及公司风险因素及其他重要事项
调研重点	①公司基本情况重点包括：重大股权变动、重大重组、主要股东及相关利益人情况、历史沿革及独立情况、商业信用等 ②业务与技术重点是行业优势与竞争、购产销环节、核心技术与研发情况等 ③同业竞争与关联交易重点是竞争对手和关联方情况 ④高级管理人员信息重点包括高级管理人员变动及持股投资情况等 ⑤组织结构与内部控制、财务与会计信息 ⑥业务发展目标包括发展战略、经营理念及模式、发展计划执行及实现情况、募集资金投向及使用情况等 ⑦公司风险因素及其他重要事项，在结合特定或非特定的公司调研目标下，将不同程度地成为公司调研的重点内容

（三）上市公司调研流程（熟悉）

证券分析师在进行公司调研时通常遵循以下的流程：

（1）调研前的室内案头工作，包括资料收集和分析。

（2）编写调研计划，内容包括调研目的、调研对象、调研内容、调研参与人员、调研时间、调研费用等。该计划得到研究主管批准后开展室外调研。

（3）实地调研，包括访谈、考察、笔录。其中，访谈是目前上市公司实地调查中最常用的方法。而对上市公司相关人、财、物进行客观而具有针对性的观察以及通过体验式消费或角色扮演来进行的参与体验则是考察环节所采用的主要方法或手段。

（4）编写调研报告，主要包括调研成果和投资建议。

（5）报告发表。报告发表应当遵循相关的法律法规。

（四）公司分析所需信息和数据的来源（熟悉）

公司分析所需数据和信息的来源包括：①行业咨询报告；②市场调查报告；③媒体报道；④公开来源，如统计局、财政税务、海关等官方数据；⑤非正式来源，如实地考察、公司内部人员的告知等；⑥上市公司本身，如公司财务报表和各种公告等。

（五）公司分析所需信息和数据的内容（熟悉）

公司分析包括基本分析、财务分析和重大事项分析，对应的信息和数据内容如下表所示。

基本分析	①公司行业地位，行业地位决定了企业盈利能力相对于行业平均水平的高低，决定了其在行业内的竞争地位。产品的市场占有率是衡量公司行业竞争地位的主要指标 ②公司经济区位分析。经济区位，是指地理范畴上的经济增长点及其辐射范围。具体包括区位内的自然条件与基础条件、区位内政府的产业政策、区位内的经济特色 ③公司产品竞争能力分析，包括成本优势、技术优势、质量优势、产品的市场占有情况、产品的品牌战略等 ④公司经营能力分析，主要从公司法人治理结构的健全性、公司经理层素质的高低、公司从业人员素质和创新能力三个方面进行分析 ⑤公司盈利能力和公司成长性分析，包括公司盈利预测、公司经营战略分析、公司规模变动特征及扩张潜力分析 ⑥公司偿债能力分析，通常包括短期偿债能力分析和长期偿债能力分析。通常使用营运资本、流动比率、速动比率和现金比率等衡量短期偿债能力；用盈利能力、投资效果、权益资金的增长与稳定程度和企业经营现金流量衡量长期偿债能力
财务分析	财务分析包括公司主要的财务报表（资产负债表、利润表、现金流量表和所有者权益变动表）分析、公司财务比率分析、会计报表附注分析和财务状况综合分析
重大事项分析	重大事项分析包括上市公司重大事件、公司的资产重组、公司的关联交易、会计政策和税收政策的变化

（六）公司分析信息和数据的质量要求（熟悉）

公司数据是组织最具价值的资产之一。公司的数据质量与业务绩效之间存在着直接联系，高质量的数据可以使公司保持竞争力，并在经济动荡时期立于不败之地。

公司分析信息和数据的质量要求包括：①精度，即最低的抽样误差或随机误差。②准确性，即最小的非抽样误差或偏差。③关联性，即满足公司决策、管理和研究的需要。④及时性，即在最短的时间里取得并公布数据。⑤一致性，即保持时间序列的可比性。⑥最低成本，即在满足以上标准的前提下以最经济的方式取得信息和数据。

（七）公司分析信息的收集与处理方法（熟悉）

1. 信息收集

信息收集是指通过各种方式获取所需要的信息。收集方法包括：①调查法，包括普查和抽样调查；②观察法，即通过开会、深入现场、参加生产和经营、实地采样进行现场观察并准确记录；③实验法，即通过实验获取与管理或经济相关的信息；④文献检索；⑤网络信息收集。

2. 信息处理

信息处理是指获取信息并对其进行加工处理，使之成为有用信息并发布出去的过程，主要包括信息的获取、存储、转化、传送和发布等。

（八）公司调研涉及的防止内幕信息及分析师职业道德问题（熟悉）

（1）根据《关于进一步做好上市公司公平信息披露工作的通知》，上市公司及其工作人员接受调研过程中不得披露任何未公开披露的信息（法律法规有规定的情形除外）。调研过程及会谈内容须形成书面记录，由接受调研的人员与来访调研人员共同亲笔签字确认，并由上市公司董事会秘书通过交易所网站"上市公司专区"进行报备。

（2）调研人员应加强职业修养，坚守职业道德。与调研对象之间保持恰当距离、不收受馈赠或其他非分待遇，避免利益冲突。

（3）分析师通过自身分析研究而得出的有关上市公司经营状况的判断不属于内幕信息，可以向客户披露。

‖ 例题1 ‖ 下列关于上市公司调研的说法，正确的有（　　）。

Ⅰ. 调研之前要先做好该上市公司的案头分析工作

Ⅱ. 调研之前要先跟上市公司联系预约，有时还要提交调研提纲

Ⅲ. 既然调研，当然包括打探和套取上市公司的内部敏感信息

Ⅳ. 调研之后撰写正式报告之前，可以先出具调研提纲发送给投资者，保证公平对待所有投资者客户

A. Ⅰ、Ⅱ、Ⅲ
B. Ⅰ、Ⅱ、Ⅳ
C. Ⅰ、Ⅲ、Ⅳ
D. Ⅱ、Ⅲ、Ⅳ

【答案】B

【解析】上市公司接受投资者调研的，不得提供内幕信息。

二、公司法人治理

（一）公司法人治理结构、股权结构规范和相关利益者的含义（掌握）

法人治理结构	法人治理结构有狭义和广义两种定义 ①广义的法人治理结构指有关企业控制权和剩余索取权分配的一整套法律、文化和制度安排，包括人力资源管理、收益分配和激励机制、财务制度、内部制度和管理等 ②狭义的法人治理结构是指有关公司董事会的功能、结构和股东的权利等方面的制度安排
股权结构	①股权结构是指股份公司总股本中，不同性质的股份所占的比例及其相互关系 ②股权结构是公司法人治理结构的基础，许多上市公司的治理结构出现问题都与不规范的股权结构有关
相关利益者	相关利益者包括员工、债权人、供应商和客户等主要利益相关者

（二）健全的法人治理机制的具体体现和独立董事制度的有关要求（熟悉）

1. 健全的法人治理机制的具体体现

规范的股权结构	规范的股权结构包括三层含义：一是降低股权集中度，改变"一股独大"局面；二是流通股股权适度集中，发展机构投资者、战略投资者，发挥它们在公司治理中的积极作用；三是股权的流通性
有效的股东大会制度	（1）股东大会制度是确保股东充分行使权利的最基础的制度安排，能否建立有效的股东大会制度是上市公司建立健全公司法人治理机制的关键 （2）有效的股东大会制度应包括：①具备规范的召开与表决程序，股东大会应给予每个提案合理的讨论时间；②对董事会的授权原则、授权内容应明确具体；③股东大会会议时间、地点的选择应有利于让尽可能多的股东参加会议，充分运用现代信息技术手段扩大股东参与股东大会的比例等

董事会权利的合理界定与约束	（1）董事会作为公司的决策机构，对于公司法人治理机制的完善具有重要作用。股东大会应赋予董事会合理充分的权力，但也要建立对董事会权力的约束机制 （2）根据《上市公司治理准则》，合理的董事会制度应包括：①制定规范、透明的董事选聘程序；②在董事的选举过程中，应充分反映中小股东的意见，并积极推进累积投票制度；③董事应根据公司和全体股东的最大利益，忠实、诚信、勤勉地履行职责；④上市公司治理结构应确保董事会能够按照法律法规和公司章程的规定行使职权，公平对待所有股东，并关注公司其他利益相关者的利益；⑤董事会授权董事长在董事会闭会期间行使董事会部分职权的，上市公司应在公司章程中明确规定授权原则和授权内容，凡涉及公司重大利益的事项应由董事会集体决策等
完善独立董事制度	在董事会中引入独立董事制度，可以加强公司董事会的独立性，有利于董事会对公司的经营决策作出独立判断
监事会的独立性和监督责任	①根据《中华人民共和国公司法》，监事会是由股东大会选举的监事以及由职工民主选举的监事组成的，对公司的业务活动进行监督和检查的法定必设和常设机构 ②监事会对股东会负责，监督职责见下页
优秀的职业经理层	①优秀的职业经理层是保证公司治理结构规范化、高效化的人才基础 ②形成高效运作的职业经理层的前提条件是上市公司必须建立和形成一套科学化、市场化、制度化的选聘制度和激励制度
相关利益者的共同治理	相关利益者共同参与的共同治理机制可以有效地建立公司外部治理机制，弥补公司内部治理机制的不足

2. 独立董事制度的有关要求

独立董事制度	①独立董事制度是指在董事会中设立独立董事，以形成权力制衡与监督的一种制度 ②独立董事是指不在公司担任除董事以外的其他职位，并与其他受聘的上市公司及其主要股东不存在可能妨碍其进行独立客观判断的关系的董事。独立董事对上市公司及全体股东负责 ③上市公司董事会成员中应当至少包括1/3的独立董事，其中至少包括一名会计专业人士（会计专业人士是指具有高级职称或注册会计师资格的人士）
独立董事履职要求	①独立董事独立履行职责，不受上市公司主要股东、实际控制人或者其他与上市公司存在利害关系的单位或个人的影响 ②独立董事原则上最多在5家上市公司兼任独立董事，并确保有足够的时间和精力有效地履行独立董事的职责

任职资格	①根据法律、行政法规及其他有关规定，具备担任上市公司董事的资格 ②具有证监会的《关于在上市公司建立独立董事制度的指导意见》所要求的独立性 ③具备上市公司运作的基本知识，熟悉相关法律、行政法规、规章及规则 ④具有五年以上法律、经济或者其他履行独立董事职责所必需的工作经验 ⑤公司章程规定的其他条件

‖**例题 2**‖独立董事原则上最多在（　　）家上市公司兼任独立董事，并且具备（　　）年以上法律、经济或者其他履行独立董事职责所必需的工作经验。

A. 3，3　　　　　B. 3，5　　　　　C. 5，5　　　　　D. 5，8

【答案】C

【解析】独立董事原则上最多在 5 家上市公司兼任独立董事，具有五年以上法律、经济或者其他履行独立董事职责所必需的工作经验。

（三）监事会的作用及责任（熟悉）

作用	①由于公司股东分散，专业知识和能力差别很大，为了防止董事会、经理滥用职权，损害公司和股东利益，就需要在股东大会上选出监事会这种专门监督机关，代表股东大会行使监督职能 ②监事通常由股东代表和职工代表组成，且不得兼任董事或经理 ③监事的任期每届为三年。监事任期届满，连选可以连任
责任	监事会负有对公司的经营管理进行全面监督的责任，具体包括 ①调查和审查公司的业务状况，并向股东大会或董事会提供报告 ②监督检查公司的财务会计活动，根据需要对公司财务情况、合规情况进行专项检查，必要时可聘请外部专业人士协助，其合理费用由公司承担 ③对公司高管的行为实行监督，要求公司董事和经理纠正其损害公司利益的行为，并对高管的任免提出建议 ④对公司的计划、决策及其实施进行监督 ⑤提议召开临时股东大会 ⑥执行公司章程授予的其他职权

‖**例题 3**‖（　　）是上市公司建立健全公司法人治理机制的关键。

A. 规范的股权结构　　　　　　　B. 建立有效的股东大会制度

C. 完善的独立董事制度　　　　D. 董事会权力的合理界定与约束

【答案】A

【解析】股权结构是公司法人治理结构的基础。

三、公司盈利能力和成长性分析

（一）公司盈利能力和成长性分析的内容（熟悉）

1. 盈利能力分析

对公司盈利进行预测，是判断公司估值水平及投资价值的重要基础。盈利预测是建立在对公司深入了解和判断之上的，通过对公司基本面进行分析，进而对公司的预测作出假设。所做假设应该与公司、行业和宏观经济环境相符，且与以往年度各项经济指标比率的变化相符。盈利预测的假设主要包括：

销售收入预测	①销售收入预测包括销售收入的历史数据和发展趋势、公司产品的需求变化、市场占有率和销售网络、主要产品的存货情况、销售收入的明细等方面 ②销售收入预测的准确性是公司盈利预测中最为关键的因素
生产成本预测	主要包括生产成本的结构、主要原材料的价格走势和每年所需原材料的总量、成本变动和销售情况变动、能否将上涨的成本转嫁给下游、毛利率的变化情况等
管理和销售费用预测	管理和销售费用预测包括销售费用和销售费用占销售收入的比例、管理费用的变化、新市场的拓展、每年的研究和开发费用占销售收入的比例等
财务费用预测	财务费用预测包括新增长期贷款和短期贷款等
其他	主要包括主营业务利润占税前利润的百分比、非经常项目及其他利润占税前利润的比例、到目前为止利润的完成情况等

2. 公司成长性分析

公司的成长性主要从如下几个方面进行分析：

（1）公司规模的扩张是由供给推动还是由市场需求拉动引致，是通过公司的产品创造市场需求还是生产产品去满足市场需求，是依靠技术进步还是依靠其他生产要素等，以此找出企业发展的内在规律。

（2）纵向比较公司历年的销售、利润、资产规模等数据，把握公司的发展趋势是加速发展、稳步扩张，还是停滞不前。

（3）将公司销售、利润、资产规模等数据及其增长率与行业平均水平及主要竞争对手的数据进行比较，了解其行业地位的变化。

（4）分析预测公司主要产品的市场前景及公司未来的市场份额，分析公司的投资项目，预计其销售和利润水平。

（5）分析公司的财务状况以及公司的投资和筹资潜力。

（二）经营战略的含义、内容和特征（了解）

经营战略是企业为求得长期生存和不断发展而进行的总体性谋划。它是企业战略思想的集中体现，是企业经营范围的科学规定，同时又是制定规划的基础。经营战略是在符合和保证实现企业使命的条件下，在充分利用环境中存在的各种机会和创造新机会的基础上，确定企业同环境的关系，规定企业从事的经营范围、成长方向和竞争对策，合理地调整企业结构和分配企业的资源。

经营战略具有全局性、长远性和纲领性的特征，它从宏观上规定了公司的成长方向、成长速度及其实现方式。由于经营战略决策直接关系到企业的未来发展，其决策对象是复杂的，所面对的问题常常是突发性的、难以预料的，因此对公司经营战略的评价比较困难，难以标准化。

‖例题4‖对公司成长性进行分析，其内容应该包括（　　　）。

Ⅰ. 引发公司规模变动的原因

Ⅱ. 公司历年销售、利润、资产规模等数据的纵向比较

Ⅲ. 公司主要产品的市场前景及公司未来的市场份额

Ⅳ. 公司财务指标的横向比较

A. Ⅰ、Ⅱ、Ⅲ 　　　　　　　　B. Ⅰ、Ⅱ、Ⅳ

C. Ⅰ、Ⅲ、Ⅳ 　　　　　　　　D. Ⅰ、Ⅱ、Ⅲ、Ⅳ

【答案】D

【解析】选项全部正确。

四、公司财务报表及财务分析

（一）资产负债表、利润分配表、现金流量表和股东权益变动表（熟悉）

按照中国证监会2014年修订的《公开发行证券的公司信息披露编报规则第15号——财务报告的一般规定》，要求披露的财务报表包括资产负债表、利润表、现金流量表和所有者权益变动表。

1. 资产负债表

资产负债表是反映企业在某一特定日期财务状况的会计报表，它表明权益

在某一特定日期所拥有或控制的经济资源、所承担的现有义务和所有者对净资产的要求权。

我国资产负债表按账户式反映，即资产负债表分为左方和右方，左方列示资产各项目，右方列示负债和所有者权益各项目。总资产＝负债＋净资产（资本、股东权益、所有者权益），即资产各项目的合计等于负债和所有者权益各项目的合计。

2. 利润表

含义	①利润表是反映企业一定期间生产经营成果的会计报表，表明企业运用所拥有的资产获利的能力 ②利润表把一定期间的营业收入与其同一会计期间相关的营业费用进行配比，以计算企业一定时期的净利润（或净亏损）
内容	我国一般采用多步式利润表格式，主要反映以下七个方面的内容 ①构成营业收入的各项要素。营业收入由主营业务收入和其他业务收入组成 ②构成营业利润的各项要素。营业收入减去营业成本（主营业务成本、其他业务成本）、税金及附加、销售费用、管理费用、财务费用、资产减值损失，加上公允价值变动收益、投资收益，即为营业利润 ③构成利润总额（或亏损总额）的各项要素。利润总额（亏损总额）＝营业利润＋营业外收入－营业外支出 ④构成净利润（或净亏损）的各项要素。净利润（或净亏损）＝利润总额（或亏损总额）－本期计入损益的所得税费用 ⑤其他综合收益。该项目反映企业根据企业会计准则的规定未在损益中确认的各项利得和损失扣除所得税影响后的净额 ⑥每股收益。普通股或潜在普通股已公开交易的企业以及处于公开发行普通股或潜在普通股过程中的企业，还应在利润表中列示每股收益的信息，包括基本每股收益和稀释每股收益两项指标 ⑦综合收益总额。该项目反映企业净利润与其他综合收益的合计金额

3. 现金流量表

从短期经营看，流动性对一个企业的生存至关重要。现金流量表反映企业一定期间内现金的流入和流出，弥补了因使用权责发生制概念编制资产负债表和利润表而产生的不足。

现金流量表的构成	现金流量表主要分为经营活动、投资活动和筹资活动产生的现金流量三个部分 ①通过单独反映经营活动产生的现金流量，可以了解企业在不动用企业外部筹得资金的情况下，凭借经营活动产生的现金流量是否足以偿还负债、支付股利和对外投资 ②通过单独反映投资活动产生的现金流量，可以了解为获得未来收益和现金流量而导致现金流出的程度，以及以前资源转出带来的现金流入的信息。现金流量表中的投资活动比通常所指的短期投资和长期投资范围要广 ③通过单独反映筹资活动产生的现金流量，可以帮助投资者和债权人预计对企业未来现金流量的要求权以及获得前期现金流入须付出的代价
现金流量表的编制	经营活动产生的现金流量通常可以采用间接法和直接法两种方法反映 ①直接法是指直接通过现金收入和现金支出的主要类别列示经营活动的现金流量。采用直接法编报的现金流量表，便于分析企业经营活动产生的现金流量的来源和用途，预测企业现金流量的未来前景 ②间接法是针对净利润（或综合收益）利用非现金交易进行调整后得到经营现金流，采用间接法编报现金流量表，便于将净利润与经营活动产生的现金流量净额进行比较，了解净利润与经营活动产生的现金流量差异的原因，从现金流量的角度分析净利润的质量 ③在我国，现金流量表要求按直接法编制，但在现金流量表的补充资料中还要单独按照间接法反映经营活动现金流量的情况

4. 所有者权益变动表

所有者权益变动表（又称股东权益变动表）是反映公司本期（年度或中期）内截至期末所有者权益各组成部分变动情况的报表。所有者权益变动表应当全面反映一定时期所有者权益变动的情况，包括所有者权益总量的增减变动、所有者权益增减变动的重要结构性信息、直接计入所有者权益的利得和损失。

股东权益增减变动表的各项内容包括：①净利润。②直接计入所有者权益的利得和损失项目及其总额。③会计政策变更和差错更正的累积影响金额。④所有者投入资本和向所有者分配利润等。⑤按照规定提取的盈余公积。⑥实收资本（或股本）、资本公积、盈余公积、未分配利润的期初和期末余额及其调节情况。

‖ 例题 5 ‖ 反映公司在某一特定日期财务状况的会计报表是（　　）。

A. 利润分配表　　　　　　　　B. 现金流量表

C. 利润表　　　　　　　　　　D. 资产负债表

【答案】D

【解析】资产负债表是反映企业在某一特定日期财务状况的会计报表，它表明权益在某一特定日期所拥有或控制的经济资源、所承担的现有义务和所有者对净资产的要求权。

（二）使用财务报表的主体、目的以及报表分析的功能、方法和原则（熟悉）

1. 使用财务报表的主体和目的

财务报表分析的一般目的可以概括为三点：评价过去的经营业绩，衡量现在的财务状况，预测未来的发展趋势。但具体而言，公司财务报表的使用主体不同，其分析的目的也不完全相同。

公司的经理人员	公司的经理人员通过分析财务报表判断公司的现状、可能存在的问题，以便进一步改善经营管理
现有及潜在投资者	投资者主要关心公司的财务状况、盈利能力。通过对财务报表所传递的信息进行分析、加工，得到反映公司发展趋势、竞争能力等方面的信息；计算投资收益率，评价风险，比较该公司和其他公司的风险和收益，决定自己的投资策略
债权人	公司的债权人主要关心自己的债权能否收回。通过密切观察公司有关财务情况，分析财务报表，得出对公司短期偿债能力和长期偿债能力的判断，以决定是否需要追加抵押和担保、是否提前收回债权等
公司雇员与供应商	①公司雇员评估企业的稳定性和盈利能力，关心企业是否有能力提供报酬和养老金 ②供应商评估企业是否有能力如期支付到期货款
其他使用者	①公司财务报表的使用主体还包括政府、工会、中介机构等 ②专业的财务分析人员（或机构）作为公司财务报表使用人中的特殊群体，不同程度地承担了为各类报表使用人提供专业咨询服务的任务，也逐渐成为推动财务报表分析领域不断扩展的中坚力量

2. 报表分析的功能

资产负债表	通过账户式资产负债表，可以反映资产、负债和所有者权益之间的内在关系，并达到资产负债表左方和右方平衡。同时，资产负债表还提供年初数和期末数的比较资料
现金流量表	通过对现金流量表的分析，分析者可以更深入地了解企业当前和未来获得现金和现金等价物的能力及现金组成项目的变化趋势，有助于对诸如融资、股利分配和投资方面作出重要的决策

所有者权益变动表	所有者权益变动表全面反映了企业的股东权益在年度内的变化情况，以便于会计信息使用者深入分析企业股东权益的增减变化情况，进而对企业的资本保值增值情况作出正确判断，提供对决策有用的信息

3. 报表分析的方法

财务报表分析的方法有比较分析法和因素分析法两大类。

比较分析法	（1）财务报表的比较分析法是指对两个或几个有关的可比数据进行对比，揭示财务指标的差异和变动关系，是财务报表分析中最基本的方法 （2）最常用的比较分析法有对公司不同时期的财务报表比较分析、单个年度的财务比率分析、与同行业其他公司之间的财务指标比较分析三种 ①单个年度的财务比率分析是指对公司一个财务年度内的财务报表各项目进行比较，计算比率，判断年度内偿债能力、资产管理效率、经营效率、盈利能力等情况 ②对公司不同时期的财务报表比较分析，可以对公司持续经营能力、财务状况变动趋势、盈利能力作出分析，从一个较长的时期来动态地分析公司状况 ③与同行业其他公司之间的财务指标比较分析，可以了解公司各种指标的优劣，在群体中判断个体。使用本方法时常选用行业平均水平或行业标准水平，通过比较得出公司在行业中的地位，认识优势与不足，真正确定公司的价值
因素分析法	财务报表的因素分析法是依据分析指标和影响因素的关系，从数量上确定各因素对财务指标的影响程度

4. 财务报表分析的原则

坚持全面原则	财务分析可以得出很多比率指标，每个比率指标都从某个角度、方面揭示了公司的状况，但任何一个比率都不足以为评价公司提供全面的信息；因此，分析财务报表要坚持全面原则，将多个指标、比率综合在一起得出对公司全面客观的评价
坚持考虑个性原则	一个行业的财务平均状况是行业内各公司的共性，但一个行业的各公司在具体经营管理活动中会采取不同的方式，这会在财务报表数据中体现出来。因此，在对公司进行财务分析时，要考虑公司的特殊性，不能简单地与同行业公司直接比较

‖ **例题 6** ‖ 财务报表分析的一般目的包括（　　　）。

Ⅰ．评价过去的经营业绩

Ⅱ．衡量现在的财务状况

Ⅲ．预测未来的发展趋势

Ⅳ．得出对公司短期偿债能力和长期偿债能力的判断

A. Ⅰ、Ⅱ、Ⅲ

B. Ⅰ、Ⅱ、Ⅳ

C. Ⅰ、Ⅲ、Ⅳ

D. Ⅰ、Ⅱ、Ⅲ、Ⅳ

【答案】A

【解析】得出对公司短期偿债能力和长期偿债能力的判断是债权人财务分析的目的，不属于一般目的。

（三）财务比率的含义和分类（熟悉）

含义	财务比率是指同一张财务报表的不同项目之间、不同类别之间、在同一年度不同财务报表的有关项目之间，各会计要素的相互关系
作用	①财务比率是比较分析的结果，但同时财务比率分析也是对公司财务报表进行更深层次的比较分析或因素分析的基础 ②分析财务报表所使用的比率以及对同一比率的解释和评价，因使用者的着眼点、目标和用途不同而异 ③比率分析可以从当年实际比率与以下几种标准比较后得出结论：公司过去的最好水平、公司当年的计划预测水平、同行业的先进水平或平均水平
分类	比率分析涉及公司管理的各个方面，比率指标也特别多，大致可归为以下几大类：变现能力分析、营运能力分析、长期偿债能力分析、盈利能力分析、投资收益分析、现金流量分析等

（四）公司变现能力、营运能力、长期偿债能力、盈利能力、投资收益和现金流量的含义、影响因素及其计算（掌握）

1. 变现能力分析

变现能力是公司产生现金的能力，它取决于可以在近期转变为现金的流动资产的多少，是考察公司短期偿债能力的关键。反映变现能力的财务比率主要有流动比率和速动比率。

（1）流动比率

流动比率是流动资产与流动负债的比值。其计算公式为

$$流动比率 = \frac{流动资产}{流动负债}$$

流动比率可以反映短期偿债能力。公司能否偿还短期债务，要看有多少债务，以及有多少可变现偿债的资产。流动资产越多，短期债务越少，则偿债能力越强。一般认为，生产型公司合理的最低流动比率是2，也是企业的短期债权人所希望看到的，因为处在流动资产中变现能力最差的存货金额，约占流动

资产总额的一半。

（2）速动比率

计算公式	速动比率也被称为酸性测试比率。速动比率的计算公式为 $$速动比率 = \frac{流动资产 - 存货}{流动负债}$$
剔除存货的原因	速动资产不包括存货的原因在于 ①在流动资产中存货的变现能力最差 ②由于某种原因，部分存货可能已损失报废，还没做处理 ③部分存货已抵押给某债权人 ④存货估价还存在着成本与当前市价相差悬殊的问题
速动比率数值	通常认为正常的速动比率为1，低于1的速动比率被认为短期偿债能力偏低。但这也仅是一般的看法，因为行业不同，速动比率会有很大差别，没有统一标准的速动比率
可信度的影响因素	①影响速动比率可信度的重要因素是应收账款的变现能力 ②账面上的应收账款不一定都能变成现金，实际坏账可能比计提的准备金要多；季节性的变化，可能使报表的应收账款数额不能反映平均水平。对于这些情况，财务报表的外部使用人不易了解，而财务人员却有可能作出估计
变现能力的影响因素	①以下因素会增强公司的变现能力：可动用的银行贷款指标、准备很快变现的长期资产、偿债能力的声誉 ②以下因素会减弱公司的变现能力：未做记录的或有负债、担保责任引起的负债

‖ **例题7** ‖ 某公司的流动比率是1.9，如果该公司用现金偿还部分应付账款，则该公司的流动比率将会（　　　）。

A. 保持不变　　　　B. 无法判断　　　　C. 变小　　　　D. 变大

【答案】D

【解析】流动比率是流动资产与流动负债的比值，使用现金偿还应付账款，流动资产和流动负债减少相同的金额，由于原流动比率大于1，所以流动比率会变大。

2. 营运能力分析

营运能力是指公司经营管理中利用资金运营的能力，一般通过公司资产管理比率来衡量，主要表现为资产管理及资产利用的效率。因此，资产管理比率通常又称为运营效率比率，主要包括存货周转率（存货周转天数）、应收账款周转率（应收账款周转天数）、流动资产周转率和总资产周转率等。

（1）存货周转率和存货周转天数

存货的流动性一般用存货的周转速度指标来反映，即存货周转率或存货周转天数。存货周转率是营业成本与平均存货之比，即存货的周转次数。其计算公式为

$$存货周转率 = \frac{营业成本}{平均存货}$$

利用存货周转率可以算出存货周转天数，其计算公式为

$$存货周转天数 = \frac{360}{存货周转率}$$

一般来讲，存货周转速度越快，存货的占用水平越低，流动性越强，存货转换为现金或应收账款的速度越快。提高存货周转率可以提高公司的变现能力，存货周转速度越慢则变现能力越差。

（2）应收账款周转率和应收账款周转天数

应收账款周转率是营业收入与平均应收账款的比值。它反映年度内应收账款转为现金的平均次数，说明应收账款流动的速度。增强公司的短期偿债能力以及提高公司管理应收账款方面的效率都需要及时收回应收账款。应收账款周转率和应收账款周转天数的计算公式分别为

$$应收账款周转率 = \frac{营业收入}{平均应收账款}$$

$$应收账款周转天数 = \frac{360}{应收账款周转率} = \frac{平均应收账款 \times 360}{营业收入}$$

公式中的营业收入数据来自利润表，平均应收账款是指未扣除坏账准备的应收账款金额，它是资产负债表中的应收账款期初数与期末数及对应坏账准备的平均数。一般来说，应收账款周转率越高，平均收账期越短，说明应收账款的收回越快。

（3）流动资产周转率

流动资产周转率是营业收入与全部流动资产的平均余额的比值。其计算公式为

$$流动资产周转率 = \frac{营业收入}{平均流动资产}$$

$$平均流动资产 = （资产负债表中的流动资产合计期初数 + 期末数）/2$$

流动资产周转率反映流动资产的周转速度。周转速度快，会相对节约流动资产，等于相对扩大资产投入，增强公司盈利能力；而延缓周转速度，需要补充流动资产参加周转，形成资金浪费，降低公司盈利能力。

（4）总资产周转率

总资产周转率是营业收入与平均资产总额的比值。其计算公式为

$$总资产周转率 = \frac{营业收入}{平均资产总额}$$

平均资产总额 = （资产负债表中的资产总计的期初数 + 期末数）/2

该项指标反映资产总额的周转速度。周转越快，反映销售能力越强。公司可以通过薄利多销的方法，加速资产的周转，带来利润绝对额的增加。

‖ 例题 8 ‖ 总资产周转率反映资产总额的周转速度，影响因素有（   ）。

Ⅰ．年初资产总额　　　　　　　　Ⅱ．年末资产总额

Ⅲ．上期营业收入　　　　　　　　Ⅳ．本期营业收入

A．Ⅰ、Ⅱ、Ⅲ　　　　　　　　　B．Ⅰ、Ⅱ、Ⅳ

C．Ⅰ、Ⅲ、Ⅳ　　　　　　　　　D．Ⅱ、Ⅲ、Ⅳ

【答案】B

【解析】总资产周转率 = 本期营业收入/平均资产总额，平均资产总额 = （期初总资产 + 期末总资产）/2，影响因素不包括上期营业收入。

3. 长期偿债能力分析

长期偿债能力是指公司偿付到期长期债务的能力，通常以反映债务与资产、净资产的关系的负债比率来衡量。负债比率主要包括资产负债率、产权比率、有形资产净值债务率、已获利息倍数、长期债务与营运资金比率等。

（1）资产负债率

资产负债率是负债总额除以资产总额的百分比，也就是负债总额与资产总额的比例关系。它反映在总资产中有多大比例是通过借债来筹资的，也可以衡量公司在清算时保护债权人利益的程度。其计算公式为

$$资产负债率 = \frac{负债总额}{资产总额} \times 100\%$$

公式中的负债总额不仅包括长期负债，还包括短期负债。这是因为，从总体上看，公司总是长期性占用着短期负债，可以视同长期性资本来源的一部分。公式中的资产总额则是扣除累计折旧后的净额。

从股东的立场看，在全部资本利润率高于借款利息率时，负债比例越大越好；否则，负债比例越低越好。从债权人的立场看，债权人希望债务比例越低越好，公司偿债有保证，贷款不会有太大的风险。从经营者的立场看，公司应当全面考虑，在利用资产负债率制定借入资本决策时，必须充分估计可能增加的风险和收益，在两者之间权衡利弊得失，作出正确决策。

（2）产权比率

产权比率是负债总额与股东权益总额之间的比率，也称为债务股权比率。其计算公式为

$$产权比率 = \frac{负债总额}{股东权益} \times 100\%$$

该项指标反映由债权人提供的资本与股东提供的资本的相对关系，反映公司基本财务结构是否稳定。一般来说，股东资本大于借入资本较好，但也不能一概而论。产权比率高，是高风险、高报酬的财务结构；产权比率低，是低风险、低报酬的财务结构。在经济繁荣时期，公司多借债可以获得额外的利润；在经济萎缩时期，少借债可以减少利息负担和财务风险。

资产负债率与产权比率具有相同的经济意义，两个指标可以相互补充。

（3）有形资产净值债务率

有形资产净值债务率是公司负债总额与有形资产净值的百分比。有形资产净值是股东权益减去无形资产净值后的净值，即股东具有所有权的有形资产的净值。其计算公式为

$$有形资产净值债务率 = \frac{负债总额}{股东权益 - 无形资产净值} \times 100\%$$

有形资产净值债务率实质上是产权比率指标的延伸，其更为谨慎、保守地反映了公司清算时债权人投入的资本受到股东权益的保障程度。所谓谨慎和保守，是指该指标不考虑无形资产——商誉、商标、专利权以及非专利技术等的价值。鉴于它们不一定能用来还债，为谨慎起见，一律视为不能偿债，将其从分母中扣除。从长期偿债能力来讲，有形资产净值债务率越低越好。

（4）已获利息倍数

已获利息倍数也称利息保障倍数，是指公司经营业务收益与利息费用的比率，用于衡量偿付借款利息的能力，其计算公式为

$$已获利息倍数 = \frac{息税前利润}{利息总额} （倍）$$

已获利息倍数指标反映公司经营收益为所需支付的债务利息的多少倍。只要已获利息倍数足够大，公司就有充足的能力偿付利息；否则相反。要合理评价公司的已获利息倍数，不仅需要与其他公司，特别是本行业平均水平进行比较，而且要从稳健性角度出发，分析、比较本公司连续几年的该项指标水平，并选择最低指标年度的数据作为标准。这是因为公司在经营好的年度要偿债，而在经营不好的年度也要偿还大约等量的债务。

与此同时，结合这一指标，公司还可以测算长期负债与营运资金比率。

（5）长期债务与营运资金比率

长期债务与营运资金比率是用公司的长期债务与营运资金相除计算的，其计算公式为

$$长期债务与营运资金比率 = \frac{长期负债}{流动资产 - 流动负债}$$

一般情况下，长期债务不应超过营运资金。长期债务会随时间延续不断转化为流动负债，并需运用流动资产来偿还。保持长期债务不超过营运资金，就不会因这种转化而造成流动资产小于流动负债，从而使长期债权人和短期债权人感到贷款有安全保障。

（6）影响长期偿债能力的其他因素

长期租赁	财产租赁有融资租赁和经营租赁两种形式 ①在融资租赁形式下，租人的固定资产作为公司的固定资产入账进行管理，相应的租赁费用作为长期负债处理。这种资本化的租赁，在分析长期负债能力时已经包括在债务比率指标计算之中 ②在经营租赁形式下，租人的固定资产并不作为固定资产入账，相应的租赁费作为当期的费用处理。当公司的经营租赁量比较大、期限比较长或具有经常性时，则构成一种长期性筹资。这种长期性筹资虽然不包括在长期负债之内，但到期时必须支付租金，会对公司的偿债能力产生影响。因此，如果公司经常发生经营租赁业务，应考虑租赁费用对偿债能力的影响
担保责任	由于担保项目的时间长短不一，有的担保项目涉及公司的长期负债，有的涉及公司的短期负债。证券分析师在分析公司长期偿债能力时，应根据有关资料判断担保责任带来的潜在长期负债问题
或有项目	或有项目的特点是现存条件的最终结果不确定，对它的处理方法取决于未来的发展。或有项目一旦发生，便会影响公司的财务状况，因此公司不得不对它们予以足够的重视，证券分析师在评价公司长期偿债能力时也要考虑它们的潜在影响

‖ 例题 9 ‖ 上市公司增资配股后，下列财务指标中下降的有（　　　）。

Ⅰ. 资产负债率　　　　　　　　Ⅱ. 产权比率

Ⅲ. 已获利息倍数　　　　　　　Ⅳ. 有形资产净值债务率

A．Ⅰ、Ⅱ、Ⅲ　　　　　　　　B．Ⅰ、Ⅱ、Ⅳ

C．Ⅰ、Ⅲ、Ⅳ　　　　　　　　D．Ⅰ、Ⅱ、Ⅲ、Ⅳ

【答案】B

【解析】公司增资配股后股东权益增加，总资产增加，所以资产负债率、产权比率、有形资产净值债务率都会下降，已获利息倍数不受影响。

4. 盈利能力分析

盈利能力就是公司赚取利润的能力。反映公司盈利能力的指标很多，通常使用的主要有营业净利率、营业毛利率、资产净利率、净资产收益率等。

（1）营业净利率

营业净利率是指净利润与营业收入的百分比，其计算公式为

$$营业净利率 = \frac{净利润}{营业收入} \times 100\%$$

净利润，或称净利，在我国会计制度中是指税后利润。该指标反映每 1 元营业收入带来的净利润是多少，表示营业收入的收益水平。从营业净利率的指标关系看，净利额与营业净利率成正比关系，而营业收入额与营业净利率成反比关系。通过分析营业净利率的升降变动，可以促使公司在扩大营业业务收入的同时，注意改进经营管理，提高盈利水平。

（2）营业毛利率

营业毛利率是指毛利占营业收入的百分比，其中毛利是营业收入与营业成本的差。其计算公式为

$$营业毛利率 = \frac{营业收入 - 营业成本}{营业收入} \times 100\%$$

营业毛利率表示每 1 元营业收入扣除营业成本后，有多少钱可以用于各项期间费用和形成盈利。营业毛利率是公司营业净利率的基础，没有足够大的毛利率便不能盈利。

（3）资产净利率

资产净利率是公司净利润与平均资产总额的百分比。其计算公式为

$$资产净利率 = \frac{净利润}{平均资产总额} \times 100\%$$

把公司一定期间的净利润与公司的资产相比较，可表明公司资产利用的综合效果。指标越高，表明资产的利用效率越高，说明公司在增加收入和节约资金使用等方面取得了良好的效果；否则相反。资产净利率是一个综合指标，公司的资产是由投资人投资或举债形成的。为了正确评价公司经济效益的高低、挖掘提高利润水平的潜力，证券分析师可以用该项指标与本公司前期、与计划、与本行业平均水平和本行业内先进公司进行对比，分析形成差异的原因。影响资产净利率高低的因素主要有产品的价格、单位成本的高低、产品的产量和销售的数量、资金占用量的大小等。

（4）净资产收益率

净资产收益率（ROE）又称股东权益报酬率或净值报酬率，是净利润与平

均股东权益的百分比，是公司税后利润除以净资产得到的百分比率，该指标体现了自有资本获得净收益的能力，用于衡量公司运用自有资本的效率。指标值越高，说明投资带来的收益越高。

‖例题 10‖某上市公司股本为 1 亿股，股票面值为 1 元，每股净资产为 2.5 元，当年净利润为 2500 万元，该公司的净资产收益率为（　　）%。

　A. 25　　　　　　B. 20　　　　　　C. 10　　　　　　D. 8

【答案】C

【解析】净资产收益率 = 净利润/净资产 = 2500/250000 = 10%。

5. 投资收益分析

（1）每股收益

每股收益是净利润与公司发行在外普通股总数的比值。按照《公开发行证券公司信息披露编报规则第 9 号——净资产收益率和每股收益的计算及披露》的规定，目前我国上市公司须根据归属于公司普通股股东的净利润或扣除非经常性损益后归属于公司普通股股东的净利润分别计算和披露基本每股收益和稀释每股收益。其计算公式分别为

$$基本每股收益 = \frac{P_0}{S_0 + S_1 + S_i M_i / M_0 - S_j M_j / M_0 - S_k}$$

稀释每股收益 $= P_1 / (S_0 + S_1 + S_i \times M_i \div M_0 - S_j \times M_j \div M_0 - S_k +$ 认购权证、股份期权、可转换债券等增加的普通股加权平均数）

其中，P_0 为归属于公司普通股股东的净利润或扣除非经常性损益后归属于普通股股东的净利润；P_1 为归属于公司普通股股东的净利润或扣除非经常性损益后归属于公司普通股股东的净利润（考虑稀释性潜在普通股对其的影响，按《企业会计准则》及有关规定进行调整）；S_0 为期初股份总数；S_1 为报告期因公积金转增股本或股票股利分配等增加股份数；S_i 为报告期因发行新股或债转股等增加股份数；S_j 为报告期因回购等减少股份数；S_k 为报告期缩股数；M_0 为报告期月份数；M_i 为增加股份次月起至报告期期末的累计月数；M_j 为减少股份次月起至报告期期末的累计月数。

公司在计算稀释每股收益时，应考虑所有稀释性潜在普通股对归属于公司普通股股东的净利润，或扣除非经常性损益后归属于公司普通股股东的净利润及加权平均股数的影响，按照其稀释程度从大到小的顺序计入稀释每股收益，直至稀释每股收益达到最小值。

每股收益是衡量上市公司盈利能力最重要的财务指标，它反映了普通股的获利水平。使用每股收益指标分析投资收益时要注意以下问题：

①每股收益不反映股票所含有的风险；

②不同股票的每一股在经济上不等量，它们所含有的净资产和市价不同，即换取每股收益的投入量不同，限制了公司间每股收益的比较。

③每股收益多，不一定意味着多分红，还要看公司的股利分配政策。

（2）市盈率

概念及计算公式	市盈率是（普通股）每股市价与每股收益的比率，也称本益比。其计算公式为 $$市盈率 = \frac{每股市价}{每股收益}（倍）$$
指标意义	①该指标是衡量上市公司盈利能力的重要指标，反映投资者对每1元净利润所愿支付的价格，可以用来估计公司股票的投资报酬和风险，是市场对公司的共同期望指标 ②一般来说，市盈率越高，表明市场对公司的未来越看好 ③在市价确定的情况下，每股收益越高，市盈率越低，投资风险越小；反之则相反
通常数值	由于一般的期望报酬率为5%～20%，所以通常认为正常的市盈率为5～20倍，但是市盈率的理想取值范围没有一个统一标准
注意问题	①该指标不能用于不同行业公司的比较。成长性好的新兴行业的市盈率普遍较高，而传统行业的市盈率普遍较低，这并不说明后者的股票没有投资价值 ②在每股收益很小或亏损时，由于市价不至于降为零，公司的市盈率会很高，如此情形下的高市盈率不能说明任何问题 ③市盈率的高低受市价的影响，而影响市价变动的因素很多，包括投机炒作等，因此观察市盈率的长期趋势很重要

（3）股利支付率和股票获利率

股利支付率是普通股每股股利与每股收益的百分比。其计算公式为

$$股利支付率 = \frac{每股股利}{每股收益} \times 100\%$$

该指标反映公司股利分配政策和支付股利的能力。

与股利支付率指标关系比较紧密的一个指标是股票获利率，是指每股股利与股票市价的比率。其计算公式为

$$股票获利率 = \frac{普通股每股股利}{普通股每股市价} \times 100\%$$

股票获利率主要应用于非上市公司的少数股权。在这种情况下，股东难以出售股票，也没有能力影响股利分配政策，他们持有公司股票的主要动机在于获得稳定的股利收益。

（4）每股净资产

每股净资产又称为每股账面价值或每股权益，是年末净资产（即年末股东权益）与发行在外的年末普通股总数的比值。其计算公式为

$$每股净资产 = \frac{年末净资产}{发行在外的年末普通股股数}$$

这里的年末股东权益是指扣除优先股权益后的余额。

每股净资产反映发行在外的每股普通股所代表的净资产成本即账面权益。每股净资产在理论上提供了股票的最低价值。但是在投资分析时，只能有限地使用这个指标，因为每股净资产是用历史成本计量的，既不反映净资产的变现价值，也不反映净资产的产出能力。

（5）市净率

市净率是每股市价与每股净资产的比值。其计算公式为

$$市净率 = \frac{每股市价}{每股净资产}（倍）$$

市净率是将每股股价与每股净资产相比，表明股价以每股净资产的若干倍在流通转让，评价股价相对于每股净资产而言是否被高估。市净率是证券分析师判断股票投资价值的重要指标。市净率越小，说明股票的投资价值越高，股价的支撑越有保证；反之，则投资价值越低。

‖ **例题 11** ‖ 每股股利与股票市价的比率称为（　　　）。

A. 股利支付率　　　　　　　　　B. 市净率

C. 股票获利率　　　　　　　　　D. 市盈率

【答案】C

【解析】A，股利支付率＝每股股利/每股净收益；B，市净率＝每股市价/每股净资产；D，市盈率＝每股市价/每股收益。

6. 现金流量分析

现金流量分析不仅要依靠现金流量表，还要结合资产负债表和利润表。

（1）流动性分析

所谓流动性，是指将资产迅速转变为现金的能力。虽然根据资产负债表确定的流动比率也能反映流动性，但有很大的局限性。一般来说，真正能用于偿还债务的是现金流量，因此现金流量和债务的比较可以更好地反映公司偿还债务的能力。

现金到期债务比	①现金到期债务比是经营现金净流量与本期到期债务的比值，其计算公式为 $$现金到期债务比 = \frac{经营现金净流量}{本期到期的债务}$$ ②经营现金净流量是现金流量表中的经营活动产生的现金流量净额，本期到期的债务是指本期到期的长期债务和本期应付的应付票据
现金流动负债比	①现金流动负债比是经营现金净流量与流动负债的比值，其计算公式为 $$现金流动负债比 = \frac{经营现金净流量}{流动负债}$$ ②现金流动负债比越高，表明公司承担流动负债的能力越强
现金债务总额比	①现金债务总额比是经营现金净流量与负债总额的比值，其计算公式为 $$现金债务总额比 = \frac{经营现金净流量}{负债总额}$$ ②此项比值越高，表明公司承担债务的能力越强。同时，该比值也体现了企业最大付息能力

（2）获取现金能力分析

获取现金能力是指经营现金净流入和投入资源的比值。投入资源可以是销售收入、总资产、营运资金、净资产或普通股股数等。

营业现金比率	①营业现金比率的计算公式为 $$营业现金比率 = \frac{经营现金净流量}{营业收入}$$ 公式中的营业收入是指营业收入和应向购买者收取的增值税进项税额 ②营业现金比率反映每1元营业收入得到的净现金，其数值越大越好
全部资产现金回收率	①全部资产现金回收率的计算公式为 $$全部资产现金回收率 = \frac{经营现金净流量}{资产总额} \times 100\%$$ ②该指标说明公司资产产生现金的能力
每股营业现金净流量	①每股营业现金净流量的计算公式为 $$每股营业现金净流量 = \frac{经营现金净流量}{普通股股数}$$ ②该指标反映公司最大分派股利能力，超过此限度，就要借款分红

（3）财务弹性分析

财务弹性是指公司适应经济环境变化和利用投资机会的能力。这种能力来源于现金流量和支付现金需要的比较。现金流量超过需要，有剩余的现金，适应性就强。财务弹性是用经营现金流量与支付要求进行比较。支付要求可以是投资需求或承诺支付等。

现金满足投资比率	①现金满足投资比率的计算公式为 $$现金满足投资比率 = \frac{近5年经营活动现金净流量}{近5年资本支出、存货增加、现金股利之和}$$ ②该比率越大，说明资金自给率越高。达到1时，说明公司可以用经营活动获取的现金满足扩充所需资金；若小于1，则说明公司是靠外部融资来补充
现金股利保障倍数	①现金股利保障倍数的计算公式为 $$现金股利保障倍数 = \frac{每股营业现金净流量}{每股现金股利}$$ ②该比率越大，说明支付现金股利的能力越强

（4）收益质量分析

收益质量是指报告收益与公司业绩之间的关系。如果收益能如实反映公司业绩，则认为收益的质量好；如果收益不能很好地反映公司业绩，则认为收益的质量不好。

从现金流量表的角度来看，收益质量分析主要是分析会计收益与现金净流量的比率关系，其主要的财务比率是营运指数。

$$营运指数 = \frac{经营现金净流量}{经营所得现金}$$

经营所得现金 = 经营净收益 + 非付现费用 = 净利润 − 非经营收益 + 非付现费用

营运指数小于1，说明收益质量不够好。

‖例题12‖ 在进行获取现金能力分析时，所使用的比率包括（　　　）。

Ⅰ. 营业现金比率　　　　　　　　Ⅱ. 每股营业现金净流量

Ⅲ. 现金股利保障倍数　　　　　　Ⅳ. 全部资产现金回收率

A. Ⅰ、Ⅱ、Ⅲ　　　　　　　　　B. Ⅰ、Ⅱ、Ⅳ

C. Ⅰ、Ⅲ、Ⅳ　　　　　　　　　D. Ⅰ、Ⅱ、Ⅲ、Ⅳ

【答案】B

【解析】现金股利保障倍数属于财务弹性分析。

（五）或有负债的概念及内容（熟悉）

或有负债是指公司有可能发生的债务，包括售出产品可能发生的质量事故赔偿、诉讼案件和经济纠纷案可能败诉并需赔偿、尚未解决的税额争议可能出现的不利后果等。按我国《企业会计制度》和《企业会计准则》的规定，只有预计很可能发生损失，并且金额能够可靠计量的或有负债，才可在报表中予以反映，否则只需作为报表附注予以披露。这些没有记录的或有负债一旦成为事实上的负债，将会加大公司的偿债负担。

（六）影响企业存货结构及周转速度的指标（熟悉）

公司管理者和有条件的外部报表使用者，除了分析批量因素、季节性生产的变化等情况外，还应对存货的结构以及影响存货周转速度的重要项目进行分析，如分别计算原材料周转率、某种存货的周转率或在产品的周转率等。其计算公式如下：

$$原材料周转率 = \frac{耗用原材料成本}{平均原材料存货}$$

$$在产品周转率 = \frac{制造成本}{平均在产品存货}$$

存货周转分析的目的是从不同的角度和环节上找出存货管理中的问题，使存货管理在保证生产经营连续性的同时，尽可能减少占用经营资金，提高资金的使用效率，增强公司短期偿债能力，促进公司管理水平的提高。

（七）融资租赁与经营租赁在会计处理方式上的区别（熟悉）

项目	经营租赁	融资租赁
固定资产	不作为固定资产入账	作为公司固定资产入账
租赁费用	作为当期费用处理	作为长期负债处理
注意事项	如经常发生经营租赁，应考虑租赁费用对偿债能力的影响	在分析长期负债能力时，已经包括在债务比率指标计算之中

五、公司财务报表附注项目分析

（一）公司会计报表附注的主要项目（熟悉）

报表附注的含义	①会计报表附注是为了便于会计报表使用者理解会计报表的内容而对会计报表的编制基础、编制依据、编制原则和方法及主要项目等所做的解释 ②附注是对会计报表的补充说明，是财务决算报告的重要组成部分

主要项目	企业的年度会计报表附注一般披露以下内容 ①不符合会计核算前提的说明 ②重要会计政策和会计估计的说明 ③重要会计政策和会计估计变更的说明以及重大会计差错更正的说明 ④或有事项的说明。主要包括或有负债的类型及其影响、很可能会给企业带来经济利益的或有资产形成的原因及其产生的财务影响 ⑤资产负债表日后事项的说明 ⑥对关联方关系及其交易的说明 ⑦重要资产转让及其出售的说明 ⑧企业合并、分立的说明 ⑨会计报表重要项目的说明 ⑩企业所有者权益中，国家所有者权益各项目的变化数额及其变化原因 ⑪收入说明。主要包括企业当期确认的销售商品的收入、提供劳务的收入、工程结算收入（建造合同收入）、利息收入、使用费收入和本期分期收款确认的收入的金额 ⑫所得税的会计处理方法，即企业的所得税会计处理是采用应付税款法，还是采用纳税影响会计法。如果采用纳税影响会计法，应说明是采用递延法还是债务法 ⑬合并会计报表的说明 ⑭企业执行国家统一规定的各项改革措施、政策，对财务状况发生重大事项的说明 ⑮企业主辅分离辅业改制情况的说明 ⑯有助于理解和分析会计报表需要说明的其他事项

（二）会计报表附注对基本财务比率的影响（掌握）

由于会计报表格式中所规定的项目内容较为固定，会计报表本身所能反映的财务信息受到一定局限。会计报表附注提供与会计报表所反映的信息相关的其他财务信息，通过分析会计报表附注对基本财务比率的影响，分析师可以为其决策提供更充分的信息。

1. 对变现能力比率的影响

变现能力比率主要有流动比率和速动比率，其分母均为流动负债，不包括或有负债。或有负债是在会计报表附注中披露，不在会计报表中反映。

只有同时满足以下三个条件才能将或有事项确认为负债，列示于资产负债表上：

①该义务是企业承担的现时义务。

②该义务的履行很可能导致经济利益流出企业。

③该义务的金额能够可靠地计量。

或有事项准则规定必须在会计报表附注中披露的或有负债包括：

①已贴现商业承兑汇票形成的或有负债。

②未决诉讼、仲裁形成的或有负债。

③为其他单位提供债务担保形成的或有负债。

④其他或有负债（不包括极小可能导致经济利益流出企业的或有负债）。其他或有负债，包括售出产品可能发生的质量事故赔偿、尚未解决的税额争议可能出现的不利后果、污染环境可能支付的罚款和治污费用等，对企业来说其可能性是经常存在的。

2. 对运营能力比率的影响

运营能力比率是用来衡量公司在资产管理方面的效率的财务比率。运营能力比率主要包括应收账款周转率、存货周转率等。

（1）存货周转率

存货周转率是营业成本与平均存货的比值。除了个别计价法外，存货的实物流转与价值流转并不一致，只有应用个别计价法计算出来的存货周转率才是"标准的"存货周转率。其他的存货周转假设都是采用一定技术方法在销售成本和期末存货之间进行分配。营业成本和平均存货存在此消彼长的关系，这种关系在应用先进先出法和后进先出法时表现得特别明显。现实经济生活中，通货膨胀不容忽视，物价普遍呈持续上涨趋势，在先进先出法下销售成本偏低，而期末存货偏高，这样计算出来的存货周转率偏低；而后进先出法则相反。在计提存货跌价准备的情况下，期末存货价值小于其历史成本，分母变小，存货周转率必然变大。

（2）对应收账款周转率的影响

应收账款周转率是营业收入与平均应收账款的比率。由于收入确认是一项重要的会计政策，因而本指标的分析不可避免地要参考会计报表附注。有关收入确认方法的规定包括收入准则和行业会计制度。对于同样一笔业务是否确认收入，收入准则较行业会计制度要严格得多，因而对于同样的业务，按收入准则确认的收入一般较遵照行业会计制度确认的收入要少，因此其应收账款周转率也偏低。

3. 对负债比率的影响

负债比率包括资产负债率、产权比率、有形资产净值债务率等。产权比率和有形资产净值债务率其实是资产负债率的自然延伸，其分子都是企业的负债总额。

由于或有负债的存在，资产负债表确认的负债并不一定完整反映了企业的负债总额。因而分析资产负债率时，不得不关注会计报表附注中的或有事项。不考虑或有负债的资产负债率夸大了企业的偿债能力。

此外，还有一项重要因素会影响企业的长期偿债能力，即长期租赁。

4. 对盈利能力比率的影响

盈利能力比率包括营业毛利率、营业净利率、资产净利率和净值报酬率。其分子都是净利润，影响利润的因素就是影响盈利能力的因素。

非正常的 营业状况	①一般来说，企业的盈利能力分析只涉及正常的营业状况。非正常的营业状况也会给企业带来收益或损失，但只是特殊状况下的个别结果，不能说明企业的盈利能力 ②非正常的营业状况主要包括：证券买卖等非经常项目、已经或将要停止的营业项目、重大事故或法律更改等特别项目、会计准则和财务制度变更带来的累积影响等因素
通常影响企业 利润的因素	①存货流转假设。在物价持续上涨的情况下，采用先进先出法结转的营业成本较低，因而计算出的利润偏高；而采用后进先出法计算出的营业成本则较高，其利润则偏低 ②计提的损失准备。上市公司要计提8项准备，一般企业要计提坏账准备，这些准备的计提方法和比例会影响利润总额 ③长期投资核算方法，即是采用权益法还是采用成本法。权益法下，一般情况下每个会计年度都要根据本企业占被投资单位的投资比例和被投资单位所有者权益变动情况确认投资损益。而在采用成本法的情况下，只有实际收到分得的利润或股利时才确认收益 ④固定资产折旧是采用加速折旧法还是采用直线法。在加速折旧法下的前几期，其利润要小于直线法；加速折旧法下末期的利润一般要大于直线法 ⑤收入确认方法。按收入准则确认的收入较按行业会计制度确认的收入要保守，一般情况下其利润也相对保守 ⑥或有事项的存在。或有负债有可能导致经济利益流出企业，未做记录的或有负债将可能减少企业的预期利润 ⑦关联方交易。关联方交易的大比例变动往往存在着粉饰财务报告的可能。这些影响利润的因素，凡可能增加企业利润的，会增加企业的盈利能力；反之，则削弱企业的盈利能力

‖ **例题 13** ‖ 或有事项准则规定必须在会计报表附注中披露的或有负债包括（　　）。

Ⅰ. 已贴现商业承兑汇票形成的或有负债

Ⅱ. 未决诉讼、仲裁形成的或有负债

Ⅲ. 为其他单位提供债务担保形成的或有负债

Ⅳ. 极小可能导致经济利益流出企业的或有负债

A. Ⅰ、Ⅱ、Ⅲ
B. Ⅰ、Ⅱ、Ⅳ
C. Ⅰ、Ⅲ、Ⅳ
D. Ⅰ、Ⅱ、Ⅲ、Ⅳ

【答案】A

【解析】其他或有负债不包括极小可能导致经济利益流出企业的或有负债。

六、预测公司潜在收益的方法

（一）预测公司潜在收益的方法（熟悉）

综合调整法	综合调整法是以企业收益现状为基础，考虑现有资产所决定的未来变化因素的预期影响，对收益进行调整以确定收益的方法。其计算公式为 $$预期年收益 = 当前正常年收益额 + \sum Y_i - \sum Z_j$$ 其中，Y_i 表示预期各有利因素增加收益额；Z_j 表示预期各不利因素减少收益额
产品周期法	（1）产品周期法是根据企业主导产品寿命周期的特点，评估企业收益增减变化趋势的方法 （2）应用该方法预测企业收益，一般是为了预期获得产品高额盈利的持续时间，这主要适用三种情况 ①企业产品单一且为高利产品 ②企业拥有专利或专有技术，在未来将为企业带来超额利润 ③企业处于垄断地位，可获高额利润
时间趋势法	时间趋势法是根据过去几年企业收益的增长变化总趋势，预计未来一定期限内各年度收益的方法，即将影响收益变动的各种因素均看作时间因素

（二）公司经营的安全边际（熟悉）

相关概念	①安全边际是根据实际或预计的销售业务量与保本业务量的差量确定的定量指标 ②安全边际可以用绝对数和相对数两种形式来表现，其计算公式为 安全边际 = 现有销售量 − 盈亏临界点销售量 安全边际率 = 安全边际/现有销售量 ③以盈亏临界点为基础，还可得到另一个辅助性指标，即达到盈亏临界点的作业率。其计算公式为 达到盈亏临界点的作业率 = 盈亏临界点的销售量/正常开工的作业量 当企业作业率低于盈亏临界点的作业率时就会亏损。所以，该指标对企业的生产安排具有一定的指导意义
不同领域的应用	①财务管理中，安全边际是指正常销售额超过盈亏临界点销售额的差额，它表明销售量下降多少企业仍不致亏损 ②价值投资领域中的安全边际是指证券的市场价格低于其内在价值的部分，任何投资活动均以之为基础 ③对普通股而言，它代表了计算出的内在价值高于市场价格的部分，或者特定年限内预期收益或红利超过正常利息率的部分 ④对债券或优先股而言，它通常代表盈利能力超过利率或者必要红利率，或者代表企业价值超过其优先索偿权的部分

（三）可能影响公司收益或增长预测的因素（了解）

收益预测是整体资产评估的基础，而任何预测都是在一定假设条件下进行的，可能影响公司收益或增长预测的因素包括：

①产品的需求因素。

②产品的经营、销售能力。

③新产品的开发能力。

④如果产品需求量大，生产所需要的资金、设备、运输、电力等能否满足。

⑤职工队伍的素质。

⑥行业、政府及社会的各项政策保证状况等。

‖例题14‖（　　）是指证券的市场价格低于其内在价值的部分，任何投资活动均以之为基础。

　　A. 市场价格　　　B. 公允价值　　　C. 内在价值　　　D. 安全边际

【答案】D

【解析】安全边际是任何投资活动的基础。

七、公司的资产重组和关联交易

（一）公司资产重组（熟悉）

1. 资产重组的概念和分类

定义	（1）中国证监会颁布的自2014年11月23日起实行的《上市公司重大资产重组管理办法》，将重大资产重组定义为：上市公司及其控股或者控制的公司在日常经营活动之外购买、出售资产或者通过其他方式进行资产交易达到规定的比例，导致上市公司的主营业务、资产、收入发生重大变化的资产交易行为 （2）这一定义包括以下几个方面的含义 ①重组行为应当是与他人发生法律和权利义务关系 ②企业内部的资产重新配置不属于资产重组范畴 ③重组行为必须达到一定量的要求
重大资产重组的认定	（1）根据2016年9月1日中国证监会《关于修改〈上市公司重大资产重组管理办法〉的决定》，符合以下条件构成上市公司重大资产重组 （2）上市公司自控制权发生变更之日起60个月内，向收购人及其关联人购买资产，导致上市公司发生以下根本变化情形之一的，构成重大资产重组，应当按照《上市公司重大资产重组管理办法》的规定报经中国证监会核准 ①购买的资产总额占上市公司控制权发生变更的前一个会计年度经审计的合并财务会计报告期末资产总额的比例达到100%以上 ②购买的资产在最近一个会计年度所产生的营业收入占上市公司控制权发生变更的前一个会计年度经审计的合并财务会计报告营业收入的比例达到100%以上 ③购买的资产在最近一个会计年度所产生的净利润占上市公司控制权发生变更的前一个会计年度经审计的合并财务会计报告净利润的比例达到100%以上 ④购买的资产净额占上市公司控制权发生变更的前一个会计年度经审计的合并财务会计报告期末净资产额的比例达到100%以上 ⑤为购买资产发行的股份占上市公司首次向收购人及其关联人购买资产的董事会决议前一个交易日的股份的比例达到100%以上 ⑥上市公司向收购人及其关联人购买资产虽未达到①～⑤的标准，但可能导致上市公司主营业务发生根本变化 ⑦中国证监会认定的可能导致上市公司发生根本变化的其他情形

资产重组的类型	（1）我国资产重组的概念有两个层面的含义：一个是企业层面的"资产"重组；另一个是股东层面的"产权"重组。因此，资产重组可以分为企业资产的重新整合以及企业层面上的股权调整 （2）资产重组根据重组对象的不同大致可分为对企业资产的重组、对企业负债的重组和对企业股权的重组 ①对企业资产的重组包括收购资产、资产置换、资产出售、租赁和托管资产、受赠资产 ②对企业负债的重组主要是指债务重组。根据债务重组的对方不同，又可以分为与银行之间和与债权人之间进行的资产重组 （3）根据资产重组是否涉及股份的存量和增量，又大致可以分为战略性资产重组和战术性资产重组 ①在企业层面发生的、根据授权情况经董事会或股东大会批准即可实现的重组，可称为战术性资产重组 ②对企业股权的重组由于涉及股份持有人变化或股本增加，一般都需要经过有关主管部门的审核或核准，涉及国有股权的还需经国家财政部门的批准。此类行为对企业未来发展方向的影响通常巨大，被称为战略性资产重组 ③战略性资产重组根据股权的变动情况又可分为股权存量变更、股权增加、股权减少（回购）三类

2. 资产重组的手段和方法

重组手段和方法	含义	特点
购买资产	通常指购买房地产、债权、业务部门、生产线、商标等有形或无形的资产	①收购方不必承担与该部分资产有关联的债务和义务。②以多元化发展为目标的扩张通常不采取收购资产而大多采取收购公司的方式来进行
收购公司	指获取目标公司全部股权，使其成为全资子公司或者获取大部分股权处于绝对控股或相对控股地位的重组行为	①可以获得公司的产权与相应的法人财产。②公司可以获得目标公司拥有的某些专有权利，而且能快速获得由公司的特有组织资本而产生的核心能力
收购股份	指以获取参股地位而非目标公司控制权为目的的股权收购行为	收购股份通常是试探性的多元化经营的开始和策略性的投资，或是为了强化与上游、下游企业之间的协作关联

重组手段和方法	含义	特点
合资或联营组建子公司	合资或联营可以作为合作战略的最基本手段，属于调整型重组	可以将公司与其他具有互补技能和资源的合作伙伴联系起来，获得共同的竞争优势
公司合并	指两家以上公司结合成一家公司，原有公司的资产、负债、权利和义务由新设或存续的公司承担	①合并的形式有吸收合并和新设合并两种。②合并的目的是实现战略伙伴之间的一体化，进行资源、技能的互补，从而形成更强、范围更广的公司核心能力，提高市场竞争力。③公司合并还可以减少同业竞争，扩大市场份额
股权置换	是指两家以上公司通过互换股权达到交叉持股的目的	①股权置换，其目的通常在于引入战略投资者或合作伙伴。②通常股权置换不涉及控股权的变更，其结果是实现公司控股股东与战略伙伴之间的交叉持股，以建立利益关联
股权—资产置换	是由公司原有股东以出让部分股权为代价，使公司获得其他公司或股东的优质资产的方式	①最大的优点是公司不用支付现金便可获得优质资产，扩大公司规模。②以增发新股的方式来获得其他公司或股东的优质资产，实质上也是一种以股权方式收购资产的行为
资产置换	指公司重组中为了使资产处于最佳配置状态获取最大收益，或出于其他目的而对其资产进行交换	双方通过资产置换，能够获得与自己的核心能力相协调的、相匹配的资产
资产出售或剥离	指公司将其拥有的某些子公司、部门、产品生产线、固定资产等出售给其他经济主体	资产剥离并未减少资产的规模，而只是公司资产形式的转化，即从实物资产转化为货币资产
公司分立	指公司将其资产与负债转移给新建立的公司，把新公司的股票按比例分配给母公司的股东，从而在法律上和组织上将部分业务从母公司中分离出去，形成一个与母公司有着相同股东的新公司	①公司分立有许多做法，包括并股和裂股两种方式。②母公司以子公司股权向母公司股东回购母公司股份，而子公司则成为由子公司原有股东控股的、与母公司没有关联的独立公司

重组手段和方法	含义	特点
资产配负债剥离	是将公司资产配上等额的负债一并剥离出公司母体，而接受主体一般为其控股母公司	①对剥离方来说，在甩掉劣质资产的同时能够迅速减小公司总资产规模，降低负债率，而公司的净资产不会发生改变。②对资产接受方来说，实质是一种以承担债务为支付手段的收购行为
股权的无偿划拨	国有股的无偿划拨通常发生在属同一级财政范围或同一级国有资本运营主体的国有企业和政府机构之间	①国有控股权的划拨实际是公司控制权的转移和管理层的重组。②其目的或是为调整和理顺国有资本运营体系，或是为了利用优势企业的管理经验来重振处于困境中的上市公司
股权的协议转让	指股权的出让与受让双方不是通过交易所系统集合竞价的方式进行买卖，而是通过面对面的谈判方式，在交易所外进行交易，故通常称为场外交易	股权的协议转让往往出于特定的目的，如引入战略合作者或被有较强实力的对手善意收购等
公司股权托管和公司托管	指公司股东将其持有的股权以契约的形式，在一定条件和期限内委托给其他法人或自然人，由其代为行使对公司的表决权	当委托人为公司的控股股东时，公司股权托管就演化为公司的控制权托管，使受托人介入公司的管理和运作，成为整个公司的托管
表决权信托	指许多分散股东集合在一起设定信托，将自己拥有的表决权集中于受托人，使受托人可以通过集中原本分散的股权来实现对公司的控制	
表决权委托书	指中小股东可以通过征集其他股东的委托书来召集临时股东大会以达到改组公司董事会控制公司目的的方式	

续表

重组手段和方法	含义	特点
股份回购	指公司或是用现金，或是以债权换股权，或是以优先股换普通股的方式购回其流通在外的股票的行为	股份回购使原有大股东的控股地位得到强化
交叉控股	指母公司、子公司之间互相持有绝对控股权或相对控股权，使母公司、子公司之间可以互相控制运作	企业产权模糊化，找不到最终控股的大股东，公司的经理人员取代公司所有者成为公司的主宰，从而形成内部人控制

‖例题15‖资产重组根据重组对象的不同大概可以分为（　　）。

Ⅰ．对企业资产的重组　　　　　　　Ⅱ．对企业负债的重组

Ⅲ．对企业股权的重组　　　　　　　Ⅳ．对企业组织的重组

A. Ⅰ、Ⅱ、Ⅲ　　　　　　　　　　　B. Ⅰ、Ⅱ、Ⅳ

C. Ⅰ、Ⅲ、Ⅳ　　　　　　　　　　　D. Ⅱ、Ⅲ、Ⅳ

【答案】 A

【解析】 对企业组织的重组不包括在资产重组之中。

3. 资产重组对公司的影响

①有利影响：资产重组可以促进资源的优化配置，有利于产业结构的调整，增强公司的市场竞争力，从而使一批上市公司由小变大、由弱变强。

②不利影响：许多上市公司进行资产重组后，其经营和业绩并没有得到持续、显著的改善。究其原因，最关键的是重组后的整合不成功。

（二）关联交易（熟悉）

1. 关联交易的含义及认定

关联交易即关联方交易，是指关联方之间转移资源、劳务或义务的行为，而不论是否收取价款。《企业会计准则第36号——关联方披露》第三条对关联方进行了界定，即"一方控制、共同控制另一方或对另一方施加重大影响，以及两方或两方以上同受一方控制、共同控制或重大影响的，构成关联方"。

2. 常见的关联交易

按照交易的性质划分，关联交易主要可划分为经营往来中的关联交易和资产重组中的关联交易。

关联并购	①关联购销类关联交易，主要集中在以下几个行业：一种是资本密集型行业，如冶金、有色、石化和电力行业等；另一种是市场集中度较高的行业，如家电、汽车和摩托车行业等 ②一些上市公司仅是集团公司的部分资产，与集团其他公司间产生关联交易在所难免
资产租赁	由于非整体上市，上市公司与其集团公司之间普遍存在着资产租赁关系，包括土地使用权、商标等无形资产的租赁和厂房、设备等固定资产的租赁
托管经营、承包经营等管理方面的合同	①绝大多数的托管经营和承包经营属于关联交易，关联方大多是控股股东。托管方或是上市公司，或是关联企业 ②所托管的资产要么质量一般，要么是上市公司没有能力进行经营和管理的资产。但自己的资产被关联公司托管或承包经营以后，可以获得比较稳定的托管费用和承包费用
担保	上市公司与其主要股东，特别是控股股东之间的关联担保可以是双向的，既可能是上市公司担保主要股东的债务，也可能反过来是主要股东为上市公司提供担保
关联方共同投资	共同投资形式的关联交易通常是指上市公司与关联公司就某一具体项目联合出资，并按事前确定的比例分配收益。这种投资方式因关联关系的存在达成交易的概率较高，但操作透明度较低，特别是分利比例的确定

3. 关联交易对公司的影响

关联交易属于中性交易，它既不属于单纯的市场行为，也不属于内幕交易的范畴，其主要作用是降低交易成本，促进生产经营渠道的畅通，提供扩张所需的优质资产，有利于实现利润的最大化等。

在实际操作过程中，关联交易有其非经济特性。与市场竞争、公开竞价的方式不同，关联交易价格可由关联双方协商决定，关联交易容易成为企业调节利润、避税和一些部门及个人获利的途径，往往使中小投资者利益受损。交易价格如果不能按照市场价格来确定，就有可能成为利润调节的工具。

‖例题 16‖ 从理论上说，关联交易属于（　　　）。

A. 市场化交易　　　B. 不合规交易　　　C. 中性交易　　　D. 内幕交易

【答案】C

【解析】关联交易属于中性交易，它既不属于单纯的市场行为，也不属于内幕交易的范畴。

（三）会计政策的含义以及会计政策与税收政策变化对公司的影响（熟悉）

1. 会计政策

会计政策是指企业在会计确认、计量和报告中所采用的原则、基础和会计处理方法。

企业基本上是在法规所允许的范围内选择适合本企业实际情况的会计政策。当会计制度发生变更，或企业根据实际情况认为需要变更会计政策时，企业可以变更会计政策。企业的会计政策发生变更将影响公司年末的资产负债表和利润表。如果采用追溯调整法进行会计处理，则会计政策的变更将影响公司年初及以前年度的利润、净资产、未分配利润等数据。

2. 税收政策

税收政策的变更也将对上市公司的业绩产生一定的影响。

（四）运用市场价值法、重置成本法、收益现值法评估公司资产价值的步骤和优缺点（熟悉）

1. 市场价值法

定义	市场价值法，即按照市场上近期发生的类似资产的交易价格来确定被评估资产的价值
方法运用	①上市公司股票的市场价格代表了投资者对该公司未来经营业绩和风险的预期。上市公司股票的市场总值，就是用现金流量折现法得出的公司价值 ②正确利用市场价值法估计目标公司的价格，需要注意三个方面的问题：一是估价结果的合理性；二是选择正确的估价指标和比率系数；三是估价要着眼于公司未来的情况而不是历史情况 ③市场价值法假设公司股票的价值是某一估价指标乘以比率系数。估价可以是税后利润、现金流量、主营业务收入或者股票的账面价值 ④不同的指标采用不同的系数。这种方法对估计非公开上市公司的价值或上市公司某一子公司的价值十分有用
优缺点	①优点：首先，市场价值法是从统计的角度总结出相同类型公司的财务特征，得出的结论有一定的可靠性；其次，市场价值法简单易懂，容易使用 ②缺点：市场价值法缺乏明显的理论依据

2. 重置成本法

定义	重置成本法也称成本法，是指在评估资产时按被评估资产的现时重置成本扣减其各项损耗价值来确定被评估资产价值的方法

理论依据	（1）资产的价值是一个变量，除了市场价格以外影响资产价值量变化的因素还包括 ①资产的物理损耗或有形损耗，也称实体性贬值 ②资产的功能性损耗，也称功能性贬值 ③资产的经济性损耗，也称经济性贬值 （2）资产的价值取决于资产的成本 ①资产的价值取决于资产的成本。资产的原始成本越高，资产的原始价值越大，反之则小，两者在质和量的内涵上是一致的。根据这一原理，采用重置成本法对资产进行评估，必须首先确定资产的重置成本。重置成本是按在现行市场条件下重新购建一项全新资产所支付的全部货币总额，重置成本与原始成本的内容构成是相同的，但两者反映的物价水平是不相同的。前者反映的是资产评估日期的市场物价水平，后者反映的是当初购建资产时的物价水平。资产的重置成本越高，其重置价值越大 ②资产的价值是一个变量，除了市场价格以外影响资产价值量变化的因素还包括资产的物理损耗或有形损耗，也称实体性贬值；新技术的推广和运用，也称功能性贬值；资产的外部环境因素变化引致资产价值降低的经济性损耗，也称经济性贬值
计算公式	（1）重置成本法的基本计算公式可以表述为 　　被评估资产评估值 = 重置成本 − 实体性贬值 − 功能性贬值 − 经济性贬值 　　被评估资产评估值 = 重置成本 × 成新率 （2）重置成本一般可以分为复原重置成本和更新重置成本 ①选择重置成本时，在同时可获得复原重置成本和更新重置成本的情况下，应选择更新重置成本。在无更新重置成本时可采用复原重置成本 ②一般来说，复原重置成本大于更新重置成本，但由此引致的功能性损耗也大。应该注意的是，无论是更新重置成本还是复原重置成本，资产本身的功能不变 ③重置成本的估算一般可以采用的方法有直接法、功能价值法和物价指数法 （3）资产的实体性贬值是由于使用和自然力损耗形成的贬值。一般可以采用的方法有观察法和公式计算法 （4）功能性贬值是由于技术相对落后造成的贬值 （5）经济性贬值是由于外部环境变化造成的资产贬值。计算经济性贬值时，主要是根据因产品销售困难而开工不足或停止生产等情况，确定其贬值额 （6）成新率反映评估对象的当前价值与其全新状态重置价值的比率。成新率的估算方法有观察法、使用年限法、修复费用法

优缺点	（1）优点：比较充分地考虑了资产的损耗，评估结果更加公平合理，有利于单项资产和特定用途资产的评估，在不易计算资产未来收益或难以取得市场参照物条件下可广泛应用，有利于企业资产保值 （2）缺点：工作量巨大。它是以历史资料为依据确定目前价值，必须充分分析这种假设的可行性。另外，经济性损耗（贬值）也不易全面准确计算

3. 收益现值法

（1）收益现值法及其适用的前提条件

收益现值法是通过估算被评估资产未来预期收益并折算成现值，借以确定被评估资产价值的一种资产评估方法。

应用收益现值法评估资产必须具备的前提条件包括：①被评估资产必须是能用货币衡量其未来期望收益的单项或整体资产；②资产所有者所承担的风险必须是能用货币计量的。

如果在资产上进行投资的目的不是获利，进行投资后没有预期收益或预期收益很少而且很不稳定，则不能采用收益现值法。

（2）收益现值法应用的形式

收益现值法的应用，实际上是对评估资产未来预期收益进行折现或本金化的过程。一般来说有以下几种情况：

①资产未来收益期有限

资产的未来预期收益在具体的特定时期，通过预测有限期限内各期的收益额，以适当的折现率进行折现后求和获得，各年预期收益折现之和即为评估值。其基本公式是

$$资产评估值 = \sum_{i=1}^{n} \frac{R_i}{(1+r)^i}$$

其中，R_i 表示未来第 i 个收益期的预期收益额，收益期有限时 R_i 还包括期末资产剩余净额；n 为收益年限；r 为折现率。

②资产未来收益期无限期

无限收益期包含两种情形，即未来收益年金化情形和未来收益不等额情形。

在未来收益年金化情形下，首先预测其年收益额，然后对其年收益额进行本金化处理，即可确定其评估值。其基本公式为

$$资产评估值（收益现值） = \frac{年收益}{本金化率}$$

在资产未来收益不等额的情形下，首先预测若干年内（一般为 5 年）各年预期收益额，再假设从若干年的最后一年开始，以后各年预期收益额均相同，最后，将企业未来预期收益进行折现和本金化处理。其基本公式为

$$\text{资产评估值（预期收益现值）} = \sum \text{前若干年各年收益额} \times \text{各年折现系数} + \frac{\text{以后各年的年金化收益}}{\text{本金化率}} \times \text{前若干年最后一年的折现系数}$$

（3）收益现值法中各项指标的确定

收益现值法的应用，不仅在于掌握其在各种情况下的计算过程，更重要的是科学、合理地确定各项指标。收益现值法中的主要指标有三个，即收益额、折现率或本金化率、收益期限。

①收益额的确定

在收益现值法的运用中，收益额的确定是关键。收益额是指被评估资产在使用过程中产生的未来收益期望值。对于收益额的确定，应把握两点：

a. 收益额指的是资产使用带来的未来收益期望值，是通过预测分析获得的。评估是对其收益的判断，不仅仅看其现在的收益能力，更重要的是预测未来的收益能力。

b. 收益额必须是评估资产直接形成的，而不是由评估资产直接形成的收益分离出来的。

②折现率或本金化率

本金化率和折现率在本质上是没有区别的，只是适用于不同的场合。折现率是将有限期的预期收益折算成现值的比率，用于有限期收益的还原；本金化率则是将未来永续性预期收益折算成现值的比率。

③收益期限

收益期显示资产收益的期间，通常指收益年期。收益期限由评估人员根据资产未来获利情况、损耗情况等确定，也可以根据法律、契约和合同规定确定。

（4）收益现值法的程序

收益现值法评估资产的程序为：首先，收集验证有关经营、财务状况的信息资料；其次，计算和对比分析有关指标及其变化趋势；再次，预测资产未来预期收益，确定折现率或本金化率；最后，将预期收益折现或本金化处理，确定被评估资产价值。

（5）收益现值法评估资产的优缺点

①采用收益现值法评估资产的优点：能真实和较准确地反映企业本金化的

价格；与投资决策相结合，用此评估法评估资产的价格，易为买卖双方接受。

②采用收益现值法评估资产的缺点：预期收益额预测难度较大，受较强的主观判断和未来不可预见因素的影响；在评估中适用范围较小，一般适用于企业整体资产和可预测未来收益的单项资产评估。

‖例题17‖运用重置成本法进行资产评估的优点有（　　　　）。

Ⅰ. 比较充分地考虑了资产的损耗，评估结果更加公平合理

Ⅱ. 有利于单项资产和特定用途资产的评估

Ⅲ. 在不易计算资产未来收益或难以取得市场参照物条件下可广泛地应用

Ⅳ. 有利于企业资产保值

A. Ⅰ 、Ⅱ 、Ⅲ　　　　　　　　　　B. Ⅰ 、Ⅱ 、Ⅳ

C. Ⅰ 、Ⅲ 、Ⅳ　　　　　　　　　　D. Ⅰ 、Ⅱ 、Ⅲ 、Ⅳ

【答案】D

【解析】选项全部正确。

第四节　策略分析

本节大纲要求

1. 掌握投资策略的分类；

2. 熟悉积极型投资策略、消极型投资策略及混合型投资策略；

3. 掌握投资策略研究大势研判的方法；

4. 熟悉大势研判的超预期理论；

5. 熟悉驱动市场变动的重要因素和维度；

6. 熟悉投资时钟的方法、逻辑和结论；

7. 熟悉全球资产配置和大类资产配置的方法和逻辑；

8. 了解投资时钟理论的局限性；

9. 熟悉股票投资策略的含义与分类；

10. 掌握趋势型策略、事件驱动型策略、相对价值型策略、套利型策略的概念；

11. 掌握主题投资的含义和特征；

12. 熟悉主题投资的主要类型和特点；

13. 掌握主题投资的方法；

14. 熟悉主题投资介入时机的因素；

15. 掌握行业比较的目的；
16. 掌握利用景气、估值进行行业基本面分析与行业比较的基本分析框架；
17. 熟悉行业板块绝对估值与相对估值的概念及计算方法；
18. 熟悉行业景气与估值变化的主要影响因素；
19. 了解主要行业景气与估值历史变动情况；
20. 了解行业比较方法的局限性。

本节内容精讲

一、投资策略的分类（掌握）

证券投资策略是指导投资者进行证券投资时所采用的投资规则、行为模式、投资流程的总称，它综合地反映了投资者的投资目标、风险态度以及投资期限等主观、客观因素，通常包括资产配置、证券选择、时机把握、风险管理等内容。

1. 根据不同的分类标准，可以将投资策略大致分为以下类别。

分类标准	类型	具体内容
投资策略的灵活性	被动型投资策略	①被动型投资策略是指根据事先确定的投资组合构成及调整规则进行投资，不根据市场环境的变化主动地实施调整 ②理论依据主要是市场有效性假说 ③代表性策略：指数化投资策略
	主动型投资策略	①该策略要求投资者根据市场情况变动对投资组合进行积极调整，并通过灵活的投资操作获取超额收益，通常将战胜市场作为基本目标 ②假设前提是市场有效性存在瑕疵，有可供选择的套利机会 ③代表性策略：根据板块轮动、市场风格转换调整投资组合
	混合型策略	混合型投资策略是主动型投资策略和被动型投资策略的组合使用。通常将指数化投资策略视为被动型投资策略的代表，但由此发展而来的各种指数增强型或指数优化型策略已经带有主动投资的成分
策略适用期限	战略性投资策略	①指着眼于较长投资期限，追求收益与风险最佳匹配的投资策略。因其着眼于长期，故不会随市场行情的短期变化而轻易变动 ②常见的战略性投资策略包括：买入持有策略、固定比例策略、投资组合保险策略
	战术性投资策略	①通常是一些基于对市场前景预测的短期主动型投资策略 ②常见的战术性投资策略包括：交易型策略、多—空组合策略、事件驱动型策略

续表

分类标准	类型	具体内容
投资品种	股票投资策略	常见的股票投资策略分为 ①按照投资风格划分，可以分为价值型投资策略、成长型投资策略和平衡型投资策略 ②按收益与市场比较基准的关系划分，可以分为市场中性策略、指数化策略、指数增强型策略以及绝对收益策略 ③按照投资决策的层次划分，可以分为配置策略、选股策略和择时策略
	债券投资策略	债券投资策略种类比较复杂，通常可以按照投资的主动性程度，把债券投资策略分为两类 ①消极投资策略，如指数化投资策略、久期免疫策略、现金流匹配策略、阶梯形组合策略、哑铃形组合策略等 ②积极投资策略，如子弹形策略、收益曲线骑乘策略、或有免疫策略、债券互换策略等
	另类产品投资策略	①通常将除股票、债券之外的其他投资品称为另类投资，如大宗商品、贵金属、房地产、艺术品、古玩、金融衍生品等 ②不同类别的投资品均有其较为专业化的投资策略

2. 以上分类中，战略性投资策略和战术性投资策略包括的常见策略如下。

类型	常见策略	具体内容
战略性投资策略	固定比例策略	固定比例策略保持投资组合中各类资产占总市值的比例固定不变。在各类资产的市场表现出现变化时应进行相应调整，买入下跌的资产，卖出上涨的资产
	买入持有策略	①买入持有策略确定恰当的资产组合，并在诸如3~5年的适当持有时间内保持这种组合 ②买入持有策略是一种典型的被动型投资策略，通常与价值型投资相联系，具有最小的交易成本和管理费用，但不能反映环境的变化
	投资组合保险策略	①投资组合保险策略是一大类投资策略的总称，这些策略的共性是强调投资人对最大风险损失的保障。其中，固定比例投资组合保险策略最具代表性 ②固定比例投资组合保险策略的基本做法是将资产分为风险较高和较低（通常采用无风险资产，如国债）两种，首先确定投资者所能承受的整个资产组合的市值底线，然后以总市值减去市值底线得到安全边际，将这个安全边际乘以事先确定的乘数就得到风险性资产的投资额。市场情况变化时，需要相应调整风险资产的权重

续表

类型	常见策略	具体内容
战术性投资策略	多—空组合策略	有时也称为成对交易策略，通常需要买入某个看好的资产或资产组合。同时卖空另外一个看空的资产或资产组合，试图抵消市场风险而获取单个证券的阿尔法收益差额
	交易型策略	①均值—回归策略通常假定证券价格或收益率走势存在一个正常值或均值，高于或低于此均值时会发生反向变动，投资者可以依据该规律进行低买高卖 ②动量策略也称惯性策略，其基本原理是"强者恒强"，投资者买入所谓"赢家组合"（历史表现优于大盘的组合），试图获取惯性高收益 ③趋势策略与动量策略的操作思路类似，只不过动量策略更侧重于量化分析，而趋势策略往往会与技术分析相联系
	事件驱动型策略	根据不同的特殊事件（如公司结构变动、行业政策变动、特殊自然或社会事件等）制定相应的灵活投资策略

‖ **例题 1** ‖ 某投资者采用投资组合保险策略，初始资金为 100 万元，市值底线为 75 万元，乘数为 2。若股票下跌 20%（无风险资产价格不变），此时该投资者需要卖出（　　）万元股票并将所得资金用于增加国债投资。

A. 25　　　　　　B. 20　　　　　　C. 15　　　　　　D. 10

【答案】D

【解析】股票的初始投资额为（总市值 – 市值底线）× 乘数 =（100 – 75）× 2 = 50（万元），当股票下跌 20%（即变为 40 万元），则总市值变为 90 万元，此时的股票投资金额应当为（90 – 75）× 2 = 30，40 – 30 = 10（万元）。

二、大势研判

（一）投资策略研究大势研判的方法（掌握）

大环境	股价波动的大环境是全球、全国的政治、经济、科技发展变化的影响，个股的波动则是由其独特的基本面和整体市场环境所决定的
市场环境	市场环境可由股价指数（俗称大盘）来代表，统计表明 90% 的个股波动与大盘波动正相关，就是说如果大盘处于下跌周期，90% 的个股也将处于下跌趋势中

常用的分析方法	（1）大势研判的方法很多，其中得到较多认可的技术分析法是道氏理论、艾略特波浪理论、江恩周期理论以及螺旋历法等 （2）在股市大势研判中，常采用以下方法 ①用K线判断短期走势 ②量能决定趋势方向 ③空间决定趋势大小 ④权重股对指数的撬动作用（市场的二八现象） ⑤市场强度（采用A股指数与个股涨跌进行比较，以周为单位） ⑥利用市场重心判断大势 ⑦指标判断

（二）大势研判的超预期理论（熟悉）

超预期理论的中心思想是：市场是由超预期决定的，投资也只有围绕着超预期事件进行分析和操作才能盈利。

目前的市场普遍预期都已经反映在了目前的价格上面，符合市场预期的事件的发生对市场的影响很小，只有超过市场普遍预期的事件才会对市场影响很大。预测到了超预期事件，或对超预期事件做好了准备，再结合自己对大盘的、宏观微观经济的、国际国内政策的深入研究和分析，并加以预测，最终作出一个相对完美的操作策略，并果断实施。

‖ **例题2** ‖ 在股市大势研判中，决定趋势方向的是（　　　）。

A. K线　　　　　　B. 量能　　　　　　C. 空间　　　　　　D. 权重股

【答案】B

【解析】量能决定趋势方向。

（三）驱动市场变动的重要因素和维度（熟悉）

市场驱动因素是指促使企业实施全球营销战略的市场方面的影响因素，包括顾客需求的逐渐趋同、全球顾客群的成长及由此催生的全球市场的形成。

①顾客需求的逐渐趋同。随着科技的发展和交通运输工具的进步，来自不同国家的顾客在生活方式等方面差异逐步减少，共同需求越来越多。

②全球顾客群的成长。所谓全球顾客群，主要是指突破了传统的国界限定，可以利用年龄、收入、职业、教育背景，和由此决定的价值观念和生活方式来进行甄别的顾客群体。在消费者市场上，存在热衷购买全球标准化产品的

全球性顾客。

③全球市场的形成。全球市场的形成与顾客需求的逐渐趋同以及全球顾客群的成长有直接的联系，即各国顾客具有相似的偏好。各国市场可能存在几个具有不同偏好的细分市场，但细分的标准化并非传统的国家变量，而很可能是心理需求、生活方式等非国家变量。其特征不仅体现在消费者需求的趋同，还体现在商业客户建立起集中采购的全球网络、消费者对全球品牌的认同等方面。同时在竞争方面，全球市场上都会存在全球性的竞争对手，竞争对手实施的也都是全球营销战略。

三、投资时钟的方法、逻辑和结论（熟悉）

美林投资时钟理论是由美林证券提出的根据成熟市场的经济周期进行资产配置的投资方法。

投资时钟理论	美林投资时钟理论用时钟形象地描绘了经济周期周而复始的四个阶段：衰退、复苏、过热、滞胀，并在各个阶段找到表现相对优良的资产类，如图5-2所示
四个阶段	按照经济增长与通货膨胀的不同搭配，美林投资时钟将经济周期划分为四个阶段 ①衰退阶段：对应美林时钟的6~9点，此阶段"经济下行，通胀下行"。在衰退阶段，通胀压力下降，货币政策趋松，债券表现最突出，随着经济即将见底的预期逐步形成，股票的吸引力逐步增强 ②复苏阶段：对应美林时钟的9~12点，此阶段"经济上行，通胀下行"。复苏阶段由于股票对经济的弹性更大，其相对于债券和现金具备明显超额收益 ③过热阶段：对应美林时钟的12~3点，此阶段"经济上行，通胀上行"。过热阶段，通胀上升增加了持有现金的机会成本，可能出台的加息政策降低了债券的吸引力，股票的配置价值相对较强，而商品则将明显走牛 ④滞胀阶段：对应美林时钟的3~6点，此阶段"经济下行，通胀上行"。滞胀阶段，现金收益率提高，持有现金最明智，经济下行对企业盈利的冲击将对股票构成负面影响，债券相对于股票的收益率提高
作用和局限性	①美林投资时钟分析框架，可以帮助投资者识别经济周期的重要转折点。正确识别经济增长的拐点，投资者可以通过转换资产实现获利 ②美林投资时钟为宏观、中观和市场研究找到了好的契合点，有较强的逻辑性和操作性，易于逐月追踪和实时进行组合调整。其缺点在于，经济周期的运行并不是一成不变的，相反，可能出现经济阶段的跳跃和反复

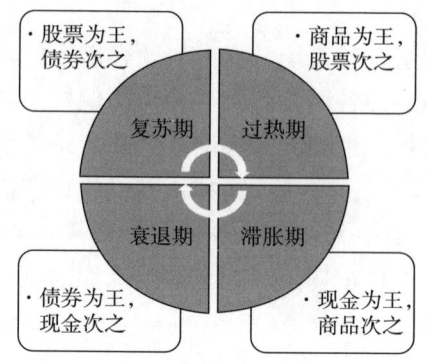

图 5 – 2　美林时钟与大类资产配置

‖例题 3‖按照美林投资时钟，在经济过热阶段，（　　　）资产是最佳的选择。

A. 现金　　　　　　B. 债券　　　　　　C. 股票　　　　　　D. 大宗商品类

【答案】D

【解析】在经济过热阶段，大宗商品类资产是最佳的选择，对应美林时钟的 12～3 点。

四、股票投资策略

（一）股票投资策略的含义与分类（熟悉）

股票投资策略的含义	①股票投资组合管理的目标是实现效用最大化，也就是使股票投资组合的风险和收益特征能够给投资者带来最大的满足 ②股票投资策略是指运用多种买卖股票的方式，以避免风险损失而获得最大限度利润的灵活做法
股票投资策略的分类	按照不同分类标准，可以把常见的股票投资策略分为以下类别 ①按照投资风格划分，可以区分为价值型投资策略、成长型投资策略和平衡型投资策略 ②按收益与市场比较基准的关系划分，可以分为市场中性策略、指数化策略、指数增强型策略以及绝对收益策略 ③按照投资决策的层次划分，可以分为配置策略、选股策略和择时策略

（二）趋势型策略、事件驱动型策略、相对价值型策略、套利型策略的概念（掌握）

股票投资策略可以概括为趋势型策略、事件驱动型策略、相对价值型策略、套利型策略等。

①趋势型策略，主要是分析宏观经济走向、行业趋势和企业的经营形势，通过选择和把握基本趋势来获得预期的收益。

②事件驱动型策略，也可以称为主题投资，往往依赖于某些事件或某种预期，引发投资热点。

③相对价值型策略、套利型策略都可以理解为上述策略类型的延伸。当某类股票上涨或下跌以后，会出现脱离其所属群体的情况，从而使得相关股票出现相对低估或高估的情形，从而提供新的盈利机会。

④套利型策略，是指利用一种或多种证券在不同市场上的价格差异，通过买入和卖出相应证券，赚取价差收益的交易方式。可以实行套利型策略的市场包括股票、基金、期货、可转债和权证市场等，相应的套利型策略有 ETF 套利、LOF 套利、封基套利、分级基金套利、股指期货套利、可转债套利、权证套利、市场中性套利和商品期货套利等。

‖ 例题 4 ‖ 商品期货套利盈利的逻辑原理包含（　　　　）。

Ⅰ. 相关商品在不同地点、不同时间对应都有一个合理的价格差价

Ⅱ. 由于价格的波动性，价格差价经常出现不合理

Ⅲ. 不合理必然要回到合理

Ⅳ. 不合理回到合理的这部分价格区间就是盈利区间

A. Ⅰ、Ⅱ、Ⅲ　　　　　　　　　B. Ⅰ、Ⅱ、Ⅳ

C. Ⅱ、Ⅲ、Ⅳ　　　　　　　　　D. Ⅰ、Ⅱ、Ⅲ、Ⅳ

【答案】D

【解析】选项全部正确。

五、主题投资

（一）主题投资的含义和特征（掌握）

主题投资是国际新兴的投资策略。所谓主题投资，就是通过分析实体经济中结构性、周期性及制度性变动趋势，挖掘出对经济变迁具有大范围影响的潜在因素，对受益的行业和公司进行投资。其特点在于它并不按照一般的行业划

分方法来选择股票,而是将驱动经济体长期发展趋势的某个因素作为"主题",来选择地域、行业、板块或个股。

主题投资的特点:①以对事件发展趋势预期的判断为主要基础。②投资过程体现预期趋势持续发展或偏差纠正。③主题投资更加强调把握主题核心驱动因素。④主题投资策略"核心假设变量"相对较少。

(二) 主题投资的主要类型和特点 (熟悉)

从投资机会的触发因素来看,主题投资可分为四类。

宏观性主题	是指可以促进经济长期发展趋势或短期变化及结构性变化的宏观驱动因素。如中国城镇化、消费升级、区域经济振兴
事件性主题	某些确定性事件会提升相关企业的资产价值或盈利水平所衍生的主题性机会。如奥运会、世博会、央企重组
制度性主题	是指因制度性变革所促发的红利性投资机会。如资源要素价格改革、医疗制度改革、股指期货、科创板
产业性主题	是指来自政策扶持或者产业升级的驱动作用所引发的行业性投资机会。如特高压、5G、新基建

(三) 主题投资的方法 (掌握)

实施主题投资的关键,有赖于建立从投资主题分析、预期趋势判断、投资目标选择以及退出时点把握等一系列投资流程的设计。在主题投资实施过程中,尤其要注重驱动主题持续的关键变量,关注其变化,并随时调整预期。

投资步骤	①投资主题分析(主题逻辑构建)。从宏观经济、确定性事件、政策制度、技术进步等多个角度,挖掘投资主题 ②预期趋势判断(关键变量确定)。把握经济发展、事件确定性、企业盈利等趋势因素,锁定具有长期发展前景的主题 ③投资目标选择(组合构建调整)。通过主题行业配置、主题行业内个股精选构建组合,并对主题配置进行动态调整 ④投资组合卖出(投资主题退出)。密切跟踪投资主题驱动因素的强弱变化,选择合适的时点,卖出投资组合

主题投资的核心	主题投资的核心是要素分析、驱动力分析和逻辑分析 ①要素分析是主题投资的内涵，一切主题投资都要依赖一定的要素，这是主题投资的出发点 ②驱动力分析是主题投资的外在表现，要素确立了，驱动股价上涨的动力就确立了 ③逻辑分析则是主题投资的灵魂和方法论

（四）主题投资介入时机的因素（熟悉）

主题投资介入时机的基本考量因素有：

①催化剂：具有持续、升温驱动力的因素显现，且获得市场认同的概率较大。一般具有影响范围广、程度深的特点。

②爆炸性：符合可行性的客观现实，同时，至少理论或逻辑上存在巨大成长空间。

③新颖性：首次出现在资本市场上的新兴命题，具有率先爆发和较高集中度的可能性。

‖例题5‖ 主题投资介入时机的基本考量因素包括（　　）。

Ⅰ. 催化剂　　　　Ⅱ. 新颖性　　　　Ⅲ. 传统性　　　　Ⅳ. 爆炸性

A. Ⅰ、Ⅱ、Ⅲ　　　　　　　　　B. Ⅰ、Ⅱ、Ⅳ

C. Ⅱ、Ⅲ、Ⅳ　　　　　　　　　D. Ⅰ、Ⅱ、Ⅲ、Ⅳ

【答案】B

【解析】主题投资介入时机的基本考量因素包括：催化剂、爆炸性、新颖性。

六、行业比较与行业景气分析

（一）行业比较的目的（掌握）

行业是由许多同类企业构成的群体。只进行企业分析，虽然可以知道某个企业的经营状况和财务状况，但不能知道其他同类企业的状况，无法通过比较知道目前企业在同行业中的位置。而这在充满着高度竞争的现代经济中是非常重要的。

另外，行业所处生命周期的位置制约着或决定着企业的生存和发展。行业分析旨在界定行业本身所处的发展阶段及其在国民经济中的地位，同时对不同的行业进行横向比较，为最终确定投资对象提供准确的行业背景。

行业分析的目的是挖掘最具投资潜力的行业，进而选出最具投资价值的上市公司。行业分析的主要任务是解释行业本身所处的发展阶段及其在国民经济中的地位，分析影响行业发展的各种因素以及判断对行业的影响力度，预测并引导行业的未来发展趋势，判断行业投资价值，揭示行业投资风险，为政府部门、投资者以及其他机构提供决策依据或投资依据。

（二）行业景气分析（掌握）

行业景气	（1）当行业处于不同的周期节点时呈现不同的市场景象，称为行业景气 （2）处于周期波动不同周期节点的行业将有明显的表现差异。处于周期上升期的行业出现需求旺盛、生产满负荷和买卖活跃的景象。反之，处于周期下降期的行业出现需求萎靡、生产能力过剩、产品滞销、应收款增加、价格下跌和多数企业亏损的景象
景气指数	（1）景气指数又称为景气度，它是采用定量的方法综合反映某一特定调查群体或某一社会经济现象所处的状态或发展趋势的一种指标 （2）景气指数通常以100为临界值，范围在0～200点，景气指数高于100，表明调查对象的状态在上升或改善，处于景气状态；景气指数低于100，表明其在下降或恶化，处于不景气状态
行业景气指数	（1）行业景气指数是将能综合反映行业的各种指标进行加权编制而成的能够反映行业变动趋势的一种综合指数 （2）中经产业景气指数是目前我国比较成熟和权威的行业类景气指数，它是经济日报社中经产业指数研究中心与国家统计局中国经济景气监测中心共同研究编制而成的
行业景气影响因素	（1）影响行业景气的外因是宏观经济指标波动、经济周期、上下游产业链的供应需求变动，内因是行业的产品需求变动、生产能力变动、技术水平变化及产业政策的变化等 （2）在分析行业景气变化时，通常会关注到以下几个重要因素 ①需求。当行业产品需求增加时，会导致销售增加和总产量提高，行业景气由差向好转变，但这取决于需求量的多少和维持时间的长短。短时间的需求量提高不能作为景气好转的特征，仅作为波动而已 ②供应。当行业内部因竞争或产业政策限制，使总供应下降，而总需求不变，这时企业效益好转，景气好转。只要总需求不变，这种景气转变往往能维持较长的时间

行业景气影响因素	③产业政策。环保因素或产业升级,使行业的企业数减少,导致竞争下降,效益转好,这种景气能长时间维持 ④价格。价格因素是比较敏感的因素,也是波动较多的因素。价格上涨,一般实际需求增加,行业景气向好。但如果价格上涨是由于原料价格上涨造成反而使行业景气向淡。价格因素导致景气转变往往持续时间不长,这时由于价格因素改变会导致供应能力变化,供求关系改变进一步影响价格

‖ **例题 6** ‖ 通常影响行业景气的几个重要因素是 ( )。

A. 需求、供应、产业政策、消费习惯

B. 需求、供应、产业政策、价格

C. 需求、供应、国际市场、消费习惯

D. 需求、供应、国际市场、行业技术

【答案】B

【解析】行业景气通常会关注的重要因素包括:需求、供应、产业政策、价格。

七、绝对估值与相对估值

(一) 绝对估值法的概念及计算方法 (熟悉)

1. 绝对估值法

股票的绝对估值方法主要是现金流贴现模型,除此之外,也有人采用实物期权定价法、资产评估法等方法为股票估值,本书主要介绍现金流贴现模型。

现金流贴现模型,又称贴现法,是通过对上市公司历史、当前的基本面分析和对未来反映公司经营状况的财务数据的预测获得上市公司股票的内在价值。

在具体估值模型上,主要有股利贴现模型 (DDM) 和折现现金流模型 (DCF)。其中,折现现金流模型 (DCF) 又可以分为股权自由现金流模型 (FCFE) 和公司自由现金流模型 (FCFF)。

2. 绝对估值法的计算方法

股利贴现模型	（1）股利贴现模型（DDM）是通过贴现未来股利计算出股票的现值。其数学公式为 $$D = \sum_{t=1}^{\infty} \frac{D_t}{(1+r)^t}$$ 其中，D 为股票的内在价值，D_t 为第 t 期的股利，r 为贴现率 （2）DDM 的关键是贴现率 r 的确定。贴现率 r 实际上就是必要报酬率 （3）理想资本市场中，股权的必要报酬率等于其股票的预期收益率，因此可以通过资本资产定价模型（CAPM）来推导出 DDM 中的折现率： r = 股票的预期收益率 = 无风险利率 +（市场的资产组合预期收益率 – 无风险利率）× β 其中，β 表示该股票相对于市场风险溢价的倍数
折现现金流模型	（1）折现现金流模型（DCF）通过贴现公司未来自由现金流来确定公司现在价值。其数学公式为 $$D = \sum_{t=1}^{\infty} \frac{CF_t}{(1+r)^t}$$ 其中，D 为公司的内在价值，CF_t 为未来第 t 期的自由现金流，r 为贴现率。上述自由现金流指公司税后经营现金流扣除当年追加的资本投资和支付的现金股利后所剩余的资金 （2）根据自由现金流的不同，又可以将 DCF 分为股权自由现金流模型（FCFE）和公司自由现金流模型（FCFF） ①股权自由现金流模型（FCFE）中 FCFE 指的是公司支付了所有营运费用、资产投入、税收、偿债后可分配给公司股东的最大自由现金额。其计算公式为 FCFE = 净收益 + 折旧 – 资本性支出 – 债务偿还 – 营运资本追加额 + 新发行债务 ②公司自由现金流模型（FCFF）与 FCFE 不同的是，FCFF 不需要扣除供债权人分配的现金，即不扣除利息支出费用等，是公司可分配给公司股东及债权人的最大自由现金额。在实际运用中，FCFF 直接分析公司价值，完全由公司的经营状况决定，不受公司当前资本结构的影响，不同公司间更有可比性；而 FCFE 还受到债务的影响，更依赖于未来的变化。实际应用中可能更信赖 FCFF 计算得到的股票价值

‖例题 7‖ 股票的绝对估值方法包括（　　　）。

Ⅰ. 实物期权定价法　　　　　　Ⅱ. 资产评估法

Ⅲ. 现金流贴现法　　　　　　　Ⅳ. 市盈率法

A. Ⅰ、Ⅱ、Ⅲ　　　　　　　　B. Ⅰ、Ⅱ、Ⅳ

C. Ⅱ、Ⅲ、Ⅳ　　　　　　　　D. Ⅰ、Ⅱ、Ⅲ、Ⅳ

【答案】A

【解析】市盈率法属于相对估值法。

（二）相对估值法的概念及计算方法（熟悉）

相对估值法又称可比公司法，是指对公司估值时将目标公司与可比公司对比，用可比公司的价值衡量目标公司的价值。相对估值法最为常用的方法是市盈率法和市净率法，此外还有净利润成长率法、价格营收比例法、企业价值法等。

1. 市盈率估值法

市盈率（P/E）又称价格收益比或本益比，是每股价格与每股收益之间的比率，其计算公式为

$$市盈率（P/E）= \frac{普通股每股市价（P）}{普通股每股收益（E）}$$

市盈率法的具体估值过程是：首先，根据注册会计师审校后的盈利预测计算出发行人的每股收益（E）；然后，根据二级市场的平均市盈率、同类行业公司股票的市盈率、发行人的经营状况及其成长类型等拟定发行市盈率（P/E）；最后，两者相乘得到公司每股市价，调整后得到整个估值公司的价值。

市盈率法适用于周期性弱的公司，如公共服务业等。

其优点是：它是一个将股票价格与当前公司盈利状况联系在一起的一种直观的统计比率；市盈率比较容易得到和计算，也能够反映公司的风险和成长性。其缺点是：当每股收益价值为负值时市盈率没有意义；经济周期会引起公司收益的波动从而引起市盈率的变动，因此市盈率不大适合周期性强的企业。

2. 市净率估值法

市净率（P/B）又称净资产倍率，是每股市场价格与每股净资产之间的比率，其计算公式为

$$市净率（P/B）= \frac{普通股每股市价（P）}{每股净资产（B）}$$

与市盈率法不同，市净率法比较适合周期性强的企业，如银行业、保险业等。

市净率法的优点是：每股净资产相对稳定和直观；对于每股价值收益为负值的公司，或者非持续经营的公司，此方法仍然适用。市净率法的缺点是：资产的准确计算比较困难，尤其是品牌价值、人力资源价值等无形价值的确定；会计制度大多数规定，资产的账面价值等于最初的购买价格减去折旧，考虑到现实社会的通货膨胀和技术进步，用市净率法估值时账面价值与市场价值可能存在很大的背离。

3. 市现率模型

由于公司盈利水平容易被操纵而现金流价值通常不易被操纵,市价/现金比率(市现率)越来越多地被投资者所采用。市现率(P/CF)的计算公式为

$$P/CF = \frac{P_t}{CF_{t+1}}$$

其中,P_t 为 t 期股票的价格;CF_{t+1} 为公司在 $t+1$ 期的预期每股现金流。

用来计算的现金流指标通常是扣除利息、税款、折旧和摊销之前的收益(EBITDA)。根据公司性质不同,也可采用其他更能体现公司绩效的现金流(如营运现金流或自由现金流)。同时,合适的市现率也会受到公司资本结构的影响。

4. 市售率估值法

市售率(P/S)为股票价格与每股销售收入之比,其计算公式为

$$市售率 = \frac{股票价格}{每股销售收入}$$

对于一些无利润甚至亏损的公司,无法计算市盈率,对于轻资产公司,市净率的参考价值也不大。对于一些成立时间不长、利润也不显著的公司股票,市售率定价有一定的合理性。

5. 市值回报增长比

市值回报增长比(PEG)即市盈率对公司利润增长率的倍数,其计算公式为

$$市值回报增长比 = 市盈率/增长率$$

当 PEG 等于 1 时,表明市场赋予这只股票的估值可以充分反映其未来业绩的成长性。如果 PEG 大于 1,则这只股票的价值就可能被高估,或市场认为这家公司的业绩成长性会高于市场的预期。

通常,成长型股票的 PEG 都会高于 1,甚至在 2 以上,投资者愿意给予其高估值,表明这家公司未来很有可能会保持业绩的快速增长,这样的股票就容易有超出想象的市盈率估值。当 PEG 小于 1 时,要么是市场低估了这只股票的价值,要么是市场认为其业绩成长性可能比预期的要差。通常价值型股票的PEG 都会低于 1,以反映低业绩增长的预期。

6. 企业价值倍数

企业价值倍数(EV/EBITDA)是一种被广泛使用的公司估值指标。它反映了投资资本的市场价值和未来一年企业收益间的比例关系。其中,企业价值(Enterprise Value,EV)的计算公式为

企业价值 = 市值 + （总负债 − 总现金）= 市值 + 净负债

扣除利息、税款、折旧及摊销前的收益（EBITDA）用于计算公司经营业绩。其计算公式为

EBITDA = 净利润 + 所得税 + 利息 + 折旧 + 摊销

或

EBITDA = EBIT + 折旧 + 摊销

企业价值倍数 = 企业价值/企业摊销前的收益

EV/EBITDA 使用 EV，即投入企业的所有资本的市场价值代替市盈率模型中的股价，使用 EBITDA 代替市盈率模型中的每股净利润。

P/E 和 EV/EBITDA 反映的都是市场价值和收益指标间的比例关系，只不过 P/E 是从股东的角度出发，EV/EBITDA 则是从全体投资人的角度出发。在 EV/EBITDA 方法中，要最终得到对股票市值的估计，还必须减去债权的价值。

企业价值倍数的优点是：①由于不受所得税税率不同的影响，不同国家和市场的上市公司估值更具可比性；②不受资本结构不同的影响，公司对资本结构的改变不会影响估值，同样有利于比较不同公司的估值水平；③排除了折旧、摊销这些非现金成本的影响（现金比账面利润重要），可以更准确地反映公司价值。企业价值倍数的缺点是：EV/EBITDA 更适用于单一业务或子公司较少的公司估值，如果业务或合并子公司数量众多，需要做复杂调整，有可能会降低其准确性。

‖ 例题 8 ‖ 对于一些成立时间不长、利润也不显著的公司股票，（　　）定价有一定的合理性。

A. 市盈率　　　　B. 市净率　　　　C. 市售率　　　　D. 企业价值倍数

【答案】C

【解析】利润不显著的公司市盈率和企业价值倍数较难适用，新成立的公司资产尚不稳定，市净率的参考价值不大。

章节测试

一、单项选择题（以下备选项中只有一项符合题目要求，不选、错选均不得分）

1. 以下不是 GDP 的计算方法的是（　　）。

A. 生产法　　　　B. 支出法　　　　C. 增加值法　　　　D. 收入法

2. （　　）是国家宏观调控最主要的任务和目标。

A. 促进经济增长   B. 充分就业

C. 物价稳定   D. 国际收支平衡

3. 道·琼斯分类法将大多数股票分为（   ）三类。

A. 工业、农业、商业

B. 工业、运输业、金融业

C. 工业、运输业、公用事业

D. 工业、公用事业、高科技

4. 对经济周期性波动来说，提供了一种财富套期保值手段的行业属于（   ）。

A. 增长型   B. 周期型   C. 防守型   D. 幼稚型

5. 在经济周期的四阶段下，一般来说，在衰退阶段表现较好的是（   ）。

A. 医疗保健、公共事业、日常消费

B. 能源、金融、可选消费

C. 电信服务、日常消费、医疗保健

D. 能源、材料、金融

6. 某一行业有如下特征：企业的利润增长很快，但竞争风险较大，破产率和被兼并率相当高，那么这一行业最有可能处于生命周期的（   ）。

A. 幼稚期   B. 成长期   C. 成熟期   D. 衰退期

7. 在股价既定的条件下，公司市盈率的高低，主要取决于（   ）。

A. 每股收益   B. 投资风险   C. 每股股利   D. 每股净资产

8. 下列各项中，（   ）是经营活动中的关联交易。

A. 资产承包给关联企业

B. 大股东资产注入

C. 关联企业之间相互持股

D. 上市公司以收取资金占用费形式为母公司垫付资金的行为

9. 下列选项中，属于采用收益现值法评估资产优点的是（   ）。

A. 与投资决策相结合，用此评估法评估资产的价格，易为买卖双方接受

B. 比较充分地考虑了资产的损耗，评估结果更加公平合理

C. 有利于单项资产和特定用途资产的评估

D. 从统计的角度总结出相同类型公司的财务特征，得出的结论有一定的可靠性

10. 关于证券投资策略，下列说法正确的是（   ）。

A. 选择什么样的投资策略与市场是否有效无关

B. 如果市场是有效的，可以采取主动型投资策略

C. 如果市场是有效的，可以采取被动型投资策略

D. 如果市场是无效的，可以采取被动型投资策略

11. 下列关于景气指数的说法中，错误的是（　　　）。

A. 景气指数又称景气度

B. 通常以 100 为临界值，范围在 0～100

C. 景气指数高于 100，表明调查对象的状态处于上升或改善，处于景气状态

D. 景气指数低于 100，表明其处于下降或恶化，处于不景气状态

二、组合单项选择题（以下备选项中只有一项最符合题目要求，不选、错选均不得分）

1. 下列关于中国物流与采购联合会发布的制造业 PMI 的扩散指数（分类指数）及其权数对应的有（　　　）。

Ⅰ. 新订单指数，权数为 25%

Ⅱ. 原材料库存指数，权数为 15%

Ⅲ. 从业人员指数，权数为 20%

Ⅳ. 供应商配送指数，权数为 15%

A. Ⅰ、Ⅱ　　　　　B. Ⅱ、Ⅲ　　　　　C. Ⅱ、Ⅳ　　　　　D. Ⅲ、Ⅳ

2. PPI 向 CPI 的传导途径有（　　　）。

Ⅰ. 原材料—生产资料—生活资料　　Ⅱ. 原材料—生活资料—生产资料

Ⅲ. 农业生产资料—食品—农产品　　Ⅳ. 农业生产资料—农产品—食品

A. Ⅰ、Ⅲ　　　　　B. Ⅰ、Ⅳ　　　　　C. Ⅱ、Ⅲ　　　　　D. Ⅱ、Ⅳ

3. 我国利率市场化改革的基本思路是（　　　）。

Ⅰ. 先外币、后本币　　　　　　Ⅱ. 先存款、后贷款

Ⅲ. 先贷款、后存款　　　　　　Ⅳ. 存款先大额长期、后小额短期

A. Ⅰ、Ⅱ、Ⅲ　　　　　　　　B. Ⅱ、Ⅲ、Ⅳ

C. Ⅱ、Ⅳ　　　　　　　　　　D. Ⅰ、Ⅲ、Ⅳ

4. "三元悖论"中的"三元"是指（　　　）。

Ⅰ. 自由的资本流动　　　　　　Ⅱ. 固定的汇率

Ⅲ. 独立的汇率政策　　　　　　Ⅳ. 独立的货币政策

A. Ⅰ、Ⅱ、Ⅲ　　　　　　　　B. Ⅱ、Ⅲ、Ⅳ

C. Ⅰ、Ⅱ、Ⅳ　　　　　　　　D. Ⅰ、Ⅲ、Ⅳ

5. 关于防守型行业，下列说法正确的有（   ）。

Ⅰ. 该类型行业的产品需求相对稳定，需求弹性大

Ⅱ. 该类型行业的产品往往是生活必需品或者必要的公共服务

Ⅲ. 有些防守型行业在经济衰退时期还会有一定的实际增长

Ⅳ. 投资于防守型行业一般属于资本利得投资，而非收入型投资

A. Ⅰ、Ⅲ　　　　B. Ⅰ、Ⅳ　　　　C. Ⅱ、Ⅲ　　　　D. Ⅱ、Ⅳ

6. 下列属于行业分析信息和数据的质量要求的有（   ）。

Ⅰ. 完整性　　　Ⅱ. 准确性　　　Ⅲ. 一致性　　　Ⅳ. 及时性

A. Ⅰ、Ⅱ、Ⅲ　　　　　　　　　B. Ⅱ、Ⅲ、Ⅳ

C. Ⅰ、Ⅱ、Ⅳ　　　　　　　　　D. Ⅰ、Ⅱ、Ⅲ、Ⅳ

7. 行业分析信息的收集方法包括（   ）。

Ⅰ. 观察法　　　Ⅱ. 实验方法　　　Ⅲ. 文献检索　　　Ⅳ. 调查法

A. Ⅰ、Ⅱ、Ⅲ　　　　　　　　　B. Ⅱ、Ⅲ、Ⅳ

C. Ⅰ、Ⅱ、Ⅳ　　　　　　　　　D. Ⅰ、Ⅱ、Ⅲ、Ⅳ

8. 下列各项中，属于产业政策范畴的有（   ）。

Ⅰ. 玻璃纤维行业准入条件　　　　Ⅱ. 企业会计准则

Ⅲ. 钢铁产业发展政策　　　　　　Ⅳ.《反垄断法》

A. Ⅰ、Ⅱ、Ⅲ　　　　　　　　　B. Ⅱ、Ⅲ、Ⅳ

C. Ⅰ、Ⅱ、Ⅳ　　　　　　　　　D. Ⅰ、Ⅲ、Ⅳ

9. 现金流量表的内容包括（   ）。

Ⅰ. 经营活动产生的现金流量　　　Ⅱ. 投资活动产生的现金流量

Ⅲ. 筹资活动产生的现金流量　　　Ⅳ. 日常经营产生的现金流量

A. Ⅰ、Ⅱ、Ⅲ　　　　　　　　　B. Ⅱ、Ⅲ、Ⅳ

C. Ⅰ、Ⅱ、Ⅳ　　　　　　　　　D. Ⅰ、Ⅲ、Ⅳ

10. 财务报表分析的方法主要有（   ）。

Ⅰ. 估值法　　　Ⅱ. 比较分析法　　　Ⅲ.因素分析法　　　Ⅳ. 重置成本法

A. Ⅰ、Ⅱ　　　　B. Ⅰ、Ⅳ　　　　C. Ⅱ、Ⅲ　　　　D. Ⅲ、Ⅳ

11. 下列因素中，能增加企业变现能力的因素有（   ）。

Ⅰ. 准备很快变现的长期资产　　　Ⅱ. 可动用的银行贷款指标

Ⅲ. 偿债能力的声誉　　　　　　　Ⅳ. 未做记录的或有负债

A. Ⅰ、Ⅱ、Ⅲ　　　　　　　　　B. Ⅰ、Ⅲ、Ⅳ

C. Ⅱ、Ⅲ、Ⅳ　　　　　　　　　D. Ⅰ、Ⅱ、Ⅳ

12. 按照关联交易的性质划分，关联交易一般可分为（   ）。

Ⅰ．进出口贸易中的关联交易　　　Ⅱ．资产重组中的关联交易

Ⅲ．经营活动中的关联交易　　　　Ⅳ．增资或减资型关联交易

A．Ⅰ、Ⅱ　　　　　B．Ⅲ、Ⅳ　　　　C．Ⅱ、Ⅲ　　　　D．Ⅰ、Ⅳ

13．通常，可以将自由现金流分为（　　　）。

Ⅰ．企业自由现金流　　　　　　　Ⅱ．股东自由现金流

Ⅲ．债权人现金流　　　　　　　　Ⅳ．关联人现金流

A．Ⅰ、Ⅱ　　　　　　　　　　　B．Ⅰ、Ⅱ、Ⅲ

C．Ⅰ、Ⅱ、Ⅳ　　　　　　　　　D．Ⅰ、Ⅱ、Ⅲ、Ⅳ

14．下列关于自由现金流估值的说法正确的有（　　　）。

Ⅰ．在 FCFF 方法中，如果公司的债务被高估，那么 FCFF 方法得到的股权价值将比使用 FCFE 估值得到的股权价值低

Ⅱ．相对于 FCFE，FCFF 在股权自由现金流为负值时更为实用

Ⅲ．高成长的企业通常不向股东分配现金，所以 FCFF 比 DDM 更为实用

Ⅳ．一般情况下，股权自由现金流大于公司自由现金流

A．Ⅰ、Ⅱ、Ⅲ　　　　　　　　　B．Ⅰ、Ⅱ、Ⅳ

C．Ⅰ、Ⅲ、Ⅳ　　　　　　　　　D．Ⅱ、Ⅲ、Ⅳ

章节测试答案与解析

一、单项选择题

1．【答案】C

【解析】GDP 的计算方法包括生产法、收入法、支出法。

2．【答案】A

【解析】促进经济增长是国家宏观调控最主要的任务和目标。

3．【答案】C

【解析】道·琼斯分类法将大多数股票分为工业、运输业、公用事业三类。

4．【答案】A

【解析】增长型行业提供了一种财富套期保值的手段。

5．【答案】A

【解析】医疗保健、公用事业、日常消费都属于防守型行业，在衰退期表现较好。

6．【答案】B

【解析】处于成长期的企业虽然其利润增长很快，但破产率和被兼并率都

会相当高。

7.【答案】A

【解析】市盈率＝每股市价/每股收益，在市价确定的情况下，每股收益越高市盈率越低，投资风险越小；反之则相反。

8.【答案】A

【解析】大股东资产注入和关联企业之间相互持股属于资产重组中的关联交易，上市公司以收取资金占用费形式为母公司垫付资金的行为不属于关联交易。

9.【答案】A

【解析】采用收益现值法评估资产的优点是：能真实和较准确地反映企业本金化的价格；与投资决策相结合，用此评估法评估资产的价格，易为买卖双方接受。

10.【答案】C

【解析】选择什么样的投资策略与市场是否有效相关，如果市场是有效的，可以采取被动型投资策略，如果市场是无效的，可以采取主动型投资策略。

11.【答案】B

【解析】景气指数的取值范围为 0～200。

二、组合单项选择题

1.【答案】D

【解析】PMI各指数的权重分别是：订单30%，生产25%，雇员20%，配送15%，存货10%。

2.【答案】B

【解析】PPI向CPI传导通常有两条途径：一是以工业品为原料的生产，存在"原材料—生产资料—生活资料"的传导；另一条是以农产品为原料的生产，存在"农业生产资料—农产品—食品"的传导。

3.【答案】D

【解析】我国利率市场化改革的总体思路为：先放开货币市场利率和债券市场利率，再逐步推进存、贷款利率的市场化。其中存、贷款利率市场化的总体思路为"先本币、后外币；先贷款、后存款；先长期、大额，后短期、小额"。

4.【答案】C

【解析】"三元悖论"中的"三元"是指自由的资本流动、固定的汇率、独立的货币政策。

5. 【答案】C

【解析】Ⅰ，防守型行业产品需求弹性小；Ⅳ，投资于防守型行业一般属于收入型投资，而非资本利得投资。

6. 【答案】D

【解析】行业分析信息和数据的质量要求包括完整性、一致性、准确性、及时性。

7. 【答案】D

【解析】选项全部正确，此外还有网络信息收集。

8. 【答案】D

【解析】一般认为，产业政策可以包括产业结构政策、产业组织政策、产业技术政策和产业布局政策等部分。Ⅰ、Ⅲ两项属于我国目前现行的产业政策；Ⅳ项属于产业组织政策。

9. 【答案】A

【解析】现金流量表主要分为经营活动、投资活动和筹资活动产生的现金流量三部分。

10. 【答案】C

【解析】财务报表分析的方法有比较分析法和因素分析法两大类。

11. 【答案】A

【解析】未做记录的或有债务会减弱企业的变现能力。

12. 【答案】C

【解析】关联交易一般可分为资产重组中的关联交易和经营活动中的关联交易。

13. 【答案】A

【解析】根据自由现金流的不同，可以分为股权自由现金流和公司自由现金流。

14. 【答案】A

【解析】一般情况下，股权自由现金流小于公司自由现金流。

第六章

技术分析

本章考情分析

本章在考试大纲中共列举了 14 个考点，涉及技术分析的基本概念、适用范围、分类及特点、主要理论及应用等内容。考试大纲未进行分节，本书根据相关内容分为两节：证券投资技术分析概述和技术分析主要理论及应用。

本章知识点不多，但考试频率较高。在最近三次考试中平均分值约为 20 分。其中要求掌握的 K 线理论、趋势线、通道线、黄金分割线、百分比线和各种形态，以及要求熟悉的切线理论、技术支撑和阻力、各种缺口等都是相对高频的考点。技术分析在投资中有重要参考意义，教材中重要知识点应强化学习，在理解的基础上准确记忆，争取能够灵活运用。

第一节　证券投资技术分析概述

本节大纲要求

1. 熟悉技术分析的含义、要素、假设和理论基础；

2. 熟悉量价关系变化规律；

3. 掌握道氏理论的原理；

4. 熟悉技术分析方法的分类及其特点；

5. 了解技术分析的应用前提、适用范围和局限性。

本节内容精讲

一、技术分析的含义、要素、假设和理论基础（熟悉）

含义	①技术分析是以证券市场过去和现在的市场行为为分析对象，应用数学和逻辑的方法，探索出一些典型变化规律，并据此预测证券市场未来变化趋势的技术方法 ②技术分析法不但应用于证券市场，还广泛应用于外汇、期货和其他金融市场
要素	①在证券市场中，技术分析的要素包括价格、成交量、时间和空间。这几个因素的具体情况和相互关系是正确分析的基础 ②市场行为最基本的表现就是成交价和成交量
假设	①市场行为涵盖一切信息。这条假设是进行技术分析的基础 ②证券价格沿趋势移动。这一假设是进行技术分析最根本、最核心的条件 ③历史会重演。技术分析法认为，根据历史资料概括出来的规律已经包含了未来证券市场的一切变动趋势，可以根据历史预测未来
理论基础	①道氏理论是技术分析的理论基础，许多技术分析方法的基本思想都来自道氏理论 ②该理论的创始人是美国人查尔斯·亨利·道。为了反映市场总体趋势，他与爱德华·琼斯创立了著名的道·琼斯平均指数

‖例题1‖ 从某种意义上讲，（   ）可以认为是价格的一方面，指的是价格波动能够达到的极限。

A. 成交价　　　　　B. 成交量　　　　　C. 时间　　　　　D. 波动空间

【答案】D

【解析】波动空间可以认为是价格的一方面。

二、量价关系变化规律（熟悉）

1. 量价关系变化的含义

市场行为最基本的表现就是成交价和成交量。供求双方在某一时点上共同的市场行为表现为这一时点的价和量，它是双方的暂时均势点。随着时间的变化，均势会不断发生变化，这就是量价关系的变化。

2. 量价关系变化的规律

一般来说，成交量的大小反映了买卖双方对价格的认同程度。认同程度小，分歧大，成交量小；认同程度大，分歧小，成交量大。双方的这种市场行为反映在价、量上往往呈现出这样一种趋势规律：价升量增，价跌量减。

根据这一趋势规律，当价格上升时，成交量不再增加，意味着价格得不到买方确认，价格的上升趋势就将会改变；反之，当价格下跌时，成交量萎缩到一定程度就不再降低，意味着卖方不再认同价格继续下降，价格下跌趋势就将会改变。

成交价、成交量的这种规律关系是技术分析的合理性所在，因此价、量是技术分析的基本要素，一切技术分析方法都是以价、量关系为研究对象的，目的就是分析、预测未来的价格趋势，为投资决策提供服务。

三、道氏理论的原理（掌握）

作为技术分析的理论基础，道氏理论的主要原理有以下几点。

（1）市场平均价格指数可以解释和反映市场的大部分行为。这是道氏理论对证券市场的重大贡献。道氏理论认为收盘价是最重要的价格，并利用收盘价计算平均价格指数。

（2）市场波动具有某种趋势。道氏理论认为，价格的波动尽管表现形式不同，但最终可以将它们分为三种趋势：主要趋势、次要趋势和短暂趋势。

①主要趋势是那些持续 1 年或 1 年以上的趋势，看起来像大潮；

②次要趋势是那些持续 3 周到 3 个月的趋势，看起来像波浪，是对主要趋势的调整；

③短暂趋势的持续时间不超过 3 周，看起来像波纹，其波动幅度更小。

（3）主要趋势有三个阶段（以上升趋势为例）：第一个阶段为累积阶段；第二个阶段为上涨阶段；市场价格达到顶峰后出现的又一个累积期属于第三个阶段。当出现下降趋势，并又回到累积期，第三个阶段结束。

（4）两种平均价格指数必须相互加强。道氏理论认为，工业平均指数和运输业平均指数必须在同一方向上运行才可确认某一市场趋势的形成。

（5）趋势必须得到交易量的确认。在确定趋势时，交易量是重要的附加信息，交易量应在主要趋势的方向上放大。

（6）一个趋势形成后将持续，直到趋势出现明显的反转信号。这是趋势分析的基础。然而，确定趋势的反转却不太容易。

‖ 例题 2 ‖ 道氏理论中，最重要的价格是（　　　）。

A. 最低价　　　　B. 开盘价　　　　C. 最高价　　　　D. 收盘价

【答案】D

【解析】道氏理论认为最重要的是收盘价，并以此来计算平均价格指数。

四、技术分析方法的分类及其特点（熟悉）

在价、量历史资料基础上进行的统计、数学计算、绘制图表方法是技术分析的主要手段。一般来说，可以将技术分析方法分为常用的五类。

（一）指标类

指标类是根据价、量的历史资料，通过建立一个数学模型，给出数学上的计算公式，得到一个体现证券市场的某个方面内在实质的指标值。指标反映的内容大多是无法从行情报表中直接看到的，可为我们的操作提供指导方向。常见的指标有相对强弱指标（RSI）、随机指标（KDJ）、趋向指标（DMI）、指数平滑异同移动平均线（MACD）、能量潮（OBV）、心理线（PSY）、乖离率（BIAS）等。

（1）相对强弱指标（RSI）是与KDJ齐名的常用技术指标。RSI以一特定时期内股价的变动情况推测价格未来的变动方向，并根据股价涨跌幅度显示市场的强弱。

（2）KDJ又称随机指标，是由乔治·莱恩首创的。与威廉指标一样，是期货市场和股票市场上最常用的技术分析工具之一。

（3）指数平滑异同移动平均线（MACD）是利用快速移动平均线和慢速移动平均线，在一段上涨或下跌行情中两线之间的差距拉大，而在涨势或跌势趋缓时两线又相互接近或交叉的特征，通过双重平滑运算后研判买卖时机的方法。

（4）能量潮（OBV）指标即平衡交易量，人们更多地称其为能量潮，它是格兰维尔在20世纪60年代提出来的。该指标的理论基础是市场价格的有效变动必须有成交量配合，量是价的先行指标。利用OBV可以验证当前股价走势的可靠性，并可以得到趋势可能反转的信号。

（5）心理线（PSY）指标是从投资者的买卖趋向心理方面，将一定时期内投资者看多或看空的心理事实转化为数值，来研判股价未来走势的技术指标。

（6）乖离率（BIAS）指标是测算股价与移动平均线偏离程度的指标，其基本原理是：如果股价偏离移动平均线太远，不管股价在移动平均线上方或下方，都有向平均线回归的要求。

（二）切线类

切线类是按一定方法和原则，在根据股票价格数据所绘制的图表中画出一些直线，然后根据这些直线的情况推测股票价格的未来趋势，为投资操作提供参考。这些直线就叫切线。

切线的画法最为重要，画得好坏直接影响预测的结果。常见的切线有趋势线、轨道线、黄金分割线、甘氏线、角度线等。

（三）形态类

形态类是根据价格图表中过去一段时间走过的轨迹形态来预测股票价格未来趋势的方法。价格走过的形态是市场行为的重要部分，从价格轨迹的形态中，我们可以推测出证券市场处在一个什么样的大环境中，由此对今后的投资给予一定的指导。主要的形态有 M 头、W 底、头肩顶、头肩底等十几种。

（四）K 线类

K 线类是根据若干天的 K 线组合情况，推测证券市场中多空双方力量的对比，进而判断证券市场行情的方法。K 线图是进行各种技术分析最重要的图表。人们经过不断总结经验，发现了一些对股票买卖有意义的 K 线组合，而且新的研究结果也在不断地被发现、被运用。

（五）波浪类

波浪理论是把股价的上下变动和不同时期的持续上涨、下跌看成波浪的上下起伏，认为股票的价格运动遵循波浪起伏的规律，数清楚了各个浪就能准确地预见跌势已接近尾声，牛市即将来临；或是牛市已到了强弩之末，熊市即将来到。波浪理论较之别的技术分析流派，最大的区别就是能提前很长时间预计到行情的底和顶，而别的流派往往要等到新的趋势已经确立之后才能看到。但是，波浪理论又是公认的较难掌握的技术分析方法。

‖ 例题 3 ‖ 如果股价偏离移动平均线太远，不管股价在移动平均线上方或下方，都有向平均线回归的要求，这是（　　）指标的基本原理。

A. KDJ　　　　　　B. MACD　　　　　C. BIAS　　　　　D. PSY

【答案】C

【解析】乖离率（BIAS）指标是测算股价与移动平均线偏离程度的指标。

五、技术分析的应用前提、适用范围和局限性（了解）

应用前提	①市场行为涵盖一切信息。能够影响某种资产价格的基础的、政治的、心理的等各方面的因素都反映在其价格中，价格变化必定反映供求关系 ②证券价格沿趋势移动。价格的变动常常是沿着现存趋势方向继续演变，掉头反向的可能性很小。技术分析本质上就是顺应趋势，其目标是判定和追随既成趋势 ③历史会重演。技术分析与人类心理学关系密切。过去有效的行为在未来同样有效，因为它们是以人类心理为根据的。历史会重演，但却以不同方式重演
适用范围	技术分析法不但应用于证券市场，还广泛应用于外汇、期货和其他金融市场
局限性	①技术分析所得到的结论仅是一种建议，是以概率的形式出现的 ②技术分析所用信息都是已有的信息，滞后于行情的发展，得出的买卖信号存在超前或滞后的可能，无法指导人们长期投资 ③技术分析眼光太短，考虑问题较短浅，对市场长远的趋势不能进行有益的判断。因此技术分析只能给出相对较短的结论

第二节 技术分析主要理论及应用

本节大纲要求

1. 熟悉 K 线理论；

2. 掌握 K 线的主要形状及其组合的应用；

3. 熟悉切线理论；

4. 熟悉趋势的定义和类型；

5. 熟悉技术支撑和阻力的含义和作用；

6. 掌握趋势线、通道线、黄金分割线、百分比线的画法及应用；

7. 熟悉形态理论；

8. 掌握各主要反转形态和整理形态的定义、特性及应用；

9. 熟悉各种缺口类型的定义、特性及应用。

本节内容精讲

一、K线理论（熟悉）

K线就是指将各种股票每日、每周、每月的开盘价、收盘价、最高价、最低价等涨跌变化状况，用图形的方式表现出来。

K线起源于200多年前的日本，又称日本线。最初只是用于米市交易。目前已经形成了一整套K线分析理论，并在实际中得到广泛应用，受到证券市场、外汇市场以及期货市场等各类市场投资者的喜爱。

二、K线的主要形状及其组合的应用（掌握）

（一）K线的主要形状

K线是一条柱状的线条，该线条由影线和实体组成。影线在实体上方的部分叫上影线，下方的部分叫下影线。实体表示一日的开盘价和收盘价，上影线的上端顶点表示一日的最高价，下影线的下端顶点表示一日的最低价。根据开盘价和收盘价的关系，K线又分为阳（红）线和阴（黑）线两种，收盘价高于开盘价时为阳线，收盘价低于开盘价时为阴线。

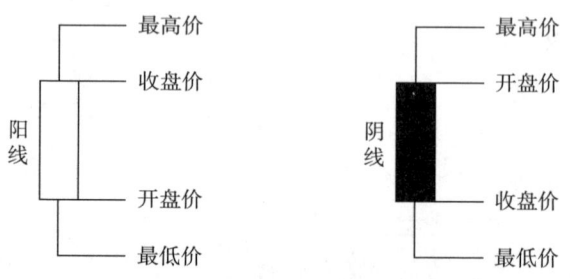

图6-1 K线的两种常见形状

除了上述K线形状外，由于4个价格的不同取值，还会产生其他形状的K线。

K 线分类	形状	出现情形
光头阳线或光头阴线		收盘价或开盘价＝最高价
光脚阳线或光脚阴线		开盘价或收盘价＝最低价
光头光脚的阳线或阴线		开盘价＝最低价或最高价，收盘价＝最高价或最低价
十字形 K 线		开盘价＝收盘价
T 字形 K 线		开盘价＝收盘价＝最高价
倒 T 字形 K 线		开盘价＝收盘价＝最低价
一字形 K 线		开盘价＝收盘价＝最低价＝最高价

（二）K 线的组合应用

K 线的组合应用体现在以下两个方面。

1. 单根 K 线的应用

应用单根 K 线研判行情，主要从实体的长短、阴阳，上下影线的长短以及实体的长短与上下影线长短之间的关系等几个方面进行。

名称	图例	K线含义
大阳线实体		①它是大幅低开高收的阳线，实体很长以至于可以忽略上下影线的存在 ②这种K线说明多方已经取得了决定性胜利，这是一种涨势的信号。如果这条长阳线出现在一段盘局的末端，它所包含的内容将更有说服力
大阴线实体		①大阴线实体的含义正好同大阳线实体相反 ②大阴线实体表明，空方已取得优势地位，是一种跌势的信号。如果这条长阴线出现在一段上涨行情的末端，行情下跌的可能性将更大
有上下影线的阳线和阴线		①这是两种最为普遍的K线形状，说明多空双方争斗很激烈。双方一度都占据优势，把价格抬到最高价或压到最低价，但又都被对方顽强地拉回。阳线是到了收尾时多方才勉强占优势，阴线则是到收尾时空方才勉强占优势 ②对多方与空方优势的衡量，主要依靠上下影线和实体的长度来确定。一般来说，上影线越长，下影线越短，阳线实体越短或阴线实体越长，越有利于空方占优；上影线越短，下影线越长，阴线实体越短或阳线实体越长，越有利于多方占优 ③上影线和下影线相比的结果，可以判断多方和空方的努力对比。上影线长于下影线，利于空方；下影线长于上影线，利于多方
十字星		①十字星的出现表明多空双方力量暂时平衡，使市势暂时失去方向，但却是一个值得警惕、随时可能改变趋势方向的K线图形 ②十字星分为两种，一种是大十字星，它有很长的上下影线，表明多空双方争斗激烈，最后回到原处，后市往往有变化。另一种为小十字星，它的上下影线较短，表明窄幅盘整，交易清淡
总结		①应用一根K线进行分析时，多空双方力量的对比取决于影线的长短与实体的大小 ②一般来说，指向一个方向的影线越长，越不利于股价今后朝这个方向变动 ③阳线实体越长，越有利于上涨；阴线实体越长，越有利于下跌。另外，当上下影线相对于实体较短时，可忽略影线的存在

2. 由多根K线的组合推测行情

K线组合的情况非常多，要综合考虑各根K线的阴阳、高低、上下影线的长短等。无论是两根K线、三根K线乃至多根K线，都是以各根K线的相对位置和阴阳来推测行情的。

将前一天的 K 线画出，然后，将这根 K 线按数字划分成五个区域，如图6－2所示。

从区域 1 到区域 5 是多方力量减少、空方力量增加的过程。

对两根 K 线的组合来说，第二天的 K 线是进行行情判断的关键。简单地说，第二天多空双方争斗的区域越高，越有利于上涨；越低，越有利于下跌。

总之，无论 K 线的组合多复杂，考虑问题的方式是相同的，都是由最后一根 K 线相对于前面 K 线的位置来判断多空双方的实力大小。此外，K 线多的组合要比 K 线少的组合得出的结论可靠。

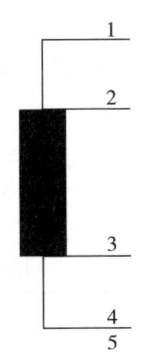

图 6－2　K 线区域划分

‖ **例题 1** ‖ 关于 K 线组合，下列表述正确的是（　　　）。

A. 最后一根 K 线的位置越低，越有利于多方

B. 最后一根 K 线的位置越高，越有利于空方

C. 越是靠后的 K 线越重要

D. 越是靠前的 K 线越重要

【答案】C

【解析】最后一根 K 线的位置越高越有利于多方，越低越有利于空方，越是靠后的 K 线越重要。

三、切线理论（熟悉）

切线理论是在"股票价格呈趋势变动"的理论前提下，用一系列直线（切线）来描述和分析股票价格的变动趋势（包括受到的压力或支撑及运动方向），从而为趋势投资者提供决策依据的理论。

切线理论认为股票投资的顺势而为是极为重要的，"势"即趋势，为股票价格波动方向。趋势有上升、下降、水平三个方向。利用切线理论能够简单有效地区分短期、中期和长期趋势的转变，从而判断出短期、中期和长期的买入时机。具体的方法如下：

（1）短期下降趋势线向上突破是短线买入时机；

（2）中期下降趋势线向上突破是中线买入时机；

（3）长期下降趋势线向上突破是中长线买入时机。

四、趋势的定义和类型 （熟悉）

定义	趋势是指股票价格的波动方向。若确定了一段上升或下降的趋势，则股价的波动必然朝着这个方向运动。上升行情中，虽然也可能下降，但不影响上升的大方向；同样，下降行情中也可能上升，但不断出现的新低使下降趋势不变
类型	道氏理论将趋势分为以下三个类型 ①主要趋势。作为趋势的主要方向，它是股票投资者极力要弄清楚的。只有了解了主要趋势才能做到顺势而为。主要趋势是股价波动的大方向，一般持续的时间比较长 ②次要趋势。次要趋势是在主要趋势中进行的调整，是主要趋势中局部的调整和回撤 ③短暂趋势。短暂趋势是在次要趋势中进行的调整。短暂趋势与次要趋势的关系就如同次要趋势与主要趋势的关系一样

五、技术支撑和阻力的含义和作用 （熟悉）

1. 支撑线和压力线的含义

（1）支撑线又称为抵抗线，是指当股价下跌到某个价位附近时，会出现买方增加、卖方减少的情况，从而使股价停止下跌，甚至有可能回升。

（2）压力线又称为阻力线，是指当股价上涨到某个价位附近时，会出现卖方增加、买方减少的情况，股价会停止上涨，甚至回落。

2. 技术支撑和阻力的作用

（1）支撑线和压力线的作用是阻止或暂时阻止股价朝一个方向继续运动。支撑线具有阻止股价继续下跌的作用，压力线具有阻止股价继续上升的作用。

（2）支撑线和压力线存在被突破的可能，它们只不过是暂时的停顿而已，不足以长久地阻止股价保持原来的变动方向，如图 6 - 3 所示。

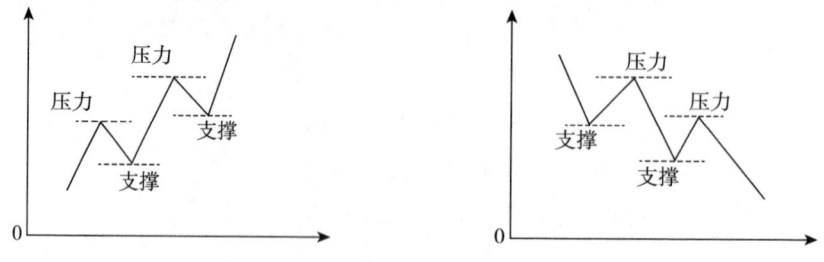

图 6 - 3　支撑线和压力线被突破

（3）支撑线和压力线又有彻底阻止股价按原方向变动的可能。当一个趋势终结了，它就不可能创出新的低价或新的高价，这时的支撑线和压力线就显得异常重要，如图6-4所示。

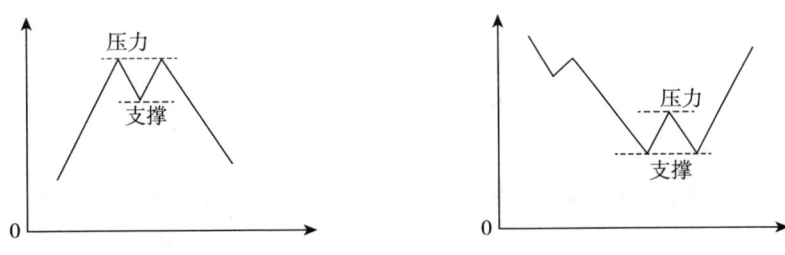

图6-4 支撑线和压力线改变原方向

3. 支撑线和压力线的确认和修正

一般来说，支撑线或压力线对当前影响的重要性有三个方面的考虑：

①股价在这个区域停留时间的长短；

②股价在这个区域伴随的成交量的大小；

③这个支撑区域或压力区域发生的时间距离当前这个时期的远近。

显然，股价停留的时间越长、伴随的成交量越大、离现在越近，则这个支撑区域或压力区域对当前的影响就越大；反之就越小。

对支撑线和压力线的修正过程实际上是对现有各个支撑线和压力线重要性的确认。

4. 支撑线和压力线的相互转化

一条支撑线如果被跌破，那么这一支撑线将成为压力线；同理，一条压力线被突破，这条压力线将成为支撑线。这说明支撑线和压力线的地位不是一成不变的，而是可以改变的，条件是它被有效的、足够强大的股价变动突破，如图6-5所示。

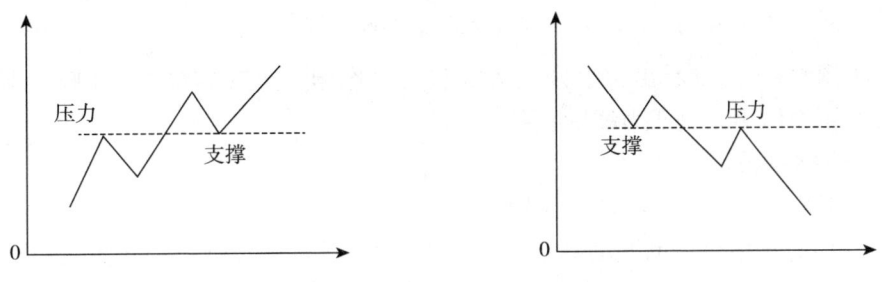

图6-5 支撑线和压力线的转化

‖ 例题2 ‖ 股票价格走势的支撑线是（　　　）。

Ⅰ. 支撑股价上升的一条线 　　　　Ⅱ. 一条直线

Ⅲ. 只出现在上升行情中 　　　　　Ⅳ. 一条曲线

A. Ⅰ、Ⅱ 　　　　B. Ⅰ、Ⅳ 　　　　C. Ⅱ、Ⅲ 　　　　D. Ⅲ、Ⅳ

【答案】A

【解析】支撑线是一条直线，既可以出现在上升的行情中，也可以出现在下降的行情中，在一定条件下还可以与压力线相互转化。

六、趋势线、通道线、黄金分割线、百分比线的画法及应用（掌握）

（一）趋势线的画法及应用

趋势线是用来表示证券价格变化的趋势方向的直线。由于股票价格的波动可分为长期趋势、中期趋势及短期趋势三种，因此描述价格变动的趋势线也分为长期趋势线、中期趋势线与短期趋势线三种。

1. 趋势线的画法

连接一段时间内价格波动的高点或低点可画出一条趋势线。在上升趋势中，将两个低点连成一条直线，就得到上升趋势线；在下降趋势中，将两个高点连成一条直线，就得到下降趋势线，如图 6-6 所示。

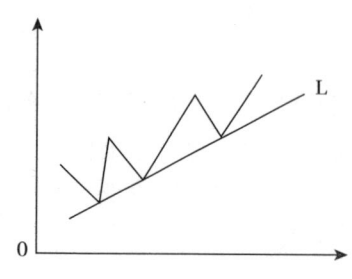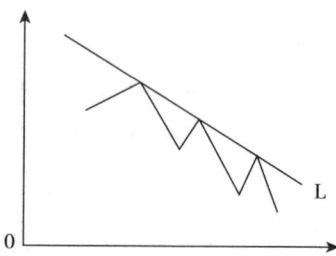

图 6-6　趋势线

由图 6-6 可以看出，上升趋势线起支撑作用，是支撑线的一种；下降趋势线起压力作用，是压力线的一种。

2. 趋势线的应用

一般来说，趋势线有两种作用。

（1）对价格今后的变动具有约束作用，使价格总保持在这条趋势线的上方（上升趋势线）或下方（下降趋势线）。实际上，就是具有支撑和压力的作用。

（2）趋势线被突破后，就说明股价下一步的走势将要反转。越重要、越有效的趋势线被突破，其转势的信号越强烈。被突破的趋势线原来所具有的支撑和压力作用，现在将相互交换角色，如图 6 - 7 所示。

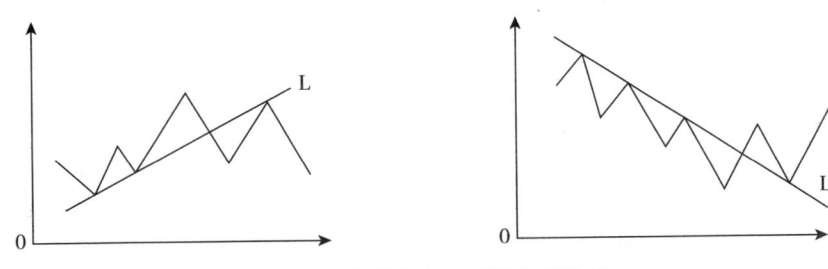

图 6 - 7 趋势线突破后起相反作用

(二) 通道线的画法及应用

1. 通道线的画法

通道线又称轨道线或管道线，是基于趋势线的一种方法。在已经得到了趋势线后，通过第一个峰和谷画出这条趋势线的平行线，这条平行线就是通道线，见图 6 - 8 中的虚线。

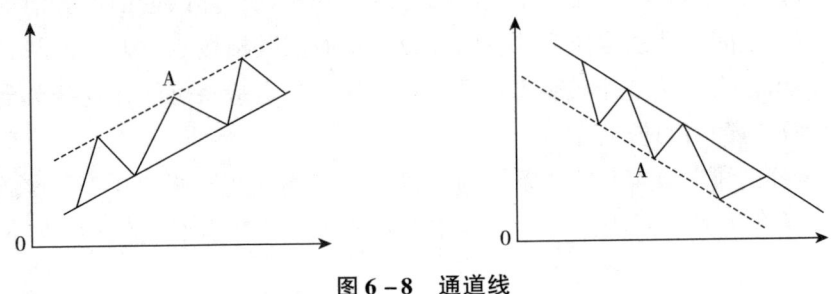

图 6 - 8 通道线

2. 通道线的应用

通道线的作用是限制股价的变动范围。一个轨道一旦得到确认，那么价格将在这个通道里变动。如果价格突破了上面或下面的直线，意味着行情将发生一个大的变化。

与突破趋势线不同，对通道线的突破不是趋势反转的开始，而是趋势加速的开始，即趋势线的方向会更加陡峭，原来的趋势线的斜率将会增加，如图 6 - 9 所示。

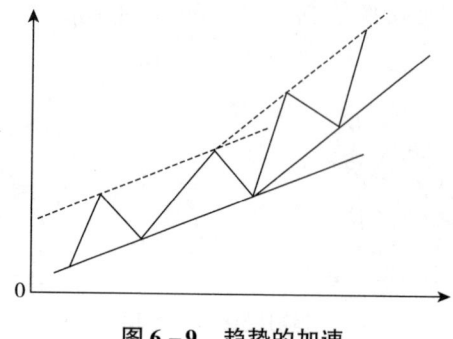

图 6-9　趋势的加速

（三）黄金分割线的画法及应用

1. 黄金分割线的画法

黄金分割线是利用黄金分割比率进行的切线画法，主要用来揭示上涨行情的调整支撑位或下跌行情中的反弹压力位。

在行情发生转势后，无论是止跌回升或止升转跌，都以近期走势中重要的高点和低点之间的涨跌幅作为计量的基数，将原涨跌幅按 0.191、0.382、0.5、0.618、0.809 分割为 5 个黄金点，股价在反转后的走势将可能在这些黄金分割点上遇到暂时的阻力或支撑。

黄金分割线中最重要的两条线为 0.382、0.618，在回调中 0.382 为强势回调位、0.618 为弱势回调位，在反弹中 0.618 为强势反弹位、0.382 为弱势反弹位。

2. 黄金分割线的应用

黄金分割线是股市中最常见、最受欢迎的切线分析工具之一，实际操作中主要运用黄金分割来揭示上涨行情中的调整支撑位或下跌行情中的反弹压力位。

理论上讲，股价在下面几个价位极有可能成为支撑：支撑位 = 最高点 -（最高点 - 最低点）× 0.191；支撑位 = 最高点 -（最高点 - 最低点）× 0.382；支撑位 = 最高点 -（最高点 - 最低点）× 0.500；支撑位 = 最高点 -（最高点 - 最低点）× 0.618。同样，应用黄金分割数据可以得到阻力点。

不过，黄金分割线没有考虑到时间变化对股价的影响，所揭示出来的支撑位与压力位较为固定，投资者不知道什么时候会到达支撑位与压力位。因此，如果指数或股价在顶部或底部横盘运行的时间过长，则其参考作用要打一定的折扣。

（四）百分比线的画法及应用

百分比线是利用百分比率的原理进行的分析，可使股价前一次的涨跌过程更加直观。

1. 百分比线的画法

百分比线需要定一个明显的高点（天）和一个明显的低点（地）。在天与地之间，区间被 8 等分以及 3 等分，一共画 9 条线：1/8（12.5%）、2/8（25%）、1/3（33%）、3/8（37.5%）、4/8（50%）、5/8（62.5%）、2/3（67%）、6/8（75%）、7/8（87.5%）。如图 6 – 10 所示。

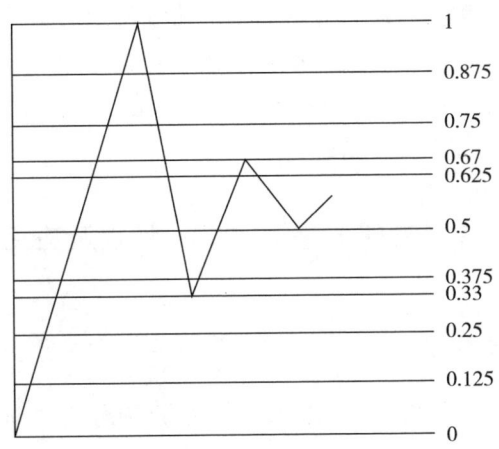

图 6 – 10　百分比线

对百分比线来说，最重要的是 1/2、1/3、3/8、5/8 和 2/3，这几条线具有较强的支撑与压力作用。

2. 百分比线的应用

如果目前的盘势处于谷底回升阶段，可将这个谷底当作"地"，回溯到波段的起跌点（峰顶）作为"天"，据此两点画出的百分比线，可被视为本次上升波即将遭遇的压力。反之，若处于峰顶反转阶段，可将这个头部当作"天"，回溯到起涨点作为"地"，画出的百分比线可视为本次下跌波即将获得的支撑。

在百分比线的 9 个比例中有两组百分比线比较接近：33% 和 37.5%、62.5% 和 67%。它们被称为"筷子"，当股价触碰这个价位时，会被"筷子"夹住而无法动弹。

‖例题 3‖ 黄金分割线中最重要的两条线为（　　　）。

Ⅰ. 0.382　　　　Ⅱ. 0.500　　　　Ⅲ. 0.618　　　　Ⅳ. 0.809

A. Ⅰ、Ⅱ   B. Ⅰ、Ⅲ   C. Ⅱ、Ⅲ   D. Ⅲ、Ⅳ

【答案】B

【解析】黄金分割线中最重要的两条线为 0.382 和 0.618。

七、形态理论（熟悉）

形态理论是通过研究股价所走过的轨迹，从曲线中分析和挖掘出多空双方力量的对比结果，进而指导我们的行动。趋势的方向发生变化都有一个发展的过程。形态理论通过研究股价曲线的各种形态，发现股价当前的行动方向。

根据股价移动的规律，我们可以把股价曲线的形态分成两大类型：持续整理形态和反转突破形态。持续整理形态包括三角形、矩形、旗形和楔形等；反转突破形态主要有头肩形态、双重顶（底）形态、圆弧顶（底）形态、喇叭形以及 V 形反转形态等多种形态。

八、各主要反转和整理形态的定义、特性及应用（掌握）

（一）反转突破形态

反转突破形态描述了趋势方向的反转，是投资分析中应该重点关注的变化形态。

1. 头肩形态

头肩形态是实际股价形态中出现最多的一种形态，也是最著名和最可靠的反转突破形态，一般可分为头肩顶、头肩底以及复合头肩形态三种类型。如图 6－11 所示。

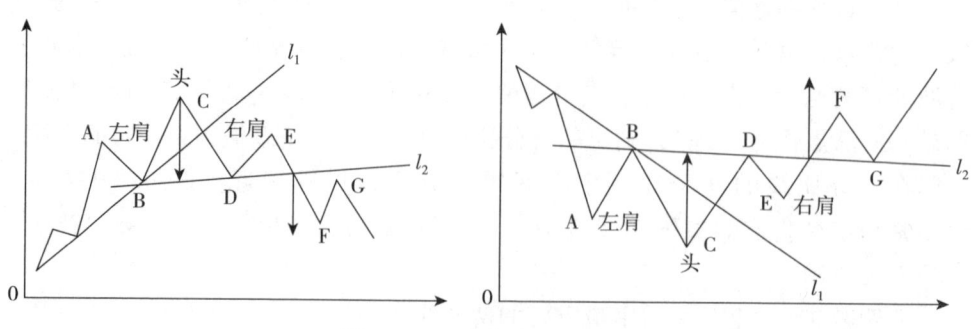

图 6－11　头肩顶和头肩底

（1）头肩顶形态

头肩顶形态是一个可靠的沽出时机，一般通过连续的 3 次起落构成该形态的 3 个部分，也就是要出现 3 个局部的高点。中间的高点比另外两个都高，称为头；左右两个相对较低的高点称为肩。这就是头肩顶形态名称的由来。头肩顶形态的形成过程大体如下：

①股价长期上升后，成交量大增，获利回吐压力也增加，导致股价回落，成交量较大幅度下降，左肩形成。

②股价回升，突破左肩的顶点，成交量也可能因充分换手而创纪录，但价位过高使持股者产生恐慌心理，竞相抛售，股价回跌到前一低点水准附近，头部完成。

③股价第三次上升，但前段的巨额成交量不再重现，涨势也不再凶猛，价位到达头部顶点之前即告回落，形成右肩。这一次下跌时，股价急速穿过颈线，再回升时，股价也仅能达到颈线附近，然后成为下跌趋势，头肩顶形态宣告完成。

头肩顶形态是一个长期趋势的转向形态，一般出现在一段升势的尽头。头肩顶形态中极为重要的直线是颈线，即图 6 - 11 右图中的直线 l_2。它是头肩顶形态的支撑线，起支撑作用。当头肩顶形态走到 E 点并掉头向下时，还不能说已经反转向下了，只能说原有的上升趋势转换成了横向延伸。只有当股价向下突破了颈线，即走到 F 点时，才能说已经形成了头肩顶反转形态。

（2）头肩底形态

头肩底是头肩顶的倒转形态，是一个可靠的买进时机。这一形态的构成和分析方法，除了在成交量方面与头肩顶有所区别外，其余与头肩顶类同，只是方向正好相反。

值得注意的是，头肩顶形态与头肩底形态在成交量配合方面的最大区别是：头肩顶形态完成后，向下突破颈线时，成交量不一定放大；而头肩底形态向上突破颈线，若没有较大的成交量出现，可靠性将大为降低，甚至可能出现假的头肩底形态。

（3）复合头肩形态

股价变化经过复杂而长期的波动所形成的形态可能不只是标准的头肩形态，还会形成所谓的复合头肩形态。这种形态与头肩形态基本相似，只是左右肩部或者头部出现多于一次。其形成过程也与头肩形态类似，分析意义也和普通的头肩形态一样，往往出现在长期趋势的底部或顶部。复合头肩形态一旦完成，即构成一个可靠性较大的买进或沽出时机。

2. 双重顶形态和双重底形态

双重顶形态和双重底形态即市场上众所周知的 M 头和 W 底，是一种极为重要的反转形态，在实际中出现得也非常频繁。与头肩形态相比，就是没有头部，只是由两个基本等高的峰或谷组成，如图 6 – 12 所示。

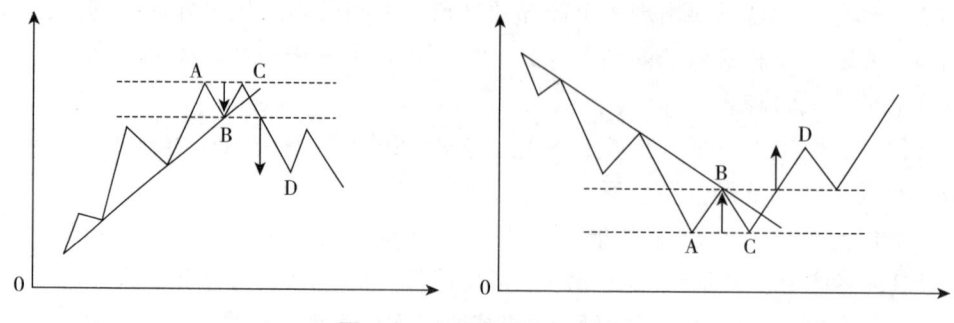

图 6 – 12　双重顶和双重底

（1）双重顶形态

如图 6 – 12 所示，双重顶反转突破形态在 M 头形成后，股价突破 B 点的支撑位置继续下行时出现。过 B 点画平行于 A、C 连线的平行线，得到一条重要的直线——颈线，它在这里起支撑作用。A、C 连线是趋势线，颈线是与这条趋势线对应的通道线。

双重顶反转形态一般具有如下特征：

①双重顶的两个高点不一定在同一水平，两者相差少于 3% 就不会影响形态的分析意义。

②向下突破颈线时不一定有大成交量伴随，但日后继续下跌时成交量会扩大。

③双重顶形态完成后的最小跌幅度量方法是由颈线开始，至少会下跌从双头最高点到颈线之间的差价距离。

（2）双重底形态

对双重底的介绍与双重顶类似，只需将"向下"变为"向上"，"高点"变为"低点"，"支撑"变为"压力"。需要注意的是，双重底的颈线突破时必须有大成交量的配合，否则即可能为无效突破。

3. 三重顶（底）形态

三重顶（底）形态是双重顶（底）形态的扩展形式，也是头肩顶（底）形态的变形，由三个一样高或一样低的顶和底组成。它与头肩形的区别是头的价位回缩到与肩部差不多相等的位置，有时甚至低于或高于肩部一点。从这个意义上讲，三重顶（底）形态与双重顶（底）形态也有相似的地方，只是前者比后者多"折腾"了一次，如图 6 – 13 所示。

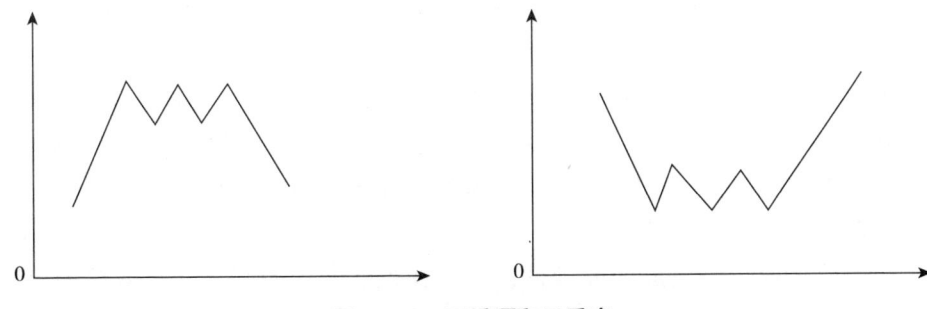

图6-13 三重顶和三重底

三重顶（底）的特征是它的颈线和顶部（底部）连线大致是水平的，三个顶（底）也大致是相同的高度。相比头肩形态，三重顶（底）更容易演变成持续整理形态，而不是反转形态。

4. 圆弧形态

将股价一段时间的每一个局部高点都用折线连起来，我们有时可能会得到一条类似于圆弧的弧线，盖在股价之上；将每个局部的低点连在一起也能得到一条弧线，托在股价之下。如图6-14所示。

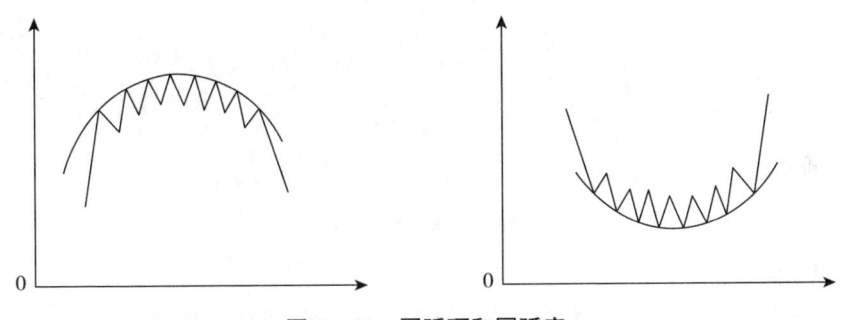

图6-14 圆弧顶和圆弧底

圆弧形态具有如下特征：

①在圆弧顶或圆弧底形态的形成过程中，成交量的变化都是两头多、中间少。越靠近顶或底成交量越少，到达顶或底时成交量达到最少。在突破后，都有非常大的成交量。

②圆弧形态形成所花的时间越长，今后反转的力度就越强，越值得人们相信这个圆弧形。一般来说，应该与一个头肩形态形成的时间相当。

③形态完成、股价反转后，行情多属暴发性，涨跌急速，持续时间也不长，一般是一口气走完，中间极少出现回档或反弹。因此，形态确信后应立即顺势而为，以免踏空、套牢。

同前面几种形态不同的是，在实际中圆弧形态出现的机会较少，一旦出现就是绝好的机会，它的反转高度和深度是不可测的。

5. 喇叭形

喇叭形也是一种重要的反转形态，大多出现在顶部，是一种较可靠的看跌形态。喇叭形在形态完成后，几乎总是下跌，不存在突破是否成立的问题。这种形态在实际中出现的次数不多，但是一旦出现，则极为有用，如图6－15所示。

喇叭形态具有如下特征：

①喇叭形源于投资者的非理性，因此在投资意愿不强、气氛低沉的市道中，不可能形成该形态。

②喇叭形一般是一个下跌形态，暗示升势将到尽头，只有在少数情况下股价在高成交量配合下向上突破时，才会改变其分析意义。

③在成交量方面，整个喇叭形态形成期间都会保持不规则的大成交量，否则难以构成该形态。

④喇叭形走势的跌幅是不可量度的，一般来说，跌幅都会很大。

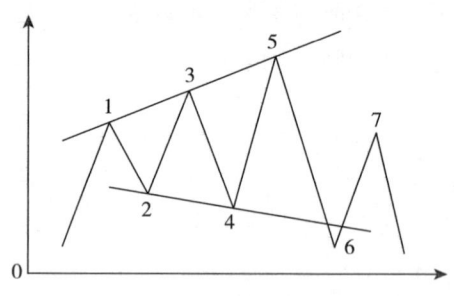

图6－15　喇叭形

6. V形反转

V形走势是一种很难预测的反转形态，往往出现在市场剧烈的波动中。无论是V形顶还是V形底的出现，都没有一个明显的形成过程，因此往往让投资者感到突如其来甚至难以置信，如图6－16所示。

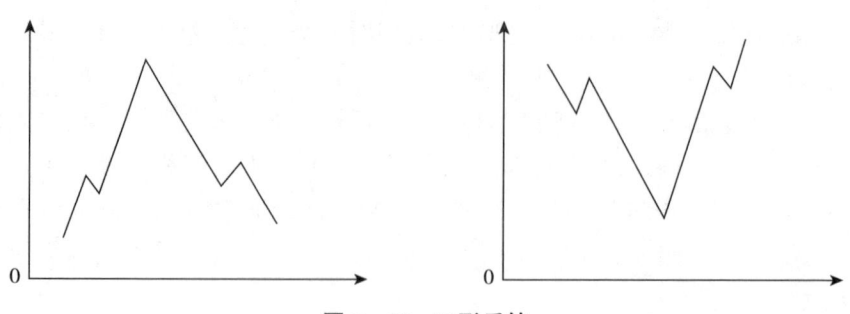

图6－16　V形反转

V 形走势的一个重要特征是在转势点必须有大成交量的配合，且成交量在图形上形成倒 V 形。若没有大成交量，则 V 形走势不可信。V 形是一种失控的形态，在应用时要特别小心。

‖ **例题 4** ‖ （　　） 形态是实际股价运行中出现最多的。

A. 双重顶（底）　　B. 喇叭形　　　　　C. V 形反转　　　　　D. 头肩

【答案】D

【解析】头肩形态是实际股价运行中出现最多的一种形态。

（二）持续整理形态

持续整理形态描述的是，股价向一个方向经过一段时间的快速运行后，不再继续原趋势，而在一定区域内上下窄幅波动，等待时机成熟后再继续前进。这种运行所留下的轨迹称为整理形态。著名的整理形态有三角形、矩形、旗形和楔形。

1. 三角形整理形态

三角形整理形态主要分为对称三角形、上升三角形和下降三角形。第一种有时也称正三角形，后两种合称直角三角形，如图 6 – 17 所示。

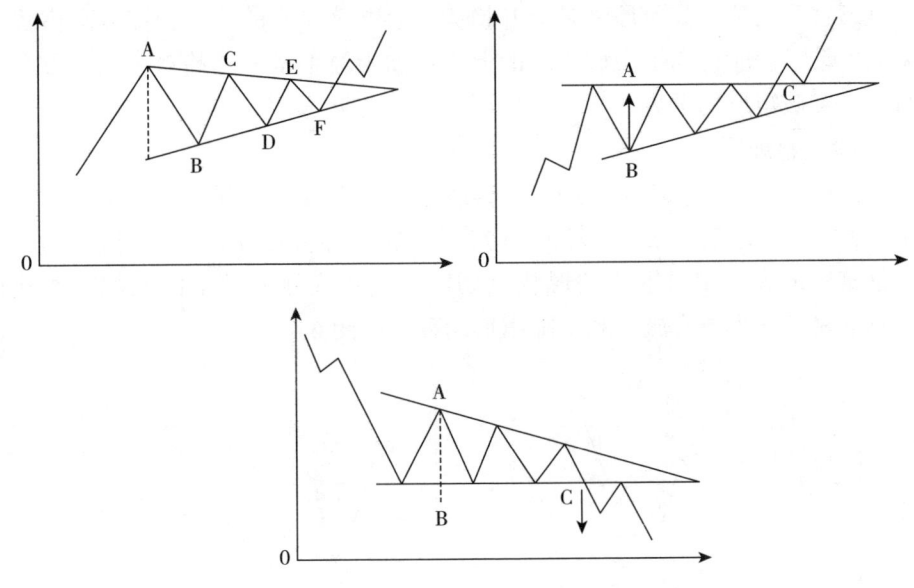

图 6 – 17　对称三角形、上升三角形和下降三角形

（1）对称三角形情况大多发生在一个大趋势进行的途中，表示原有的趋势暂时处于休整阶段，之后还要沿着原趋势的方向继续运动。因此，见到对称三

角形后，股价今后走向最大的可能是沿原有的趋势方向运动。

（2）上升三角形是看涨的形态，有强烈的上升意识，多方比空方更积极，以三角形的向上突破作为这个持续过程终止的标志。

（3）下降三角形同上升三角形正好反向，是看跌的形态。其基本内容同上升三角形完全相似，只是方向相反。需要注意的是：下降三角形的成交量一直十分低沉，突破时不必有大成交量配合。

2. 矩形整理形态

矩形又叫箱形，也是一种典型的整理形态，股票价格在两条横着的水平直线之间上下波动，呈现横向延伸的运动，如图 6 - 18 所示。

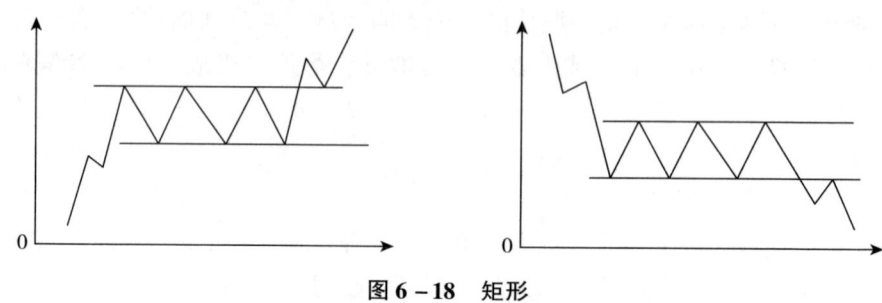

图 6 - 18　矩形

矩形整理之后，如果原来是上升趋势，会继续原来的趋势，多方会占优势并采取主动，使股价向上突破矩形的上界；如果原来是下降趋势，则空方会采取行动，突破矩形的下界。

3. 旗形整理形态

在市场极度活跃、股价运动近乎直线上升或下降的情况下，股价经过一连串紧密的短期波动后，形成一个稍微与原来的趋势呈相反方向倾斜的长方形，这就是旗形走势。旗形走势的形状就如同一面挂在旗杆顶上的旗帜，因此得名。旗形又可分为上升旗形和下降旗形两种，如图 6 - 19 所示。

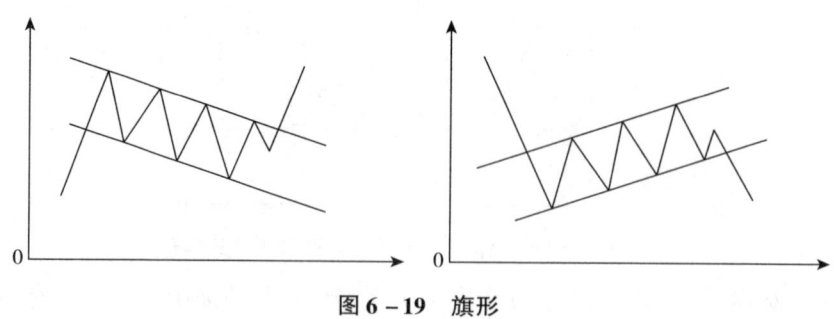

图 6 - 19　旗形

应用旗形时，要注意以下几点：

①旗形出现之前，一般应有一个旗杆，这是由于价格的直线运动形成的。

②旗形持续的时间不能太长，时间一长，保持原来趋势的能力将下降。经验告诉我们，持续时间应该短于 3 周。

③旗形形成之前和被突破之后，成交量都很大。在旗形的形成过程中，成交量从左向右逐渐减少。

4. 楔形整理形态

楔形与旗形的不同之处在于，旗形中上倾或下倾的平行四边形变成上倾或下倾的三角形。楔形可分为上升楔形和下降楔形两种，如图 6 – 20 所示。

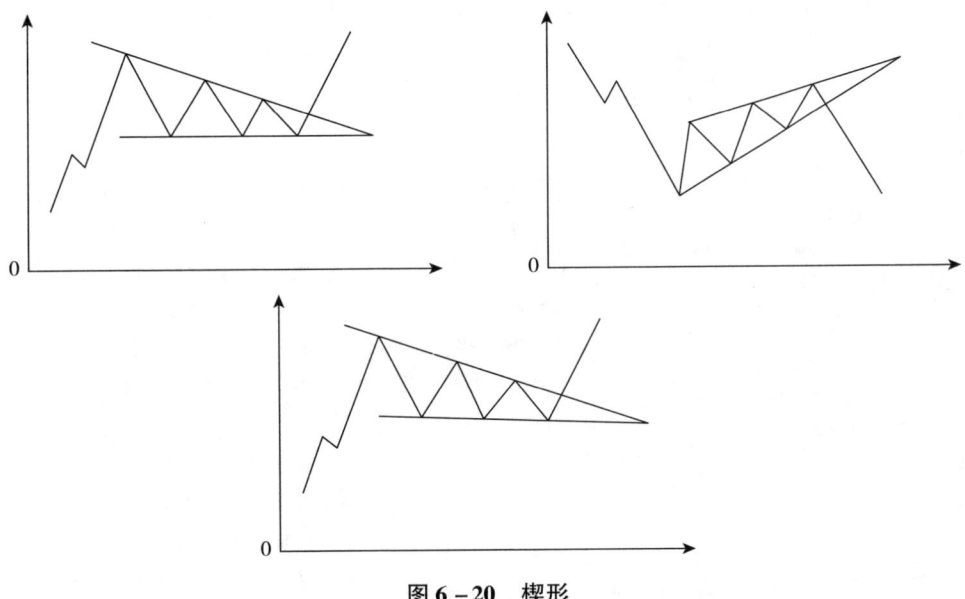

图 6 – 20 楔形

同旗形一样，楔形也有保持原有趋势方向的功能。下降楔形常出现于中长期升市的回落调整阶段；上升楔形表示一个技术性反弹渐次减弱的市况，常在跌市中的回升阶段出现，显示股价尚未见底，只是一次跌后技术性的反弹。

楔形的三角形上下两条边都是朝着同一方向倾斜，具有明显的倾向，这是该形态与前面的三角形整理形态的不同之处。

‖例题 5‖ 下列属于持续整理形态的有（　　　）。

Ⅰ. 弧形形态　　　　Ⅱ. 旗形形态　　　　Ⅲ. V 形形态　　　　Ⅳ. 三角形形态

A. Ⅰ、Ⅱ　　　　B. Ⅰ、Ⅲ　　　　C. Ⅱ、Ⅲ　　　　D. Ⅱ、Ⅳ

【答案】D

【解析】持续整理形态包括三角形、矩形、旗形、楔形。

九、各种缺口类型的定义、特性及应用（熟悉）

缺口，又称为跳空，是指证券价格在快速大幅波动中没有留下任何交易的一段真空区域。从这个意义上说，缺口属于形态的一种。

缺口的出现往往伴随着向某个方向运动的一种较强动力。缺口的宽度表明这种运动的强弱。一般来说，缺口越宽，运动的动力越大；反之，则越小。不论向何种方向运动所形成的缺口，都将成为日后较强的支撑或阻力区域，不过这种支撑或阻力效能依不同形态的缺口而定。缺口通常有四种形态：普通缺口、突破缺口、持续性缺口和消耗性缺口。

形态	含义	特性	应用
普通缺口	①普通缺口经常出现在股价整理形态中，特别是出现在矩形或对称三角形等整理形态中 ②由于股价仍处于盘整阶段，因此在形态内的缺口并不影响股价短期内的走势	①普通缺口的支撑或阻力效能一般较弱。一般会在3日内回补 ②成交量很小，很少有主动的参与者	①当向上方向的普通缺口出现之后，在缺口上方的相对高点抛出证券，待普通缺口封闭之后买回证券 ②当向下方向的普通缺口出现之后，在缺口下方的相对低点买入证券，待普通缺口封闭之后再卖出证券
突破缺口	突破缺口是证券价格向某一方向急速运动，跳出原有形态所形成的缺口	突破缺口蕴含较强的动能，常常表现为激烈的价格运动，一般预示行情走势将要发生重大变化	①突破缺口的形成在很大程度上取决于成交量的变化情况，特别是向上的突破缺口 ②突破缺口形态确认以后，无论价位（指数）的升跌情况如何，投资者都必须立即作出买入或卖出的指令，即向上突破缺口被确认立即买入，向下突破缺口被确认立即卖出
持续性缺口	在证券价格向某一方向有效突破之后，由于急速运动而在途中出现的缺口，称为持续性缺口	它是一个趋势的持续信号。在缺口产生的时候，交易量可能不会增加，如果增加，则通常表明一个强烈的趋势	持续性缺口一般不会在短期内被封闭，投资者不必担心是否会套牢或者踏空，可在向上运动的持续性缺口附近买入证券，或者在向下运动的持续性缺口附近卖出证券

续表

形态	含义	特性	应用
消耗性缺口	①消耗性缺口一般发生在行情趋势的末端，表明股价变动的结束 ②若一轮行情走势中已出现突破缺口与持续性缺口，则随后出现的缺口就很可能是消耗性缺口	消耗性缺口出现在行情趋势的末端，而且伴随着大的成交量	由于消耗性缺口形态表明行情走势已接近尾声，因此投资者在上升行情出现消耗性缺口时应及时卖出证券，而在下跌行情中出现消耗性缺口时买入证券

‖ **例题 6** ‖ （   ）往往出现在行情趋势的末端，而且伴随着大的成交量。

A. 普通缺口　　　　B. 突破缺口　　　　C. 持续性缺口　　　D. 消耗性缺口

【答案】D

章节测试

一、单项选择题（以下备选项中只有一项符合题目要求，不选、错选均不得分）

1. 技术分析的理论基础是（   ）。

A. 道氏理论　　　　B. 切线理论　　　　C. K 线理论　　　　D. 波浪理论

2. 下列关于道氏理论的说法中，不正确的是（   ）。

A. 市场平均价格指数可以解释和反映市场的大部分行为，这是道氏理论对证券市场的重大贡献

B. 道氏理论认为收盘价是最重要的价格，并利用收盘价计算平均价格指数

C. 道氏理论认为，工业平均指数和公共事业平均指数必须在同一方向上运行才可确认某一市场趋势的形成

D. 在确定趋势时，交易量应在主要趋势的方向上放大

3. 某一个交易日某只股票的开盘价为 10 元，最高价为 10 元，最低价为 9 元，收盘价为 9.5 元，则当日的 K 线应为（   ）。

A. 光脚阴线　　　B. 光头阴线　　　C. 十字形　　　　D. 光头光脚阴线

4. 切线理论是帮助投资者识别（   ）较为实用的方法。

A. 股价高低　　　　　　　　　　　B. 股价小波动方向

C. 股价形态　　　　　　　　　　　　D. 大势变动方向

5. 一般来说，买卖双方对价格的认同程度通过（　　）得到确认。

A. 成交时间的集中程度　　　　　　　B. 成交价格的高低

C. 成交量的大小　　　　　　　　　　D. 成交速度快慢

6. K 线理论起源于（　　）。

A. 美国　　　　　B. 英国　　　　　C. 日本　　　　　D. 中国

7. 实际股价形态中出现最多的一种形态是（　　）。

A. 头肩形态　　　　　　　　　　　　B. 双重顶（底）

C. 喇叭形以及 V 形反转　　　　　　　D. 圆弧顶（底）

8. 下列关于多根 K 线组合的说法中，不正确的是（　　）。

A. 多空双方争斗的区域越高，越有利于上涨

B. 多空双方争斗的区域越低，越有利于下跌

C. K 线多的组合要比 K 线少的组合得出的结论可靠

D. 越是靠前的 K 线越重要

9. 与头肩顶形态相比，三重顶形态更容易演变为（　　）。

A. 反转突破形态　　　　　　　　　　B. 圆弧顶形态

C. 持续整理形态　　　　　　　　　　D. 其他各种形态

10. 下列关于上升三角形和下降三角形的说法中，正确的是（　　）。

A. 上升三角形是以看跌为主

B. 上升三角形在突破顶部的阻力线时，不必有大成交量的配合

C. 下降三角形的成交量一直十分低沉，突破时不必有大成交量配合

D. 下降三角形同上升三角形正好反向，是看涨的形态

11. 反转突破形态不包括（　　）。

A. 圆弧顶（底）形态　　　　　　　　B. K 线形态

C. 双重顶（底）形态　　　　　　　　D. V 形反转形态

12. （　　）一般会在 3 日内回补，成交量很小，很少有主动的参与者。

A. 消耗性缺口　　B. 普通缺口　　C. 持续性缺口　　D. 突破缺口

二、组合单项选择题（以下备选项中只有一项最符合题目要求，不选、错选均不得分）

1. 技术分析方法分类中包含（　　）。

Ⅰ. 指标类　　　　Ⅱ. 形态类　　　　Ⅲ. 随机类　　　　Ⅳ. 切线类

A. Ⅰ、Ⅱ、Ⅲ　　　　　　　　　　B. Ⅰ、Ⅱ、Ⅳ

C. Ⅱ、Ⅲ、Ⅳ　　　　　　　　　　D. Ⅰ、Ⅲ、Ⅳ

2. 证券投资技术分析的要素包括（　　　）。

Ⅰ. 价格　　　　　Ⅱ. 成交量　　　　Ⅲ. 时间　　　　Ⅳ. 空间

A. Ⅰ、Ⅱ、Ⅲ　　　　　　　　　B. Ⅰ、Ⅱ、Ⅳ

C. Ⅱ、Ⅲ、Ⅳ　　　　　　　　　D. Ⅰ、Ⅱ、Ⅲ、Ⅳ

3. 道氏理论将价格的波动分为三种趋势：主要趋势、次要趋势和短暂趋势，三种趋势最大的区别是（　　　）。

Ⅰ. 趋势持续时间的长短　　　　Ⅱ. 趋势波动幅度的大小

Ⅲ. 趋势变动的斜率　　　　　　Ⅳ. 趋势变动的方向

A. Ⅰ、Ⅱ　　　　　　　　　　B. Ⅱ、Ⅳ

C. Ⅰ、Ⅱ、Ⅳ　　　　　　　　D. Ⅰ、Ⅱ、Ⅲ、Ⅳ

4. 下列关于趋势线的说法中，正确的有（　　　）。

Ⅰ. 在上升趋势中，将两个低点连成一条直线，就得到上升趋势线

Ⅱ. 上升趋势线起支撑作用，下降趋势线起压力作用

Ⅲ. 上升趋势线是支撑线的一种，下降趋势线是压力线的一种

Ⅳ. 趋势线被突破后，就没有任何作用了

A. Ⅰ、Ⅱ、Ⅲ　　　　　　　　　B. Ⅰ、Ⅲ、Ⅳ

C. Ⅱ、Ⅲ、Ⅳ　　　　　　　　　D. Ⅰ、Ⅱ、Ⅲ、Ⅳ

5. 在百分比线中，最重要的三条线是（　　　）。

Ⅰ. 1/2　　　　　Ⅱ. 1/3　　　　　Ⅲ. 1/4　　　　　Ⅳ. 2/3

A. Ⅰ、Ⅱ、Ⅲ　　　　　　　　　B. Ⅱ、Ⅲ、Ⅳ

C. Ⅰ、Ⅱ、Ⅳ　　　　　　　　　D. Ⅰ、Ⅲ、Ⅳ

6. 根据股价移动规律，我们可以把股价曲线的形态分成（　　　）。

Ⅰ. 波浪运动形态　Ⅱ. 周期循环形态

Ⅲ. 持续整理形态　Ⅳ. 反转突破形态

A. Ⅰ、Ⅱ　　　B. Ⅱ、Ⅳ　　　C. Ⅰ、Ⅳ　　　D. Ⅲ、Ⅳ

7. 技术分析方法在应用时应注意的问题有（　　　）。

Ⅰ. 技术分析不必与基本分析结合起来使用

Ⅱ. 技术分析必须与基本分析结合起来使用

Ⅲ. 多种技术分析方法综合研判

Ⅳ. 理论与实践相结合

A. Ⅰ、Ⅲ　　　B. Ⅰ、Ⅲ、Ⅳ　　　C. Ⅱ、Ⅲ、Ⅳ　　　D. Ⅰ、Ⅳ

8. 喇叭形态具有的特征有（　　　）。

Ⅰ. 喇叭形一般是一个下跌形态，暗示升势将到尽头，只有在少数情况下

股价在高成交量配合下向上突破时，才会改变其分析意义

Ⅱ. 在成交量方面，整个喇叭形态形成期间都会保持不规则的大成交量，否则难以构成该形态

Ⅲ. 喇叭形源于投资者的非理性，因而在投资意愿不强、气氛低沉的市道中，不可能形成该形态

Ⅳ. 喇叭形走势的跌幅是不可量度的，一般来说，跌幅都会很大

A. Ⅰ、Ⅱ   B. Ⅲ、Ⅳ

C. Ⅰ、Ⅱ、Ⅲ   D. Ⅰ、Ⅱ、Ⅲ、Ⅳ

9. 下列关于趋势线和轨道线的表述，正确的有（　　）。

Ⅰ. 两者都可以独立存在并起作用

Ⅱ. 股价对两者的突破都可以作为趋势反转的信号

Ⅲ. 两者是相互合作的一对，但是趋势线比轨道线重要

Ⅳ. 先有趋势线后有轨道线

A. Ⅰ、Ⅱ   B. Ⅰ、Ⅳ   C. Ⅱ、Ⅲ   D. Ⅲ、Ⅳ

10. 短期内可能被封闭的股价缺口一般是下列各项中的（　　）。

Ⅰ. 普通缺口   Ⅱ. 突破缺口   Ⅲ. 持续性缺口   Ⅳ. 消耗性缺口

A. Ⅰ、Ⅱ   B. Ⅰ、Ⅳ   C. Ⅱ、Ⅲ   D. Ⅲ、Ⅳ

章节测试答案与解析

一、单项选择题

1.【答案】A

【解析】道氏理论是技术分析的理论基础，许多技术分析方法的基本思想都来自道氏理论。

2.【答案】C

【解析】道氏理论认为，工业平均指数和运输业平均指数必须在同一方向上运行才可确认某一市场趋势的形成。

3.【答案】B

【解析】收盘价 9.5 元低于开盘价 10 元，开盘价 10 元等于最高价，收盘价 9.5 元高于最低价 9 元，所以当日的 K 线为带下影线的光头阴线。

4.【答案】D

【解析】切线理论能够简单有效地区分短期、中期和长期趋势的转变，从而帮助投资者识别大势变动方向。

5.【答案】C

【解析】成交量的大小反映了买卖双方对价格的认同程度。

6.【答案】C

【解析】K 线理论起源于日本。

7.【答案】A

【解析】头肩形态是实际股价形态中出现最多的一种形态，也是最著名和最可靠的反转突破形态。

8.【答案】D

【解析】越是靠后的 K 线越重要。

9.【答案】C

【解析】与头肩顶形态相比，三重顶形态更容易演变为持续整理形态。

10.【答案】C

【解析】A. 上升三角形是以看涨为主；B. 上升三角形在突破顶部的阻力线时，需要有大成交量的配合；D. 下降三角形同上升三角形正好反向，是看跌的形态。

11.【答案】B

【解析】反转变化形态主要有头肩形态、双重顶（底）形态、圆弧顶（底）形态、喇叭形以及 V 形反转形态等多种形态。

12.【答案】B

【解析】普通缺口的支撑或阻力效能一般较弱，一般会在 3 日内回补。

二、组合单项选择题

1.【答案】B

【解析】技术分析方法主要包括指标类、切线类、形态类、K 线类和波浪类。

2.【答案】D

【解析】技术分析的要素包括价格、成交量、时间和空间。

3.【答案】A

【解析】趋势持续时间的长短和趋势波动的幅度大小是三种趋势最大的区别。

4.【答案】A

【解析】Ⅳ，趋势线被突破后，就说明股价下一步的走势将要反转。被突破的趋势线原来所具有的支撑和压力作用，现在将相互交换角色。

5.【答案】C

【解析】对百分比线来说，最重要的是 1/2、1/3、3/8、5/8 和 2/3，没有Ⅲ项 1/4。

6. 【答案】D

【解析】根据股价移动的规律，我们可以把股价曲线的形态分成持续整理形态和反转突破形态。

7. 【答案】C

【解析】技术分析必须与基本分析结合起来使用。

8. 【答案】D

【解析】选项全部正确。

9. 【答案】D

【解析】通道线是基于趋势线的一种方法，不能独立存在；与突破趋势线不同，对通道线的突破不是趋势反转的开始。

10. 【答案】B

【解析】普通缺口一般会在 3 日内回补；判断消耗性缺口最简单的方法就是考察缺口是否会在短期内封闭。

第七章

量化分析

本章考情分析

本章在考试大纲中共列举了6个考点，涉及量化投资分析的基本概念、适用范围、分类及特点、主要理论及应用等内容。考试大纲未进行分节，本书根据相关内容分为两节：量化投资分析概述和量化投资技术及应用。

本章知识点不多，但考试频率较高。在最近三次考试中平均分值约为5分。其中除量化投资分析的特点要求熟悉外，其余内容均为了解。本章知识点在理解的基础上以记忆为主，难度不大，考点相对集中，考生可通过练习真题巩固知识点。

第一节　量化投资分析概述

本节大纲要求

1. 熟悉量化投资分析的特点；

2. 了解量化投资分析的理论基础；

3. 了解量化投资分析的主要内容和方法。

本节内容精讲

一、量化投资分析的特点（熟悉）

量化分析法是利用统计、数值模拟和其他定量模型进行证券市场相关研究的一种方法。量化投资策略有如下五大方面的特点。

纪律性	纪律性要求投资者严格执行量化投资模型所给出的投资建议，而不是随着投资者情绪的变化而随意更改
系统性	①系统性特征主要包括多层次的量化模型、多角度的观察及海量数据的观察等 ②多层次模型主要包括大类资产配置模型、行业选择模型、精选个股模型等 ③多角度观察主要包括对宏观周期、市场结构、估值、成长、盈利质量、分析师盈利预测、市场情绪等多个角度的分析
及时性	及时快速地跟踪市场变化，不断发现能够提供超额收益的新的统计模型，寻找新的交易机会
准确性	准确客观评价交易机会，克服主观情绪偏差，妥善运用套利的思想
分散化	①量化投资分析能够在控制风险的基础上，准确实现分散化投资的目标 ②分散化也可以说量化投资是靠概率取胜

‖ 例题 1 ‖ 量化投资分析的特点不包括（　　　）。

A. 纪律性　　　　B. 准确性　　　　C. 及时性　　　　D. 集中化

【答案】D

【解析】量化投资分析的特点包括纪律性、系统性、及时性、准确性、分散化。分散化也可以说量化投资是靠概率取胜。

二、量化投资分析的理论基础（了解）

量化投资是一种主动型投资策略，主动型投资策略的理论基础是市场非有效或弱有效。投资者可以通过对个股、行业及市场分析研究建立投资组合，获取超额收益。

指数化投资等被动投资的理论基础是市场有效，任何企图战胜市场的努力都是徒劳的，投资者只能取得市场收益，不如被动复制指数。

三、量化投资分析的主要内容和方法（了解）

1. 量化投资分析的主要内容

量化投资是一种以数据为基础，以策略模型为核心，以程序化交易为手段，以追求绝对收益为目标的投资方法。

量化投资分析的主要内容是将投资理念及策略通过具体指标、参数的设计，体现到具体的模型中，让模型对市场进行不带任何情绪的跟踪。相对于传统投资方式，量化投资分析具有快速高效、客观理性、收益与风险平衡和个股与组合平衡四大特点。

2. 量化投资的方法

量化投资涉及很多数学和计算机方面的知识和技术，总的来说，主要有人工智能、数据挖掘、小波分析、支持向量机、分形理论和随机过程这几种。

人工智能	（1）人工智能是研究使用计算机来模拟人的某些思维过程和智能行为（如学习、推理、思考、规划等）的学科，主要包括计算机实现智能的原理、制造类似于人脑智能的计算机，使计算机能实现更高层次的应用 （2）人工智能的很多技术可以用于量化投资分析中，包括专家系统、机器学习、神经网络、遗传算法等
数据挖掘	（1）数据挖掘是从大量的、不完全的、有噪声的、模糊的、随机的数据中提取隐含在其中的、人们事先不知道的，但又是潜在有用的信息和知识的过程 （2）数据挖掘的主要技术包括关联分析、分类、预测、聚类分析等 ①关联分析是研究两个或两个以上变量的取值之间存在的某种规律性 ②分类就是找出一个类别的概念描述，它代表了这类数据的整体信息，即该类的内涵描述，并用这种描述来构造模型，一般用规则或决策树模式表示 ③预测是利用历史数据找出变化规律，建立模型，并由此模型对未来数据的种类及特征进行预测 ④聚类就是利用数据的相似性判断出数据的聚合程度，使得同一个类别中的数据尽可能相似，不同类别的数据尽可能相异
小波分析	小波就是小的波形。小波分析在量化投资中的主要作用是进行波形处理
支持向量机（SVM）	（1）支持向量机把样本空间映射到一个高维乃至无穷维的特征空间中，使得在原来的样本空间中非线性可分的问题转化为在特征空间中线性可分的问题 （2）因为有这个特点，SVM特别适合于进行有关分类和预测问题的处理
分形理论	（1）分形理论既是非线性科学的前沿和重要分支，又是一门新兴的横断学科 （2）作为一种方法论和认识论，其启示是多方面的：一是分形整体与局部形态的相似，启发人们通过认识部分来认识整体，从有限中认识无限；二是分形揭示了介于整体与部分、有序与无序、复杂与简单之间的新形态、新秩序；三是分形从一特定层面揭示了世界普遍联系和统一的图景 （3）由于这种特征，分形理论在量化投资中得到了广泛的应用，主要用于金融时序数列的分解与重构，并在此基础上进行数列的预测

随机过程	(1) 随机过程是一连串随机事件动态关系的定量描述。研究随机过程的方法多种多样，主要可以分为两大类：一类是概率方法，另一类是分析的方法
	(2) 马尔科夫过程很适于金融时序数列的预测，是在量化投资中的典型应用

‖ **例题 2** ‖ 下列方法中，属于量化投资涉及的数学和计算机方面的有（   ）。

Ⅰ. 人工智能　　　　　　　　　　Ⅱ. 随机过程

Ⅲ. 小波分析　　　　　　　　　　Ⅳ. 分形理论

A. Ⅰ、Ⅱ、Ⅲ　　　　　　　　　　B. Ⅰ、Ⅱ、Ⅳ

C. Ⅱ、Ⅲ、Ⅳ　　　　　　　　　　D. Ⅰ、Ⅱ、Ⅲ、Ⅳ

【答案】D

【解析】选项全部正确，此外还包括数据挖掘和支持向量机。

第二节　量化投资技术及应用

本节大纲要求

1. 了解量化选股、量化择时、股指期货套利、商品期货套利、统计套利、算法交易、资产配置及风险控制等量化投资技术；

2. 了解量化投资技术的应用前提和适用范围；

3. 了解量化分析的主要应用。

本节内容精讲

一、量化投资技术（了解）

量化投资技术几乎覆盖了投资的全过程，包括量化选股、量化择时、股指期货套利、商品期货套利、统计套利、算法交易、期权套利交易、资产配置、风险控制等。

量化选股	（1）量化选股就是采用数量的方法判断某个公司是否值得买入的行为。根据某个方法，如果该公司满足了该方法的条件，则放入股票池，如果不满足，则从股票池中剔除 （2）量化选股的方法有很多种，总的来说，可以分为公司估值法、趋势法和资金法三大类
量化择时	（1）量化择时是指利用数量化的方法，通过分析各种宏观微观指标，试图找到影响大盘走势的关键信息，从而预测其未来走势 （2）择时的方法有：趋势择时、市场情绪择时、有效资金模型、牛熊线等
股指期货套利	（1）股指期货套利是指利用股指期货市场存在的不合理价格，同时参与股指期货与股票现货市场交易，或者同时进行不同期限、不同（但相近）类别股票指数合约交易，以赚取差价的行为 （2）股指期货套利主要分为期现套利和跨期套利两种 （3）股指期货套利的研究主要包括现货构建、套利定价、保证金管理、冲击成本、成分股调整等内容
商品期货套利	（1）商品期货套利盈利的逻辑原理是基于以下几个方面 ①相关商品在不同地点、不同时间对应都有一个合理的价格差价 ②由于价格的波动性，价格差价经常出现不合理 ③不合理必然要回到合理 ④不合理回到合理的这部分价格区间就是盈利区间 （2）历史数据的统计分析对成功实施商品期货套利来说非常重要
统计套利	（1）统计套利是利用证券价格的历史统计规律进行套利，是一种风险套利 （2）统计套利在方法上可以分为两类：一类是利用股票的收益率序列建模，目标是在组合的 β 值等于零的前提下实现 alpha 收益（超额收益），我们称之为 β 中性策略；另一类是利用股票的价格序列的协整关系建模，我们称之为协整策略
算法交易	（1）算法交易又被称为自动交易、黑盒交易，指的是通过使用计算机程序来发出交易指令 （2）根据各个算法交易中算法的主动程度不同，可以把不同算法交易分为被动型算法交易、主动型算法交易、综合型算法交易三大类 （3）算法交易的终极目标是获得 alpha
期权套利交易	（1）期权套利交易是指同时买进卖出同一相关期货但不同敲定价格或不同到期月份的看涨或看跌期权合约，希望在日后对冲交易部位或履约时获利的交易 （2）期权套利的交易策略和方式多种多样，是多种相关期权交易的组合，具体包括水平套利、垂直套利、转换套利、反向转换套利、跨式套利等

资产配置及风险控制	(1) 资产配置是指资产类别选择、投资组合中各类资产的适当配置以及对这些混合资产进行实时管理 (2) 加入了量化投资管理的现代资产配置理论，突破了传统积极型投资和指数型投资的局限，将投资方法建立在对各种资产类股票公开数据的统计分析上，通过比较不同资产类的统计特征，建立数学模型，进而确定组合资产的配置目标和分配比例

二、量化投资技术的应用前提和适用范围（了解）

量化分析法较多采用复杂的数理模型和计算机数值模拟，能够提供较为精细化的分析结论。但它对使用者的定量分析技术有较高要求，不易为普通公众所接受。此外，量化分析法所采用的各种数理模型本身存在模型风险，一旦外部环境发生较大变化，原有模型的稳定性就会受影响。

此外，量化分析法往往需要和程序化交易技术相结合，对交易系统的速度和市场数据的精确度有较高要求，这也在一定程度上限制了其应用范围。

三、量化分析的主要应用（了解）

量化投资技术几乎覆盖了投资的全过程，包括估值与选股、资产配置与组合优化、订单生成与交易执行、绩效评估和风险管理等，在各个环节都有不同的方法及量化模型。

（一）估值与选股

1. 估值

对上市公司的估值包括相对估值法和绝对估值法。

①相对估值法主要采用乘数方法，如 PE 估值法、PB 估值法、PS 估值法、PEG 估值法、EV/EBITDA 估值法等。

②绝对估值法主要采用折现的方法，如公司自由现金流模型、股权自由现金流模型和股利折现模型等。

2. 选股

量化选股是在基本面研究的基础上结合量化分析的手段构建出来的，主要的选股方法有：

（1）基本面选股：通过对上市公司财务指标的分析，找出影响股价的重要因子，通过建立股价与因子之间的关系模型得出对股票收益的预测。股价与因子的关系模型分为：

①结构模型，给出股票的收益和因子之间的直观表达，包括三种选股方法：价值型、成长型和价值成长型。

②统计模型，用统计方法提取出近似线性无关的因子建立模型，包括两种选股方法：主成分法和极大似然法。

（2）多因素选股：通过寻找引起股价共同变动的因素，建立收益与联动因素间线性相关关系的多因素模型。影响股价的共同因素包括宏观因子、市场因子和统计因子。

通过逐步回归和分层回归的方法对三类因素进行选取，然后通过主成分分析选出解释度较高的某几个指标来反映原有的大部分信息。

（3）动量、反向选股

①动量选股策略是指分析股票在过去相对短期的表现，事先对股票收益和交易量设定条件，当条件满足时买进或卖出股票的投资策略，该投资策略基于投资者对股票中期的反应不足和保守心理，在投资行为上表现为购买过去几个月表现好的股票而卖出过去几个月表现差的股票。

②反向选股策略则基于投资者的锚定和过度自信的心理特征，认为投资者会对上市公司的业绩状况作出持续过度反应，形成对业绩差的公司业绩过分低估和业绩好的公司业绩过分高估的现象，这为投资者利用反向投资策略提供了套利机会，在投资行为上表现为买进过去表现差的股票而卖出过去表现好的股票。反向选股策略是行为金融学理论发展至今最为成熟，也是最受关注的策略之一。

（二）资产配置

资产配置指资产类别选择、投资组合中各类资产的配置比例以及对这些混合资产进行实时管理。

资产配置一般包括两大类别、三大层次，两大类别为战略资产配置和战术/动态资产配置，三大层次为全球资产配置、大类资产配置和行业风格配置。

（三）股价预测

股价的可预测性与有效市场假说密切相关。我国的股市远未达到有效市场阶段，可以通过对历史信息的分析来预测股价。

主流的股价预测模型有灰色预测模型、神经网络预测模型和支持向量机预测模型。

（四）基金绩效评估

基金是集合投资、风险分散、专业化管理、变现性强等特点的投资产品。要对基金有一个全面的评价，需要考量基金业绩变动背后的形成原因、基金回报的来源等因素，绩效评估能够在这方面提供较好的视角与方法：风险调整收益、择时/股能力、业绩归因分析、业绩持续性及 Fama 的业绩分解等指标和方法可从不同的角度对基金的绩效进行评估。

（五）基于行为金融学的投资策略

行为金融学是对传统金融学理论的革命，也是对传统投资实践的挑战。无论是机构投资者还是个人投资者，了解行为金融学的指导意义在于：可以采取针对非理性市场行为的投资策略来实现投资目标。

目前，国际金融市场中比较常见且相对成熟的行为金融投资策略包括动量投资策略、反向投资策略、小盘股策略和时间分散化策略等。

（六）程序化交易与算法交易策略

1. 程序化交易

程序化交易指任何含有 15 只股票以上或单值为一百万美元以上的交易。程序化交易强调订单是如何生成的，即通过某种策略生成交易指令，以便实现某个特定的投资目标。

目前程序化交易策略主要包括数量化程序交易策略、动态对冲策略、指数套利策略、配对交易策略和久期平均策略等。

2. 算法交易

算法交易，也称自动交易、黑盒交易或无人值守交易，是使用计算机来确定订单最佳的执行路径、时间、价格及数量的交易方法，主要针对经纪商。算法交易广泛应用于对冲基金、企业年金、共同基金以及其他一些大型的机构投资者，它们使用算法交易对大额订单进行分拆，寻找最佳路由和最有利的执行价格，以降低市场的冲击成本、提高执行效率和订单执行的隐蔽性。

算法交易主要的算法包括交易量加权平均价格算法、保证成交量加权平均价格算法、时间加权平均价格算法、游击战算法、狙击手算法、模式识别算法等。

章节测试

一、单项选择题（以下备选项中只有一项符合题目要求，不选、错选均不得分）

1. 量化投资是一种（　　）投资策略。

A. 被动型　　　　　B. 指数型　　　　　C. 形态型　　　　　D. 主动型

2. 量化投资分析的理论基础是（　　）。

A. 市场是半强有效的　　　　　　B. 市场是完全有效的

C. 市场是强式有效的　　　　　　D. 市场是无效的

3. 用算法交易的终极目标是（　　）。

A. 获得 alpha（α）　　　　　　B. 获得 beta（β）

C. 快速实现交易　　　　　　　　D. 减少交易失误

4. 下列关于分形理论的说法不正确的是（　　）。

A. 分形理论既是非线性科学的前沿和重要分支，又是一门新兴的横断学科

B. 分形整体与局部形态相似

C. 分形揭示了介于整体与部分、有序与无序、复杂与简单之间的新形态、新秩序

D. 分形从一特定层面揭示了世界普遍差异

5. 资产配置是资产组合管理过程中的重要环节之一，是决定（　　）的主要因素。

A. 上市公司业绩　　　　　　　　B. 投资组合相对业绩

C. 套期保值效果　　　　　　　　D. 投资者风险承受能力

6. （　　）是指同时买进卖出同一相关期货但不同敲定价格或不同到期月份的看涨或看跌期权合约，希望在日后对冲交易部位或履约时获利的交易。

A. 商品期货套利　　　　　　　　B. 期权套利交易

C. 股指期货套利　　　　　　　　D. 统计套利

二、组合单项选择题（以下备选项中只有一项最符合题目要求，不选、错选均不得分）

1. 量化分析法的显著特点包括（　　）。

Ⅰ. 使用大量数据　　　　　　　　Ⅱ. 使用模型

Ⅲ. 使用电脑　　　　　　　　　　Ⅳ. 容易被大众投资者接受

A. Ⅰ、Ⅱ、Ⅲ   B. Ⅰ、Ⅱ、Ⅳ

C. Ⅱ、Ⅲ、Ⅳ   D. Ⅰ、Ⅱ、Ⅲ、Ⅳ

2. 关于量化投资，下列说法正确的有（　　　　）。

　　Ⅰ. 数据是量化投资的基础要素　　Ⅱ. 量化投资追求的是相对收益

　　Ⅲ. 量化投资的核心是策略模型　　Ⅳ. 量化投资模型必须不断优化

A. Ⅰ、Ⅱ   B. Ⅱ、Ⅳ

C. Ⅱ、Ⅲ、Ⅳ   D. Ⅰ、Ⅲ、Ⅳ

3. 商品期货套利盈利的逻辑原理包含（　　　　）。

　　Ⅰ. 相关商品在不同地点、不同时间对应都有一个合理的价格差价

　　Ⅱ. 由于价格的波动性，价格差价经常出现不合理

　　Ⅲ. 不合理必然要回到合理

　　Ⅳ. 不合理回到合理的这部分价格区间就是盈利区间

A. Ⅰ、Ⅱ   B. Ⅰ、Ⅳ

C. Ⅱ、Ⅲ   D. Ⅰ、Ⅱ、Ⅲ、Ⅳ

4. 下列属于量化投资涉及的数学和计算机方面的方法的有（　　　　）。

　　Ⅰ. 人工智能　　Ⅱ. 随机过程　　Ⅲ. 小波分析　　Ⅳ. 分形理论

A. Ⅰ、Ⅱ、Ⅲ   B. Ⅰ、Ⅱ、Ⅳ

C. Ⅰ、Ⅲ、Ⅳ   D. Ⅰ、Ⅱ、Ⅲ、Ⅳ

5. 量化投资技术中的量化择时方法不包括（　　　　）。

　　Ⅰ. 趋势择时　　Ⅱ. β中性策略　　Ⅲ. 有效资金模型　　Ⅳ. 跨期套利

A. Ⅰ、Ⅱ　　　　B. Ⅱ、Ⅳ　　　　C. Ⅰ、Ⅲ　　　　D. Ⅲ、Ⅳ

6. 量化选股的方法有（　　　　）。

　　Ⅰ. 公司估值法　　Ⅱ. 趋势法　　Ⅲ. 资金法　　Ⅳ. 价量分析法

A. Ⅰ、Ⅱ、Ⅲ   B. Ⅰ、Ⅱ、Ⅳ

C. Ⅰ、Ⅲ、Ⅳ   D. Ⅱ、Ⅲ、Ⅳ

7. 主流的股价预测模型有（　　　　）。

　　Ⅰ. 神经网络预测模型   Ⅱ. 灰色预测模型

　　Ⅲ. 支持向量机预测模型   Ⅳ. 市场预测模型

A. Ⅰ、Ⅱ、Ⅲ   B. Ⅰ、Ⅱ、Ⅳ

C. Ⅰ、Ⅲ、Ⅳ   D. Ⅱ、Ⅲ、Ⅳ

8. 算法交易又被称为（　　　　）。

　　Ⅰ. 自动交易　　Ⅱ. 黑盒交易　　Ⅲ. 机器交易　　Ⅳ. 固定交易

A. Ⅰ、Ⅱ、Ⅲ   B. Ⅰ、Ⅱ

C. Ⅱ、Ⅲ、Ⅳ　　　　　　　　　　D. Ⅰ、Ⅲ

9. 在量化投资分析中，可以借鉴人工智能的技术包括（　　）。

Ⅰ. 专家系统　　　Ⅱ. 机器学习　　　Ⅲ. 神经网络　　　Ⅳ. 遗传算法

A. Ⅰ、Ⅱ、Ⅲ　　　　　　　　　　B. Ⅰ、Ⅱ、Ⅳ

C. Ⅰ、Ⅲ、Ⅳ　　　　　　　　　　D. Ⅰ、Ⅱ、Ⅲ、Ⅳ

10. 算法交易主要的算法包括（　　）。

Ⅰ. 交易量加权平均价格算法　　　　　Ⅱ. 游击战算法

Ⅲ. 时间加权平均价格算法　　　　　　Ⅳ. 模式识别算法

A. Ⅰ、Ⅲ　　　　　　　　　　　　B. Ⅱ、Ⅲ、Ⅳ

C. Ⅲ、Ⅳ　　　　　　　　　　　　D. Ⅰ、Ⅱ、Ⅲ、Ⅳ

章节测试答案与解析

一、单项选择题

1.【答案】D

【解析】量化投资是一种主动型投资策略，量化投资是一种以数据为基础，以策略模型为核心，以程序化交易为手段，以追求绝对收益为目标的投资方法。

2.【答案】D

【解析】量化投资是一种主动型投资策略，主动型投资的理论基础是市场非有效或弱有效，指数化投资的被动投资的理论基础是市场有效。

3.【答案】A

【解析】用算法交易的终极目标是获得 alpha（α）。

4.【答案】D

【解析】分形从一特定层面揭示了世界普遍联系。

5.【答案】B

【解析】资产配置是资产组合管理过程中的重要环节之一，是决定投资组合相对业绩的主要因素。

6.【答案】B

【解析】题干是期权套利交易的概念。

二、组合单项选择题

1.【答案】A

【解析】量化分析法对使用者的定量分析技术有较高的要求，不易为大众投资者接受。

2.【答案】D

【解析】量化投资是一种以数据为基础，以策略模型为核心，以程序化交易为手段，以追求绝对收益为目标的投资方法。

3.【答案】D

【解析】选项全部正确。

4.【答案】D

【解析】量化投资涉及很多数学和计算机方面的知识和技术，总的来说，主要有人工智能、数据挖掘、小波分析、支持向量机、分形理论和随机过程这几种。

5.【答案】B

【解析】择时的方法有：趋势择时、市场情绪择时、有效资金模型、牛熊线等。

6.【答案】A

【解析】量化选股的方法可以分为公司估值法、趋势法和资金法三大类。

7.【答案】A

【解析】主流的股价预测模型有灰色预测模型、神经网络预测模型和支持向量机预测模型。

8.【答案】A

【解析】算法交易又被称为自动交易、黑盒交易、机器交易。

9.【答案】D

【解析】人工智能的很多技术可以用于量化投资分析中，包括专家系统、机器学习、神经网络、遗传算法等。

10.【答案】D

【解析】算法交易主要的算法包括交易量加权平均价格算法、保证成交量加权平均价格算法、时间加权平均价格算法、游击战算法、狙击手算法、模式识别算法等。

第八章

股票

本章考情分析

本章在考试大纲中共分为三节，分别介绍基本理论、绝对估值法和相对估值法。第一节要求熟悉股票估值原理、预期收益率和风险的含义和计算，掌握各类估值方法的特点和公司价值、股权价值的概念及计算方法。第二节以现金流贴现法为基础，介绍了各种绝对估值法的概念、贴现率和计算，都是要求熟悉或掌握的。第三节介绍相对估值法，其中原理与步骤要求掌握，市盈率、企业价值倍数等具体方法要求熟悉。

本章知识点较多，以理解为主，部分内容有一定的难度。在最近三次考试中平均分值约为 15 分。股票估值是证券投资的重要前提和基础，是评估股票价格被高估或低估的前提条件。掌握本章的内容对于评估企业价值，控制投资风险具有非常重要的作用。相关考点应当深入理解，比较记忆，涉及计算的内容要结合例题熟练掌握。

第一节　基本理论

本节大纲要求

1. 熟悉股票估值原理；
2. 熟悉预期收益率和风险的含义和计算；
3. 掌握各类估值方法的特点；
4. 掌握公司价值和股权价值的概念及计算方法。

本节内容精讲

一、股票估值原理（熟悉）

（一）价值与价格的基本概念

证券估值是指对证券价值的评估。证券估值是证券交易的前提和基础。

1. 虚拟资本及其价格

虚拟资本是以有价证券形态存在的资本，如股票、债券等。有价证券是虚拟资本的载体。有价证券的交换价值或市场价格来源于其产生未来收益的能力，有价证券本身无价值。其价格运动形式表现为：

①其市场价值由证券的预期收益和市场利率决定，不随职能资本价值的变动而变动；

②其市场价值与预期收益的多少成正比，与市场利率的高低成反比；

③其价格波动，既决定于有价证券的供求，也决定于货币的供求。

2. 市场价格、内在价值、公允价值与安全边际

市场价格	①市场价格即证券在市场中的交易价格，反映了市场参与者对该证券价值的评估 ②根据产生该价格的证券交易发生时间，我们通常又将其区分为历史价格、当前价格和预期市场价格
内在价值	①内在价值是一种相对"客观"的价格，由证券自身的内在属性或者基本面因素决定，不受外在因素（比如短期供求关系变动、投资者情绪波动等）影响 ②市场价格基本上是围绕着内在价值形成的
公允价值	根据《企业会计准则第22号——金融工具确认和计量》的规定，如果存在活跃交易的市场，则以市场报价为金融工具的公允价值；否则，采用估值技术确定公允价值
安全边际	安全边际是指证券的市场价格低于其内在价值的部分，任何投资活动均以之为基础

（二）货币的时间价值、复利、现值与贴现

1. 货币的时间价值

货币的时间价值是货币随时间的推移而发生的增值。

2. 复利

货币时间价值的存在使得资金的借贷具有"利上加利"的特性，我们将其称为复利。在复利条件下，一笔资金的期末价值（或称为终值、到期值）的计算公式为

$$FV = PV \times (1 + i)^n$$

其中，FV 表示终值；PV 表示本金或现值；i 为每期利率；n 表示期数。

若每期付息 m 次，则到期本利和变为

$$FV = PV \times (1 + \frac{i}{m})^{mn}$$

3. 现值和贴现

贴现是对给定的终值计算现值的过程。现值（PV）的计算公式为

$$PV = \frac{FV}{(1 + i)^n}$$

4. 现金流贴现与净现值

所谓现金流，就是在不同时点上流入或流出相关投资项目（或企业，或有价证券）的一系列现金。从财务投资者的角度看，买入某个证券就等于买进了未来一系列现金流，证券估值也就等价于现金流估值。

我们可以把现金流入的现值（正数）和现金流出的现值（负数）加在一起，得到该投资项目的净现值。公平交易要求投资者现金流出的现值正好等于现金流入的现值，即该投资行为所产生的现金流的净现值等于零。

‖ 例题 1 ‖ 由证券自身的内在属性或基本面因素决定，不受外界因素影响的相对客观的是（　　）。

A. 内在价值　　　B. 市场价格　　　C. 公允价值　　　D. 远期价格

【答案】A

【解析】内在价值由证券自身的内在属性或者基本面因素决定，不受外在因素影响。

二、预期收益率和风险的含义及计算（熟悉）

（一）预期收益率

预期收益率是投资者承受各种风险应得的补偿，其计算公式为

预期收益率 = 无风险收益率 + 风险补偿

其中，无风险收益率是一种理想的投资收益，是指将资金投资于某一没有

任何风险的投资对象而能获得的收益率。美国一般将短期国库券利率视为无风险利率。

(二) 风险

风险指对投资者预期收益的背离，或者说是证券收益的不确定性。证券投资的风险指证券预期收益变动的可能性及变动幅度。与证券投资相关的所有风险被称为总风险，总风险可分为系统风险和非系统风险。

系统风险	①系统风险又称市场风险，也称不可分散风险，是指某种因素的影响和变化，导致股市上所有股票价格的下跌，从而给股票持有人带来损失的可能性 ②系统性风险主要由政治、经济及社会环境等宏观因素造成，投资人无法通过多样化的投资组合来化解
非系统风险	①非系统风险一般是指对某只股票或某一类股票产生影响的不确定因素 ②比如上市公司的经营管理、财务状况、市场销售、重大投资等因素，它们的变化会对公司的股价产生影响。此类风险主要影响某一种股票，与市场中的其他股票没有直接联系
风险的计算	一般来讲，有三种方法可以衡量证券投资的风险 ①计算证券投资收益低于其期望收益的概率 ②计算证券投资出现负收益的概率 ③计算证券投资各种可能收益与其期望收益之间的离差，即证券收益的方差或标准差

‖例题 2‖ 与证券投资相关的所有风险被称为总风险，总风险可以分为 ( )。

Ⅰ. 系统风险　　　Ⅱ. 流动性风险　　　Ⅲ. 政治风险　　　Ⅳ. 非系统风险

A. Ⅰ、Ⅱ　　　　B. Ⅰ、Ⅳ　　　　C. Ⅲ、Ⅳ　　　　D. Ⅱ、Ⅳ

【答案】 B

三、各类估值方法的特点 (掌握)

(一) 绝对估值

绝对估值是指通过对证券的基本财务要素的计算和处理得出该证券的绝对金额。红利贴现模型、企业自由现金流贴现模型等基于现金流贴现的方法均属绝对估值。

模型	折现现金流	贴现率
红利贴现模型	预期红利	必要收益率
企业自由现金流贴现模型	企业自由现金流	加权平均资本成本
股东现金流贴现模型	股东自由现金流	股东必要回报率
经济利润估值模型	经济利润	加权平均资本成本

（二）相对估值

相对估值是参考可比证券的价格，相对地确定待估证券价值。通常需要运用证券的市场价格与某个财务指标之间存在的比例关系对证券进行估值。常见的相对估值法有市盈率、市净率、市售率、市值回报增长比等。

指标	适用	不适用
市盈率（P/E）	周期性较弱的企业、一般制造业、服务业	亏损公司、周期性公司
市净率（P/B）	周期性公司、重组型公司	重置成本变动较大的公司、固定资产较少的服务行业
市售率（P/S）	销售收入和利润率较稳定的公司	销售不稳定的公司
经济增加值与利息折旧摊销前收入比（EV/EBITDA）	资本密集、准垄断或具有巨额商誉的收购型公司	固定资产更新变化较快的公司
市值回报增长比（PEG）	IT 等成长型行业	成熟行业

（三）资产价值

根据企业资产负债表的编制原理，企业的资产价值、负债价值与权益价值三者之间存在下列关系：

权益价值 = 资产价值 − 负债价值

因此，如果可以评估出三个因素中的两个，则剩下的一个也就可以计算出来了。常用方法包括重置成本法和清算价值法，分别适用于可以持续经营的企业和停止经营的企业。

（四）其他估值方法

在金融工程领域中，常见的估值方法还包括无套利定价和风险中性定价，它们在衍生产品估值中得到广泛应用。

无套利定价	经济学的一价定律是无套利定价的理论基础，即相同的商品在同一时刻只能以相同的价格出售，否则市场参与者就会低买高卖，最终导致价格趋同。根据这一原理，合理的金融资产价格应该能消除套利机会
风险中性定价	①在现实世界中，投资者会有不同的风险偏好，从而导致金融资产估值必须选择不同的贴现率 ②风险中性定价假设投资者不存在不同的风险偏好，对风险均持中性态度，从而简化了分析过程，可以采用无风险利率作为贴现率

‖ 例题 3 ‖ 企业自由现金流贴现模型采用（　　　）作为贴现率。

A. 企业加权成本　　　　　　　　B. 企业平均成本

C. 企业加权平均资本成本　　　　D. 企业平均股本成本

【答案】C

【解析】企业自由现金流贴现模型和经济利润估值模型采用企业加权平均资本成本。

四、公司价值和股权价值的概念及计算方法（掌握）

（一）公司价值

公司价值，或称企业价值，是该企业预期自由现金流量以其加权平均资本成本为贴现率折现的现值，它与企业的财务决策密切相关，体现了企业资金的时间价值、风险以及持续发展能力。公司价值的计算公式为

公司价值＝普通股的市值＋少数股东权益的市值－

关联公司股权的市值＋优先股股权的市值－现金与现金等价物

（二）股权价值

根据预期企业自由现金流数值，用加权平均资本成本作为贴现率，计算企业的总价值，然后减去企业的负债价值，得到企业股权价值。其计算公式为

股权价值＝公司价值－负债

第二节 绝对估值法

本节大纲要求

1. 熟悉现金流贴现法的原理；

2. 掌握自由现金流的含义；

3. 掌握各种口径自由现金流的计算方式；

4. 熟悉公司自由现金流（FCFF）、股权自由现金流（FCFE）、股利贴现模型（DDM）等现金流贴现法的步骤；

5. 了解贴现率的内涵；

6. 掌握股权资本成本与公司整体平均资金成本（WACC）的概念；

7. 掌握公司整体平均资金成本（WACC）的计算公式；

8. 掌握资本资产定价模型（CAPM）参数的确定方式；

9. 熟悉终值的概念；

10. 掌握增长率法和可比法计算终值的原理和公式；

11. 熟悉两阶段、三阶段模型的特点及参数设置的规则；

12. 熟悉各种绝对估值法的区别和优缺点。

本节内容精讲

一、现金流贴现法的原理（熟悉）

现金流贴现模型是运用收入的资本化定价方法来决定普通股票内在价值的方法。按照收入的资本化定价方法，任何资产的内在价值都是由拥有资产的投资者在未来时期所接受的现金流决定的。由于现金流是未来时期的预期值，因此必须按照一定的贴现率返还成现值。也就是说，一种资产的内在价值等于预期现金流的贴现值。常用的现金流贴现模型有红利贴现模型和自由现金流贴现模型。

‖例题1‖ 现金流贴现模型运用收入的（　　　）方法来决定普通股票内在价值。

A. 成本导向定价　　　　　　　　B. 资本化定价

C. 转让定价　　　　　　　　　　D. 竞争导向定价

【答案】B

【解析】现金流贴现模型是运用收入的资本化定价方法来决定普通股票内在价值的方法。

二、自由现金流的含义（掌握）

自由现金流量，指企业产生的、在满足了再投资需求之后剩余的现金流量，这部分现金流量是在不影响公司持续发展的前提下，可供分配给企业资本供应者（股东和债权人）的最大现金额。自由现金流可以分为企业自由现金流和股权自由现金流两种。

三、各种口径自由现金流的计算方式（掌握）

1. 企业自由现金流的计算公式

企业自由现金流是公司支付了所有营运费用，进行了必需的固定资产与营运资产投资后，可以向所有投资者分派的税后现金流量，所以该指标体现了企业所有权利要求者，包括普通股股东、优先股股东和债权人的现金流总和。其计算公式为

FCFF = EBIT × （1 - 税率）+ 折旧 - 资本性支出 - 追加营运资本

其中，EBIT 为息税前利润。

企业自由现金流量用于计算企业整体价值，包括股权价值和债权价值。

2. 股权自由现金流的计算公式

股权自由现金流量是指扣除所有开支、税收支付、投资需要以及还本付息支出之后的剩余现金流量。股权自由现金流量可简单地表述为"利润 + 折旧 - 投资"。其计算公式为

FCFE = 净收益 + 折旧 - 资本性支出 - 营运资本追加额 -

债务本金偿还 + 新发行债务

股权自由现金流量用于计算企业的股权价值。

‖例题 2‖（　　）用于计算企业的股权价值。

A. 现金股利   B. 股权自由现金流量

C. 企业净利润   D. 企业自由现金流量

【答案】B

四、贴现率的内涵（了解）

贴现率的内涵主要分为两种：

（1）指金融机构向该国中央银行做短期融资时，该国中央银行向金融机构收取的利率。贴现率的高低会影响各金融机构对客户收取的利率水准并间接影响其他金融市场，是一国的货币政策工具之一。

（2）指将未来资产折算成现值的利率，一般是用无风险的利率当作贴现率，但并不是绝对的。贴现率是预期现金流量风险的函数。风险越大，现金流的贴现率越大；风险越小，则资产贴现率越小。

五、股权资本成本的概念（掌握）

股权资本成本是投资者投资企业股权时所要求的收益率，也可以定义为：为使股票的市场价格不受影响企业应从所募集资金中获取的最小回报率。估计股权资本成本的方法很多，国际上最常用的有红利增长模型、资本资产定价模型和套利定价模型等。

一般对股权资本成本的认识存在两种观点：

①企业为取得和使用这部分资金所花费的代价，包括筹资成本和使用该资金的成本。

②股权资本成本是投资于某一项目或企业的机会成本。

由此形成两种不同的计量方法：前者将实际支付的本利和的现值作为计量依据；后者按投资者要求的报酬率来计量。

这两种观点分别从资本使用方和投资方的角度来分析股权资本成本的实质。从市场经济角度出发，后者被大多数人所认同：根据风险与收益相匹配的原理，股权资本成本只能从投资者的角度来分析，其大小可以用特定投资中投资者所期望的报酬率来衡量，并表现为期望的股利和资本利得等。

‖ 例题 3 ‖ 估计股权资本成本的方法很多，国际上最常用的有（　　）。

Ⅰ.红利增长模型　　　　　　　Ⅱ.市场决定模型
Ⅲ.资本资产定价模型　　　　　Ⅳ.套利定价模型
A.Ⅰ、Ⅱ、Ⅲ　　　　　　　B.Ⅰ、Ⅱ、Ⅳ
C.Ⅱ、Ⅲ、Ⅳ　　　　　　　D.Ⅰ、Ⅲ、Ⅳ

【答案】D

【解析】最常用的估计股权资本成本的方法有红利增长模型、资本资产定价模型和套利定价模型等。

六、公司整体平均资金成本（WACC）的计算公式（掌握）

公司整体平均资金成本，即加权平均资本成本（WACC），是指企业以各种资本在企业全部资本中所占的比重为权数，对各种长期资金的资本成本加权平均计算出来的资本总成本。加权平均资本成本可用来确定具有平均风险投资项目所要求的收益率。

企业自由现金流贴现模型以企业加权平均资本成本（WACC）为贴现率。其计算公式为

$$WACC = \frac{E}{E+D} \times K_E + \frac{D}{E+D} \times K_D \times （1-T）$$

其中，E 为公司股本的市场价值；D 为公司债务的市场价值；K_E 为股权成本；K_D 为债权成本；T 为企业税率。

七、股利贴现模型（DDM）

（一）一般公式（掌握）

对大多数股票投资者而言，投资股票主要是为了获取未来支付的红利以及买卖差价，预期现金流即为预期未来支付的股息以及未来的卖出价格。因此，贴现现金流模型的一般公式为

$$V = \frac{D_1}{(1+k)} + \frac{D_2}{(1+k)^2} + \cdots + \frac{D_t}{(1+k)^t} = \sum_{t=1}^{\infty} \frac{D_t}{(1+k)^t}$$

其中，V 表示股票期初的内在价值；D_t 表示第 t 期支付的股息或红利；k 为一定风险程度下现金流的适合贴现率，即必要收益率。

该公式假定所有时期内的贴现率都是一样的。

根据一般公式，可以得到净现值（NPV）的计算公式为

$$NPV = V - P$$

其中，P 为 $t=0$ 时购买股票的成本。

如果 $NPV>0$，意味着所有预期的现金流入的现值之和大于投资成本，即这种股票价格被低估，因此购买这种股票可行。如果 $NPV<0$，意味着所有预

期的现金流入的现值之和小于投资成本，即这种股票价格被高估，因此不应购买这种股票。

（二）内部收益率（了解）

内部收益率就是指使得投资净现值等于零的贴现率。如果用 k^* 代表内部收益率，则有

$$NPV = V - P = \sum_{t=1}^{\infty} \frac{D_t}{(1+k^*)^t} - P = 0$$

所以

$$P = \sum_{t=1}^{\infty} \frac{D_t}{(1+k^*)^t}$$

由此可见，内部收益率实际上是使得未来股息流贴现值恰好等于股票市场价格的贴现率。

‖例题4‖（　　）是指使得投资净现值等于零的贴现率。

A. 名义利率　　　B. 实际利率　　　C. 内部收益率　　D. 预期收益率

【答案】C

（三）零增长模型（掌握）

零增长模型假定股息按一个固定数量支付，即股息增长率 g 等于零。根据该假定可知，$D_t = D_0$，由此得到股票的内在价值公式：

$$V = \sum_{t=1}^{\infty} \frac{D_0}{(1+k)^t} = D_0 \sum_{t=1}^{\infty} \frac{1}{(1+k)^t}$$

由于 $k > 0$，根据数学中无穷级数的性质，零增长模型的公式变为

$$V = \frac{D_0}{k}$$

零增长模型的应用似乎受到相当的限制，毕竟假定对某一种股票永远支付固定的股息是不合理的，但在特定的情况下，对于决定普通股票的价值仍然是有用的。在决定优先股的内在价值时这种模型相当有用，因为大多数优先股支付的股息是固定的。

（四）不变增长模型（掌握）

不变增长模型可以分为两种形式：一种是股息按照不变的增长率增长；另一种是股息以固定不变的绝对值增长。相比之下，前者比后者更为常见。因

此，我们主要对股息按照不变增长率增长这种情况进行介绍。

如果我们假设股息永远按不变的增长率增长，就可以建立不变增长模型。不变增长模型的公式为

$$V = \frac{D_0(1 + g)}{k - g} = \frac{D_1}{k - g}$$

其中，D_1 为第一期股利，其计算公式为 $D_1 = D_0(1 + g)$。

（五）可变增长模型（熟悉）

1. 两阶段增长模型

两阶段增长模型假定在时间 L 之前，股息以一个不变的增长速度 g_1 增长；在时间 L 之后，股息以另一个不变的增长速度 g_2 增长。据此，我们可以建立两阶段可变增长模型：

$$V = \sum_{t=1}^{L} D_0 \frac{(1 + g_1)^t}{(1 + k)^t} + \sum_{t=L+1}^{\infty} D_L \frac{(1 + g_2)^{t-L}}{(1 + k)^t} = \sum_{t=1}^{L} D_0 \frac{(1 + g_1)^t}{(1 + k)^t} + \frac{1}{(1 + k)^L} \times \frac{D_{L+1}}{k - g_2}$$

其中，$D_{L+1} = D_0(1 + g_1)^L(1 + g_2)$。

2. 三阶段增长模型

三阶段增长模型是股息贴现模型的另一种特殊形式，它将股息的增长分成了三个不同的阶段。在第一阶段（期限 0 到 A），股息的增长率是一个常数（g_a）。第二个阶段（期限 A 到 B）是股息增长的转折期，股息增长率以线性的方式从 g_a 变化为 g_n，g_n 是第三阶段的股息增长率。第三阶段（期限 B 之后一直到永远），股息的增长率也是一个常数（g_n），该增长率是公司长期的正常增长率，如图 8-1 所示。

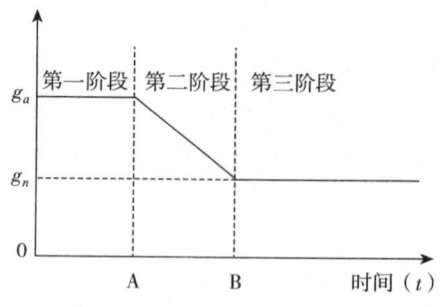

图 8-1　三阶段股息增长模型

在图 8-1 中，转折期内任何时点上的股息增长率 g 都可以用以下公式

表示：

$$g_t = g_a - (g_a - g_n)\frac{t-A}{B-A}, g_a > g_n$$

在满足三阶段增长模型的假设条件下，如果已知 g_a、g_n、A、B 和初期的股息水平 D，就可以根据上式计算出各期的股息；然后，根据贴现率计算股票的内在价值。三阶段增长模型的计算公式为

$$D = D_0 \sum_{t=1}^{A} \left(\frac{1+g_a}{1+k}\right)^t + \sum_{t=A+1}^{B}\left[\frac{D_{t-1}(1+g_t)}{(1+k)^t}\right] + \frac{D_B(1+g_n)}{(1+k)^B(k-g_n)}$$

式中的三项分别对应于股息的三个增长阶段。

‖ 例题 5 ‖ 某上市公司上年末支付的每股股息为 2 元，预期回报率为 15%，未来 3 年中股息超常态增长率为 20%，随后的增长率为 8%，则股票的价值为（   ）元。

A. 30   B. 34. 29   C. 41. 60   D. 48

【答案】C

【解析】由二元可变增长模型可得

$$V = \sum_{t=1}^{3} 2 \times \frac{(1+20\%)^t}{(1+15\%)^t} + \frac{1}{(1+15\%)^3} \times$$

$$\frac{2 \times (1+20\%)^3 \times (1+8\%)}{15\% - 8\%} = 41.6 \text{（元）}$$

八、自由现金流贴现模型（熟悉）

自由现金流贴现模型分为企业自由现金流贴现模型和股权自由现金流贴现模型两种。前述股利贴现模型中一般公式、零增长模型、不变增长模型和可变增长模型的规则和参数设置，同样适用于企业自由现金流贴现模型和股权自由现金流模型。区别在于将各期股利改为企业自由现金流或股权自由现金流，贴现率的设置也有所不同。

（一）企业自由现金流贴现模型（FCFF）

1. 企业自由现金流的计算

企业自由现金流计算公式如下：

FCFF = EBIT × （1 − 税率） + 折旧 − 资本性支出 − 追加营运资本

其中，EBIT 为税息前利润。

2. 贴现率

计算企业加权平均资本成本（WACC）作为贴现率。

3. 计算步骤

①根据预期企业自由现金流数值，用加权平均资本作为贴现率，计算企业的总价值。

②用企业的总价值减去企业的负债价值，得到企业股权价值。

③用企业股权价值除以发行在外的总股数，即可获得每股价格。

（二）股东自由现金流贴现模型（FCFE）

1. 股东自由现金流的计算

股权自由现金流的计算公式为

FCFE = 净收益 + 折旧 – 资本性支出 – 营运资本追加额 – 债务本金偿还 +
新发行债务

2. 贴现率

采用股东要求的必要回报率作为贴现率。

3. 计算步骤

①计算未来各期期望 FCFE。

②确定股东要求的必要回报率，将其作为贴现率计算企业的权益价值。

③计算股票的内在价值。

九、资本资产定价模型（CAPM）参数的确定方式（掌握）

在资本资产定价模型假设下，当市场达到均衡时，市场组合 M 成为一个有效组合；所有有效组合都可视为无风险证券 F 与市场组合 M 的再组合。

（一）资本市场线方程

1. 方程

在均值方差平面上，所有的有效组合恰好构成连接无风险资产 F 与市场组合 M 的射线 FM，这条射线被称为资本市场线，如图 8 – 2 所示。

资本市场线可以用如下公式表示：

$$E(r_P) = r_F + \left[\frac{E(r_M) - r_F}{\sigma_M}\right]\sigma_P$$

其中，$E(r_P)$ 和 σ_P 分别为有效组合 P 的期望收益率和标准差；$E(r_M)$ 和 σ_M 分

别为市场组合 M 的期望收益率和标准差；r_F 为无风险证券收益率。

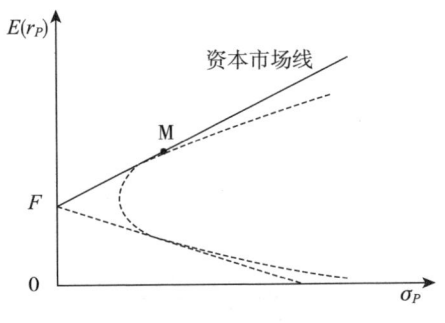

图 8－2　资本市场线

2. 参数

资本市场线方程对有效组合的期望收益率和风险之间的关系提供了十分完整的阐述。有效组合的期望收益率由两部分构成：一部分是无风险利率，它是由时间创造的，是对放弃即期消费的补偿；另一部分则是 $\left[\dfrac{E(r_M) - r_F}{\sigma_M}\right]\sigma_P$，是对承担风险 σ_P 的补偿，通常称为风险溢价，与承担的风险的大小成正比。其中的系数 $\left[\dfrac{E(r_M) - r_F}{\sigma_M}\right]$ 代表了对单位风险的补偿，通常称为风险的价格。

‖ 例题 6 ‖　（　　）揭示了有效组合的收益与风险之间的均衡关系。

A. 反向套利曲线　　　　　　　　B. 资本市场线

C. 收益率曲线　　　　　　　　　D. 证券市场线

【答案】B

【解析】资本市场线对有效组合的期望收益率和风险之间的关系提供了十分完整的阐述。

（二）证券市场线方程

1. 方程

无论是单个证券还是证券组合，均可将其 β 系数作为风险的合理测定，其期望收益与由 β 系数测定的系统风险之间存在线性关系。这个关系在以 $E(r_P)$ 为纵坐标、β_P 为横坐标的坐标系中代表一条直线，这条直线被称为证券市场线，如图 8－3 所示。

证券市场线的公式为

$$E(r_P) = r_F + \left[E(r_M) - r_F\right]\beta_P$$

其中，$E(r_P)$ 和 β_P 分别为有效组合 P 的期望收益率和 β 系数；$E(r_M)$ 为市场组合 M 的期望收益率；r_F 为无风险证券收益率。

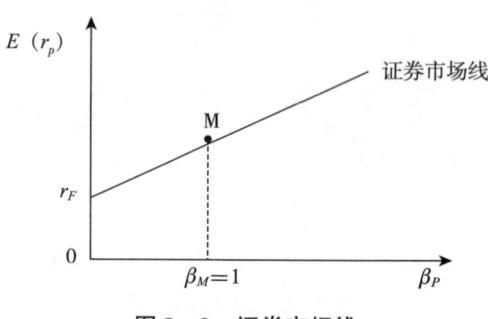

图 8 – 3　证券市场线

2. 参数

任意证券或组合的期望收益率都由两部分构成：一部分是无风险利率 r_F，它是由时间创造的，是对放弃即期消费的补偿；另一部分则是 $[E(r_M)-r_F]\beta_P$，是对承担风险的补偿，通常称为风险溢价。它与承担的风险 β_P 的大小成正比。其中的 $[E(r_M)-r_F]$ 代表了对单位风险的补偿，通常称为风险的价格。

（三）β 系数的含义

（1）β 系数反映证券或证券组合对市场组合方差的贡献率。
（2）β 系数反映了证券或组合的收益水平对市场平均收益水平变化的敏感性。
（3）β 系数是衡量证券承担系统风险水平的指数。

十、终值的概念（熟悉）

终值，又称将来值或本利和，是指现在一定量的资金在未来某一时点上的价值。通常记作 F。终值的计算有两种方式：单利和复利。

十一、各种绝对估值法的区别（熟悉）

模型	折现现金流	贴现率
红利贴现模型	股息红利	必要收益率
企业自由现金流贴现模型	企业自由现金流	加权平均资本成本
股东自由现金流贴现模型	股东自由现金流	股东必要回报率

第三节　相对估值法

本节大纲要求

1. 掌握相对估值法的原理与步骤;

2. 了解可比公司的特征;

3. 熟悉计算股票市场价格的市盈率方法及其应用缺陷;

4. 熟悉市盈率倍数的概念及应用;

5. 熟悉企业价值倍数（EV/EBITDA）的概念及应用;

6. 熟悉市盈率相对盈利增长比率（PEG）法的概念及应用;

7. 熟悉市净率、市售率的概念及应用;

8. 了解收益倍数法和资产倍数法的区别与联系。

本节内容精讲

一、相对估值法的原理与步骤（掌握）

概念	相对估值法也称可比公司法,是以可比资产在市场上的当前定价为基础,来评估目标资产价值的方法
理论基础	资产的内在价值是不可能（或者几乎不可能）被估计的。资产的价值是市场愿意付给它的任何价格
步骤	①选取可比公司 ②计算可比公司的估值指标,常用的估值倍数包括市盈率倍数、市净率倍数、EV/EBITDA 倍数 ③计算适用于目标公司的可比指标,通常,选取可比公司的可比指标的平均数或中位数作为目标公司的指标值 ④计算目标公司的企业价值或股权价值

二、可比公司的特征（了解）

可比公司指的是公司所处的行业、市场环境、公司的主营业务或主导产品、企业规模、资本结构、盈利能力以及风险度等方面相同或者相近的公司。

三、市盈率倍数的概念、计算及应用 （熟悉）

1. 市盈率倍数法的概念

市盈率	市盈率 （P/E） 又称价格收益比或本益比，是每股价格与每股收益之间的比率，股票市值与净利润的比值也可以表示市盈率倍数。其计算公式为 市盈率 （P/E） = 每股价格/[每股收益 （年化）]
市盈率倍数法	①市盈率倍数法是以企业的市盈率为乘数 （倍数），以此乘数与被评估企业相同口径的收益额相乘估算被评估企业价值的方法 ②市盈率倍数法是使用相对估值法评估企业价值时最常用的方法 ③市盈率倍数法的核心估值公式为 公司市值 = 公司收益 × 市盈率倍数

2. 计算市盈率倍数的方法
估计股票市盈率的方法主要有简单估计法、市场决定法和回归分析法。

简单估计法	简单估计法主要是利用历史数据进行估计 （1） 算术平均数法或中间数法。这种方法就是将股票各年的市盈率历史数据排成序列，剔除异常数据 （过高或过低者），求取算术平均数或是中间数，以此作为对未来市盈率的预测。这一方法适用于市盈率比较稳定的股票 （2） 趋势调整法。这种方法是在方法 （1） 的基础上再进行调整。假设根据方法 （1） 已经求得市盈率的一个估计值，这时我们再分析市盈率时间序列的变化趋势。这种分析方法可以在坐标纸上进行，以画趋势线的方法求得一个增减趋势的量的关系式，然后对上面的市盈率的估计值进行修正 （3） 回归调整法。这种方法也是在方法 （1） 的基础上再进行调整。先按方法 （1） 求出一个市盈率的估计值，据此认为该值是市盈率的正常值，根据异常值总是向正常值回归的趋势，我们对下一年的市盈率做如下预测：如果这一年的市盈率高于这个值，就认为下一年的市盈率值将会向下调整；反之，则认为会向上调整
市场决定法	（1） 市场预期回报率倒数法。在不变增长模型中，我们可以作出更多假定：第一，公司利润内部保留率固定不变，记为 b；第二，再投资利润率固定不变，记为 r，且股票持有者的预期回报率与投资利润率相当。在上面的假设条件下，经过推导可以知道股票持有者预期的回报率恰好是市盈率的倒数。因此，可以通过对各种股票市场预期回报率的分析来预测市盈率 （2） 市场归类决定法。在有效市场的假设下，风险结构等类似的公司，其股票市盈率也应相同。因此，只要选取风险结构类似的公司求取市盈率的平均数，就可以此作为市盈率的估计值

回归分析法	（1）回归分析法是指利用回归分析的统计方法，通过考察股票价格、收益、增长、风险、货币的时间价值和股息政策等各种因素变动与市盈率之间的关系，得出能够最好解释市盈率与这些变量间线性关系的方程，进而根据这些变量的给定值对市盈率大小进行预测的分析方法 （2）用回归分析法得出的有关市盈率估计方程具有很强的时效性，套用过去的方程是不现实的。因此投资者用该方法进行投资决策指导时，最好是自己做一些研究，并在实践中不断加以改进

3. 市盈率倍数法的应用

优点	①将股票价格与公司盈利状况相联系，较为直观 ②对大多数股票而言，市盈率倍数易于计算并很容易得到，便于不同股票之间的比较 ③它能作为公司一些其他特征（包括风险性与成长性）的代表
缺点	①该方法可能被误用。可比公司的定义在本质上是主观的，而实际中同行业的公司可能在业务组合、增长潜力和风险程度方面存在很大的差异，因此同行业公司未必有可比性 ②当企业的收益或预期收益为负值时，无法使用该方法 ③该方法使用短期收益作为参数，因此不能直接比较有不同长期增长前景的公司 ④市盈率无法区分经营性资产和非经营性资产创造的盈利，降低了企业之间的可比性 ⑤该方法无法反映企业运用财务杠杆的水平，若可比公司与目标公司的资本结构之间存在较大差异，则可能导致错误的结论 ⑥每股收益容易受到公司的操纵

‖ **例题 1** ‖ 估计股票市盈率的方法主要有（　　）。

Ⅰ. 简单估计法　　　　　　　　Ⅱ. 市场决定法

Ⅲ. 资本资产定价模型　　　　　Ⅳ. 回归分析法

A. Ⅰ、Ⅱ、Ⅲ　　　　　　　　B. Ⅰ、Ⅱ、Ⅳ

C. Ⅱ、Ⅲ、Ⅳ　　　　　　　　D. Ⅰ、Ⅲ、Ⅳ

【答案】B

【解析】估计股票市盈率的方法主要有简单估计法、市场决定法和回归分析法。

四、企业价值倍数（EV/EBITDA）的概念及应用（熟悉）

1. 企业价值倍数（EV/EBITDA）的含义

企业价值倍数是一种被广泛使用的公司估值指标，该指标从全体投资人的角度出发来反映投资资本的市场价值和未来一定时期企业收益间的比例关系。其计算公式为

$$企业价值倍数 = EV/EBITDA$$

其中，EV 为公司价值，EBITDA 为利息、所得税、折旧、摊销前盈余。

$$EV = 市值 + （总负债 - 总现金）= 市值 + 净负债$$

$$EBITDA = 营业利润 + 折旧费用 + 摊销费用$$

$$营业利润 = 毛利 - 销售费用 - 管理费用$$

2. 企业价值倍数的使用

①使用前提。企业价值倍数法要求企业预测的未来收益水平必须能够体现企业未来的收益流量和风险状况的主要特征。

②EV/EBITDA 和市盈率等相对估值指标的用法一样。不同的行业或板块有不同的估值，其倍数相对于行业平均水平或历史水平较高则通常说明高估，较低则说明低估。

③EV/EBITDA 更适用于单一业务或子公司较少的公司估值，如果业务或合并子公司数量众多，需要做复杂调整，那么估值的准确性有可能会降低。

3. 企业价值倍数的优缺点

优点	①不受所得税税率不同的影响，使得不同国家和市场的上市公司估值更具可比性 ②不受资本结构不同的影响，公司对资本结构的改变不会影响估值，同样有利于比较不同公司的估值水平 ③排除了折旧、摊销这些非现金成本的影响（现金比账面利润重要），可以更准确地反映公司价值
缺点	①方法比 P/E 稍微复杂，至少需要对债权的价值以及长期投资的价值进行单独估计 ②没有考虑到税收因素，如果两个公司之间的税收政策差异很大，指标的估值结果就会失真

‖ 例题 2 ‖ 关于 EV/EBITDA，下列说法不正确的是（　　　）。

A. EV/EBITDA 也被称为企业价值倍数

B. EBITDA 也被称为息税前利润

C. EV = 股票市值 +（总负债 – 总现金）

D. EBITDA = 营业利润 + 折旧费用 + 摊销费用

【答案】B

【解析】EBITDA 也被称为息税折旧摊销前利润。

五、市值回报增长比（PEG）（熟悉）

市值回报增长比（PEG）是指市盈率对公司利润增长率的倍数，计算公式为

$$市值回报增长比 = 市盈率/增长率$$

当 PEG 等于 1 时，表明市场赋予这只股票的估值可以充分反映其未来业绩的成长性。如果 PEG 大于 1，则这只股票的价值就可能被高估，或者市场认为这家公司的业绩成长性会高于市场预期。通常，成长性股票的 PEG 会高于 1，甚至在 2 以上，投资者愿意给其高估值，表明这家公司未来很有可能会保持业绩的快速增长，这样的股票就容易有超出想象的市盈率估值。当 PEG 小于 1 时，要么是市场低估了这只股票的价值，要么是市场认为其业绩成长性可能比预期要差。通常价值型股票的 PEG 都会低于 1，以反映其业绩低增长的预期。

六、市净率估值法（熟悉）

1. 市净率的含义

市净率（P/B）又称净资产倍率，是每股市场价格与每股净资产之间的比率，它反映的是相对于净资产，股票当前市场价格所处水平的高低。市净率越大，说明股价处于越高水平；反之，市净率越小，说明股价处于越低的水平。其计算公式为

$$市净率（P/B）= 每股价格/每股净资产$$

上述公式中的每股净资产又称账面价值，指每股股票所含的实际资产价值，是支撑股票市场价格的物质基础，也代表公司解散时股东可分得的权益，通常被认为是股票价格下跌的底线。

2. 市净率与市盈率

市净率与市盈率之间的关系可以用下式表达：

$$P/B = (P/E) \times ROE$$

或 $$\frac{(P/B)}{(P/E)} = \frac{E}{B} = ROE$$

其中，ROE 即净资产收益率。

因此市盈率相同时，公司的股权收益率（净资产收益率）越高，则该公司的市净率也就越高。

市净率通常用于对股票内在价值的考察，多为长期投资者所重视；市盈率通常用于股票供求状况的考察，更为短期投资者所关注。

3. 市净率的应用

对于以流动性好的资产为主的公司，如银行、投资公司、财务公司、保险公司等，由于其账面价值与市值更接近，因此使用市净率更好。此外，市净率还可以用于对那些预计不可持续经营的公司进行估值。

市净率在使用过程中也存在一定局限性：

①没有考虑一些无法用会计进行度量的因素，如人力资源等；

②由于会计准则的影响，资产估值存在问题；

③账面值只是按历史成本对公司资产进行估值，很难反映公司可能的投资收益和价值；

④当公司再融资或回购股份时，公司的净资产会发生改变，使得历史比较失去意义。

‖例题 3‖ 市净率和市盈率都可以作为反映股票价值的指标（　　）。

Ⅰ. 市盈率越大，说明股价处于越高的水平

Ⅱ. 市净率越大，说明股价处于越高的水平

Ⅲ. 市盈率通常用于考察股票的内在价值，多为长期投资者所重视

Ⅳ. 市净率通常用于考察股票的内在价值，多为长期投资者所重视

A. Ⅰ、Ⅱ、Ⅲ　　　　　　　　　　B. Ⅰ、Ⅱ、Ⅳ

C. Ⅱ、Ⅲ、Ⅳ　　　　　　　　　　D. Ⅰ、Ⅲ、Ⅳ

【答案】 B

【解析】 Ⅲ，市盈率通常用于考察股票的供求状况，更为短期投资者所重视。

七、市售率估值法（熟悉）

市售率（P/S）也称市销率、价格营收比，是股票价格与销售收入的比率，该指标反映的是单位销售收入反映的股价水平。其计算公式为

市售率 = 股票价格/每股销售收入

市售率指标的引入主要是为了克服市盈率等指标的局限性,在评估股票价值时需要对公司的收入质量进行评价。由于主营业务收入对于公司未来发展评价起着决定性的作用,因此市售率有助于考察公司收益基础的稳定性和可靠性,有效把握其收益的质量水平。

市售率估值法的缺点:

①匹配问题,股价反映了负债融资对公司盈利能力和风险的影响,而收入则没有考虑负债的成本和费用;

②有些公司虽然收入增长迅速,但仍然会出现亏损,如果公司长期无法将收入转换为真正的盈利和现金,那么用 P/S 来估值就会发生错误。

章节测试

一、单项选择题(以下备选项中只有一项符合题目要求,不选、错选均不得分)

1. 股权自由现金流贴现模型采用 (   ) 作为贴现率。

A. 内部收益率   B. 股东必要回报率

C. 加权平均资本成本   D. 企业平均股本成本

2. 由证券自身的内在属性或基本面因素决定,不受外界因素影响的相对客观的是 (   )。

A. 内在价值   B. 市场价值   C. 公允价值   D. 远期价格

3. (   ) 是指证券的市场价格低于其内在价值的部分,任何投资活动均以之为基础。

A. 市场价格   B. 公允价值   C. 内在价值   D. 安全边际

4. 假设某公司在未来无限时期支付的每股股利为 5 元,必要收益率为 10%。当前股票市价为 45 元,则对于该股票投资价值的说法正确的是 (   )。

A. 该股票有投资价值   B. 该股票没有投资价值

C. 依市场情况来确定投资价值 D. 依个人偏好来确定投资价值

5. 采用自由现金流模型进行估值与 (   ) 相似,也分为零增长模型、固定增长模型、多阶段增长模型几种情况。

A. 资本资产定价模型   B. 均值方差模型

C. 红利(股利)贴现模型   D. 套利定价模型

6. 公平交易要求投资行为所产生的现金流的净现值等于（　　）。

A. 0　　　　　　　　B. 1　　　　　　　　C. 2　　　　　　　　D. 3

7. 某公司上年末支付的每股股息为 2 元，预期在未来其股息按每年 5% 的速度增长，必要回报率为 10%，则该公司股票的价值为（　　）元。

A. 20　　　　　　　B. 21　　　　　　　C. 40　　　　　　　D. 42

8.（　　）是每股价格与每股收益之间的比率。

A. 市净率　　　　B. 市销率　　　　C. 市盈率　　　　D. 资产收益率

9. 下列指标中，不属于相对估值法的是（　　）。

A. 市值回报增长比　　　　　　　　B. 市净率

C. EV/EBITDA　　　　　　　　　　D. 自由现金流模型

二、组合单项选择题（以下备选项中只有一项最符合题目要求，不选、错选均不得分）

1. 在证券市场完全有效的情况下，（　　）可以充当证券公允价值。

Ⅰ. 市场价格　　　Ⅱ. 协议价格　　　Ⅲ. 内在价值　　　Ⅳ. 历史成本

A. Ⅰ、Ⅲ　　　　B. Ⅰ、Ⅳ　　　　C. Ⅱ、Ⅲ、Ⅳ　　　D. Ⅱ、Ⅲ

2. 下列表述中正确的有（　　）。

Ⅰ. 按照现金流贴现模型，股票的内在价值等于预期现金流之和

Ⅱ. 现金流贴现模型中的贴现率又被称为必要收益率

Ⅲ. 股票净现值大于零，意味着该股票股价被低估

Ⅳ. 现金流贴现模型是运用收入的资本化定价方法决定普通股票内在价值的

A. Ⅰ、Ⅱ　　　　　　　　　　B. Ⅰ、Ⅳ

C. Ⅱ、Ⅲ、Ⅳ　　　　　　　　D. Ⅰ、Ⅱ、Ⅲ、Ⅳ

3. 证券估值的方法主要有（　　）。

Ⅰ. 相对估值　　　Ⅱ. 无套利定价　　　Ⅲ. 绝对估值　　　Ⅳ. 资产价值

A. Ⅰ、Ⅱ　　　　　　　　　　B. Ⅰ、Ⅳ

C. Ⅱ、Ⅲ、Ⅳ　　　　　　　　D. Ⅰ、Ⅱ、Ⅲ、Ⅳ

4. 常用的现金流贴现模型有（　　）。

Ⅰ. 红利贴现模型　　　　　　　　Ⅱ. 自由现金流贴现模型

Ⅲ. 企业自由现金流模型　　　　　Ⅳ. 股权自由现金流模型

A. Ⅰ、Ⅱ　　　　B. Ⅰ、Ⅳ　　　　C. Ⅲ、Ⅳ　　　　D. Ⅱ、Ⅳ

5. 根据产生市场价格的证券交易发生时间，我们通常将有价证券的市场价格区分为（　　）。

Ⅰ. 历史价格　　Ⅱ. 当前价格　　Ⅲ. 回报价格　　Ⅳ. 预期市场价格

A. Ⅰ、Ⅱ、Ⅲ　　　　　　　　　　B. Ⅰ、Ⅱ、Ⅳ

C. Ⅱ、Ⅲ、Ⅳ　　　　　　　　　　D. Ⅰ、Ⅱ、Ⅲ、Ⅳ

6. 相对于市盈率，市净率在使用中特有的优点有（　　　）。

Ⅰ. 统计学证明每股收益数值普遍比每股净资产稳定得多

Ⅱ. 对于资产包含大量现金的公司，市净率是更为理想的比较估值指标

Ⅲ. 统计学证明每股净资产数值普遍比每股收益稳定得多

Ⅳ. 市净率适用于经营暂时陷入困难的以及有破产风险的公司

A. Ⅰ、Ⅱ、Ⅲ　　　　　　　　　　B. Ⅰ、Ⅱ、Ⅳ

C. Ⅱ、Ⅲ、Ⅳ　　　　　　　　　　D. Ⅰ、Ⅱ、Ⅲ、Ⅳ

7. 关于市值回报增长比（PEG）的说法，正确的有（　　　）。

Ⅰ. 市值回报增长比即市盈率对公司利润增长率的倍数

Ⅱ. 当 PEG 大于 1 时，表明市场赋予这只股票的估值可以充分反映其未来业绩的成长性

Ⅲ. 通常，成长型股票的 PEG 都会高于 1，甚至在 2 以上，投资者愿意给予其高估值

Ⅳ. 通常，价值型股票的 PEG 都会低于 1，以反映低业绩增长的预期

A. Ⅰ、Ⅱ、Ⅲ　　　　　　　　　　B. Ⅰ、Ⅱ、Ⅳ

C. Ⅱ、Ⅲ、Ⅳ　　　　　　　　　　D. Ⅰ、Ⅲ、Ⅳ

8. 以下（　　　）情况说明股票价格被低估，因此购买这种股票可行。

Ⅰ. NPV > 0

Ⅱ. 内部收益率 > 具有同等风险水平股票的必要收益率

Ⅲ. NPV < 0

Ⅳ. 内部收益率 < 具有同等风险水平股票的必要收益率

A. Ⅰ、Ⅱ　　　　B. Ⅰ、Ⅳ　　　　C. Ⅱ、Ⅲ　　　　D. Ⅱ、Ⅳ

章节测试答案与解析

一、单项选择题

1.【答案】B

【解析】股权自由现金流贴现模型以股东要求的必要回报率为贴息率。

2.【答案】A

【解析】内在价值取决于证券自身的内在属性或基本面因素，市场价格基

本上围绕内在价值形成。

3.【答案】D

【解析】安全边际是指证券的市场价格低于其内在价值的部分，任何投资活动均以之为基础。

4.【答案】A

【解析】根据零增长模型股票内在价值决定公式，$V = \dfrac{D_0}{K} = \dfrac{5}{10\%} = 50$（元），因为内在价值大于市场价格（50 > 45），因此有投资价值。

5.【答案】C

【解析】采用自由现金流模型进行估值与红利（股利）贴现模型相似，也分为零增长模型、固定增长模型、多阶段增长模型几种情况。不同的是将红利改为企业自由现金流。

6.【答案】A

【解析】公平交易要求投资行为所产生的现金流的净现值等于零。

7.【答案】D

【解析】根据不变增长模型公式，$V = \dfrac{2 \times (1 + 5\%)}{10\% - 5\%} = 42$（元）。

8.【答案】C

【解析】市盈率是每股价格与每股收益之间的比率。

9.【答案】D

【解析】自由现金流模型属于绝对估值法。

二、组合单项选择题

1.【答案】A

【解析】根据财政部颁布的《企业会计准则第22号——金融工具确认和计量》，如果存在活跃交易的市场，则以市场报价为金融工具的公允价值；否则，采用估值技术确定公允价值。

2.【答案】C

【解析】Ⅰ，现金流贴现模型下，一种资产的内在价值等于预期现金流的贴现值之和。

3.【答案】D

【解析】证券估值的方法主要包括：绝对估值、相对估值、资产价值和其他估值方法（无套利定价和风险中性定价）。

4.【答案】A

【解析】常用的现金流贴现模型有红利贴现模型和自由现金流贴现模型。自由现金流又可以分为企业自由现金流和股权自由现金流两种。

5.【答案】B

【解析】根据产生该价格的证券交易发生时间，我们通常又将其区分为历史价格、当前价格和预期市场价格。

6.【答案】C

【解析】Ⅰ，统计学证明每股净资产普遍比每股收益数值稳定得多。

7.【答案】D

【解析】Ⅱ，当 PEG 等于 1 时，表明市场赋予这只股票的估值可以充分反映其未来业绩的成长性。

8.【答案】A

【解析】NPV ＞0 和内部收益率大于同等风险水平股票的必要收益率表明股票价格被低估。

第九章

固定收益证券

本章考情分析

本章在考试大纲中共分为三节，分别介绍基本理论、债券定价和债券评级。第一节要求熟悉的内容包括基准利率、货币市场利率的概念，决定利率方向与变化幅度的因素，经济基本面、资金面与收益率曲线的关系。第二节中债券的概念和分类、债券贴息率的概念及计算、收益率曲线的概念及类型要求掌握，其余内容要求熟悉。第三节内容除信用利差要求掌握外，其余内容以了解为主。

本章知识点较多，理解和记忆性的内容较多，在最近三次考试中平均分值约为 10 分。债券投资是证券投资的重要组成部分，其中要求掌握和熟悉的考点，应当结合例题适当重复、确保牢记。

第一节　基本理论

本节大纲要求

1. 熟悉基准利率、货币市场利率的概念；

2. 熟悉决定利率方向与变化幅度的因素；

3. 熟悉经济基本面、资金面与收益率曲线的关系；

4. 了解不同经济阶段收益率曲线的特点。

本节内容精讲

一、基准利率、货币市场利率的概念（熟悉）

基准利率	①基准利率是金融市场上具有普遍参照作用的利率，其他利率水平或金融资产价格均可根据这一基准利率水平来确定，即这种利率发生变动，其他利率也会相应变动 ②从某种意义上讲，基准利率是利率市场化机制形成的核心
货币市场利率	①货币市场利率是反映货币市场资金状况、衡量金融产品收益率的重要指标 ②货币市场利率包括同业拆借利率、商业票据利率、国债回购利率、国债现货利率、外汇比价等 ③央行也以货币市场利率水平为依据，监控市场利率水平，预测市场利率走势。所以，货币市场利率是利率市场化的关键环节

二、决定利率方向与变化幅度的因素（熟悉）

相关因素	具体内容
平均利润率	马克思的利率决定理论认为：利率取决于平均利润率，介于零和平均利润率之间，利息实质上是利润的一部分，利率要受到平均利润率的约束。因此，平均利润率越高，则利率越高
投资和储蓄	古典学派的储蓄投资理论认为，投资是利率的减函数，储蓄是利率的增函数，而利率变化则取决于投资流量与储蓄流量的均衡点，均衡利率是由投资和储蓄共同决定的
货币供求	①凯恩斯的流动性偏好理论根据货币市场的均衡分析利率水平。该理论认为，均衡的利率水平由货币供给和货币需求决定 ②货币需求由交易需求、预防需求和投机需求这三种需求构成。其中，交易需求和预防需求与收入相关，投机需求与利率相关 ③货币供给是一个外生变量，由政府决定 ④利率决定于货币供求数量，而货币需求量又基本取决于人们的流动性偏好。如果人们对流动性的偏好强，愿意持有的货币数量就增加，当货币的需求大于货币的供给时，利率上升；反之，则利率下降。因此，利率是由流动性偏好曲线与货币供给曲线共同决定的 ⑤流动性陷阱。当利率极低时，由于货币需求无限大，利率将不再变动，即无论增加多少货币供应，货币都会被储存起来，不会对利率产生任何影响，这就是凯恩斯利率决定理论中著名的"流动性陷阱"

续表

相关因素	具体内容
借贷资金供求	①可贷资金理论认为利率是使用借贷资金的代价，而借贷资金的需求则与利率呈反向相关关系，两者的均衡决定利率水平 ②当市场上借贷资金供不应求时，利率就会上升；反之，当市场上借贷资金供过于求时，利率就会下降
商品市场与货币市场同时实现均衡的条件	①IS-LM模型认为均衡利率水平是由商品市场与货币市场同时实现均衡的条件所决定的 ②当货币市场和商品市场达到均衡状态时，利率水平也达到了均衡状态
通货膨胀预期	①物价的变动主要表现为货币本身的升值或贬值：物价下跌，货币升值；物价上涨，货币贬值 ②在金融市场上，由于本息均由名义量表示，借贷双方在决定接受某一水平的名义利率时，都要考虑到对未来物价预期变动的补偿，以防止自己因货币的实际价值发生变动而亏损。所以，在预期通货膨胀率上升时，利率水平有很强的上升趋势；反之，在预期通货膨胀率下降时，利率水平也趋于下降
货币政策	中央银行通过运用货币政策来改变货币供给量，从而影响可贷资金的数量 ①当中央银行想刺激经济时，会增加货币投入量，使可贷资金的供给增加，可贷资金供给曲线向右移动，此时利率下降 ②当中央银行想限制经济过度膨胀时，会减少货币供给，使可贷资金的供给减少，可贷资金供给曲线向左移动，此时利率上升
商业周期	利率的波动表现出很强的周期性，在商业周期的扩张阶段利率上升，而在经济衰退阶段利率下降

‖ 例题1 ‖ 马克思的利率决定理论认为，利率取决于（　　　）。

A. 通货膨胀预期　　　　　　　　B. 平均利润率

C. 货币供求　　　　　　　　　　D. 投资和储蓄

【答案】B

【解析】马克思的利率决定理论认为，利率取决于平均利润率。

三、经济基本面、资金面与收益率曲线的关系（熟悉）

1. 相关概念

经济基本面	基本面包括宏观经济运行态势和上市公司基本情况 ①宏观经济运行态势反映出上市公司整体经营业绩，也为上市公司进一步的发展确定了背景。因此宏观经济与上市公司及相应的股价有密切的关系 ②上市公司的基本面包括财务状况、盈利状况、市场占有率、经营管理体制、人才构成等各个方面
资金面	资金面表示货币供应量以及市场调控政策对金融产品的支持能力
收益率曲线	①收益率曲线是分析利率走势和进行市场定价的基本工具，也是进行投资的重要依据 ②在金融市场中，任何投资产品都有自己的收益率曲线，但是一般提到收益率曲线，是指国家政府债券的收益率曲线 ③国债在市场上自由交易时，不同期限及其对应的不同收益率，形成了债券市场的"基准利率曲线"。市场因此有了合理定价的基础，其他债券和各种金融资产均在这个曲线基础上，考虑风险溢价后确定适宜的价格

2. 对应关系

经济基本面和资金面因素都是影响国债收益率曲线的重要因素。

（1）经济基本面

国债市场分析的传统经典基础仍然是经济基本面的分析，其中最为关键的宏观经济基本面指标包括两大类：通货膨胀类的价格型指标和经济增长类的指标。通货膨胀和经济增长均会对债券收益率产生影响。

①通货膨胀率的变动主要对长期利率产生影响。总体而言，通货膨胀率与国债收益率，尤其是中长期收益率正相关。

②经济增长对国债收益率的影响主要体现在两个方面：

第一，经济增长的过程中通常伴有通货膨胀，因此中长期国债收益率会相应较高；

第二，经济步入上行区间时，股市对经济增长的反应最为敏感，市场上大量资金会流入股票市场，债券市场相对冷清，国债发行人会提高收益率吸引投资者。总体上看，中长期国债收益率与经济增长通常是正相关关系。

（2）资金面

资金面因素是指国债市场上投资者资金松紧对国债收益率的影响，市场资金面充裕与否，直接影响债券品种收益率曲线走势。从理论上讲，当投资者资金较充裕时，有更多的国债投资需求，国债收益率相对较低，当资金较紧缺时，国债投资需求下降，国债收益率较高。

（3）国债收益率对经济基本面、资金面的反映

国债收益率曲线的不同形态在一定程度上反映了宏观经济发展的变动趋势，可以作为判断市场未来利率走势、通货膨胀趋势和经济增长的工具。

一般认为，1 年期以内的国债收益率主要反映了资金面的供求情况，10 年期以上国债收益率主要反映了经济基本面，中间期限国债收益率则是政策面和经济面的综合反映。

当国债收益率曲线呈趋平态势，短期利率接近甚至超过长期利率时，预示经济将进入衰退和萧条阶段；反之，当收益率曲线呈陡峭态势，长短期利率之间的利差扩大时，说明经济的复苏和繁荣。因此，国债收益率曲线通常也是各国中央银行制定、实施货币政策的重要依据。

四、不同经济阶段收益率曲线的特点（了解）

收益率曲线即不同期限的即期利率的组合所形成的曲线，是分析利率走势和进行市场定价的基本工具，也是进行投资的重要依据，在不同的经济阶段收益率曲线呈现不同的特点。

（一）陡直的收益率曲线

这种形态的收益率曲线一般出现在紧随经济衰退后的经济扩张初期。这时候，经济停滞已经压抑短期利率，但是一旦增长的经济活动重新建立对资本的需求（及对通胀的恐惧），利率一般会开始上升，因而收益率曲线呈现陡直的状态。

（二）倒置的收益率曲线

这种形态的收益率曲线一般出现在经济即将缓慢下来的时期。财务机构（如银行）通常会以短期利率借贷，并会长期借出资金。一般而言，当长期利率高于短期利率而两者又相对性高时，银行的借贷通常较低。一般来说，较低的企业借贷额会导致信贷紧缩、业务缓慢以及经济减弱。

‖ 例题 2 ‖ 陡直的收益率曲线的特征有（　　　）。

Ⅰ. 一般出现在紧随经济衰退后的经济扩张初期

Ⅱ. 一般出现在紧随经济繁荣初期

Ⅲ. 经济停滞已经压抑短期利率

Ⅳ. 一般出现在经济即将缓慢下来的时期

A. Ⅱ、Ⅲ　　　　B. Ⅰ、Ⅳ　　　　C. Ⅲ、Ⅳ　　　　D. Ⅰ、Ⅲ

【答案】D

【解析】陡直的收益率曲线一般出现在紧随经济衰退后的经济扩张初期，此时，经济停滞已经压抑短期利率。

第二节　债券定价

本节大纲要求

1. 掌握债券的概念和分类；

2. 熟悉不同类别债券累计利息的计算和实际支付价格的计算；

3. 熟悉债券现金流的确定因素；

4. 掌握债券贴现率的概念及计算公式；

5. 熟悉债券估值模型；

6. 熟悉零息债券、附息债券、累息债券的定价计算；

7. 熟悉债券当期收益率、到期收益率、即期利率、持有期收益率、赎回收益率的计算；

8. 掌握收益率曲线的概念及类型；

9. 熟悉期限结构的影响因素及利率期限结构理论；

10. 熟悉资产证券化产品、非公开定向债务融资工具（PPN）、中小企业私募债、城投债、市政债、项目收益债券的风险及定价方法。

本节内容精讲

一、债券的概念和分类（掌握）

（一）债券的概念

债券是一种有价证券，是社会各类经济主体为筹集资金而向债券投资者出具的、承诺按一定利率定期支付利息并到期偿还本金的债权债务凭证。债券具有偿还性、流动性、安全性和收益性等特征。

(二) 债券的分类

依据不同的标准，债券可以有不同的分类。

分类标准	类别	特点
发行主体	政府债券	①政府债券的发行主体是政府，中央政府发行的债券称为国债 ②政府债券的主要用途是解决由政府投资的公共设施或重点建设项目的资金需要和弥补国家财政赤字
	金融证券	金融债券的发行主体是银行或非银行的金融机构
	公司债券	①指公司依照法定程序发行、约定在一定期限还本付息的有价证券 ②公司债券的发行主体是股份公司，但有些国家也允许非股份制企业发行债券，归类时，可将公司债券和企业发行的债券合在一起，称为公司（企业）债券
债券发行条款中是否规定在约定期限向持有人付息	贴现债券	贴现债券又被称为贴水债券，是指在票面上不规定利率，发行时按某一折扣率，以低于票面金额的价格发行，发行价与票面金额的差额相当于预先支付的利息，到期时按面额偿还本息的债券
	附息债券	①附息债券的合约中明确规定，在债券存续期内，对持有人定期支付利息（通常每半年或每年支付一次） ②按照计息方式的不同，这类债券还可细分为固定利率债券和浮动利率债券两大类
	息票累计债券	与附息债券相似，这类债券也规定了票面利率，但是，债券持有人必须在债券到期时一次性获得本息，存续期间没有利息支付
募集方式	公募债券	公募债券是指发行人向不特定的社会公众投资者公开发行的债券
	私募债券	私募债券是指向特定的投资者发行的债券。发行对象一般是特定的机构投资者
担保性质	有担保债券	①有担保债券指以抵押财产为担保发行的债券 ②有担保债券按担保品不同，分为抵押债券、质押债券和保证债券
	无担保债券	无担保债券也被称为信用债券，仅凭发行人的信用而发行，是不提供任何抵押品或担保人而发行的债券
债券券面形式	实物债券	①实物债券是一种具有标准格式实物券面的债券 ②在标准格式的债券券面上，一般印有债券面额、债券利率、债券期限、债券发行人全称、还本付息方式等各种债券票面要素

分类标准	类别	特点
债券券面形式	凭证式债券	凭证式债券的形式是债权人认购债券的一种收款凭证，而不是债券发行人制定的标准格式的债券
	记账式债券	记账式债券是没有实物形态的票券，它利用证券账户，通过计算机系统完成债券发行、交易及兑付的全过程

‖例题1‖关于贴现债券，下列说法正确的是（   ）。

Ⅰ．在票面上不规定利率

Ⅱ．属于折价方式发行的债券

Ⅲ．在发行时将利息提前扣除

Ⅳ．在债券发行后才按期支付利息

A．Ⅱ、Ⅲ   B．Ⅰ、Ⅳ   C．Ⅰ、Ⅱ、Ⅲ   D．Ⅰ、Ⅲ、Ⅳ

【答案】C

【解析】贴现债券发行时，按某一折扣率以低于票面金额的价格发行，到期时按面额偿还本息。

二、不同类别债券累计利息的计算和实际支付价格的计算（熟悉）

（一）不同类别债券累计利息的计算

计算累计利息时，针对不同类别债券，全年天数和利息累计天数的计算分别有行业惯例。

短期债券	通常全年天数定为360天，半年定为180天。利息累计天数则分为按实际天数（ACT）计算（ACT/360、ACT/180）和按每月30天计算（30/360、30/180）两种
中长期附息债券	①全年天数有的定为实际全年天数，也有的定为365天。利息累计天数也分为实际天数、每月按30天计算两种 ②我国交易所市场对附息债券的计息规定是全年天数统一按365天计算；利息累计天数规则是按实际天数计算，算头不算尾，闰年2月29日不计息
贴现式债券	我国目前对于贴现发行的零息债券按照实际天数计算累计利息，算头不算尾，闰年2月29日也计利息，公式为 $$应计利息额 = \frac{到期兑付额 - 发行价格}{起息日至到期日天数} \times 起息日至结算日的天数$$

（二）不同类别债券实际支付价格的计算

不同类别债券实际支付价格的计算如下表所示。

债券种类	含义	估价公式
附息债券	①又称固定利率债券或平息债券，是指事先确定息票率，定期（如每半年或一年）按票面金额计算并支付一次利息的债券 ②附息债券的价格等于按市场利率贴现计算出来的债券利息收入和所偿付本金的现值之和	$P = \sum_{t=1}^{n} \frac{rF}{(1+i)^t} + \frac{F}{(1+i)^t}$ 其中，P 表示债券的理论价格，即现值；i 表示市场利率或必要报酬率；F 表示债券的面值；r 表示债券的票面利率；n 表示利息支付次数
一次还本付息债券	一次还本付息债券所产生的现金流量是到期时的本利和；一次还本付息债券的估价就是将到期时债券按票面利率计算出来的本利和，再按市场利率进行贴现计算出来的复利现值	$P = \frac{F(1+r)^m}{(1+i)^n}$ 其中，n 表示持有剩余期间的期数；m 表示整个计息期间的期数；其余字母的含义同上
永久性债券	指没有到期日，也没有最后支付日，债券投资人可以定期地、持续地获得固定收益的债券	$P = \frac{rF}{i}$ 式中字母含义同上
零息债券	①又称纯贴现债券，是一种以低于面值的贴现形式发行，到期按债券面值偿还的债券 ②从计算公式上看，零息债券实际上是附息债券的一种特殊形式，但零息债券未来的现金流量只有面额部分	$P = \frac{F}{(1+i)^n}$ 式中字母含义同上

‖例题 2‖ 2018 年 3 月 5 日，某年息 6%、面值 100 元、每半年付息一次的一年期债券，上次付息为 2017 年 12 月 31 日。若市场净价报价为 96 元，按 ACT/180 计算，则实际支付价格为（　　）元。

　A. 98.07　　　　　B. 97.05　　　　　C. 97.07　　　　　D. 98.05

【答案】B

【解析】未计息的累计天数（算头不算尾）为 31（1 月）+28（2 月）+4（3 月）=63（天），累计利息为 100×6%÷2×63/180 = 1.05（元），所以，实际支付价格 = 96 + 1.05 = 97.05（元）。

三、债券现金流的确定因素（熟悉）

债券的价值由其未来现金流入量的现值决定。一般而言，债券的未来现金收入由各期利息收入和到期时收回的面值两部分组成。债券现金流的确定因素如下表所示。

债券面值和票面利率	①除少数本金逐步摊还的债券外，多数债券在到期日按面值还本 ②票面利率通常用年单利表示，票面利率乘以付息间隔和债券面值即得到每期利息支付金额
计付息间隔	债券在存续期内定期支付利息，我国发行的各类中长期债券通常每年付息一次，欧美国家则习惯半年付息一次。付息间隔短的债券，风险相对较小
债券的嵌入式期权条款	①债券条款中可能包含发行人提前赎回权、债券持有人提前返售权、转股权、转股修正权、偿债基金条款等嵌入式期权，这些条款极大地影响了债券的未来现金流模式 ②一般来说，凡是有利于发行人的条款都会相应降低债券价值；反之，有利于持有人的条款则会提高债券价值
债券的税收待遇	投资者拿到的实际上是税后现金流，因此免税债券（如政府债券）与可比的应纳税债券（如公司债券、资产证券化债券等）相比，价值要大一些
其他因素	债券的付息方式（浮动、可调、固定）、债券的币种（单一货币、双币债券）等因素都会影响债券的现金流

‖ 例题 3 ‖ 下列各项中，属于发行条款中影响债券现金流确定因素的有（　　）。

Ⅰ. 基础利率　　　Ⅱ. 计付息间隔　　　Ⅲ. 票面利率　　　Ⅳ. 市场利率

A. Ⅰ、Ⅱ　　　　B. Ⅱ、Ⅲ　　　　C. Ⅰ、Ⅲ　　　　D. Ⅰ、Ⅳ

【答案】B

【解析】债券现金流的确定因素包括：债券面值和票面利率、计付息间隔、债券的嵌入式期权条款、债券的税收待遇、其他因素。

四、债券贴现率的概念及计算公式（掌握）

债券的贴现率是投资者对该债券要求的最低回报率，也称为必要回报率。其计算公式为

债券必要回报率 = 真实无风险收益率 + 预期通货膨胀率 + 风险溢价

（1）真实无风险收益率，是指真实资本的无风险回报率，理论上由社会资本平均回报率决定。

（2）预期通货膨胀率，是对未来通货膨胀率的估计值。

（3）风险溢价，根据各种债券的风险大小而定，是投资者因承担投资风险而获得的补偿。债券投资的主要风险因素包括违约风险（信用风险）、流动性风险、汇率风险等。

五、债券估值模型（熟悉）

1. 债券估值的一般模型

根据现金流贴现的基本原理，典型的固定利率、分期付息、到期还本的债券，其债券理论价格计算公式为

$$P = \frac{I_1}{(1+y)} + \frac{I_2}{(1+y)^2} + \cdots + \frac{I_n}{(1+y)^n} + \frac{F}{(1+y)^n}$$

其中，P 表示债券的理论价格，即现值；I_n 表示第 n 期债券的利息收益；y 表示折现率，通常为市场利率或必要报酬率；n 表示债券到期日的时间间隔；F 表示债券的面值。

2. 影响债券估值的因素

根据以上一般模型，影响债券价值大小的因素有必要收益率、到期时间、利息支付频率和计息方式。

必要收益率	必要收益率越小，债券价值越大；必要收益率越大，债券价值越小
到期时间	随着到期日的临近，债券价值会逐渐接近其面值
利息支付频率	①利息支付的频率影响债券的价值 ②从理论上讲，随着付息频率的加快，折价发行的债券价值逐渐降低，溢价发行的债券价值逐渐升高，平价发行的债券价值不变
计息方式	不同的计息方式会对债券价值产生不同的影响。如前文所列附息债券和一次还本付息债券

‖ 例题 4 ‖ 下列关于债券估值的影响因素说法不正确的是（　　　）。

A. 必要收益率越小，债券价值越大

B. 随着到期日的临近，债券价值会逐渐接近其面值

C. 随着付息频率的加快，折价发行的债券价值逐渐降低

D. 相同的利率，不同的计息方式不会对债券价值产生影响

【答案】D

【解析】不同的计息方式会对债券价值产生不同的影响。如前文所列附息债券和一次还本付息债券。

六、债券各种收益率的概念和计算（熟悉）

债券收益率是影响债券价格的重要因素，通常会用到以下几个指标。

息票率	（1）息票率是指发行证券时，证券发行人同意支付的协议利率，通常出现于中长期公司债券与政府债券中 （2）只有满足以下情况，才能够用息票率来衡量债券的收益率 ①投资者以等于证券面值的价格买进证券 ②按时得到承诺的全部付款 ③投资者按照债券面值变现债券
当期收益率	当期收益率是指按息票率计算所得的债券每一计息周期的利息收入，除以当前债券市场价格的比率，用于衡量所投资债券的当期回报率
到期收益率	（1）债券的到期收益率是使债券未来现金流现值等于债券当前价格所用的贴现率，体现了自购买日至到期日的平均回报率 （2）已知债券当前购买价格为 P_0，面值为 F，距离到期时间为 n 年，每年支付的利息总额为 C，一年内分 m 次付息，则满足下式的 y 就是到期收益率： $$P_0 = \frac{F}{\left(1 + \dfrac{y}{m}\right)^{mn}} + \sum_{t=1}^{mn} \frac{\dfrac{C}{m}}{\left(1 + \dfrac{y}{m}\right)^t}$$ （3）上式表明，到期收益率实际上就是内部报酬率，而到期收益率能否实现，取决于三个条件 ①发行人无违约（利息和本金能按时、足额支付） ②投资者持有债券到期 ③收到的利息能够以到期收益率再投资
即期利率	即期利率也称零息利率，是指已设定到期日的零息票债券的到期收益率。在债券定价公式中，即期利率就是用来进行现金流贴现的贴现率。t 年期即期利率的计算公式为 $$P_t = \frac{C_t}{(1 + S_t)^t}$$ 其中，P_t 为 t 年期无息债券的当前市价；C_t 为到期价值；S_t 为 t 年期即期利率

持有期收益率	持有期收益率是指买入债券到卖出债券期间所获得的年平均收益，它与到期收益率的区别在于末笔现金流是卖出价格而非债券到期偿还金额。持有期收益率 h 的计算公式为 $$P_0 = \sum_{t=1}^{m} \frac{C}{(1+h)^t} + \frac{P_m}{(1+h)^t}$$ 其中，P_0 为债券买入时的价格；C 为债券每期付息金额；h 为持有期收益率；P_m 为债券卖出时的价格
赎回收益率	赎回收益率以平均年收益率表示，用于衡量从购买日到债券被发行人赎回日，个人从债券投资中得到的收益。赎回收益率一般是指第一赎回收益率，即假设赎回发生在第一次可赎回的时间，从购买到赎回的内在收益率。赎回收益率 y 的计算公式为 $$P = \sum_{t=1}^{n} \frac{C}{(1+y)^t} + \frac{M}{(1+y)^n}$$ 其中，P 为发行价格；n 为到第一个赎回日的年数；M 为赎回价格；C 为每年利息收益

‖**例题 5**‖ 某无息债券的面值为 1000 元，期限为 2 年，发行价为 880 元，到期按面值偿还。该债券的到期收益率为（　　）。

A. 6%　　　　　　B. 6. 6%　　　　　　C. 12%　　　　　　D. 13. 2%

【答案】B

【解析】根据到期收益率的计算公式，$880 = \dfrac{1000}{(1+y)^2}$，求解得到 $y = 6.6\%$。

七、收益率曲线的概念及类型（掌握）

1. 收益率曲线的概念

收益率曲线是描述在某一时点上一组可交易债券的收益率与其剩余到期期限之间数量关系的一条曲线，即在直角坐标系中，以债券剩余到期期限为横坐标、债券收益率为纵坐标而绘制的曲线。

2. 收益率曲线的类型

从形状上来看，收益率曲线主要包括四种类型：正向收益率曲线、反向收益率曲线、水平收益率曲线、拱形收益率曲线，如图 9 - 1 所示。

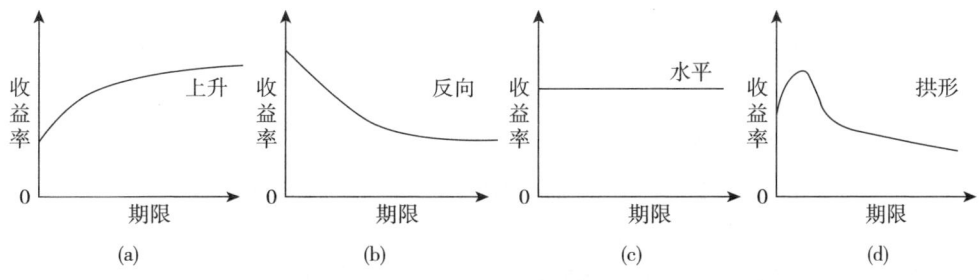

图 9-1　不同形状的收益率曲线

①图 9-1（a）显示的是一条向上倾斜的收益率曲线，表示期限越长的债券收益率越高，这种曲线形状被称为"正向的"收益率曲线。

②图 9-1（b）显示的是一条向下倾斜的收益率曲线，表示期限越长的债券收益率越低，这种曲线形状被称为"反向的"或"反转的"收益率曲线。

③图 9-1（c）显示的是一条平直的收益率曲线，表示不同期限的债券收益率相等，这通常是正向收益率曲线与反向收益率曲线转化过程中出现的暂时现象。

④图 9-1（d）显示的是拱形收益率曲线，表示期限相对较短的债券，收益率与期限呈正向关系；期限相对较长的债券，收益率与期限呈反向关系。

从历史资料来看，在经济周期的不同阶段可以观察到所有这四种收益率曲线。

‖例题6‖（　　　）收益率曲线体现了收益率与期限的关系随着期限的长短由正向变为反向。

A. 正向　　　　　B. 反向　　　　　C. 水平　　　　　D. 拱形

【答案】D

【解析】拱形收益率曲线，表示期限相对较短的债券，收益率与期限呈正向关系；期限相对较长的债券，收益率与期限呈反向关系。

八、期限结构的影响因素及利率期限结构理论（熟悉）

1. 期限结构的影响因素

利率期限结构是指某一时点上，品质相同而期限不同的债券的到期收益率与到期期限之间的关系。利率的期限结构通常用收益率曲线来表示。

在任一时点上，都有以下三种因素影响期限结构的形状：

①对未来利率变动方向的预期；

②债券预期收益中可能存在的流动性溢价；

③市场效率低下或者资金从长期（或短期）市场向短期（或长期）市场流动可能存在的障碍。

2. 利率期限结构理论

利率期限结构理论就是基于上面所讲的三种因素分别建立起来的。

（1）市场预期理论

市场预期理论又称无偏预期理论，它认为利率期限结构完全取决于对未来即期利率的市场预期。如果预期未来即期利率上升，则利率期限结构呈上升趋势；如果预期未来即期利率下降，则利率期限结构呈下降趋势。

市场预期理论建立在以下三个假设条件之上：

①投资者风险中性，仅仅考虑（到期）收益率而不考虑风险；

②所有市场参与者都有相同的预期，金融市场是完全竞争的；

③在投资者的资产组合中，不同期限的债券具有完全替代性。

在市场预期理论中，某一时点的各种期限债券的收益率虽然不同，但是在特定时期内，市场上预计所有债券都取得相同的即期收益率，即长期债券是一组短期债券的理想替代物，长短期债券取得相同的利率，即市场是均衡的。

（2）流动性偏好理论

流动性偏好理论的基本观点是投资者并不认为长期债券是短期债券的理想替代物。原因在于：①投资者意识到他们对资金的需求可能会比预期的早，因此他们有可能在预期的期限前被迫出售债券；②债券未来收益的不确定性，投资于长期债券要承担较高的价格风险。正是为了补偿价格风险，导致了流动性溢价的存在。由于流动性溢价的存在，在流动性偏好理论中，远期利率不再只是对未来即期利率的无偏估计，还包含了流动性溢价。

在流动性偏好理论中，利率期限结构表现为向上倾斜的情况有：①预期利率上升；②预期利率下降的幅度较小。如果预期利率下降的幅度较小，其利率期限结构虽然是向上倾斜的，但两条曲线趋向于重合；如果预期利率下降较多，其利率期限结构是向下倾斜的。按照该理论，在预期利率水平上升和下降的时期大体相当的条件下，期限结构上升的情况要多于期限结构下降的情况。

（3）市场分割理论

市场预期理论和流动性偏好理论，都假设市场参与者会按照他们的利率预期从债券市场的一个偿还期部分自由地转移到另一个偿还期部分，而不受任何阻碍。市场分割理论的假设却恰恰相反。该理论认为，在贷款或融资活动进行时，贷款者和借款者并不能自由地在利率预期的基础上将证券从一个偿还期部分替换成另一个偿还期部分。

在市场存在分割的情况下，利率期限结构取决于短期资金市场供求状况与长期资金市场供求状况的比较，或者说取决于短期资金市场供需曲线交叉点的利率与长期资金市场供需曲线交叉点的利率对比。如果短期资金市场供需曲线交叉点利率高于长期资金市场供需曲线交叉点利率，利率期限结构则呈现向下倾斜的趋势。如果短期资金供需曲线交叉点利率低于长期资金市场供需曲线交叉点利率，利率期限结构则呈现向上倾斜的趋势。

总而言之，从这三种理论来看，期限结构的形成主要是由对未来利率变化方向的预期决定的，流动性溢价可起一定作用，但期限在 1 年以上的债券的流动性溢价大致是相同的，这使得期限 1 年或 1 年以上的债券虽然价格风险不同，但预期利率却大致相同。有时，市场的不完善和资本流向市场的形式也可能起到一定作用，使得期限结构的形状暂时偏离按未来利率变化方向进行估计所形成的形状。

‖ 例题 7 ‖ 从市场预期理论、流动性偏好理论和市场分割理论等理论来看，期限结构的形成主要是由（　　）决定的。

A. 资本流向市场的形式　　　　　B. 对未来利率变化方向的预期

C. 市场的不完善　　　　　　　　D. 流动性溢价

【答案】B

【解析】这三种理论认为，期限结构的形成主要是由对未来利率变化方向的预期决定的，流动性溢价可起一定作用。

九、资产证券化产品、非公开定向债务融资工具（PPN）、中小企业私募债、城投债、市政债、项目收益债券的风险及定价方法（熟悉）

1. 资产证券化产品的风险及定价方法

风险来源	资产证券化产品的常见风险来源有：欺诈风险、法律风险、金融管理风险以及信用等级下降风险。除了以上常见风险外，还存在一些其他的风险，诸如政策性风险、财产和意外风险、合同协议或证券失效、对专家的依赖风险等。所有这些风险都不是彼此独立地存在着的，而是相互联系的

定价方法	资产证券化产品定价可以分为绝对估值和相对估值两种 ①绝对估值是指计算资产证券化产品未来现金流的现值，由此确定出绝对的价格。绝对估值更多地使用在商品、股票等的定价上，在证券化产品中并不常使用 ②相对估值是指将证券化产品的收益率与对应的基准收益率对比，常用的基准包括国债收益率、特定评级证券收益率和同一发行人。相对估值是固定收益产品主要的定价方法，在交易时投资者也习惯直接使用利差进行报价

2. 非公开定向债务融资工具（PPN）的风险及定价方法

概念	非公开定向发行是指具有法人资格的非金融企业，向银行间市场特定机构投资人发行债务融资工具，并在特定机构投资人范围内流通转让的行为。在银行间债券市场以非公开定向发行方式发行的债务融资工具称为非公开定向债务融资工具（PPN）
风险	虽然是非公开发行，但 PPN 的违约风险相对较低。一方面，已经发行的债券评级普遍较高；另一方面，承销商的资金实力和声誉形成进一步的偿债担保
定价方法	在市场定价方面，非公开定向债务融资工具的发行价格、发行利率、所涉费率遵循自律规则，按市场方式确定，与公开发行债务融资工具相比存在着一定的流动性溢价

3. 中小企业私募债的风险及定价方法

（1）中小企业私募债的风险

作为债券市场的创新品种，中小企业私募债与公开发行的债券相比，风险更高，包括企业成长不确定带来的被动违约及运作不规范带来的信用（违约）风险，信息透明度较低带来的信息不对称风险，以及制度建设和监管逐步完善过程中带来的制度缺陷和监管风险。

（2）中小企业私募债的定价方法

《中小企业私募债券业务试点办法》要求发行人以非公开方式向具备相应风险识别和承担能力的合格投资者发行私募债券，不得采用广告、公开劝诱和变相公开的方式，并向投资者充分揭示风险。即便中小企业私募债获得和大型企业发债相同的级别，但由于身处市场的不同，其信用利差也会存在较大差异，投资者要求的风险补偿将高于大型企业，私募发行的特征使该类债券的风险定价较为困难，发行利率波动空间可能较大。

4. 城投债的风险

城投债，又称准市政债，是指为地方经济和社会发展筹集资金，由地方投融资平台作为主体发行的债券，包括企业债、公司债、中期票据、非公开定向债务融资工具（PPN）等，其主业多为地方基础设施建设或公益性项目。

城投债风险主要体现在地方政府从事的融资项目多为基建设施，其盈利往往取决于未来地价的攀升情况。这种以未来土地资源收益做溢价的借债融资方式，往往蕴含巨大风险。

5. 市政债的风险及定价方法

（1）市政债的概念

市政债一般是以政府税收等一般财政收入或项目收益为偿债来源，主要用于城市基础设施建设的债券，发行主体是地方政府或者授权机构。市政债的发行目的主要是化解地方债风险和为城镇化融资，旨在将一直以来地方政府隐性、不规范的债务变成显性、规范的债务。

（2）市政债的风险

在中国经济转轨的特定历史背景下，允许地方政府发行市政收益债券会面临诸多风险，不仅有相对于发行者和购买者而言的市场风险，还有相对于政府而言的公共风险和财政风险，以及由中国现在体制因素带来的信用风险。①政府作为投资主体，监督和约束机制不健全。②地方财政的非独立责任性。③地方政府信用评级缺失。④原有隐性债务的历史负担。⑤地方政企不分的隐患。

（3）市政债的定价方法

基于我国债券市场的现状，在实践操作中，需要从以下几个方面形成和完善市政债券的定价制度：①以国债收益率作为市政债券定价的基准利率。②对地方政府进行信用评级，确定市政债券市场风险利率。③推广更为市场化的簿记路演询价定价方式。

6. 项目收益债券的风险

项目收益债券，是由项目实施主体或其实际控制人发行的，与特定项目相联系的，债券募集资金用于特定项目的投资与建设，债券的本息偿还资金完全或主要来源于项目建成后运营收益的企业债券。

与一般的企业债券相比，项目收益债券信用分析应主要关注：项目运营收入的测算，账户资金到账和划转的设置，差额补偿人的信用资质、偿债能力、偿债意愿等。

第三节　债券评级

本节大纲要求

1. 掌握信用利差的概念、影响因素及其计算；

2. 熟悉信用利差和信用评级的关系；

3. 了解债券评级的概念和主要等级标准；

4. 了解主要的债券评级机构；

5. 了解常见的影响债券评级的因素及其与评级的关系；

6. 熟悉常见的影响债券评级的财务指标及计算；

7. 了解我国信用体系的特点。

本节内容精讲

一、信用利差的概念、影响因素及其计算（掌握）

1. 信用利差的概念

信用利差是指除了信用评级不同外，其余条件全部相同的两种债券收益率之间的差额，代表了仅仅用于补偿信用风险而增加的收益率。

信用利差在经济扩张期会下降，而在经济收缩期会增加。鉴于此，信用利差可以作为预测经济周期活动的一个指标。

2. 信用利差的影响因素

宏观经济形势	①如果经济处于扩张期，投资者对于未来发展有信心，愿意投资于信用等级较低的证券以获取较高的收益，而扩张期公司收入增加，信用风险降低，这样就导致较低的信用利差 ②如果经济处于收缩期，投资者信心不足，更愿意投资于高信用等级的债券以回避风险，而公司收入下降，发行人必须提供较高的利率，因此信用利差较高
市场流动性	①债券的供给数量与信用利差呈正向相关关系：债券的供给数量越大，信用利差越高；反之，债券的供给数量越小，信用利差越低 ②资金面与信用利差呈反向相关关系：银行可利用资金越高，信用利差越小；反之，银行可利用资金越低，信用利差越大
股市波动性	理论上，信用利差与股市的波动幅度呈负向相关关系：股市波动幅度越大，信用利差越小；反之，股市波动幅度越小，信用利差越大

3. 计算公式

信用利差的计算公式为

信用利差 = 贷款或证券收益 – 相应的无风险证券的收益

信用利差可用来衡量企业债信用风险的大小和变化。信用等级越高的债券，其信用利差越小。但是，企业债的信用利差一般会大于预期违约损失包含的价差，因为债券信用利差不仅包括风险溢价，还包括流动性溢价和税收。

‖ 例题1 ‖ （　　　） 是指除了信用评级不同外，其余条件全部相同（包括但不限于期限、嵌入条款等）的两种债券收益率之间的差额。

A. 债券评级　　　　B. 信用利差　　　　C. 差异率　　　　D. 市场风险

【答案】 B

二、信用利差和信用评级的关系 （熟悉）

信用评级作为信用风险的表现形式，其变动能够影响债券的定价，从而影响债券的信用利差水平，这种影响是通过投资者对资产的风险收益特征的态度变化实现的，也即通过风险偏好的调整实现的。

一般情况下，信用等级越高，债券违约风险越低，信用利差也越小。信用评级能够帮助投资者提高对信用风险的认识，降低信息不对称。如果将信用评级作为单独的变量，可以用来解释信用利差的变动，因此信用评级结果对于信用利差具有指示意义。

三、债券评级的概念和主要等级标准 （了解）

（一） 债券评级的概念

债券信用评级是以企业或经济主体发行的有价债券为对象进行的信用评级。债券信用等级表示债券还本付息能力的强弱和债券投资风险的高低。公司公开发行债券，通常由债券评级机构为其评定信用等级。债券的信用评级不仅可以保护投资者利益、规避风险，还可以降低发行公司的筹资成本。

（二） 债券评级的主要等级标准

1. A 级债券

A 级债券是最高级别的债券，其特点包括：本金和收益的安全性最大；受经济形势影响的程度较小；收益水平较低，筹资成本也低。对 A 级债券来说，利率的变化比经济状况的变化更为重要。因此，一般人们把 A 级债券称为信誉良好的"金边债券"，对特别注重利息收入的投资者或保值者是较好的选择。

2. B 级债券

B 级债券对那些熟练的证券投资者来说特别有吸引力，因为这些投资者不情愿只购买收益较低的 A 级债券，而甘愿冒一定风险购买收益较高的 B 级债券。B 级债券的特点是：债券的安全性、稳定性以及利息收益会受到经济中不稳定因素的影响；经济形势的变化对这类债券的价值影响很大；投资者冒一定风险，但收益水平较高，筹资成本与费用也较高。因此，对 B 级债券的投资，投资者必须具有选择与管理证券的良好能力。对于愿意承担一定风险，又想取得较高收益的投资者，投资 B 级债券是较好的选择。

3. C 级和 D 级债券

C 级和 D 级债券是投机性或赌博性的债券。从正常投资的角度来看，没有多大的经济意义，但对于敢于承担风险，试图从差价变动中取得巨大收益的投资者，C 级和 D 级债券也是一种可供选择的投资对象。

国外流行的债券等级一般分为投资级和投机级两种，具体细分为九级，如下表所示。

类别	标准普尔公司		穆迪公司	
投资级债券	AAA	最高级	Aaa	最高质量
	AA	高级	Aa	高质量
	A	上中级	A	上中质量
	BBB	中级	Baa	下中质量
投机级债券	BB	中下级	Ba	具有投机因素
	B	投机级	B	通常不值得正式投资
	CCC	完全投机级	Caa	可能违约
	CC	最大投机级	Ca	高度投机性，经常违约
	C	规定盈利付息但未能盈利付息	C	最低级

‖ 例题 2 ‖ 标准普尔公司定义为（　　　）级的债务被认为有足够的能力支付利息和偿还本金，尽管在通常情况下其能得到足够的保护，但变化的环境可能削弱该级债务的还本付息能力。

A. CC   B. A   C. BBB   D. BB

【答案】C

【解析】标准普尔公司将债券等级分为九级，其中 BBB 级表示有足够的能力还本付息，但经济条件或环境的不利变化可能削弱该级债务的还本付息能力。

四、主要的债券评级机构（了解）

国际上知名的独立信用评级机构有三家：标准·普尔评级服务公司、穆迪投资者服务公司、惠誉国际信用评级有限公司。

1987 年，债券信用评级行业在我国首次出现。目前，我国的资信评级机构大约有 50 家，其业务范围主要包括金融机构资信评级、贷款项目评级、企业资信评级、企业债券及短期融资债券资信等级评级、保险公司及证券公司等级评级等。国内主要债券评级机构包括大公国际资信评估有限公司、中诚信国际信用评级有限公司、联合资信评估有限公司、上海新世纪资信评估投资服务有限公司和中债资信评估有限责任公司等。

五、常见的影响债券评级的因素及其与评级的关系（了解）

信用评级主要从以下几个方面进行分析。

公司发展前景	①发展前景包括分析判断债券发行公司所处行业的状况，如是"朝阳产业"，还是"夕阳产业"，分析评价公司的发展前景、竞争能力、资源供应的可靠性等 ②一般而言，公司发展前景越好，信用评级越高，反之则越低
公司的财务状况	①财务状况包括分析评价公司的债务状况、偿债能力、盈利能力、周转能力和财务弹性，以及其持续的稳定性和发展变化趋势 ②公司的财务状况越好，其债券的信用评级也越高，反之则越低
公司债券的约定条件	公司债券的约定条件包括分析评价公司发行债券有无担保及其他限制条件、债券期限、还本付息方式

‖ 例题 3 ‖ 信用评级主要从（　　）方面进行分析。

Ⅰ. 公司发展前景　　　　　　Ⅱ. 公司的财务状况

Ⅲ. 公司股东组成　　　　　　Ⅳ. 公司债券的约定条件

A. Ⅰ、Ⅱ、Ⅲ　　　　　　　B. Ⅰ、Ⅱ、Ⅳ

C. Ⅰ、Ⅲ、Ⅳ　　　　　　　D. Ⅰ、Ⅱ、Ⅲ、Ⅳ

【答案】B

【解析】信用评级主要从公司发展前景、公司的财务状况、公司债券的约定条件三个方面进行分析。

六、常见的影响债券评级的财务指标及计算（熟悉）

债券评级中的财务分析是以债券发行者提供的财务数据为基础，进行定量分析。分析中研究的项目主要有收益性、财务构成、财务弹性及清算价值等。

1. 收益性

收益性是观察公司财务是否健全的最重要指标，也是判断资本筹措能力及经营好坏的标准。最常用的收益性指标是销售额盈利率、长期资本付利前盈利率和利息支付能力。

销售额盈利率	①销售额盈利率是以折旧付利之前的盈利占销售额的百分比来表示的，即 销售额盈利率 = 折旧付利之前的盈利/销售额 × 100% ②它显示了支付资本费用（折旧、利息）及税金之前的盈利能力
长期资本付利前盈利率	长期资本付利前盈利率 = 付利完税前的盈利额/长期资本 × 100% = 付利完税前的盈利额/（长期债务 + 优先股东持有份额 + 权益账户）× 100%
利息支付能力	①利息支付能力是测定企业可以在何种程度上以盈利保证支付利息的直接指标 利息支付能力 = 付利前盈利额/利息支付额 ②利息支付能力指标越高，按约支付利息的能力就越强

2. 财务构成

财务构成用于反映债券投资者对收益变动所承担风险可在多大程度上得到保护。常用的指标有资本化比率、有息负债比率等。

资本化比率	①资本化比率是观察财务构成的最传统指标 资本化比率 = 长期债务/（长期债务 + 优先股份额 + 权益账户）× 100% ②这个比率高的时候，如果收益性下降，很有可能发生支付利息困难
有息负债比率	有息负债比率 = （短期债务 + 长期债务）/（短期债务 + 长期债务 + 优先股股东份额 + 权益账户）× 100%

3. 财务弹性

财务弹性是从财务方面反映有关债务偿还的弹性程度的指标。以营业活动所得的内部资金应付包括偿还债务在内的各种各样资金需求的能力越强，财务弹性就越大。反映财务弹性的常用指标有资金流量比率、流动比率、周转资本率、销售债务周转率等。

资金流量比率	①它是反映企业营业活动每年创造的内部资金占长期债务程度的指标 资金流量比率＝折旧前盈利/长期债务余额×100% ②资金流量比率的倒数可以反映以内部资金偿还全部长期债务所需的偿还年数
流动比率	流动比率＝流动资产/流动负债×100%。这一比率越高，表明流动资产扣除流动负债后产生剩余资金的程度越高
周转资本率	周转资本率＝(流动资产－流动负债)/长期债务余额×100%。对长期债券持有者来说，这一比率越高，安全感就越大
销售债务周转率	①销售债务周转率是销售额对债券的比率 销售债务周转率＝销售额/债权×100% ②这一比率越低，维持销售额所需的资金越多

4. 清算价值

清算价值从性质上讲，是指企业处于清算、迫售、快速变现等非正常市场条件下所具有的价值，或假定企业处于清算、迫售、快速变现等非正常市场条件下所具有的价值。

从数量看，企业的清算价值是指企业停止经营，变卖所有的企业资产减去所有负债后的现金余额。这时企业价值应是其构成要素资产的可变现价值。

‖例题 4‖下列关于业绩衡量指标的相关计算中，不正确的是（　　　）。

A. 销售额盈利率＝折旧付利之前的盈利/销售额×100%

B. 利息支付能力＝付利后盈利额/利息支付额

C. 资本化比率＝长期债务/(长期债务＋优先股东份额＋权益账户)×100%

D. 销售债务周转率＝销售额/债权×100%

【答案】B

【解析】利息支付能力＝付利前盈利额/利息支付额。

七、我国信用体系的特点（了解）

中国社会信用体系建设试点工作于 2003 年 10 月底启动，中国的信用服务业正逐步发展，信用需求日益增加，中国信用服务行业已成为一个新型的服务行业。

我国信用体系存在的问题主要有：

（1）我国债券信用评级的法律法规不健全，政策出自多部门，有关管理规定比较零散，缺乏必要的系统化、规范化和清晰化。

（2）债券信用评级机构独立性得不到足够保证，机构数量比较多，存在较大程度恶性竞争。

（3）债券评级技术不很成熟。从业人员的专业知识、综合分析能力、道德素质参差不齐，在相当程度上影响到债券评级的技术水平。

（4）发债企业对信用评级的认识有偏差，不切实际地过度追求高信用等级。

章节测试

一、单项选择题（以下备选项中只有一项符合题目要求，不选、错选均不得分）

1. 在其他债券要素不变的情况下，如果一种债券的价格下降，其到期收益率（　　）。

    A. 上升　　　　　　B. 下降　　　　　　C. 不变　　　　　　D. 不能确定

2. 投资是利率的（　　）函数，储蓄是利率的（　　）函数。

    A. 减；增　　　　　B. 增；减　　　　　C. 增；增　　　　　D. 减；减

3. 当利率极低时，由于货币需求无限大，利率将不再变动，即无论增加多少货币供应，货币都会被储存起来，不会对利率产生任何影响，这就是著名的（　　）。

    A. 流动性缺陷　　　　　　　　　B. 流动性陷阱

    C. 流动性偏好　　　　　　　　　D. 市场决定理论

4. 下列关于信用利差的影响因素说法不正确的是（　　）。

    A. 如果经济处于扩张期，信用利差会降低

    B. 债券的供给数量与信用利差呈正向相关关系

    C. 资金面与信用利差呈反向相关关系：银行可利用资金越高，信用利差越小

    D. 信用利差与股市的波动幅度呈正向相关关系：股市波动幅度越大，信用利差越大

5. 当国债收益率曲线呈趋平态势，短期利率接近其至超过长期利率时，预示经济将进入（　　）阶段。

    A. 繁荣　　　　　　B. 扩张　　　　　　C. 复苏　　　　　　D. 衰退和萧条

6. 投资者以 98 元的价格购买了面值 100 元，票面利率 6%，每年付息的债券，则投资者的当期收益率为（　　　）。

A. 8%　　　　　　B. 6%　　　　　　C. 6. 1%　　　　　　D. 8. 2%

7. 某投资者按 1000 元的价格购买了年利息收入 80 元的债券，并持有 2 年后以 1060 元的价格卖出，那么该投资者持有期收益率为（　　　）。

A. 6. 53%　　　　B. 8. 91%　　　　C. 10. 85%　　　　D. 14. 21%

8. 在利率期限结构理论中，（　　　）认为长短期债券具有完全的可替代性。

A. 固定偏好理论　　　　　　　　　B. 市场分割理论

C. 流动性偏好理论　　　　　　　　D. 市场预期理论

二、组合单项选择题（以下备选项中只有一项最符合题目要求，不选、错选均不得分）

1. 货币市场利率包括（　　　）。

Ⅰ. 基准利率　　　Ⅱ. 同业拆借利率　　Ⅲ. 商业票据利率　　Ⅳ. 国债回购利率

A. Ⅰ、Ⅱ、Ⅲ　　　　　　　　　　B. Ⅰ、Ⅳ

C. Ⅱ、Ⅲ、Ⅳ　　　　　　　　　　D. Ⅰ、Ⅱ、Ⅲ、Ⅳ

2. 凯恩斯的流动性偏好理论认为，货币的需求由（　　　）构成。

Ⅰ. 交易需求　　　Ⅱ. 预防需求　　　Ⅲ. 投机需求　　　Ⅳ. 储藏需求

A. Ⅰ、Ⅱ、Ⅲ　　　　　　　　　　B. Ⅰ、Ⅱ、Ⅳ

C. Ⅱ、Ⅲ、Ⅳ　　　　　　　　　　D. Ⅰ、Ⅱ、Ⅲ、Ⅳ

3. 对投资者而言，债券的收益率有多种形式，较为常见的有（　　　）。

Ⅰ. 远期收益率　　Ⅱ. 到期收益率　　Ⅲ. 持有期收益率　　Ⅳ. 赎回收益率

A. Ⅰ、Ⅱ、Ⅲ　　　　　　　　　　B. Ⅰ、Ⅱ、Ⅳ

C. Ⅱ、Ⅲ、Ⅳ　　　　　　　　　　D. Ⅰ、Ⅱ

4. 我国目前对于贴现发行的零息债券计算包括（　　　）。

Ⅰ. 交易所停牌可顺延　　　　　　　Ⅱ. 按实际天数计算

Ⅲ. 计算天数算头不算尾　　　　　　Ⅳ. 闰年 2 月 29 日计息

A. Ⅰ、Ⅱ　　　　　　　　　　　　B. Ⅰ、Ⅳ

C. Ⅱ、Ⅲ、Ⅳ　　　　　　　　　　D. Ⅰ、Ⅱ、Ⅲ、Ⅳ

5. 根据债券发行条款中是否规定在约定期限向债券持有人支付利息，债券可分为（　　　）。

Ⅰ. 贴现债券　　　Ⅱ. 附息债券　　　Ⅲ. 保证债券　　　Ⅳ. 息票累计债券

A. Ⅰ、Ⅱ、Ⅲ　　　　　　　　　　B. Ⅰ、Ⅱ、Ⅳ

C. Ⅲ、Ⅳ   D. Ⅱ、Ⅲ、Ⅳ

6. 债券的利率期限结构主要包括（   ）收益率曲线。

Ⅰ. 正向   Ⅱ. 反向   Ⅲ. 水平   Ⅳ. 拱形

A. Ⅱ、Ⅲ   B. Ⅰ、Ⅱ、Ⅳ

C. Ⅱ、Ⅲ、Ⅳ   D. Ⅰ、Ⅱ、Ⅲ、Ⅳ

7. 利率期限结构理论包括（   ）。

Ⅰ. 市场预期理论   Ⅱ. 流动性偏好理论

Ⅲ. 市场分割理论   Ⅳ. 市场决定理论

A. Ⅰ、Ⅱ、Ⅲ   B. Ⅰ、Ⅱ、Ⅳ

C. Ⅱ、Ⅲ、Ⅳ   D. Ⅰ、Ⅱ、Ⅲ、Ⅳ

8. 计算债券必要回报率时，需用到的指标有（   ）。

Ⅰ. 真实无风险收益率   Ⅱ. 预期通货膨胀率

Ⅲ. 风险溢价   Ⅳ. 名义利率

A. Ⅰ、Ⅱ、Ⅲ   B. Ⅰ、Ⅱ、Ⅳ

C. Ⅱ、Ⅲ、Ⅳ   D. Ⅰ、Ⅱ、Ⅲ、Ⅳ

9. 下列关于 A 级债券的说法中，正确的有（   ）。

Ⅰ. 是最高级别的债券   Ⅱ. 被称为信誉良好的"金边债券"

Ⅲ. 本金和收益的安全性大   Ⅳ. 收益水平低，筹资成本也低

A. Ⅰ、Ⅱ   B. Ⅰ、Ⅱ、Ⅳ

C. Ⅱ、Ⅲ、Ⅳ   D. Ⅰ、Ⅱ、Ⅲ、Ⅳ

10. 一般而言，比率越低表明企业的偿债能力越好的指标有（   ）。

Ⅰ. 资产负债率   Ⅱ. 产权比率

Ⅲ. 资本化比率   Ⅳ. 已获利息倍数

A. Ⅰ、Ⅱ、Ⅲ   B. Ⅰ、Ⅱ、Ⅳ

C. Ⅱ、Ⅲ、Ⅳ   D. Ⅰ、Ⅲ、Ⅳ

章节测试答案与解析

一、单项选择题

1.【答案】A

【解析】到期收益率是使债券未来支付的现金流的现值与债券当前价格相等的贴现率，其他要素不变，债券价格下降，到期收益率上升。

2.【答案】A

【解析】投资是利率的减函数，储蓄是利率的增函数。

3.【答案】B

【解析】题干是流动性陷阱的概念。

4.【答案】D

【解析】信用利差与股市的波动幅度呈负向相关关系：股市波动幅度越大，信用利差越小。

5.【答案】D

【解析】当国债收益率曲线呈趋平态势，短期利率接近甚至超过长期利率时，预示经济将进入衰退和萧条阶段。

6.【答案】C

【解析】当期收益率的计算公式为 $Y = C/P = 6/98 \approx 6.1\%$。

7.【答案】C

【解析】根据持有期的计算公式可得 $1000 = 80/(1 + y) + (80 + 1060)/(1 + y)^2$，求解得到 $y = 10.85\%$。

8.【答案】D

【解析】在市场预期理论中，在特定时期内，市场上预计所有债券都取得相同的即期收益率，即长期债券是一组短期债券的理想替代物。

二、组合单项选择题

1.【答案】C

【解析】货币市场利率包括同业拆借利率、商业票据利率、国债回购利率、国债现货利率、外汇比价等。

2.【答案】A

【解析】凯恩斯认为货币需求由交易需求、预防需求和投机需求这三种需求构成。

3.【答案】C

【解析】衡量债券收益率的常见指标包括：息票率、当期收益率、到期收益率、持有期收益率和赎回收益率。

4.【答案】D

【解析】我国目前对于贴现发行的零息债券按照实际天数计算累计利息，算头不算尾，闰年2月29日也计利息。

5.【答案】B

【解析】根据约定期限是否向持有人付息，债券可以分为贴现债券、附息债券、息票累计债券。

6. 【答案】D

【解析】利率期限结构包括正向、反向、水平和拱形四种。

7. 【答案】A

【解析】利率期限结构理论包括市场预期理论、流动性偏好理论、市场分割理论。

8. 【答案】A

【解析】债券必要回报率 = 真实无风险收益率 + 预期通货膨胀率 + 风险溢价。

9. 【答案】D

【解析】选项全部正确。

10. 【答案】A

【解析】资产负债率、产权比率、资本化比率都是越低偿债能力越强，已获利息倍数越高，偿债能力越强。

第十章

衍生产品

本章考情分析

本章在考试大纲中共分为四节，分别介绍基本理论、期货估值、期权估值和其他衍生产品估值。第一节要求掌握衍生品的种类和特征，股指期货和期权的相关内容；场外衍生品要求熟悉品种，了解定价。第二节中股指期货的定价理论、套利和套期保值等要求熟悉，国债期货要求掌握定价基本原理，熟悉基本指标，了解相关运用。第三节中期权的定价、影响因素、投资风险、分类要求熟悉，其余内容要求了解。第四节其他衍生产品主要涉及可转债和基金评价。

本章知识点较多，以理解为主，部分内容有一定的难度。在最近三次考试中平均分值约为 15 分。衍生工具是证券投资的重要组成部分，对于对冲投资风险，追求合理收益具有非常重要的作用。部分知识点要求熟练应用并能够计算，应当结合例题适当练习、准确理解。

第一节　基本理论

本节大纲要求

1. 掌握衍生产品的种类和特征；

2. 掌握股指期货合约乘数、保证金、交割结算价、基差、净基差等；

3. 掌握期权内在价值、时间价值、行权价、历史波动率、隐含波动率等；

4. 熟悉场外衍生品主要交易品种；

5. 了解场外衍生品的定价与对冲。

本节内容精讲

一、衍生产品的种类和特征（掌握）

1. 衍生产品的种类

衍生产品又被称为金融衍生产品，是与基础金融产品相对应的一个概念，指建立在基础产品或基础变量之上，其价格取决于基础金融产品价格（或数值）变动的衍生金融产品，它可以按照不同的分类方式进行分类。

分类标准	名称	定义	具体品种
独立性	独立衍生产品	独立存在的金融合约	期货、期权、互换等
	嵌入式衍生产品	嵌入非衍生合约（主合约）中的衍生金融工具	可转换公司债券等
产品形态	远期	按约定价格（远期价格）在约定的未来日期（交割日）买卖某种标的资产的合约	利率远期、外汇远期、股票远期等
	期货	由交易所统一制定的，规定在将来某一特定的时间和地点交割一定数量和质量的实物商品或金融商品的标准化合约	商品期货和金融期货（货币、利率、股票和股票指数等期货）
	互换	两个或两个以上的当事人按共同商定的条件，在约定的时间内交换一系列现金流的合约	利率、货币、股权、信用违约等互换
	期权	合约买方向卖方支付一定费用（期权费），在约定期限内（或约定日期）享有按事先约定的价格向合约卖方买卖某种金融工具的权利的契约	看涨期权和看跌期权、美式期权和欧式期权
	结构化产品	利用基础金融产品和衍生金融产品进行不同的组合得到的一类金融创新产品	商业银行各类结构化理财产品、交易所交易的各类结构化票据
基础工具	股权类衍生产品、利率衍生产品、货币衍生产品、信用衍生产品以及其他衍生产品等		
交易场所	交易所交易的衍生产品	在交易所上市交易的标准化的衍生产品	股票期权产品、期货合约等
	场外交易（OTC）的衍生产品	在交易所外进行的，通过各种通信方式实现分散的、一对一交易的衍生产品	互换交易、信用衍生产品交易等

2. 衍生产品的特征

与股票、债券等基础金融产品不同，衍生产品具有四个显著特征：①跨期性；②杠杆性；③联动性；④不确定性或高风险性。

‖ **例题 1** ‖ 以基础产品所蕴含的使用风险或违约风险为基础变量的金融衍生工具属于（　　）。

A. 货币衍生工具　　　　　　　　B. 利率衍生工具

C. 信用衍生工具　　　　　　　　D. 股权类产品的衍生工具

【答案】C

【解析】A，货币衍生工具是指以各种货币为基础工具的衍生工具；B，利率衍生工具是指以利率或利率的载体为基础工具的衍生工具；D，股权类产品的衍生工具是指以股票或股票指数为基础工具的金融衍生工具。

二、股指期货合约乘数、保证金、交割结算价、基差、净基差等（掌握）

股指期货（股票价格指数期货），是指以股票价格指数为标的物的金融期货合约。股指期货合约交易双方约定在未来某个特定的时间，按照事先确定的股价指数的大小，进行标的指数的买卖。其相关的概念如下。

概念	具体内容
合约乘数	①股指期货以指数点数报出，期货合约的价值由所报点数与每个指数点所代表的金额相乘得到。每一股指期货合约都有预先确定的每点所代表的固定金额，这一既定的货币金额称为合约乘数 ②与其他期货品种合约规模固定不同，股指期货合约的规模随着股指货价格的变化而变化
保证金	合约交易保证金是指投资者进行期货交易时缴纳的用来保证履约的资金，一般占交易合约价值的一定比例，包括初始保证金和维持保证金（也称补充保证金）
交割方式	期货交割常用的方式有实物交割和现金交割，股指期货合约的交割采用现金交割方式
交割结算价	①股指期货交割结算价是指期货合约进入最后交易日要进行现金交割时所参考的基准价格，不同交易所交割结算价的选取存在差异 ②沪深 300 股指期货的交割结算价为最后交易日标的指数最后两小时的算术平均价

概念	具体内容
基差和净基差	①基差是指某一特定时点某种商品或资产的现货价格与期货价格之差，计算公式为 基差 = 现货价格 – 期货价格 ②净基差体现的是基差交易所隐含的期权的价值，一般情况下为正。但净基差的大小并不能从市场上直接获得，需要用基差扣减持有收益后得到，因此净基差是一个计算出来的结果
涨跌停板制度	又称每日价格最大波动限制制度，即期货合约在一个交易日中的交易价格波动不得高于或低于规定的涨跌幅度，超过该涨跌幅度的报价将被视为无效报价，不能成交

‖ 例题 2 ‖ 沪深 300 股指期货的交割结算价为最后交易日（   ）。

A. 标的指数最后两小时的算术平均价

B. 股指期货最后一小时的算术平均价

C. 股指期货最后一小时的加权平均价

D. 标的指数最后两小时的加权平均价

【答案】A

【解析】沪深 300 股指期货的交割结算价为最后交易日标的指数最后两小时的算术平均价。

三、期权内在价值、时间价值、行权价、历史波动率、隐含波动率等（掌握）

金融期权是指其持有者能在规定的期限内按交易双方商定的价格购买或出售一定数量的某种金融工具的权利。期权合约的价格等于其内在价值与时间价值之和，期权的价格即为期权费。

内在价值	（1）金融期权的内在价值，即内涵价值，是指在不考虑交易费用和期权费的情况下，期权买方立即执行该期权（假设该期权为美式期权）所能获得的收益 （2）看涨期权的内在价值 = 标的资产价格 – 执行价格；看跌期权的内在价值 = 执行价格 – 标的资产价格。如果计算结果小于零，则内在价值等于零。所以期权的内在价值总是大于等于零 （3）根据内在价值的不同，可将期权分为实值期权、虚值期权和平值期权

时间价值	（1）期权的时间价值也称外在价值，是指期权的买方为购买期权而实际支付的价格超过该期权内在价值的那部分价值 （2）时间价值＝权利金－内在价值。它是期权有效期内标的资产价格波动为期权持有者带来收益的可能性所隐含的价值。在现实的期权交易中，各种期权通常是以高于内在价值的价格买卖的，即使是平价期权或虚值期权，也会以大于零的价格成交 （3）期权的时间价值不易直接计算，一般以期权的实际价格减去内在价值求得
行权价	行权价是指期权买卖双方在订立期权合约时约定的，期权买方向卖方购买或出售标的证券的执行价格。因此，行权价也称作履约价格、执行价格
标的资产价格的波动率	（1）标的资产价格的波动率是用来衡量标的资产在期权有效期内未来价格变动程度的指标，可用标准差衡量。波动率越大，对期权多头越有利，期权价格也应越高 （2）常用的波动率指标有历史波动率及隐含波动率 ①历史波动率是以合约标的资产（如期货合约）的历史价格数据为基础计算的年化收益率的标准差，是对历史价格波动情况的反映 ②隐含波动率是指将期权市场上某一期权合约的期权费及其他几个参数输入期权定价模型，反推出来的波动率水平，反映市场对价格波动率的看法 （3）当期权执行价格和到期时间固定时，影响隐含波动率的因素即影响期权价格、标的物价格、利率的因素

‖ **例题3** ‖下列情形中，期权内在价值不为零的情况有（　　　）。

Ⅰ. 看涨期权行权价格＞标的价格

Ⅱ. 看涨期权行权价格＜标的价格

Ⅲ. 看跌期权行权价格＞标的价格

Ⅳ. 看跌期权行权价格＜标的价格

A. Ⅰ、Ⅳ　　　　　　B. Ⅱ、Ⅲ　　　　　　C. Ⅰ、Ⅲ　　　　　　D. Ⅱ、Ⅳ

【答案】B

【解析】看涨期权行权价格＜标的价格；看跌期权行权价格＞标的价格为实值期权。

四、场外衍生品主要交易品种（熟悉）

场外交易，又称柜台交易或询价交易，指交易双方不通过交易所，直接成为交易对手的交易方式。场外交易具有无固定交易场所、开放式、交易品种多样化以及协商定价方式成交等特点。远期、期权和互换交易是具有代表性的场外衍生产品。

（一）远期交易

1. 远期合约的概念

远期合约是指交易双方约定在未来的某一确定的时间，按约定的价格买入或卖出一定数量的某种合约标的资产的合约。合约标的资产通常为大宗商品和农产品（如大豆和石油等），以及外汇和利率等金融工具。金融远期合约主要包括远期利率合约、远期外汇合约和远期股票合约。

2. 远期合约的定价

远期价格是远期市场为当前交易的一个远期合约提供的交割价格，它使得远期合约的当前价值为零。无收益资产的远期合约，是指远期合约的标的资产在时刻 t 到远期合约到期时刻 T 之间不产生现金流收入，如贴现债券。远期价格 = 即期价格 + 持有成本。

根据无套利理论，$F = S e^{r(T-t)}$，其中，F 为远期价格；S 为即期价格；e 为以连续复利方式计算资金成本和收益；r 为无风险利率；$T-t$ 为到期时间。

（二）场外期权

1. 场外期权的含义

场外期权是指在证券或期货交易所外交易的期权。利用场外期权对冲风险是指通过一次场外期权交易，将现有资产组合的价格对冲到目标水平。风险对冲持续的时间与该场外期权合约持续的时间基本上是一致的。

2. 场外期权的定价及特点

场外期权一方通常根据另一方的特定需求来设计场外期权合约，确定合约条款，并且报出期权价格。

场外期权的各个合约条款都不必是标准化的，更加灵活，但是流动性低，市场透明度较低。场外期权是一对一交易，一份期权合约有明确的买方和卖方，且买卖双方对对方的信用情况都有比较深入的把握。

（三）场外互换

1. 互换合约的含义和分类

互换合约是指交易双方约定在未来某一时期相互交换某种合约标的资产的

合约。更为准确地说，互换合约是指交易双方之间约定的在未来某一期间内交换他们认为具有相等经济价值的现金流的合约。

在现实生活中较为常见的两种互换合约是利率互换合约和货币互换合约，此外还有股权互换、信用违约互换等互换合约。

2. 利率互换和货币互换

利率互换	概念	①利率互换，是指互换合约双方同意在约定期限内按不同的利息计算方式分期向对方支付由币种相同的名义本金额所确定的利息 ②由于双方使用相同的货币，利率互换采用净额支付的方式，即互换双方不交换本金，只按期由一方向另一方支付本金所产生的利息净额
	分类	利率互换有两种形式 ①息票互换，即固定利率对浮动利率的互换 ②基础互换，即双方以不同参照利率互换利息支付，如美国优惠利率对 LIBOR
货币互换	概念	①货币互换，是指互换合约双方同意在约定期限内按相同或不同的利息计算方式分期向对方支付由不同币种的等值本金额确定的利息，并在期初和期末交换本金 ②与利率互换的不同之处在于，货币互换中双方要以不同货币支付利息及本金，所以在每一个阶段双方都要以不同货币支付现金利息给对方，而不是只有一方支付现金给另一方
	分类	根据利息支付方式不同，货币互换可分为三种形式 ①固定对固定，即将一种货币的本金和固定利息与另一种货币的等价本金和固定利息进行交换 ②固定对浮动，将一种货币的本金和固定利息与另一种货币的等价本金和浮动利息进行交换 ③浮动对浮动，即将一种货币的本金和浮动利息与另一种货币的等价本金和浮动利息进行交换

‖ 例题 4 ‖ （　　）是指两个或两个以上的当事人按共同商定的条件，在约定的时间内定期交换现金流的金融交易。

A. 远期合约　　B. 金融期货　　C. 金融期权　　D. 互换合约

【答案】D

【解析】互换合约是指交易双方之间约定的在未来某一期间内交换他们认为具有相等经济价值的现金流的合约。

第二节 期货估值

本节大纲要求

1. 熟悉股指期货定价理论；

2. 熟悉股指期货套利和套期保值的定义、原理；

3. 熟悉股指期货套利的主要方式；

4. 熟悉期现套利、跨期套利、跨市场套利和跨品种套利的概念、原理；

5. 熟悉 alpha 套利的概念、原理；

6. 了解股指期货套期保值交易实务；

7. 熟悉套期保值与期现套利的区别；

8. 了解股指期货投资的风险；

9. 掌握国债期货定价的基本原理；

10. 熟悉基本指标基差、净基差、隐含回购利率的含义和计算方法；

11. 了解运用国债期货对冲利率风险、国债期货基差交易、国债期货跨期套利；

12. 了解国债期货空头交割期权的含义。

本节内容精讲

一、股指期货定价理论（熟悉）

股指期货合约是指以股票指数作为标的资产的期货合约。如果想在未来一个时间拥有一定数量的某种股票，可以有两种方案：一是融资买入股票，然后持有到期，其成本是买入股票的费用即股票价格 S 与持有成本（忽略手续费）；二是买入基于这种股票的期货合约，并到期交割，其成本是买入期货合约的费用即期货合约价值。

根据无套利理论，假设无交易成本，可以得到股指期货合约的理论价格：

$$F = S e^{(r-q)(T-t)}$$

其中，F 为指数期货价格；S 为现货指数现值；e 为以连续复利方式计算资金成本和收益；r 为无风险利率；q 为持有期现货指数成分股红利率（可由原始红利调整得到）；$T-t$ 为从 t 时刻持有到 T 时刻。

　　从股指期货定价模型可以看出，股指期货理论价格的确定主要取决于以下四个因素：期货指数现值、构成指数的成分股股息收益、利率水平、距离合约到期的时间。

二、股指期货套利和套期保值（熟悉）

（一）股指期货套利

1. 概念和特点

概念	股指期货套利是期货套利交易的一种类型，其原理是在市场价格关系处于不正常状态下进行双边交易以获取低风险差价
特点	①股指期货的标的是股票指数，指数是一个无形的概念，不存在有形商品的相关限制，同时股指期货的交割采用现金交割，因此在交割和套利上都有很大的便利性 ②股指期货由于成分股分红不规律、融资成本不一以及现货指数设计等原因，其理论价格相对于商品期货更难准确定价

2. 股指期货套利的主要方式

　　在期货和现货之间套利，称为期现套利；在不同的期货合约之间套利，称为价差交易套利，价差交易套利又可以分为跨期套利、跨市场套利和跨品种套利。

期现套利	多数情况下，股指期货合约实际价格与股指期货理论价格总是存在偏离。当前者高于后者时，称为期价高估，这时交易者可通过卖出股指期货，同时买入对应的现货股票进行套利交易，这种操作称为正向套利；当前者低于后者时，称为期价低估，这时交易者可通过买入股指期货，同时卖出对应的现货股票进行套利交易，这种操作称为反向套利
跨期套利	是利用不同月份的股指期货合约的价差关系，在买进（卖出）某一月份的股指期货的同时卖出（买进）另一月份的股指期货合约，并在未来某个时间同时将两个头寸平仓了结的交易行为
跨市场套利	是利用同一期货品种相同交割月份不同期货交易所的期货合约价差关系进行套利。在不同期货市场上交易的相同或相似的期货商品之间的价格会有一个稳定的差额，一旦这个稳定差额发生偏离，交易者就可以进行套利
跨品种套利	是利用两种相关商品期货的价差关系进行套利，包括相关商品间的套利和原材料与成品间的套利

（二）套期保值

定义	套期保值是以规避现货风险为目的的期货交易行为。其含义是指与现货市场相关的经营者或交易者在现货市场上买进或卖出一定数量的现货品种的同时，在期货市场上卖出或买进与现货品种相同、数值相当但方向相反的期货合约，以期在未来某一时间，通过同时将现货和期货市场上的头寸平仓后，以一个市场的盈利弥补另一个市场的亏损，达到规避价格风险的目的
原理	套期保值之所以能够规避价格风险，是因为期货市场上存在以下经济原理 ①同品种的期货价格走势与现货价格走势一致 ②随着期货合约到期日的临近，现货与期货价格趋向一致
分类	股指期货的套期保值分为多头套期保值和空头套期保值 ①多头套期保值又称买进套期保值，是指在期货市场上买进股指期货合约的套期保值行为，主要目的是规避股价上涨造成的风险。比如投资者预期未来一段时间可以收到一笔资金，打算投入股市，但认为现在是最好的建仓机会 ②空头套期保值又称卖出套期保值，指期货市场上卖出股指期货合约的套期保值行为，主要目的是规避股价下跌的风险。比如手中持有大量股票的大股东，看空后市

‖例题1‖套期保值之所以能够规避价格风险，是因为（　　　）。

Ⅰ.同品种的期货价格走势与现货价格走势经常受相同因素影响

Ⅱ.随着期货合约到期日的临近，现货与期货价格趋向一致

Ⅲ.期货定价合理

Ⅳ.现货价格与期货价格产生背离

A.Ⅰ、Ⅱ　　　　　B.Ⅰ、Ⅱ、Ⅲ　　　C.Ⅱ、Ⅳ　　　　　D.Ⅰ、Ⅱ、Ⅳ

【答案】A

【解析】套期保值之所以能够规避价格风险，是因为①同品种的期货价格走势与现货价格走势一致；②随着期货合约到期日的临近，现货与期货价格趋向一致。

三、alpha 套利的概念、原理（熟悉）

1.阿尔法套利的概念

投资组合的总体收益可以分为两部分：一部分来自与市场系统性风险相匹

配的市场收益（来自 β 的收益）；另一部分来自与投资组合管理者个人操作水平和技巧有关的高额收益，即超越市场收益部分的超额收益（也称为获取的alpha 收益）。阿尔法套利是指在指数期货与具有阿尔法值的证券组合产品间进行反向对冲套利。

2. 阿尔法套利的原理和关键

阿尔法策略的实现原理是：首先寻找一个具有高额、稳定积极收益的投资组合，然后通过卖出相对应的股指期货合约对冲该投资组合的市场风险（系统性风险），使组合的值在投资过程中一直保持为零，从而获得与市场相关性较低的积极风险收益 alpha。

阿尔法套利的关键是选择或构建证券产品，兼具折价率与超额收益阿尔法的证券产品是进行阿尔法套利交易的首选。具有超额收益阿尔法的证券产品是进行阿尔法套利交易的次选。阿尔法套利在套利中属于典型的高收益、高风险套利方式。此种套利仅适合有能力挑选出具有稳定阿尔法证券产品的投资者，投资者在做阿尔法套利的时候应该与市场驱动因子监测体系结合起来分析。

四、股指期货套期保值交易实务（了解）

1. 套期保值的原则、方向和交易

原则	①交易方向相反原则 ②种类相同或类似原则 ③数量相等原则 ④月份相同或相近原则
方向	①多头套期保值又称买进套期保值，指在期货市场上买进股指期货合约的套期保值行为，主要目的是锁定购入价格，避免现货价格上涨的风险 ②空头套期保值又称卖出套期保值，指在期货市场上卖出股指期货合约的套期保值行为，主要目的是规避股价下跌的风险
交易	①时机的选择。尽管套期保值的目的是规避股票价格波动导致的风险，是否进行或何时进行保值与投资者对后市的判断有关。实质上，何时进行保值仍具有投机的属性，所以资金量庞大的机构投资者通常采用动态的避险策略 ②工具的选择。与股市相关的避险工具并非只有股指期货，在发达市场中还存在股指期权、股票期货、股票期权等。需要综合考虑交易成本、对冲效果、流动性等因素，一般而言，应当选择与股票资产高度相关的金融工具

交易	③期货合约数量的确定。常用的确定期货合约数量的方法有简单套期保值比率和最小方差套期保值比率两种。简单套期保值比率直接取保值比率为1。最小方差套期保值计算所需买入或卖出的股指期货合约的数量，公式为 $$买卖期货合约数量 = \beta \times \dfrac{现货总价值}{期货指数点 \times 每点乘数}$$ 其中，β 表示股票指数变化1%时，证券投资组合变化的百分比；"期货指数点 × 每点乘数"表示一张期货合约的价值

2. 基差对套期保值效果的影响

基差指的是某一特定地点的同一商品现货价格（S）与期货合约价格（F）之间的差额。假设 S_0、S_t 分别表示资产在零时刻（套期开始时）和 t 时刻（对冲平仓时）的现货价格；F_0 表示零时刻期货合约价格；F_t 表示 t 时刻期货合约价格，即为平仓时期货合约的价格。B_0、B_t 分别表示零时刻和 t 时刻的基差。如果采用买进套期保值策略，则总盈亏计算如下：

总盈亏 = 期货交易盈亏 − 现货交易盈亏 = （$F_t - F_0$）−（$S_t - S_0$）=（$S_0 - F_0$）−（$S_t - F_t$）

= $B_0 - B_t$

同理，卖出套期保值总盈亏 =（$F_0 - F_t$）−（$S_0 - S_t$）=（$S_t - F_t$）−（$S_0 - F_0$）= $B_t - B_0$。

由此可以得出结论，期货保值的盈亏取决于基差的变动。如果基差保持不变，则现货盈亏正好与期货市场盈亏相互抵销，总盈亏为零，套期保值目标实现。如果套期保值结束时，基差不等，则套期保值会出现一定的亏损或盈利。当采用买进套期保值策略时，如果 $B_0 > B_t$，则套期保值会出现盈利。也就是说，当基差变小时，套期保值可以赚钱。同样可以证明，若基差变大，有利于卖出套期保值者。

3. 股指期货的套期保值交易

（1）套期保值的时机。利用股指期货套期保值的目的是规避股票价格波动导致的风险。但为实现这一目的却放弃了进一步获利的可能。是否进行或何时进行保值，实质上与投资者对后市风险的判断有关。因此，尽管保值交易是厌恶风险、拒绝投机的交易行为，但实质上投资者何时进行保值仍具有投机的属性。

正因为如此，一些拥有庞大资金的交易专家在进行避险交易时，通常不会在一个价位上将风险全部锁定，而是愿意采用动态的避险策略。反之，在结束套期保值时也应当采用动态的策略。只有当判断基本面严重恶化、股市大跌的可能性非常大时，才会一次性针对所有持股进行保值避险。

‖ 例题 2 ‖ 假设某持仓组合的 β_S 是 1.2，如果投资经理预测大盘会下跌，他准备将组合的 β_P 降至 0，假设现货市值为 1000 万元，沪深 300 期货指数为 5000，β_N 为 1，则他可以在期货市场（   ），实现 alpha 套利。

A. 买入 8 份合约   B. 买入 12 份合约

C. 卖空 12 份合约   D. 卖空 8 份合约

【答案】D

【解析】alpha 套利通过买入具有阿尔法值的证券组合产品，卖出指数期货，实现回避系统性风险下的超越市场指数的阿尔法收益。题中持有现货，预测大盘会下跌，所以应该在期货市场卖空，期货头寸为

$$合约份数 = \frac{现货总价值}{单位期货合约价值} \times \beta = \frac{10000000}{300 \times 5000} \times 1.2 = 8$$

五、套期保值和期现套利的区别（熟悉）

套期保值和期现套利都建立了两个方向相反的交易头寸，在对冲之后，用一个交易头寸的盈利弥补另外一个交易头寸的亏损。但是，套期保值和期现套利有根本区别。

交易目的	①套期保值是利用期货市场规避现货价格波动的风险，不以营利为目的 ②期现套利是在承担较小风险的同时，赚取较为稳定的价差收益
交易依据	①套期保值依据的是期货市场与现货市场价格变动的一致性 ②期现套利则是利用现货与期货之间出现的不合理偏差
承担风险的意愿	①套期保值是为了规避风险 ②期现套利是主动承担风险

六、股指期货投资的风险（了解）

股指期货市场的风险规模大、涉及面广，具有放大性、复杂性与可预防性等特征。股指期货风险类型较为复杂，详见下表。

分类标准	风险种类
风险是否可控	可控风险和不可控风险
交易环节	代理风险、流动性风险、强制平仓风险
风险产生主体	交易所风险、经纪公司风险、投资者风险与政府风险
投资者面临的财务风险	市场风险、信用风险、操作风险与法律风险

七、国债期货

(一) 国债期货定价的基本原理 (掌握)

期货定价的原理，是将现货的理论价格加上货币的时间价值以及交易费用等，最终得到期货的理论价格。国债期货也遵循此定价原理。其定价公式如下。

国债期货类型	定价公式
短期国债	$F_t = S_t e^{r(T-t)}$
中长期国债	设附息票债券定期支付利息在 t 时点的现值为 C_t，则中长期国债期货的定价公式为 $F_t = (S_t - C_t) e^{r(T-t)}$

国债期货交割采用"一篮子可交割债券"制度，国债期货的可交割债券是一系列符合条件的债券组合，必然存在一只可交割券是最便宜的可交割券。由卖方选定交割品种，卖方一般选择最便宜可交割券 (CTD)。由于现券市场中的可交割债券利率和期限都可能与期货合约中的标准国债不同，期货交割时需要一个转换。转换因子就是反映这种折算关系的系数。此时

国债期货价格 = (CTD 债券面额 - 应付利息)/转换因子

(二) 基本指标的含义和计算方法 (熟悉)

国债期货的基本指标包括基差、净基差和隐含回购利率。

基本指标	含义	计算公式
基差	是指国债现货价格与经过转换因子调整之后的期货价格之间的差额	$B = P - F \times C$ 其中，B 代表可交割国债的基差；P 代表国债的即期价格；F 代表国债期货的价格；C 代表可交割国债的转换因子

续表

基本指标	含义	计算公式
净基差	是考虑国债购买日到交割日期间的利息收入与资金机会成本（或回购融资成本）的基差，反映了购买国债现货用于国债期货合约交割的净成本	净基差 = 基差 − 持有收入 + 融资成本
隐含回购利率	是指买入国债现货并用于期货交割所得到的理论收益率。显然，隐含回购利率越高，国债现货价格越便宜，所以隐含回购利率越高的国债就是最便宜可交割国债	隐含回购利率 = $\dfrac{(期货报价 × 转换因子 + 交割日应计利息) − 国债购买价格}{国债购买价格} × \dfrac{365}{交割日之前的天数}$

（三）国债期货的运用（了解）

国债期货的运用包括对冲利率风险、基差交易、跨期套利和国债期货空头交割期权。

国债期货的运用	原理
对冲利率风险	①国债期货合约的标的资产的利率与市场利率高度相关 ②套期保值者可以根据对冲需要决定买入或卖出国债期货合约的数量，用现货（期货）市场实现的利润抵销期货（现货）市场蒙受的损失，从而锁定相关头寸的未来价格，降低资产的利率敏感性
基差交易	国债期货基差交易指利用国债现券和国债期货基差的预期变化，在现货市场和期货市场同时或几乎同时进行交易
跨期套利	当不同交割月份的国债期货合约间的价差偏离正常水平时，就存在国债期货跨期套利机会
国债期货空头交割期权	①国债期货空头到期进行卖出交割时，可以选择对自己最有利的国债进行交割，相当于国债期货空头具有"转换期权" ②在国债期货交割期内，交割双方可以自由选择合适的时机进行交割。这就是国债期货空头具有"时机期权" ③大多数情况下，"转换期权具有价值"，而"时机期权"几乎没有任何价值

‖ **例题 3** ‖ 国债期货的运用包括（　　）。

Ⅰ.对冲利率风险　　　　　　　　　Ⅱ.基差交易

Ⅲ. 跨期套利　　　　　　　　　　Ⅳ. 国债期货多头交割期权

A. Ⅰ、Ⅱ　　　　　　　　　　　　B. Ⅰ、Ⅱ、Ⅲ、

C. Ⅱ、Ⅳ　　　　　　　　　　　　D. Ⅰ、Ⅱ、Ⅳ

【答案】B

【解析】Ⅳ，应为国债期货空头交割期权。

第三节　期权估值

本节大纲要求

1. 了解期权定价原理和主要模型；

2. 熟悉二叉树定价模型；

3. 熟悉 Black – Scholes 定价模型和期权平价公式；

4. 熟悉影响期权价值的因素；

5. 熟悉期权投资的风险；

6. 熟悉期权的分类；

7. 了解期权 4 种基本头寸的风险收益结构；

8. 了解期权方向性交易的原理和方法；

9. 了解期权套利的原理和方法；

10. 了解期权套期保值的原理和方法；

11. 了解期权波动率交易的原理和方法。

本节内容精讲

一、期权定价原理和主要模型（了解）

1. 期权定价原理

期权的定价模型源自 "随机漫步理论"，也就是认为标的资产的价格走势是独立的，今天的价格和昨天的价格没有任何关系，即价格是无法预测的。另外，市场也需要是有效市场。在这个假设下，一连串的走势产生 "正态分布"，即价格都集中在平均值周围，而且距离平均值越远，频率便越会下跌。

期权的定价就是以这个特征为基础，即期权的模型是概率模型，计算的是以正态分布为假设基础的理论价格。但实际标的资产的价格走势并不一定是正

态分布。

2. 期权定价主要模型

期权定价的主要模型有二叉树定价模型、Black – Scholes（B – S – M）模型、蒙特卡洛（Monte Carlo）模型等。

二、二叉树定价模型（熟悉）

二叉树模型，又称二项式模型，它假定在给定的时间间隔内，标的资产的价格运动方向只有上涨和下跌两种可能，且假设在整个考察期内，股价每次向上（或向下）波动的概率和幅度不变。模型还假定市场无摩擦、无信用风险、无套利机会、无利率风险以及投资者可以以无风险利率借入或贷出资金。

1. 单步二叉树模型

假定股票在零时刻的价格（当前价格）为 S_0，考虑以此股票为标的资产、到期日为 T、执行价格为 K 的看涨期权的当前价格。如图 10 – 1 所示。

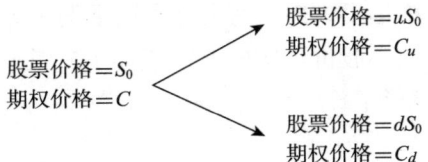

图 10 – 1　股票价格变动的单步二叉树图（步长为 T）

则该看涨期权的定价公式为

$$C = e^{-r}[p C_u + (1 - p) C_d]$$

其中，p 也称为风险中性概率，计算方法如下：

$$p = \frac{e^{rT} - d}{u - d}$$

计算上，已知股票的历史波动率（年）σ，可以取 $u = e^{\sigma \sqrt{T}}$，$d = 1/u$。

2. 两步二叉树模型

两步二叉树模型将期权有效期分为两个时间间隔，每个时间间隔为 T。如图 10 – 2 所示。

图 10 – 2 中，$C_u = e^{-rT}[p C_{uu} + (1 - p) C_{ud}]$，$C_d = e^{-rT}\begin{bmatrix} p C_{ud} \\ + (1 - p) C_{dd} \end{bmatrix}$，

$p = \frac{e^{rT} - d}{u - d}$。

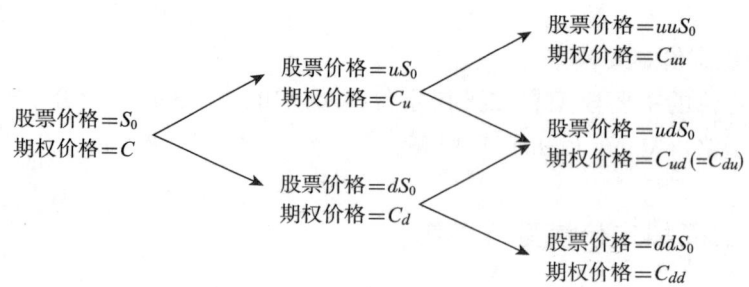

图 10 – 2　股票价格变动的两步二叉树图（步长为 2T）

则该看涨期权的定价公式为

$$C = e^{-rT}[p\,C_u + (1-p)\,C_d] = e^{-2rT}[p^2\,C_{uu} + 2p(1-p)C_{du} + (1-p)^2\,C_{dd}]$$

多步二叉树法与两步二叉树法的操作步骤完全相同，当步数为 n 时，nT 时刻的股票价格共有 $n+1$ 种可能，故步数比较大时，二叉树法更加接近现实的情形。

‖例题 1‖二叉树模型的假设有（　　　）。

Ⅰ. 标的资产的价格运动方向只有向上和向下两个方向

Ⅱ. 在整个考察期内，股价每次向上（或向下）波动的概率和幅度不变

Ⅲ. 只能在到期日执行

Ⅳ. 市场无摩擦

A. Ⅰ、Ⅱ、Ⅲ　　　　　　　　B. Ⅰ、Ⅱ、Ⅳ

C. Ⅱ、Ⅳ　　　　　　　　　　D. Ⅰ、Ⅱ、Ⅲ、Ⅳ

【答案】B

【解析】二叉树模型的假设不包括只能在到期日执行，其他假设还有无信用风险、无套利机会、无利率风险以及投资者可以以无风险利率借入或贷出资金。

三、Black – Scholes 定价模型和期权平价公式（熟悉）

（一）Black – Scholes 定价模型

1. 主要思想

布莱克—斯科尔斯—默顿（以下简称 B – S – M 定价模型）的主要思想是：在无套利机会的条件下，构造一个由期权与股票组成的无风险资产组合，这一组合的收益率必定为无风险利率 r，由此得出期权价格满足的随机微分方程，

进而求出期权价格。

2. 基本假设

①标的资产价格服从几何布朗运动。

②标的资产可以被自由买卖，无交易成本，允许卖空。

③期权有效期内，无风险利率 r 和预期收益率 μ 是常数，投资者可以以无风险利率无限制借入或贷出资金。

④标的资产价格是连续变动的，即不存在价格的跳跃。

⑤标的资产的价格波动率为常数。

⑥市场无套利机会。

3. 利用 B – S – M 模型定价

无红利标的资产欧式看涨期权 C（看跌期权 P）的定价公式为

$$C = S \cdot N（d_1） - K \cdot e^{-rT} \cdot N（d_2）$$

$$P = K \cdot e^{-rT} \cdot N（-d_2） - S \cdot N（-d_1）$$

其中，$d_1 = \dfrac{\ln(S/K) + [r + (\sigma^2/2)]T}{\sigma \sqrt{T}}$; $d_2 = \dfrac{\ln(S/K) + [r - (\sigma^2/2)]T}{\sigma \sqrt{T}}$; S 为无收益标的资产的当前价格；σ 为无收益标的资产的价格波动率；K 为欧式看涨期权的执行价格；T 为欧式看涨期权的到期时间；C 为欧式看涨期权的价格；N（d）为标准正态概率值（具体值可以查正态概率值表），N（$-d$）= 1 - N（d）。

4. 对 B – S – M 定价模型的解释

①在风险中性的前提下，投资者的预期收益率 μ 用无风险利率 r 替代。

②N（d_1）表示在风险中性市场中 S_T（标的资产在 T 时刻的价格）大于 K 的概率，即欧式看涨期权被执行的概率。

③N（d_1）是看涨期权价格对资产价格的导数，反映了很短时间内期权价格变动与其标的资产价格变动的比率。如果要抵销标的资产价格变化给期权价格带来的影响，一个单位的看涨期权多头就需要 N（d_1）单位的标的资产的空头加以对冲。

④资产的价格波动率 σ 用于度量资产所提供收益的不确定性，经常采用历史数据和隐含波动率来估计。

（二）期权平价公式

$$C + K e^{-rT} = P + S$$

其中，C 为认购期权的价格；$K e^{-rT}$ 为行权价 K 的现值（连续复利）；P 为认沽期权的价格；S 为标的证券现价。

四、影响期权价值的因素 （熟悉）

期权价格由内在价值和时间价值构成，因而凡是影响内在价值和时间价值的因素，就是影响期权价格的因素。

（1）协定价格与市场价格

协定价格与市场价格是影响期权价格最主要的因素。这两种价格的关系不仅决定了期权有无内在价值及内在价值的大小，而且还决定了有无时间价值和时间价值的大小。一般而言，协定价格与市场价格间的差距越大，时间价值越小；反之，则时间价值越大。因为，当一种期权处于极度实值或极度虚值时，市场价格变动的空间已很小；只有在协定价格与市场价格非常接近或为平价期权时，市场价格的变动才有可能增加期权的内在价值，从而使时间价值随之增大。

（2）权利期间

权利期间是指期权剩余的有效时间，即期权成交日至期权到期日的时间。在其他条件不变的情况下，权利期间越长，期权价格越高；反之，期权价格越低。这主要是因为权利期间越长，期权的时间价值越大。通常，权利期间与时间价值存在同方向但非线性的影响。

（3）利率

利率，尤其是短期利率的变动会影响期权的价格。利率变动对期权价格的影响是复杂的：一方面，利率变化会引起期权标的物的市场价格变化，从而引起期权内在价值的变化；另一方面，利率变化会使期权价格的机会成本变化；同时，利率变化还会引起对期权交易的供求关系变化，因而从不同角度对期权价格产生影响。

（4）标的物价格的波动性

通常，标的物价格的波动性越大，期权价格越高；波动性越小，期权价格越低。这是因为标的物价格波动性越大，则在期权到期时，标的物市场价格涨至协定价格之上或跌至协定价格之下的可能性越大，因此期权的时间价值乃至期权价格都将随标的物价格波动的增大而提高，随标的物价格波动的缩小而降低。

（5）标的资产的收益

标的资产的收益将影响标的资产的价格。在协定价格一定时，标的资产的价格又必然影响期权的内在价值，从而影响期权的价格。由于标的资产分红付息等将使标的资产的价格下降，而协定价格并不进行相应调整，因此在期权有效期内，标的资产产生收益将使看涨期权价格下降，使看跌期权价格上升。

‖ **例题 2** ‖ 影响期权价格的主要因素有（　　）。

Ⅰ. 标的资产的价格及执行价格　　　　Ⅱ. 标的资产价格波动率

Ⅲ. 距到期日的剩余时间　　　　　　　Ⅳ. 无风险利率

A. Ⅰ、Ⅱ、Ⅲ

B. Ⅰ、Ⅱ、Ⅳ

C. Ⅱ、Ⅲ、Ⅳ

D. Ⅰ、Ⅱ、Ⅲ、Ⅳ

【答案】D

【解析】选项全部正确，此外还有标的资产的收益。

五、期权投资的风险（熟悉）

期权投资的风险主要包括以下六种。

价格波动风险	期权具有杠杆性，且期权价格的影响因素较多，有时会出现价格大幅波动
市场流动性风险	期权合约有认购、认沽之分，有不同的到期月份，每个到期月份又有不同行权价，部分合约会有成交量低、交易不活跃的问题，其流动性较期货要低
强行平仓风险	期权采取逐日盯市制度，若卖方保证金不足，且未在规定的时间内补足也未自行平仓，会被强制平仓
合约到期风险	期权有到期日，一旦过了到期日，期权不再具有任何价值
行权失败风险	投资者在提出行权后，如果没有备齐足额的资金或证券，会被判定为行权失败，无法行使期权合约赋予的权利
交收违约风险	期权义务方无法在交收日备齐足够的资金或证券用于交收履约，就会被判定为违约。期权违约可能会面临罚金、限制交易等处罚措施

六、期权的分类（熟悉）

根据不同的分类标准，期权可以分为不同的类型，如下表所示。

分类标准	名称	定义
行权时间	美式期权	期权买方在期权到期前（含到期日）的任何交易日均可行使权利的期权
	欧式期权	期权买方只能在期权到期日行使权利的期权

续表

分类标准	名称	定义
行权方向	看涨期权	看涨期权也称认购权，指期权的买方预期标的资产的价格在合约期限内将会上涨，向卖方支付一定数额的期权费后，便拥有了在合约有效期内或特定时间，按执行价格向期权卖方买入一定数量标的资产的权利
	看跌期权	看跌期权也称认沽权，指期权的买方预期标的资产的价格在合约期限内将会下跌，向卖方支付一定数额的期权费后，便拥有了在合约有效期内或特定时间，按执行价格向期权卖方出售一定数量标的资产的权利
标的资产	商品期权	又称实物期权，是指标的资产为实物资产的期权
	金融期权	是指标的资产为金融资产或金融指标（如股票价格指数）的期权
期权市场	场内期权	在交易所上市交易的期权
	场外期权	在非集中性的交易场所进行交易的非标准化的期权

‖例题 3‖ 把权证分为认购权证和认沽权证，是从（　　　　）角度进行分类的。

A. 结算方式　　　　B. 基础资产　　　　C. 持有人权利　　　　D. 发行人

【答案】C

【解析】根据买方行权方向，也即持有人权利的不同，可以把权证分为看涨权证和看跌权证。

七、期权四种基本头寸的风险收益结构（了解）

期权四种基本头寸的风险收益结构如下表所示。

基本头寸	损益状态	描述
买进看涨期权（看涨期权多头）		标的资产价格越高，对看涨期权多头越有利

基本头寸	损益状态	描述
卖出看涨期权（看涨期权空头）		标的资产价格越高，对看涨期权空头越不利
买进看跌期权（看跌期权多头）		标的资产价格越低，对看跌期权多头越有利，但获利有限
卖出看跌期权（看跌期权空头）		标的资产价格越低，对看跌期权空头越不利，但损失有限

八、期权方向性交易的原理和方法（了解）

期权方向性交易策略是指如何选择期权的买入、卖出方向的策略。方向性策略是投资者最常用的期权策略之一。相比直接买入或卖出股票，期权的方向性策略更加灵活多样。

一般来说，在预期市场处于熊市或标的资产价格下降时，应采取卖出看涨期权或买入看跌期权策略；在预期市场处于牛市或标的资产价格上升时，应采取买进看涨期权或卖出看跌期权策略。根据预期方向和波动率，期权方向性交易可以分为如下两种。

369

牛市行情交易策略	①小涨。若预期资产价格将上涨，但幅度不大，可以卖出看跌期权，赚取期权费
	②大涨。若预期资产价格将出现大幅上涨，可以买进看涨期权
熊市行情交易策略	①小幅下跌。若预期资产价格将出现小幅下跌，可以卖出看涨期权，赚取期权费
	②大跌。若预期资产价格大幅下跌，可以买进看跌期权

九、期权套利的原理和方法（了解）

期权无风险套利是一种理想化的期权交易方式，即通过适当的期权组合在期权市场上实现无风险的利润。一般来说，在构造期权无风险套利时，应当遵循两条基本原则：①买低卖高原则，即买进价值被低估的期权，卖出价值被高估的期权；②风险对冲原则，即利用合成期权对冲买入或卖出实际期权的风险头寸。

1. 看涨看跌平价关系与转换套利

根据期权平价公式，即 $C + K e^{-rT} = P + S$，如果认购期权和认沽期权间不满足价格关系，则会产生无风险套利机会，套利策略为（反）转换套利。

通过比较同一规格的看涨期权和看跌期权的时间价值来衡量期权定价偏差，若看涨期权价格被高估，而同一执行价格、同一月份的看跌期权价格被低估，则可构造转换套利，即卖出看涨期权，买入看跌期权，买入期货进行套利。同理，若看涨期权价格被低估，而同一执行价格的看跌期权价格被高估，则可构造反转换套利，即买入看涨期权，卖出看跌期权，卖出期货来套利。

2. 价格顺序关系与价格倒挂套利

价格顺序关系是针对某一月份系列期权而言的，即对同一月份看涨（跌）期权，执行价格越大，权利金越低（高），若违背该关系，则可进行价格倒挂套利。

3. 期权上下限关系与价格贴现套利

期权上下限关系是针对单一期权而言的。对于看涨期权，$S - Ke^{-rT} \leqslant C \leqslant S$；对于看跌期权；$\max (Ke^{-rT} - S, 0) \leqslant P \leqslant Ke^{-rT}$。

理论上，期权价格 = 内在价值 + 时间价值，也就是说，期权价格要大于等于内在价值。而实际交易中，由于流动性及市场需求等因素，有些期权价格（这种机会常常出现在深度实值期权中）可能低于其内在价值，此时套利出现。

十、期权套期保值的原理和方法（了解）

1. 期权套期保值的原理

同一标的资产的现货、期货与期权价格之间存在很高的相关性。期货套期保值交易的原理在于：同种商品的期货价格走势与现货价格走势方向基本一致，同涨同跌，而在临近到期日时，期货价格相对于现货价格通常会呈现回归。

为了规避价格下跌的风险，保值者可以买入看中的期权或者卖出看涨期权。若标的资产如预期向原有期货或者现货不利的方向变动，则期权部分获取的收益可以抵销现货或者期货部分带来的损失。

2. 期权交易的方法

期权交易有四个基本策略，即买入看涨期权、卖出看涨期权、买入看跌期权和卖出看跌期权。

十一、期权波动率交易的原理和方法（了解）

标的资产的波动率是 B－S－M 期权定价公式中的一项重要因素。在计算期权的理论价格时，通常采用标的资产的历史波动率：波动率越大，期权的理论价格越高；反之，波动率越小，期权的理论价格越低。

期权价格除了受到波动率影响外，还受到很多其他因素影响，其中影响最大的就是标的资产价格的方向性变化。由于判断标的资产价格变动方向往往比较困难，而波动率具有均值回归的特点，所以人们通过对冲等手段使得持有的组合头寸只受到波动率变化的影响，这样就可以进行纯粹的波动率交易。由于期权价格变化受到标的资产价格变化影响是非线性的，所以这样的对冲过程是不断动态调整的，以保证组合头寸只受波动率变化的影响。

构造期权波动率交易的策略有买入跨式期权策略和卖出跨式期权策略。

第四节　其他衍生产品估值

本节大纲要求

1. 掌握可转换债券的转股价、赎回、修正、回售和转换价值；

2. 了解可转换债券的定价原理；

3. 了解可转换债券套利的原理；

4. 熟悉基金评价的指标体系和主要方法；

5. 熟悉创新产品估值。

本节内容精讲

一、可转换债券的转股价、赎回、修正、回售和转换价值（掌握）

可转换债券简称可转债，是指在一段时期内，持有者有权按照约定的转换价格或转换比率将其转换成普通股股票的公司债券。可见，可转换债券是一种混合债券，它既包含了普通债券的特征，也包含了权益证券的特征。相关概念见下表。

概念	具体内容
转股价	转股价或转换比例是指一定面额的可转换债券可转换成普通股票的股数。二者的关系可用公式表示为 $$转换比例 = \frac{可转换债券面额}{转换价格}$$
赎回	赎回是指发行人在发行一段时间后，可以提前赎回未到期的发行在外的可转换公司债券
修正	转换价格修正是指发行公司在发行可转换债券后，由于公司送股、配股、增发股票、分立、合并、拆细及其他原因导致发行人股份发生变动，引起公司股票名义价格下降时而对可转换债券的转换价格所做的必要调整
回售	回售是指公司股票在一段时间内连续低于转换价格达到某一幅度时，可转换公司债券持有人按事先约定的价格将所持有的可转换债券卖给发行人的行为
转换价值	可转换证券的转换价值是指实施转换时得到的标的股票的市场价值，等于标的股票每股市场价格与转换比例的乘积，即 $$转换价值 = 标的股票市场价格 \times 转换比例$$

‖ **例题 1** ‖ 可转换债券的转换价值是指实施转换时得到的标的股票的（　　）。

Ⅰ. 市场价值　　　　　　　　　Ⅱ. 每股市场价格与转换比例的乘积

Ⅲ. 内在价值　　　　　　　　　Ⅳ. 每股市场价格与转换比例的比值

A. Ⅰ、Ⅱ　　　　B. Ⅰ、Ⅳ　　　　C. Ⅱ、Ⅲ　　　　D. Ⅱ、Ⅳ

【答案】A

【解析】可转换证券的转换价值是指实施转换时得到的标的股票的市场价

值，等于标的股票每股市场价格与转换比例的乘积。

二、可转换债券的定价原理（了解）

可转换证券的理论价值，也称内在价值，是指将可转换证券转股前的利息收入和转股时的转换价值按适当的必要收益率折算的现值。用公式表示为

$$P = \sum_{t=1}^{n} \frac{C}{(1+r)^t} + \frac{CV}{(1+r)^n}$$

其中，P 为可转换证券当前的理论价值；t 为时期数；n 为持有可转换证券的时期总数；r 为必要收益率；C 为可转换证券每期支付的利息；CV 为可转换证券在持有期期末的转换价值。

可转换债券的价值与债券价值、期权价值的关系是：当股票价格下跌时，可转换债券价值向债券价值靠近；当股票价格上涨时，可转换债券价值向股票价值靠近。

三、可转换债券套利的原理（了解）

可转换债券套利是指通过可转换债券与相关联的基础股票之间定价的无效率性进行无风险获利的行为。

套利时机	可转换债券的套利交易不一定要在可转换期才能进行，只要有卖空机制和存在套利机会，在不可转换期同样可以锁定收益进行无风险套利
常规可转债	当可转换债券的转换平价与其标的股票的价格产生折价时，两者间就会产生套利空间，投资者可以通过将手中的可转换债券立即转股并卖出股票（T+1，因此投资者必须承受1天的股价波动损失，从而套利空间不大），或者投资者可以立即融券并卖出股票，然后购买可转换债券立即转股以偿还先前的融入债券
分离可转债	由于认股权证的价值在发行的时候存在低估，且正股在认股权证未上市之前的除权幅度通常不足，因此投资者可以在可分离可转换债券发布发行可分离可转换债券公告的当日买入股票（老股东有可分离可转换债券的优先配售权），追加资金认购可分离可转换债券和附送的认股权证之后，再抛出正股、可分离可转换债券和权证，以获取收益

‖ 例题 2 ‖ 某公司可转换债券的转换比例为 5，当前该可转换债券的市场价格为 100 元，那么（　　）。

A. 该可转换债券当前的转换平价为 5 元

B. 当该公司的股票市场价格超过 20 元时，行使转换权对债券持有人有利

C. 当该公司普通股股票市场价格低于 20 元时，行使转换权对债券持有人有利

D. 当该公司普通股股票市场价格为 30 元时，该可转换债券的转换价值为 200 元

【答案】B

【解析】A，转换平价为 100/5 = 20（元）；C，当普通股股票价格低于 20 元时，转换对持有人不利；D，普通股股价 30 元时，可转换债券的转换价值 = 30×5 = 150（元）。

四、基金评价的指标体系和主要方法（熟悉）

1. 基金评价

基金评价有利于投资者正确评价基金经理的经营业绩，为投资者正确选择基金品种提供服务。不同基金的投资目标、范围、比较基准等均有差别。因此，基金的表现不能仅仅看回报率。为了对基金业绩进行有效评价，必须考虑基金的投资目标与范围、基金的风险水平、基金的规模和时期选择等因素。

系统的基金业绩评估需要从四个方面入手：计算绝对收益；计算风险调整后收益；计算相对收益；进行业绩归因。

2. 基金评价的指标和主要方法

传统的基金评价主要是评价基金单位资产净值和基金收益率。现代投资理论则在考虑风险调整的因素后对基金业绩进行评估，常用指标有夏普比率、特雷诺比率和詹森 α 等。

（1）基金单位资产净值

基金资产净值是基金总资产减去总负债后的余额，而基金单位资产净值是指基金资产净值与基金总份额的比，其计算公式为

$$期末基金单位资产净值 = \frac{期末基金资产净值}{期末基金单位总份额}$$

与资产净值不同，基金单位资产净值不受基金份额申购赎回的影响。利用基金单位资产净值计算收益率，只需考虑分红。

（2）基金收益率

收益率（R）是反映投资收益与投入的关系的相对指标，表示单位净资产的变动程度。用公式表示为

$$R_t = \frac{NAV_1 + D_t - NAV_{t-1}}{NAV_{t-1}}$$

其中，R_t 表示评价期的收益率；NAV_t 表示期末单位净资产；D_t 表示评价期每股收益分配；NAV_{t-1} 表示期初单位净资产。

（3）夏普比率

夏普比率（S_P）是诺贝尔经济学奖得主威廉·夏普于 1966 年根据资本资产定价模型（CAPM）提出的经风险调整的业绩测度指标。该指标是用某一时期内投资组合平均超额收益除以这个时期收益的标准差，用公式可表示为

$$S_P = \frac{\bar{R}_P - \bar{R}_f}{\sigma_P}$$

其中，S_P 表示夏普比率；$\bar{R}_P$ 表示基金的平均收益率；$\bar{R}_f$ 表示平均无风险收益率；σ_P 表示基金收益率的标准差。

由于分母使用的是基金收益率的标准差，所以可知夏普比率是经总风险调整后的收益指标。夏普比率数值越大，表示单位总风险下超额收益率越高。

（4）特雷诺比率

特雷诺比率（T_P）来源于 CAPM 理论，表示的是单位系统性风险下的超额收益率，用公式可表示为

$$T_P = \frac{\bar{R}_P - \bar{R}_f}{\beta_P}$$

其中，T_P 表示特雷诺比率；$\bar{R}_P$ 表示基金的平均收益率；$\bar{R}_f$ 表示平均无风险收益率；β_P 表示系统性风险。

特雷诺比率与夏普比率相似，均假定风险与收益之间呈线性关系，两者的区别在于特雷诺比率使用的是系统性风险，夏普比率则对总体风险进行了衡量。

（5）詹森 α

詹森 α 同样也是在 CAPM 上发展出的一个风险调整后收益指标，它衡量的是基金组合收益中超过 CAPM 预测值的那一部分超额收益。其用公式表示为

$$\alpha_P = (\bar{R}_P - \bar{R}_f) - \beta_P(\bar{R}_M - \bar{R}_f) = \bar{R}_P - [\bar{R}_f + \beta_P(\bar{R}_M - \bar{R}_f)]$$

其中，$\bar{R}_M$ 表示市场平均收益率，其余字母含义同前。

若 α = 0，则说明基金组合的收益率与处于相同风险水平的市场指数的收益率不存在显著差异。当 α > 0 时，说明基金表现要优于市场指数的表现；当 α < 0 时，说明基金表现要弱于市场指数的表现。

‖ **例题 3** ‖ 评价基金风险的三大经典指标包括（ ）。

Ⅰ. 夏普比率 Ⅱ. 詹森 α Ⅲ. 凯利比率 Ⅳ. 特雷诺比率

A. Ⅰ、Ⅱ、Ⅲ   B. Ⅰ、Ⅱ、Ⅳ

C. Ⅱ、Ⅲ、Ⅳ   D. Ⅰ、Ⅲ、Ⅳ

【答案】B

【解析】现代投资理论在考虑风险调整的因素后对基金业绩进行评估，常用指标有夏普比率、特雷诺比率和詹森 α 等。

五、创新产品估值（熟悉）

创新衍生产品是指传统公开市场交易的权益资产、固定收益类资产和货币类资产之外的投资类型。目前，创新衍生产品没有统一的定义，通常包括私募股权、房产与商铺、矿业与能源、大宗商品、基础设施、对冲基金、收藏市场等领域。

章节测试

一、单项选择题（以下备选项中只有一项符合题目要求，不选、错选均不得分）

1. 金融期权的时间价值也称外在价值，是指（ ）的那部分价值。

A. 期权市场价格超过该期权内在价值

B. 期权市场价格低于该期权标的资产市场价格

C. 期权内在价值超过该期权协定价格

D. 期权内在价值超过该期权时间价值

2. 已知某公司每张认股权证可购买 1 股普通股，认股权证的市场价格为 5 元，对应的普通股市场价格为 14 元，凭认股权认购股票的认购价格为 12 元，那么该认股权证的时间价值为（ ）元。

A. 5   B. 4   C. 3   D. 2

3. 假设某股指期货价格高于股票组合价格并且两者的差额大于套利成本，套利者可采取（ ）的策略。

A. 买入股指期货同时买入股票组合

B. 卖出股指期货同时买入股票组合

C. 卖出股指期货同时卖出股票组合

D. 买入股指期货同时卖出股票组合

4. 计划发行债券的公司，担心未来融资成本上升，通常会利用利率期货进行（　　）来规避风险。

　A. 卖出套期保值　　　　　　　　B. 买入套期保值

　C. 买进套利　　　　　　　　　　D. 卖出套利

5. 当标的物的市场价格下跌至（　　）时，看跌期权卖方亏损（不考虑交易费用）。

　A. 执行价格以下　　　　　　　　B. 执行价格与损益平衡点之间

　C. 损益平衡点以下　　　　　　　D. 执行价格以上

6. 交易者买入看涨期权，如果放弃行权，则（　　）。

　A. 节省期权费　　　　　　　　　B. 仅损失期权费

　C. 损失期权费和价差　　　　　　D. 损失价差

7. 套利的经济学基础是（　　）。

　A. MM 定理　　　　　　　　　　B. 价值规律

　C. 投资组合管理理论　　　　　　D. 一价定律

8. 可转换证券的转换价值是指实施转换时得到的标的股票的市场价值，等于（　　）。

　A. 可转换证券面额与转换比例的乘积

　B. 可转换证券面额与转换价格的比率

　C. 标的股票每股市场价格与转换价格的差额

　D. 标的股票每股市场价格与转换比例的乘积

9. （　　）是用某一时期内投资组合平均超额收益除以这个时期收益的标准差。

　A. 特雷诺比率　　　　　　　　　B. 夏普比率

　C. 贴现率　　　　　　　　　　　D. 信息比率

二、组合单项选择题（以下备选项中只有一项最符合题目要求，不选、错选均不得分）

1. 在发达市场，为规避股价波动的风险，投资者可选择的金融工具有（　　）。

　Ⅰ. 股指期货　　　Ⅱ. 股票期权　　　Ⅲ. 国债期货　　　Ⅳ. 股指期权

　A. Ⅰ 、Ⅱ 、Ⅲ　　　　　　　　B. Ⅰ 、Ⅱ 、Ⅳ

　C. Ⅱ 、Ⅲ 、Ⅳ　　　　　　　　D. Ⅰ 、Ⅱ 、Ⅲ 、Ⅳ

2. 根据产品形态，金融衍生工具可分为（　　）。

Ⅰ．交易所交易的衍生工具　　　　Ⅱ．独立衍生工具

Ⅲ．信用衍生工具　　　　　　　　Ⅳ．嵌入式衍生工具

A．Ⅱ、Ⅲ　　　　B．Ⅱ、Ⅳ　　　C．Ⅱ、Ⅲ、Ⅳ　　D．Ⅰ、Ⅲ

3．套期保值的原则包括（　　）。

Ⅰ．买卖方向对应的原则　　　　　Ⅱ．品种相同的原则

Ⅲ．数量相等的原则　　　　　　　Ⅳ．月份相同或相近的原则

A．Ⅰ、Ⅱ、Ⅲ　　　　　　　　　B．Ⅰ、Ⅱ、Ⅳ

C．Ⅱ、Ⅲ、Ⅳ　　　　　　　　　D．Ⅰ、Ⅱ、Ⅲ、Ⅳ

4．互换合约的类别包括（　　）。

Ⅰ．货币互换　　Ⅱ．利率互换　　Ⅲ．股权互换　　Ⅳ．信用违约互换

A．Ⅰ、Ⅱ、Ⅲ　　　　　　　　　B．Ⅰ、Ⅱ、Ⅳ

C．Ⅱ、Ⅲ、Ⅳ　　　　　　　　　D．Ⅰ、Ⅱ、Ⅲ、Ⅳ

5．影响金融期权价格的因素包括（　　）。

Ⅰ．权利期间　　　　　　　　　　Ⅱ．标的资产市场价格

Ⅲ．协定价格　　　　　　　　　　Ⅳ．标的资产市场价格的波动性

A．Ⅰ、Ⅱ、Ⅲ　　　　　　　　　B．Ⅰ、Ⅱ、Ⅳ

C．Ⅱ、Ⅲ、Ⅳ　　　　　　　　　D．Ⅰ、Ⅱ、Ⅲ、Ⅳ

6．下列关于期权的说法中，正确的有（　　）。

Ⅰ．对看涨期权而言，市场价格高于协定价格为实值期权

Ⅱ．对看涨期权而言，市场价格低于协定价格为虚值期权

Ⅲ．对看跌期权而言，市场价格低于协定价格为实值期权

Ⅳ．对看涨期权而言，市场价格高于协定价格为虚值期权

A．Ⅰ、Ⅱ、Ⅲ　　　　　　　　　B．Ⅰ、Ⅱ

C．Ⅱ、Ⅲ　　　　　　　　　　　D．Ⅰ、Ⅲ、Ⅳ

7．标的资产价格的波动率是用来衡量标的资产未来价格变动不确定性的指标，常用的波动率有（　　）。

Ⅰ．历史波动率　　　　　　　　　Ⅱ．预测波动率

Ⅲ．平均波动率　　　　　　　　　Ⅳ．隐含波动率

A．Ⅰ、Ⅱ、Ⅲ　　　　　　　　　B．Ⅰ、Ⅱ、Ⅳ

C．Ⅱ、Ⅲ　　　　　　　　　　　D．Ⅰ、Ⅳ

8．根据利息支付方式不同，货币互换的形式可分为（　　）。

Ⅰ．随机变化型　　　　　　　　　Ⅱ．固定对固定

Ⅲ．固定对浮动　　　　　　　　　Ⅳ．浮动对浮动

A. Ⅰ、Ⅲ   B. Ⅱ、Ⅳ

C. Ⅱ、Ⅲ、Ⅳ   D. Ⅰ、Ⅱ、Ⅲ、Ⅳ

9. 下列关于二叉树模型的说法中，正确的有（　　　）。

　Ⅰ. 方法简单，容易理解　　　　Ⅱ. 适用于各种期权

　Ⅲ. 计算比较简便　　　　　　　Ⅳ. 分支太多，计算比较耗时

A. Ⅰ、Ⅱ、Ⅲ   B. Ⅱ、Ⅳ

C. Ⅱ、Ⅲ   D. Ⅰ、Ⅱ、Ⅳ

10. Black – Scholes 定价模型的基本假设有（　　　）。

　Ⅰ. 标的资产价格服从几何布朗运动

　Ⅱ. 允许卖空

　Ⅲ. 标的资产的价格波动率为常数

　Ⅳ. 无套利市场

A. Ⅰ、Ⅱ、Ⅲ   B. Ⅰ、Ⅱ、Ⅳ

C. Ⅱ、Ⅲ、Ⅳ   D. Ⅰ、Ⅱ、Ⅲ、Ⅳ

11. 在不同的期货合约之间套利，称为价差交易套利，它可以细分为
（　　　）。

　Ⅰ. 跨期套利　　　　　　　　　Ⅱ. 跨市场套利

　Ⅲ. 跨品种套利　　　　　　　　Ⅳ. 期现套利

A. Ⅰ、Ⅱ、Ⅲ   B. Ⅰ、Ⅱ、Ⅳ

C. Ⅱ、Ⅲ、Ⅳ   D. Ⅰ、Ⅱ、Ⅲ、Ⅳ

12. 某投资者以 65000 元/吨卖出 1 手 8 月铜期货合约，同时以 63000 元/
吨买入 1 手 10 月铜期货合约，当 8 月和 10 月合约价差为（　　　）元/吨时，
该投资者获利。

　Ⅰ. 1000　　　　Ⅱ. 1500　　　　Ⅲ. 2000　　　　Ⅳ. 2500

A. Ⅰ、Ⅱ　　　B. Ⅰ、Ⅳ　　　C. Ⅱ、Ⅳ　　　D. Ⅲ、Ⅳ

章节测试答案与解析

一、单项选择题

1.【答案】A

【解析】期权的时间价值是指期权合约购买者为购买期权而支付的权利金
超过期权内在价值的那部分价值。

2.【答案】C

【解析】该认股权证的内在价值 = 股票市场价格 − 认购价格 = 14 − 12 = 2（元），由于权证的价格等于内在价值与时间价值之和，所以认股权证的时间价值 = 5 − 2 = 3（元）。

3. 【答案】B

【解析】根据套利理论，投资者应当卖出被高估的资产，买入被低估的资产，由于股指期货合约 > 现货价格 + 套利成本，所以应当卖出期货合约，买入股票组合。

4. 【答案】A

【解析】利率期货卖出套期保值适用的情形主要有：持有债券，担心利率上升，导致债券价格下跌；利用债券融资的筹资人，担心利率上升，导致融资成本上升；资金的借方，担心利率上升，导致借入成本增加。

5. 【答案】C

【解析】当标的资产价格小于执行价格减权利金时，看跌期权卖方处于亏损状态，执行价格减权利金即损益平衡点。

6. 【答案】B

【解析】交易者买入看涨期权，如果判断失误放弃行权，则仅损失期权费。

7. 【答案】D

【解析】套利的经济学基础是一价定律，即如果两个资产是相等的，它们的市场价格就应该相同，一旦出现两种价格就出现了套利机会。

8. 【答案】D

【解析】可转换证券的转换价值是标的股票每股市场价格与转换比例的乘积。

9. 【答案】B

【解析】夏普比率是用某一时期内投资组合平均超额收益除以这个时期收益的标准差。

二、组合单项选择题

1. 【答案】B

【解析】国债期货属于利率期货，无法对冲股票波动风险。

2. 【答案】B

【解析】根据产品形态，金融衍生工具可分为独立衍生工具和嵌入式衍生工具。

3. 【答案】D

【解析】选项全部正确。

4.【答案】D

【解析】在现实生活中较为常见的两种合约是利率互换合约和货币互换合约，此外还有股权互换、信用违约互换等互换合约。

5.【答案】D

【解析】选项全部正确，此外还有利率和标的资产的收益。

6.【答案】A

【解析】对看涨期权而言，市场价格高于协定价格为实值期权，Ⅰ正确，Ⅳ错误。

7.【答案】D

【解析】常用的波动率有历史波动率和隐含波动率两种。

8.【答案】C

【解析】根据利息支付方式不同，货币互换的形式可分为固定对固定、固定对浮动、浮动对浮动。

9.【答案】D

【解析】二叉树模型的优点是方法简单、容易理解，而且适用于美式期权、欧式期权、现货期权、期货期权、标的资产支付红利的期权等。缺点是分支太多，即步太长，模型收敛、计算比较费时；分支太少，精确度降低。

10.【答案】D

【解析】选项全部正确，此外还有投资者可以以无风险利率无限制借入或贷出资金和标的资产价格是连续变动的，即不存在价格的跳跃。

11.【答案】A

【解析】在期货和现货之间套利称为期现套利。在不同期货合约之间套利称为价差交易套利，又可以分为跨期套利、跨市场套利和跨品种套利。

12.【答案】A

【解析】初始价差为 65000 − 63000 = 2000（元/吨），该投资者进行的是卖出套利，当价差缩小时获利。只要价差小于 2000 元/吨，投资者即可获利。